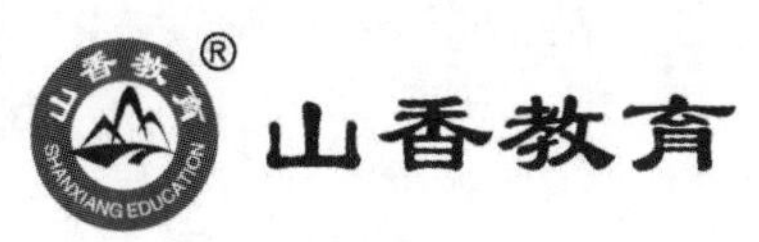

国家教师资格考试

高分过关题库

综合素质·小学

|试 题|

关注公众号，点击“笔试练习”领取历年真题及预测卷20套！

山香教师资格考试命题研究中心 主编

图书在版编目(CIP)数据

综合素质．小学 / 山香教师资格考试命题研究中心主编．-- 北京 : 首都师范大学出版社, 2023.9

国家教师资格考试高分过关题库

ISBN 978-7-5656-7650-5

Ⅰ．①综… Ⅱ．①山… Ⅲ．①教师素质—小学教师—资格考试—习题集 Ⅳ．①G451.1-44

中国国家版本馆CIP数据核字(2023)第129371号

国家教师资格考试高分过关题库

ZONGHE SUZHI XIAOXUE

综合素质·小学

山香教师资格考试命题研究中心 主编

策划编辑 张文强　　封面设计 山香教育

责任编辑 杨林玉 曹亮亮

首都师范大学出版社出版发行

地　址 北京市海淀区西三环北路105号

邮　编 100048

电　话 010-68418523(总编室)　010-68982468(发行部)

网　址 http://cnupn.cnu.edu.cn

印　刷 河南黎阳印务有限公司

经　销 全国新华书店

版　次 2023年9月第1版

印　次 2023年9月第1次印刷

开　本 787mm×1092mm 1/16

印　张 28

字　数 555千

定　价 58.00元

前　言

一、考情说明

中小学教师资格考试是由国家建立考试标准，省级教育行政部门组织的全国统一考试，包括笔试和面试两部分。笔试主要考查申请人从事教师职业所应具备的教育理念、职业道德、法律法规知识、科学文化素养、阅读理解、语言表达、逻辑推理和信息处理等基本能力；教育教学、学生指导和班级管理的基本知识；拟任教学科领域的基本知识，活动设计实施评价的知识和方法，运用所学知识分析和解决教育教学实际问题的能力。笔试一般在每年3月和11月各举行一次，笔试单科成绩有效期为2年。笔试科目均合格的考生，可参加教师资格考试面试。下表为各学段的笔试科目及面试相关情况。

<table>
<tr><th colspan="3" rowspan="2">类别</th><th colspan="3">笔试科目</th><th rowspan="2">面试</th></tr>
<tr><th>科目一</th><th>科目二</th><th>科目三</th></tr>
<tr><td colspan="3">幼儿园</td><td>综合素质</td><td>保教知识与能力</td><td rowspan="2">——</td><td rowspan="5">教育教学
实践能力</td></tr>
<tr><td colspan="3">小学</td><td>综合素质</td><td>教育教学知识与能力</td></tr>
<tr><td rowspan="5">中学</td><td colspan="2">初级中学</td><td rowspan="5">综合素质</td><td rowspan="5">教育知识与能力</td><td rowspan="3">学科知识与教学能力</td></tr>
<tr><td colspan="2">高级中学</td></tr>
<tr><td rowspan="2">中职</td><td>文化课教师</td></tr>
<tr><td>专业课教师</td><td rowspan="2">（试点省自行组织）</td><td rowspan="2">（试点省自行组织）</td></tr>
<tr><td colspan="2">中职实习指导教师</td></tr>
<tr><td colspan="7">注1.初级中学的《学科知识与教学能力》科目分为：语文、数学、英语、物理、化学、生物、道德与法治、历史、地理、音乐、体育与健康、美术、信息技术、历史与社会、科学等15个学科。
注2.普通高级中学的《学科知识与教学能力》科目分为：语文、数学、英语、物理、化学、生物、思想政治、历史、地理、音乐、体育与健康、美术、信息技术、通用技术等14个学科。</td></tr>
</table>

二、图书特点

为了让考生有针对性地备考，使复习有方向有条理，作为国内研究开发教师资格考试辅导教材的专业机构，山香教育在深入分析历年教师资格考试真题的基础上，结合考试大纲，策划了本套题库，致力于帮助广大考生实现教师之梦。

本套题库具有以下特点：

第一，分章练习，全真模考。

本套题库分为试题本和答案本，每本分上、下两篇。上篇“过关快刷”按章划分知识，涵盖职业理念、法律法规、教师职业道德、文化素养、基本能力五章，章内设置“刷考点”“刷真题”“刷专题”模块。下篇“全真模考”包括两套模拟试卷，仿照真题试卷结构、题型设置，模拟考场答题情境。

第二，题量丰富，解析详尽。

本套题库题量丰富，题型全面。答案本解析详尽，设有“方法技巧”“易错提示”“易混辨析”栏目，不仅能够帮助考生强化记忆、加深理解、提升能力，还能够帮助考生梳理易错易混知识点，突破难点，掌握做题方法技巧。

第三，精选真题，透视考点。

本套题库精心选择2016—2023年笔试真题，知识点覆盖面广，帮助考生了解教师资格考试命题趋势和特点，掌握考试内容。

第四，知识导图，巩固要点。

本套题库在试题本“刷考点”模块，通过思维导图的形式串联本章知识，对重要知识点挖空，在答案本呈现挖空的知识点，有效地帮助考生查漏补缺，巩固要点。

第五，定位页码，答案速查。

本套题库在试题本每章“刷考点”“刷真题”以及“刷专题”部分放置对应的答案页码图标 链接答案本 P249，提示本模块或本专题所对应的答案本页码，方便考生查找答案和解析。在答案本的单项选择题下放置“答案速查”表格，汇总答案，方便考生快速核对。

第六，扫码看题，解疑答惑。

本套题库挑选部分试题放置二维码，考生可以扫描二维码观看试题精讲视频，视频内有资深讲师剖析试题，为考生答疑解惑。

本套题库难免存在一些不足之处，衷心希望各位读者朋友批评指正，同时希望这套题库能为考生顺利通过教师资格考试提供帮助。

编　者

目录

上篇　过关快刷

下篇　全真模考

上篇　过关快刷 

第一章　职业理念

链接答案本 P249

- 职业理念
  - 教育观
    - 素质教育的内涵★★★
      - 素质教育是以提高国民素质为根本宗旨的教育
      - 素质教育是①________的教育
      - 素质教育是促进②________的教育
      - 素质教育是促进③________的教育
      - 素质教育是以培养④________和⑤________为重点的教育
    - 素质教育的外延★
    - 国家实施素质教育的基本要求★
      - 面向全体学生
      - 促进学生全面发展
      - 促进学生创新精神和实践能力的培养
      - 促进学生生动、活泼、主动地发展
      - 着眼于学生的终身可持续发展
    - 素质教育的任务
    - 实施素质教育的途径
    - 素质教育与应试教育的区别★★
    - 实施素质教育的误区
  - 学生观
    - “以人为本”的学生观★★★
      - 学生是⑥________的人
      - 学生是⑦________的人
      - 学生是⑧________的人
    - 小学生的全面发展与教育公正
  - 教师观
    - 教师劳动的特点与教师职业素养★★
    - 新课程倡导的教师观★★★
      - 现代教师角色的转变
        - 从教师与学生的关系看，教师是⑨________
        - 从教学与研究的关系看，教师是⑩________
        - 从教学与课程的关系看，教师是课程的⑪________和⑫________
        - 从学校与社区的关系看，教师是⑬________的教师
      - 现代教师教学行为的转变
        - 在对待师生关系上，强调⑭________
        - 在对待教学关系上，强调⑮________
        - 在对待自我上，强调⑯________
        - 在对待与其他教育者的关系上，强调⑰________
    - 教师专业发展★★★

《综合素质.小学》题型、题量、分值构成及每题作答时长参考

满分	考试时间	题型	题量	分值构成	每题作答时长参考
150分	120分钟	单项选择题	29道	每小题2分,共58分	1.5分钟
		材料分析题	3道	每小题14分,共42分	30题、31题每题10分钟,32题(阅读理解)15分钟
		写作题	1道	50分	40分钟

链接答案本 P249

一、单项选择题(每小题2分,共32小题。参考时限50分钟)

1. [2023上半年]陈老师在教室里布置了一个迷你"师生共读书吧",她常常利用课余时间和学生共读一本书,有时自己也阅读一些专业书籍。关于陈老师的做法,下列说法不正确的是(　　)

A. 陈老师注重提升自身素质　　B. 陈老师培养学生阅读习惯

C. 陈老师充分发扬教学民主　　D. 陈老师具有专业发展意识

2. [2023上半年]多多在家里经常模仿老师的样子给家长讲故事,教家长跳舞,要求家长坐好,不要随意走动。下列选项与该案例所体现的教师劳动特点相符的是(　　)(常考)

A. 学如不及,犹恐失之　　B. 行有余力,则以学文

C. 信近于义,言可复也　　D. 桃李不言,下自成蹊

3. [2022下半年]何老师经常要求班里的学困生在课间操时去他办公室补课。何老师的做法(　　)(常考)

A. 恰当,有利于营造学习氛围　　B. 不恰当,不利于学生全面发展

C. 恰当,有利于提高学习成绩　　D. 不恰当,不利于学生均衡发展

4. [2022下半年]有教育家提出,学习应"以儿童自己的冲动为起点,以达到最高水平为目的"。这是因为学生的发展具有(　　)

A. 顺序性　　B. 不平衡性　　C. 能动性　　D. 互补性

5. [2022下半年]在某校延续多年的"教研沙龙"活动中,老师们积极参与,讨论教学中的热点、难点问题,在相互启发中不断寻找新的教研生长点。下列对该案例中教师角色描述不恰当的是(　　)

A. 研究者　　B. 合作者　　C. 管理者　　D. 学习者

6. [2022上半年]在课堂上,东东问马老师:"老师,在月亮上看天,天是不是蓝的呢?"马老师说:"你懂什么!听老师讲就行了。你呀,总是打岔,这是不礼貌的,今后不要这样。"这表明马老师(　　)(常考)

A. 忽视了学生的阶段性　　B. 忽视了学生的自主性

C. 忽视了学生的不平衡性　　D. 忽视了学生的整体性

7. [2022上半年]在综合实践活动中,王老师鼓励学生参与调查报告的撰写和评分规则的制定。下列说法与王老师做法不符的是(　　)

A. 注重了学生的差别性　　B. 注重了学生的创造性

C. 尊重了学生的自主性　　D. 尊重了学生的能动性

8. [2022上半年]李老师把作业从难到易分成了ABC三类,他在班上特意交代:学优生只能做A类作业,中等生只能做B类,学困生只能做C类。李老师的做法(　　)

A. 遵循了因材施教的原则　　B. 减轻了学生的学习负担

C. 违背了教学相长的原则　　D. 忽视了学生的学习潜力

9. [2021下半年]下列选项中属于正确的学生观的是(　　)(常考)

①学生是发展着的人　②人是未完成的存在物

③学生是自我发展的主体　④学生的发展应当具有个性化

⑤教师是学生发展的帮助者而不是决定者　⑥教师要不断自我完善才能树立正确的学生观

A. ①③④　　B. ①②③　　C. ③④⑤　　D. ①⑤⑥

10. [2021下半年]张老师为了提高学生学习语文的兴趣,设计了"童话故事大比拼""故事续写"等一系列活动,让学生在活动中主动学习。张老师的做法体现的教师劳动特点是(　　)

A. 长期性　　B. 示范性　　C. 主体性　　D. 创造性

11. [2021上半年]晓军向老师报告:"安安偷看我的试卷。"老师说:"安安怎么会偷看你的试卷呢?她的成绩比你好。"晓军红着眼睛坐在座位上,无心考试了。该老师的做法表明,他没有做到公正待生,作出此评判的依据是(　　)

A. 促进学生全面发展是教育的根本目的　　B. 因材施教是现代学生观的基本要求

C. 教学相长是和谐的师生关系的特征　　D. 面向全体学生是素质教育的基本要求

12. [2021上半年]薛老师习惯用PPT进行教学,某节课上他自始至终不停地呈现PPT内容进行讲解,不管学生是否明白其所表达之意。关于薛老师的做法,下列表述不恰当的是(　　)

A. 忽视了教学的本质　　B. 忽视了教师的中心地位

C. 忽视了教学的目标　　D. 忽视了学生的主体地位

13. [2020下半年]吴老师经常通过和学生聊天来了解他们的知识基础和生活经验,再结合他们的学习特点,进行分层教学。吴老师的做法表明他关注(　　)(易混)

A. 学生发展的可变性　　B. 学生发展的个别差异性

C. 学生发展的阶段性　　D. 学生发展的不均衡性

14. [2020下半年]于老师认为,小学与其开设综合实践活动课浪费时间和精力,还不如利用那些课时多上些语文和数学课。于老师的看法(　　)

A. 忽视了学生全面发展　　B. 忽视了学生个性发展

C. 忽视了学生均衡发展　　D. 忽视了学生主动发展

15. [2020下半年]学校多次安排杨老师参加集体学习与培训,她总是拒绝,还说:“我年龄这么大了,还学什么啊!”杨老师的言行表明其缺乏(　　)

A. 专业发展意识　　B. 专业发展能力　　C. 团结协作意识　　D. 团结协作能力

16. [2019下半年]如果将下图比喻为某教师的教育行为,该教师的做法(　　)(易错)

A. 不恰当,忽视了学生均衡发展的要求　　B. 不恰当,违背了学生全面发展的要求

C. 恰当,尊重了学生的个体差异性　　D. 恰当,提高了学生的学习成绩

17. [2019下半年]王老师经常让同学们互相批改作文,大家都非常认真,不仅找出了作文中的错别字,而且从语言表达、篇章结构、思想主题等方面进行了评价,王老师及时给予点评。王老师的做法调动了学生的主观能动性,体现在(　　)

A. 发挥了学生的调控性　　B. 尊重了学生的选择性

C. 培养了学生的独立性　　D. 关注了学生的差异性

18. [2019上半年]黄老师经常带学生到学校的荷花池观察荷叶和荷花,为学生讲解莲藕的生长过程并引导学生将有关荷叶、荷花的知识编成小册子。这体现了黄老师是(　　)(常考)

A. 教育科学的研究者　　B. 行为规范的示范者

C. 专业发展的引领者　　D. 课程资源的开发者

19. [2019上半年]陈老师说:“不是每个学生都能考上大学,学习上暂时落后并不代表永远落后,我绝不放弃任何一个学生。”下列说法不恰当的是(　　)

A. 陈老师重视学生发展的阶段性　　B. 陈老师重视学生发展的不平衡性

C. 陈老师重视学生发展的差异性　　D. 陈老师重视学生发展的顺序性

20. [2019上半年]班主任方老师刚上课时,发现有人在班长的桌子上用粉笔写了大大的“坏蛋”两个字。对此,方老师恰当的处理方式是(　　)

A. 发动学生检举“肇事者”　　B. 责令班长自我反省

C. 严肃批评教育全班学生　　D. 擦掉字课后再处理

21. [2018下半年]陈老师在教学时引用徐霞客的诗句“五岳归来不看山,黄山归来不看岳”。有学生产生了疑问:“为什么黄山不在五岳之列?”陈老师下列处理方式恰当的是(　　)

A. 不予理睬继续上课　　B. 批评学生上课分心

C. 布置学生课外探究　　D. 解释说作者弄错了

22. [2018下半年]青年教师王老师想要提高教学水平，主动向特级教师李老师学习，经常跟班听课。王老师上课时尽管教学设计、教学方法，甚至教学语言都与李老师相仿，但教学效果就是不佳，下列分析不恰当的是(　　)

A. 王老师只注重了模仿，忽视了对自己的教学反思

B. 王老师不重视专业学习，专业知识技能不扎实

C. 王老师一味模仿李老师，未形成自己的教学风格

D. 王老师不重视班级学情，忽视了学生个体差异性

23. [2018上半年]下列关于素质教育的表述中，正确的是(　　)

A. 素质教育包括社会实践　　B. 素质教育不包括家庭教育

C. 素质教育就是学校教育　　D. 素质教育不包括社会教育

24. [2018上半年]数学课上，林老师让全班同学都用老师喜欢的一种方式解题。林老师的做法(　　)

A. 忽视了学生学习的自主性　　B. 尊重了学生发展的全面性

C. 忽视了学生发展的整体性　　D. 尊重了学生学习的独立性

25. [2017下半年]小峰经常迟到、旷课，多门功课"挂红灯"。不过，他百米赛跑速度很快，连续两年获得校百米赛冠军。对此，教师的下列做法中不恰当的是(　　)

A. 获得信任，寻找恰当教育时机　　B. 认真分析，了解问题形成的原因

C. 因势利导，帮助小峰树立学习的信心　　D. 扬长避短，告诉小峰不必在意文化课成绩

26. [2017下半年]张老师在用天平称一支粉笔时，没有拆下天平托盘下的胶垫。第一次称重为100克，第二次为80克，学生问道："为什么会这样呢？"对此，张老师恰当的做法是(　　)

A. 让学生自己寻找问题产生的原因　　B. 告诉学生不必在意

C. 向学生解释这是天平本身的误差　　D. 不予理睬，继续上课

27. [2017上半年]小丽的语文成绩很好，庄老师常常鼓励她多阅读、勤写作，力争将来做一名优秀的作家；小刚学习基础较差，但篮球打得很好，庄老师就鼓励他将来做一名职业运动员。对庄老师的做法，下列评价中不正确的是(　　)(常考)

A. 善于因材施教　　B. 注重学生的全面性

C. 善于激发学生的自信　　D. 注重学生的差异性

28. [2017上半年]美术课上，曾老师指导学生把天然的竹根须做成卷曲的头发，还演示如何借助竹节的弧度制成黄包车的顶棚。这表明曾老师具有(　　)

A. 课程资源开发的意识与能力　　B. 自我反思的意识与能力

C. 教育科学研究的意识与能力　　D. 自主发展的意识与能力

29. [2016下半年]沈老师收集旧轮胎、破篮球、废纸箱、塑料绳等废旧材料,“变废为宝”,将之改造成各种合适的教具、学具。这表明沈老师具有( )

A. 教学资源开发能力　　B. 课程组织实施能力

C. 教学程序设计能力　　D. 教育启发引导能力

30. [2016下半年]郑老师在指导新教师时说,了解小学生身心发展规律、学习心理等,对做好教育教学工作极为重要。郑老师的体会表明,教师不可忽视( )

A. 政治理论知识　　B. 文化基础知识

C. 学科专业知识　　D. 教育科学知识

31. [2016上半年]某小学对学生评优制度进行了改革,增设了“创造之星”“孝心少年”“运动之星”等多项荣誉称号。该学校的做法( )

A. 不利于端正学生的学习态度　　B. 不利于促进学生的全面发展

C. 有利于强化学生之间的竞争　　D. 有利于促进学生的个性发展

32. [2016上半年]针对“好学生吃不饱,学困生吃不了”的现象,蒋老师在充分了解学情的前提下,将学生分为三个层次,进行分层教学。蒋老师的做法体现了( )

A. 诲人不倦　　B. 教学相长　　C. 循循善诱　　D. 因材施教

二、材料分析题(每小题14分,参考时限10分钟。共3小题)

1. [2022下半年]材料:

美术课上,李老师指导学生画月季花。她在教室里巡视时发现晓宇把月季花涂成了咖啡色。

“老师,我的花漂亮吗?”晓宇问道。

“你见过这种颜色的月季花吗?还漂亮……来,来,你看看别的同学是怎么涂的。你看,人家都涂的是白色、黄色、粉红色、大红色,多漂亮,多好啊!现在知道该怎么涂了吗?”边说着,李老师边随手指了指旁边几位学生。晓宇愣愣地看着老师,难过地点了点头。

第二天,晓宇捧着一束用折纸扎的咖啡色月季花来到教室。同学们叽叽喳喳议论着:“哇,真有咖啡色的月季!”“好漂亮呀!”

美术课代表去办公室取作业本时,兴高采烈地跟李老师说:“老师,晓宇还真的带来一束咖啡色的月季花。”李老师打算去教室一探究竟。

一进教室,李老师就看到几个同学正围在晓宇的座位旁议论着那束“特别”的月季花。

李老师缓缓地走过来说道:“这花是假的!”

“老师,那假的就不能画吗?”晓宇问道。

李老师:“自然不是。”

"那为什么就不可以画我家里的咖啡色月季花呢?"晓宇反问道。

此时,李老师生气地说:"你怎么就不开窍呢?看来你还真是没有画画的天赋。"转身离开了教室。

问题:请结合材料,从教育观的角度,评价李老师的教育行为。

2.[2021下半年]**材料:**

我班学生小文上课注意力不集中,总喜欢动这动那,隔三岔五就惹是生非……正当我为此头疼时,数学老师告诉我,上课时小文完全被一本书给迷住了,走到跟前他都没有察觉。听罢,我眼前一亮——教育契机可能就潜藏其中!

我把小文叫到跟前,微笑着问道:"你知道我为什么找你来吗?""知道……因为……我上课看课外书。"他有点儿吞吞吐吐,还没等我开口回应,又连忙说道:"老师,这本书是我跟同学借的,我答应人家下午就要归还,所以我要抓紧时间看完……"我轻轻地摸了摸他的头,说道:"小文,老师其实是要表扬你的。"他一听,满脸疑惑,瞪大了眼睛看着我。"第一,你热爱阅读,说明你是个好学的孩子;第二,老师走到跟前你都没察觉,说明你有专注的品质;第三,你不但能意识到自己的错误,而且认错态度良好,更难得的是,你是为了按时还书才这样做的,说明你信守承诺。"听完这些,小文脸上微微泛红,有些不好意思:"老师,对不起,我以后一定注意上课不看课外书。"

后来,我特意在教室里布置了一个读书角,经常和小文一起读书,有时还会围绕一个问题讨论交流。小文从阅读中慢慢地学会了控制自己的情绪,约束自己的行为。

问题:请结合材料,从学生观的角度出发,评析"我"的教育行为。

3.［2018上半年］**材料**：

科学课上，张老师指着实验仪器说："每个杯子底部都有一团纸，谁能将杯子放入水中而纸不湿呢？"

学生马上投入到实验中。他们要么将水槽中的水倒出一些，要么给杯子加上个盖，要么在杯中塞些异物。

对学生给予肯定后，张老师故弄玄虚地说："不添加辅助材料，把杯子倒着放入水中，纸也不会湿。你们信吗？"同学们个个惊得睁大了眼睛。

学生疑惑道："倒着放还能不湿？"

张老师："能！"

学生又动了起来。第一次失败了，第二次失败了……大家再次将疑惑的目光投向张老师，张老师回以肯定、鼓励的目光。

突然，一个男生喊了起来："老师，我成功了！没湿！纸真的没湿！"

"老师，我也成功了！"

"我也成功了！"

…………

趁着大家那股高兴劲儿，张老师话锋一转："你们还有什么疑问吗？"

"当然有了，为什么杯子倒扣在水中，杯子都被水淹没了，而纸却不湿？"有学生急迫地问。

张老师启发道："大家想一想，你们最初的实验，纸为什么湿了？后来又为什么不湿呢？再动手试一试，仔细观察。"同学们歪着身，瞪大眼，聚精会神地反复实验着：竖着将杯子倒扣在水中纸不湿；倾斜着将杯子放入水中纸变湿；先竖着将杯子倒扣在水中，再将杯子倾斜时有气泡产生，纸变湿。

同学们跳跃起来："原因找到了。有气泡产生说明杯中有空气，有空气占据着空间，纸才不湿。"

…………

张老师后来在备课本中写道："学生对科学探究的过程，就是在老师的引导下，充分地思考、质疑，主动获得知识的过程。"

问题：请结合材料，从教师观的角度，评析张老师的教学行为。

专题一 教育观

链接答案本 P256

一、单项选择题(每小题2分,共34小题。参考时限50分钟)

1. 第十三届全国政协委员唐江澎曾表示:“学生没有分数,就过不了今天的高考;但是如果只有分数,恐怕也赢不了未来的大考。如果我们的教育只关注升学率,国家会没有核心竞争力。我认为好的教育应该是培养终生运动者、责任担当者、问题解决者和优雅生活者。”与此同时,他还举了一个例子:他所在学校的某届高一年级893名新生中,有774个戴着眼镜。对此,下列理解错误的是(　　)

A. 高考分数是衡量教育质量高低的核心指标和根本目标

B. 好的教育不仅要培养学生的学法,还要培养他们的能力

C. 学校应当坚持发展素质教育

D. 追求学业的同时不能忽略学生的健康

2. 教师应遵循教育规律,实施素质教育。下列对素质教育基本内涵的描述,不正确的是(　　)

A. 教育是人才培养的基础,素质教育应以提高国民素质为根本宗旨

B. 教育应把全面发展与因材施教相统一,素质教育应面向全体学生

C. 素质教育不应立足于人的个性发展,而应促进学生的全面发展

D. 素质教育是以培养学生的创新精神和实践能力为重点的教育

3. 实施素质教育,鼓励学生发展某方面的特长,体现了(　　)

A. 素质教育是把学生视为教育主体的教育　　B. 素质教育是着力提高社会责任感的教育

C. 素质教育是促进学生个性发展的教育　　D. 素质教育是面向全体学生的教育

4. 下列关于应试教育和素质教育的区别,说法错误的是(　　)

A. 前者的教育对象是面向少数学生的,后者的教育对象是面向所有学生的

B. 前者侧重知识传授,后者侧重全面发展

C. 前者局限于学校,后者注重终身教育、终身学习

D. 前者重视各种能力的发展,后者重视技能训练

5. 明明篮球打得好，足球踢得也很棒，可就是学习成绩不好。对此，班主任很发愁，总是提醒他："你不要总是贪玩，把心思都放在学习上，这才是你应该做的！"该班主任的做法（　　）

A. 正确，说明班主任关心学生的学习状况　　B. 不正确，班主任只注重知识学习

C. 正确，帮助学生改正错误是班主任的职责　　D. 不正确，班主任伤害了学生的自尊

6. 悠悠喜欢唱歌跳舞，孙老师对她说："整天蹦蹦跳跳的没有学生样，学生得老老实实学习才行！"孙老师的说法忽略了（　　）

A. 学生的心理发展　　B. 学生的全面发展

C. 学生的主动发展　　D. 学生的主体发展

7. 某小学为打造以艺术为特色的校本课程，决定将70%的课程安排为音乐、美术、舞蹈等内容。该小学的做法（　　）

A. 正确，有利于凸显学校特色　　B. 不正确，不利于学生知识学习

C. 正确，有利于培养学生艺术特长　　D. 不正确，不利于促进学生全面发展

8. 陈涛成绩不太好，但上课时总是爱举手回答问题。有时老师问题还没说完，他便把手高高举了起来，让他回答时他又不会，不时被其他同学讥笑。老师课下向陈涛问明原因后给予鼓励。老师的做法（　　）

A. 正确，不得罪每一个学生　　B. 正确，不放弃每一个学生

C. 不正确，挫伤了其他同学的主动性　　D. 不正确，伤害了其他同学的正义感

9. 每次的家长会，彭老师都会给家长分享一些名人故事，用名人的事例告诉家长不要太在意学生的成绩，而应该全面地看待学生。彭老师的做法（　　）

A. 正确，体现了素质教育的理念　　B. 正确，体现了彭老师不在乎学生成绩

C. 不正确，老师应该以分数作为唯一追求　　D. 不正确，老师应该尊重家长自己的选择

10. 小安多次在运动会田径比赛中获得冠军，但他不喜欢学习文化课，陈老师找他谈话："有特长固然好，但没有文化知识作为基础，将来很难在社会中谋得一席之地。"陈老师的做法（　　）

A. 不合理，不利于学生发展特长

B. 不合理，违背了学生的兴趣爱好

C. 合理，学生必须在各个学科领域平均发展

D. 合理，教师应该关注学生的全面发展

11. 张老师是某小学的体育老师，每到期末的时候其他任课老师就会找他要课。张老师认为体育课是副科，上不上都无所谓，又不能不给其他老师面子，所以每次都爽快答应。张老师的这种行为（　　）

A. 正确，副科要为主科服务　　B. 正确，体育锻炼可以放在课外进行

C. 错误，不利于学生在各领域的平均发展　　D. 错误，老师应该促进学生的全面发展

12. 某学校在新生入学后,做了一项学生课余爱好调查,了解学生的兴趣爱好,并依据学校教学计划,组建国学、器乐、生物、乒乓球、航模等兴趣小组。其主要目的是(　　)

A. 凸显教学风格　　B. 因材施教,促进学生个性发展

C. 深化课堂教学　　D. 培养竞赛人才

13. 下列关于素质教育的内涵,表述错误的有(　　)(常考)

A. 素质教育是促进学生个性发展的教育　　B. 素质教育是面向全体学生的教育

C. 素质教育是促进学生全面发展的教育　　D. 素质教育以提高学生的智力为根本宗旨

14. 语文课上,老师要求学生用"活泼"一词造句,学生甲站起来说:"李华同学在体育课上表现得很活泼。"老师说:"很好。"乙同学说:"河里的水很活泼。"老师沉吟了一会,点评说:"说水活泼不合适,这个句子不贴切。"学生乙疑惑地坐下了。下列对老师的做法评价正确的是(　　)

①这位老师的做法限制了学生的想象力

②这位教师没有敏锐地捕捉教育细节

③这位教师一定程度上抑制了学生的创新精神和创新意识

④这位老师开拓了学生的视野

A. ①②③　　B. ②③④　　C. ①③④　　D. ①②④

15. 素质教育是面向全体学生的教育,下列对素质教育的认识中,正确的有(　　)个。

(1)素质教育就是不要"尖子生"

(2)素质教育是教育自身改革发展的需要

(3)素质教育要求学校多开展课外活动,多上体育课

A. 0　　B. 1　　C. 2　　D. 3

16. 课堂上杨老师对某个问题的解释有错误,学生指出后,杨老师不但没有批评,反而表扬该生善于思考,具有质疑精神。下列说法中不恰当的是(　　)

A. 杨老师注重培养学生的反思能力　　B. 杨老师注重培养学生自我评价能力

C. 杨老师注重培养学生的创新能力　　D. 杨老师注重培养学生发散思维能力

17. 某班有这样一条班规,即成绩排名前十的学生可以在班级自由选择座位,而成绩排名后十名的学生只能坐在最后一排。该班级的这一规定(　　)

A. 正确,有利于优生安心学习　　B. 正确,有利于激励学困生上进

C. 不正确,不能促进学生个性发展　　D. 不正确,未能平等对待所有学生

18. 成绩一向不佳的小刚希望参加学校的男子篮球队,王老师拒绝了他的申请,关切地对他说:"小刚,你还是把心思多放在学习上,先把成绩提上来再说。"王老师的做法(　　)

A. 不恰当,不应该随意拒绝学生请求　　B. 恰当,体现教师对学生严慈相济

C. 不恰当,不注重学生的全面发展　　D. 恰当,体现教师对学生的关心

19. 小浩同学的组织能力和语言表达能力都很强，王老师每次都让他在话剧表演中扮演主角。王老师的做法违背的教育理念是(　　)

A. 促进学生发展　　B. 促进全体学生发展

C. 促进学生主动发展　　D. 促进学生个性发展

20. 王老师在教授《月儿弯弯》时，其中有句话是“月儿弯弯挂蓝天”。小聪就有疑问，月亮都是晚上出来的，怎么天空不是黑色的而是蓝色的，王老师不知道怎么回答，便训斥小聪在课堂上问与教学无关的问题，从此小聪不再喜欢在课堂上发言。关于王老师的做法，表述正确的是(　　)

A. 王老师的做法合理，因为这样才能维持好课堂秩序

B. 王老师的做法欠妥，不应该对学生做任何限制

C. 王老师的做法合理，因为教师必须在课堂中树立威信

D. 王老师的做法欠妥，扼杀了学生的创造性思维

21. 下列哪项不属于素质教育的基本任务(　　)

A. 培养学生的身体素质　　B. 培养学生的心理素质

C. 培养学生的创新能力　　D. 培养学生的社会素质

22. 素质教育的时代特征是(　　)(易错)

A. 面向全体学生　　B. 促进学生的全面发展

C. 培养学生的创新精神和实践能力　　D. 促进学生的个性发展

23. 为了改变学生从课本中找“标准答案”的习惯，刘老师经常在课堂上设计一些开放性问题，引导学生自由讨论，探索答案。同事马老师对刘老师说：“你这样做会使学生思维太发散，也浪费时间，将来考试肯定会吃亏的。我从不这样做！”下列选项中正确的是(　　)

A. 马老师的说法合理，有利于提高学生学习成绩

B. 刘老师的做法得当，有利于培养学生创新意识

C. 马老师的说法欠妥，不利于维持课堂教学秩序

D. 刘老师的做法欠妥，不利于保证正常教学进

24. 下列不符合素质教育理论的观点的是(　　)

A. 重点关注某个学生或某些学生

B. 除了重视学生成绩，还重视德、体、美、劳的发展

C. 能够发现学生的独特之处并促进学生个性发展

D. 鼓励创新，让学生去实践

25. 素质教育不允许以任何形式或手段，对入学儿童按照种族、性别、肤色、宗教等标准进行筛选，而是要使每一个人都得到发展。这说明(　　)

A. 素质教育是面向全体学生的教育　　B. 素质教育是促进发展的教育

C. 素质教育是着眼于基础的教育　　D. 素质教育是弘扬主体性的教育

26. 下列观点符合素质教育理念的是( )

A. 学校应将课内活动改为课外活动,多上文体课

B. 教师不应给学生布置课后作业

C. 教师应成为学生的合作者和决策者

D. 教师应关注每一个学生

27. 班主任刘老师在所在班级做出一个决定,凡是考试成绩前三名的学生可以免除班级打扫卫生的义务。刘老师的做法( )

A. 不利于学生综合素质的形成　　B. 不利于学生平均发展

C. 有利于激发学生学习　　D. 有利于班级管理创新

28. 学习成绩一般的晓丽在县舞蹈比赛中取得了良好的成绩。班会上,班主任吴老师表扬了她:“一花一世界,每个人都有自己的精彩。”这表明吴老师关注( )

A. 学生的个性发展　　B. 学生的品行发展

C. 学生的知识习得　　D. 学生的身心健康

29. 陈老师在上课时,经常问学生:“大家想一想,还有其他答案吗? 有没有不同的解题方法?”这表明陈老师注重( )

A. 学生全面发展　　B. 学生个性发展

C. 面向全体学生教学　　D. 培养学生的创新精神和发散思维

30. 在全县校长经验交流会上,某校校长强调素质教育就是减负和增加课外活动。该校长的说法( )

A. 错误,是对素质教育的片面理解

B. 正确,体现了素质教育与学科教学的结合

C. 正确,符合提升教学实力的需要

D. 正确,符合凝练学校办学特色的需要

31. 三年级二班的希希非常喜欢画画,但数学成绩一直处于下游。班主任余老师找到希希,对她说:“你画得再好,数学学不好,将来还是白搭,还是学好数学最重要。”余老师的做法( )

A. 正确,有利于学生向社会需求发展　　B. 正确,有利于学生知晓学习任务的重点

C. 错误,不利于学生个性化发展　　D. 错误,不利于班级成绩的提高

32. 王老师认为,学生的个性发展与全面发展并不矛盾,二者相互促进。这表明王老师具有( )(常考)

A. 开拓创新的理念　　B. 素质教育的理念

C. 自主发展的意识　　D. 因材施教的意识

33. 陈老师作为班主任经常对学生说："音、体、美这些学科，都是你们上大学时才该学的东西，现在你们的任务只有考试。"陈老师的说法(　　)

A. 不正确，不利于学生全面发展　　B. 不正确，不利于学生个性发展

C. 正确，分数是衡量学生的唯一标准　　D. 正确，有利于激励学生学习

34. 小周是班里的文艺骨干，但学习成绩一般。于是班主任评价他："只关注些旁门左道，一到正事上就不行了。"班主任要求小周，只有成绩提高了才能参加文艺活动。班主任的做法(　　)

A. 尊重了学生学习的自主性　　B. 忽视了学生发展的个性化

C. 忽视了学生发展的平均性　　D. 尊重了学生学习的差异性

二、材料分析题(每小题14分，参考时限10分钟。共4小题)

1. 材料：

在全面实施素质教育的环境下，如何评价学生的优、良、中、差呢？蒋老师制定了这样的标准：(1)大纲规定的基础科达到60分以上，并能发现自己的特长且有所发展的，为及格；(2)基础科及格或良好，特长科明显超过同年级学生的，为良好；(3)基础科良好，特长科大大超过同年级学生或有所发明创造的，为优秀；(4)仅基础科及格或仅特长科有所发展的，均为不及格；(5)仅基础科良好或特长科单方独进的，视为畸形发展，作降格评价。

这一评价标准的实施，使绝大部分文化课较薄弱的学生都增强了自信，找到了自己的优势与成才的途径，也使文化课考试分数较好的学生不再自我感觉良好。经过一个学期的实践后，学生的学习积极性明显提高，各科学习成绩有了大幅度的提高，各科总分由年级倒数上升至年级第二名。

问题：请结合材料，从教育观的角度，评析蒋老师的教育行为。

2. 材料：

李老师是一名小学美术老师，他常常说："美术课堂不仅要教会学生画画，还应该培养学生更多的能力。"

有一次，在和学生聊天时，李老师听说学生家里都有不少闲置的废旧衣物，弃之可惜，留之占地。于是，李老师组织了"变旧为新"创意大赛，号召大家收集家里无用的旧衣物，将其进行改造。这一活动吸引了很多学生和家长参与，有的学生将旧衣服改成符合时尚潮流又具有独特魅力的新衣服；有的学生将旧衣物裁剪成布条、布块，制作成灯笼、布娃娃等布艺饰品……学生们给旧衣物赋予了新的功能和价值，创作出缤纷多彩的作品。

在教学中，李老师经常运用绘图技术进行视觉教学，听音乐作画、古诗词意境配画等，他还带学生去郊外写生。每年市里举办美术展览，他都带学生去参观，引导学生仔细观察，用心体会。

李老师的美术课成了学生追捧的热门课，他也被评为学校最受学生喜爱的"十大明星老师"之一。

问题：请结合材料，从教育观的角度，评析李老师的教育行为。

3. 材料：

崔老师刚工作就担任了副班主任。

崔老师对学生很“宽容”，有的学生偏科，他说：“没有关系，很多天才都偏科。”有的学生不喜欢体育锻炼，他也表示理解：“人有自己喜欢的事情，也有自己不喜欢的事情，不可能什么都喜欢。”

崔老师很喜欢学习好的学生，经常召集这些学生谈话，告诉他们要有远大的理想，并引导他们树立正确的人生目标。对于成绩不太好的同学，他也不加干预，还说：“学习上的差异古今中外都存在，十个手指头还不一样长呢。”

班主任与崔老师商量，打算分头联系家长，了解学生的基本情况，敦促家长为学校工作提供支持，但崔老师觉得没有必要，理由是：“家长平时都很忙，我们应该理解家长。教育孩子是我们老师的责任，不能给家长增加负担。”

很多老师对崔老师的做法很不理解。

问题：请结合材料，从教育观的角度，评析崔老师的教育行为。

4. 材料:

李老师是某校的一名科学老师,为了提高学生的学习兴趣,他经常在课上采取一些新举措。首先,李老师在班上开展课前小演讲活动,培养学生的语言表达能力和对科学知识的理解能力。苹果落地现象是人们司空见惯的,但是牛顿却在此基础上提出了万有引力定律;伽利略敢于质疑和挑战权威,通过在比萨斜塔上同时抛下两个大小不同的铁球实验,指出铁球同时落地方是真知。当学生讲到此类故事时,李老师就及时倡议学生给课本"挑刺",要"吾爱吾师,吾更爱真理",要敢于说"老师,我反对",对敢于挑毛病的学生给予奖励。其次,在课堂教学中,李老师设置问题情境,鼓励学生独立发现问题,提出问题,发表自己的见解,运用已有知识经验去思考如何解决问题,给予学生一定的启发,让学生自己寻找答案,并鼓励学生一题多解。通过李老师的引导和培训,学生的思维品质更加完善。不仅敢于质疑,而且善于创新求异。

问题:请结合材料,从教育观的角度,评析李老师的教育行为。

专题二　学生观

链接答案本 P262

一、单项选择题(每小题2分,共40小题。参考时限60分钟)

1. 学校举办“给自己喜爱的作家写信”的活动,并给了每个班五个名额,可以帮助学生把他们写的信寄给他们喜爱的作家。其他班级都是抽签决定这五个名额给谁,但是三班的李老师认为只有作文写得好的学生才有资格把信寄出,因此她挑选了五名写作能力强的学生并帮助他们寄信。李老师的做法(　　)

A. 符合因材施教的原则　　B. 符合公平竞争的要求

C. 违背民主互助的理念　　D. 违背平等待生的理念

2. 下列所述不符合“以人为本”的教育理念的是(　　)

A. 遵循学生的生理、心理特点和发展规律设计教学计划

B. 在教学过程中以学生为主体

C. 以实现学生的全面协调发展为教学宗旨

D. 照本宣科,完全按照教材开展教学

3. 马老师在班级中组织了书法兴趣小组,规定每个同学都必须参加。马老师的做法(　　)

A. 正确,体现了面向全体学生的理念　　B. 错误,忽视了学生的个性差异

C. 错误,忽视了学生的发展潜能　　D. 正确,体现了促进学生全面发展

4. 某学校要进行先进教师的评选。刘老师怕学习倒数的李小萌和蒋大壮影响自己的评选,就对李小萌和蒋大壮说:“学习不刻苦,不如回家卖红薯。你们俩学习这么差,跟着父母卖红薯去吧!还学什么习!”刘老师的做法(　　)

A. 不正确,没有看到学生是独立的人　　B. 不正确,没有看到学生是发展的人

C. 不正确,没有看到学生是独特的人　　D. 正确,刘老师用激将法引导学生努力学习

5. 多年来,曾老师坚持让学生采用反思记录表、学习日志或成长记录袋等多种方法来记录学习过程,并不断指导学生优化记录的方法。曾老师的做法(　　)

A. 忽视了学生的发展性　　B. 忽视了学生的差异性

C. 尊重了学生的创造性　　D. 尊重了学生的自主性

6. 马老师每次都会根据学生不同的学习基础设计课堂提问和练习。这说明马老师(　　)(易混)

A. 注重循序渐进,实现师生教学相长　　B. 注重分层教学,促进学生均衡发展

C. 关注学生差异,促进全体学生发展　　D. 遵循教学规律,实现学生全面发展

7. 明明的妈妈帮刚升入一年级的孩子报了奥数班，明明学了几节课，表现却不尽如人意。老师告诉明明的妈妈说："一般的孩子到小学五、六年级才开始学奥数，虽然明明很聪明，但过早学习奥数对孩子来说是个负担，不利于孩子将来的发展。"这说明老师能够关注到(　　)

A. 学生发展的差异性　　B. 学生发展的互补性

C. 学生发展的顺序性　　D. 学生发展的阶段性

8. 陶行知说过："你的教鞭下有瓦特，你的冷眼里有牛顿，你的讥笑中有爱迪生。"这说明学生是(　　)(常考)

A. 具有生存权利的人　　B. 具有发展潜能的人

C. 具有独特个性的人　　D. 具有独立人格的人

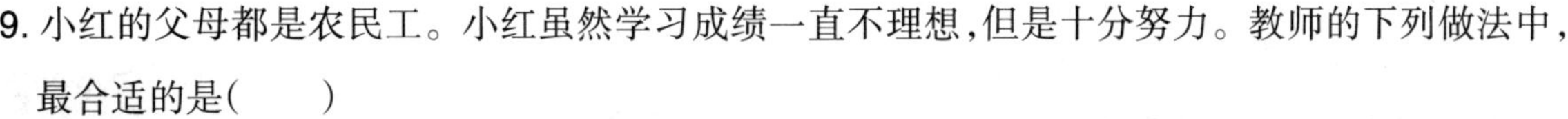

9. 小红的父母都是农民工。小红虽然学习成绩一直不理想，但是十分努力。教师的下列做法中，最合适的是(　　)

A. 劝说小红不要学习了，你的父母都是农民工，你不会有什么前途的

B. 对小红的任何行为不予理睬

C. 耐心教导小红，肯定小红的努力，并且教给小红正确的学习方法

D. 认为小红智商低是遗传的，无论怎样都无法改变学习成绩

10. 作为班长，晓月成功组织了很多班级活动。可是，晓月的妈妈担心班级事务影响晓月的学习，私下对班主任范老师说："不要让晓月担任班干部了。"范老师二话没说就照办了。范老师的做法(　　)

A. 体现了对家长意见的尊重　　B. 体现了教师与家长的合作

C. 忽视了学生发展的完整性　　D. 忽视了班级管理的差异性

11. 张老师上课时，小明总爱举手，但答题经常出错；小强不爱举手，但老师点名提问却总能答对。张老师的下列做法中，最合适的是(　　)

A. 批评小明总出错，表扬小强爱思考　　B. 表扬小明爱举手，批评小强不发言

C. 批评小明总出错，批评小强不发言　　D. 启发小明勤思考，鼓励小强多举手

12. 某学校举办"跳蚤市场"图书交易活动，学校鼓励所有学生积极地为图书交易活动做准备，如物品的收集、海报的绘制、广告语的设计、场地的布置，促使活动顺利完成。该学校的做法(　　)

A. 体现学生是发展的人　　B. 体现学生是自律的人

C. 忽视了学生的主动性　　D. 忽视了学生的创造性

13. 一年级刚开学，班主任韩老师就通过各种渠道，深入了解班级每个学生的情况，并据此制订适合每位学生的发展规划。这种做法表明韩老师关注(　　)(常考)

A. 学生发展的差异性　　B. 学生发展的互补性

C. 学生发展的平衡性　　D. 学生发展的顺序性

14.“道而弗牵,强而弗抑,开而弗达。”下列对这句话的理解,不正确的是( )

A. 体现主体教育思想　　B. 强调学生自主发展

C. 鼓励学生自学成才　　D. 注重对学生的引导

15. 某小学第三节英语课上,吴老师让学生反复记忆本节课的8个单词后,开始提问学生。吴老师让学生小明在黑板上默写这8个单词,小明写对了6个,吴老师对答错的单词进行反复提问,小明仍是不会,气得吴老师对小明说:“人家都是从哪里跌倒从哪爬起来,你倒好,从哪跌倒,在哪跌死。”吴老师的做法( )

A. 违背了“以人为本”的学生观　　B. 违背了学生身心发展的一般规律

C. 在一定程度上激发了学生的学习动机　　D. 及时指出了学生的缺点和不足之处

16. 下列说法中正确的是( )

A. 只有成绩优良的学生才是好学生　　B. 学生在教学中处于从属的地位

C. 成绩差的学生也有可能获得成功　　D. 头脑笨的学生怎么教都教不好

17. 李岩将来想当一名科学家,他的班主任却说:“你现在学数学都那么吃力,以后物理、化学肯定也学不好,一定不能把成为一名科学家作为人生目标。”数学老师的说法( )

A. 忽视了学生的主体性　　B. 忽视了学生的发展性

C. 忽视了学生的创造性　　D. 忽视了学生的差异性

18. 著名教育家陶行知说:“人像树木一样,要使他们尽量长上去,不能勉强都长得一样高,应当是:立脚点上求平等,于出头处谋自由。”这句话主要告诉我们( )

A. 人的身心发展具有一定的顺序性,所以教育工作要循序渐进

B. 人的身心发展具有可变性,所以教育工作要适时调整

C. 人的身心发展具有不平衡性,所以教育工作要抓住关键期

D. 人的身心发展具有个别差异性,所以教育工作要因材施教

19. 新课程体系改革下倡导的学生观是( )

A. 学生是被动的人　　B. 学生的能力是有限的

C. 学生是“边际人”　　D. 学生是具有独立意义的人

20. 罗老师教学经验丰富,他认为教学要以人为本,应当把成人看作成人,把孩子看作孩子。这说明罗老师认识到( )(易错)

A. 学生是责权的主体　　B. 学生是独特的人

C. 学生是学习的主体　　D. 学生是完整的人

21. 学生小王在学习某单元的课程内容时总是摸不着头脑,他默默在心里鼓励自己克服困难。后来通过不懈的努力,他在此单元考试中取得满意的成绩,他又在心里默默地告诫自己不要骄

傲。小王的行为体现了学生作为具有主体性的人的(　　)

A. 独立性　　B. 选择性　　C. 调控性　　D. 自我意识性

22. 李老师是一位教学经验丰富的老教师,课堂上他不允许任何学生质疑课本,认为小组讨论、实地考察的形式浪费教学时间,固守班级授课、教师权威的观点。李老师的认识违背了(　　)

A. 以教材为中心

B. "以人为本"的学生观

C. 面向全体学生

D. 教师的绝对主导

23. 下列哪项没有体现"以人为本"的学生观的理念(　　)

A. 教师应注重学生各阶段的身心发展特点

B. 教师应学会尊重学生

C. 教师在教学中应注重培养学生的能力

D. 教师应在继承传统师德的基础上提高自身修养

24. 现代学生观倡导(　　)

①学生是发展的人

②学生是独特的人

③学生是单纯抽象的学习者

④学生是具有独立意义的人

A. ①②③　　B. ②③④　　C. ①③④　　D. ①②④

25. 张老师在李鹏的评语册中写道:"虽然还存在诸多不足,但只要继续努力,就一定能取得更大的进步。"该评语最能体现出张老师的学生观是(　　)(常考)

A. 学生是发展的人

B. 学生是具有独立意义的人

C. 学生是独特的人

D. 学生是教育活动的对象和自我教育的主体

26. 下列关于新课改倡导的学生观的表述,错误的是(　　)

A. 学生是处于发展过程中的人

B. 学生是学习的主体

C. 学生无法被老师的意志影响

D. 每一个学生都是独特的

27. 大数学家华罗庚在初中时期数学成绩非常差,他的数学老师跟全班同学说:"如果将来有一个人没有出息,那个人一定是华罗庚。"之后华罗庚通过自己的努力成为著名的数学家。数学老师违背了(　　)的学生观。

A. 学生是独特的人

B. 学生是发展的人

C. 学生是具有独立意义的人

D. 学生在教育教学中占主导地位

28. 赵老师每月都会重新调整座位,他排座位的原则是:月考中考分高的学生坐在教室的中间区域,考分低的学生坐在边角位置。赵老师的做法(　　)

A. 正确,符合公平竞争的要求

B. 错误,有违教育公正的理念

C. 正确,符合因材施教的理念

D. 错误,违背分班教学的要求

29. 新转来的学生小明常常以叛逆者自居。他学习成绩不好，经常在上课时表现出怪异行为，比如：学狼叫、席地而坐，甚至在众目睽睽之下从讲台爬回自己的座位。所有的任课老师都说小明是个十足的坏孩子，品行不端。作为班主任的李老师却没有放弃小明，她根据小明的具体情况采取了一系列补救措施。班主任李老师的做法(　　)

A. 正确，体现了学生是发展的人　　B. 正确，体现了学生是独特的人

C. 正确，体现了学生是具有独立意义的人　　D. 错误，是一种浪费时间的行为

30. 军军的英语成绩比较差，每次考试都不及格，这次考试及格了。军军本以为老师会表扬他，没想到老师一进教室就当着全班同学的面问他："你这次考得这么好，不是抄来的吧？"老师的这种做法忽视的是(　　)

A. 学生的完整性　　B. 学生的个体性　　C. 学生的独立性　　D. 学生的发展性

31. 某班老师在课堂上抱怨道："这个公式我在班上讲了不下五遍，你们还是不会做，真是笨死了。"针对该老师的行为，下列说法正确的是(　　)

A. 合理，学生需要鞭策　　B. 合理，抱怨是老师的权利

C. 不合理，未能意识到学生是发展的人　　D. 不合理，不能在课堂上抱怨，私下可以

32. 在一个班级中，学生之间的差别很大，比如小梦同学性格内向，但是她的注意力集中；小飞同学热情大方，但是他做事轻率、不踏实。这要求教师(　　)

A. 把学生看作发展的人　　B. 把学生看作独特的人

C. 把学生看作学习的主体　　D. 把学生看作不成熟的人

33. 由于生源存在差异，某小学将学生按入学成绩高低分为快慢班，该学校的做法(　　)(常考)

A. 正确，有利于因材施教　　B. 正确，有利于资源配置

C. 错误，不利于教育公平　　D. 错误，不利于均衡发展

34. 下列哪一项不属于现代学生观的范畴(　　)

A. 教师要促进学生发展

B. 教师要充分发挥学生在学习过程中的主体作用

C. 教师要尊重学生

D. 视学生为被动的客体、管辖的对象、装知识的容器

35. 红星小学在操场旁搭建了一个"学校小舞台"，每天下午放学后30分钟为开放时间，学生可以上台展示自己的兴趣爱好和特长，如机器人对战、琴棋书画、演讲、歌舞等。每天音乐一响，"校园小舞台"就会吸引许多学生、老师和家长。从学生观的角度分析，该校做到了(　　)

A. 挖掘了学生的独特才能　　B. 开发本校的校本课程

C. 注重家校合作　　D. 尊重学生身心发展的互补性

36. 刚入职的李老师讲课时常按照教师用书逐字讲授，学生普遍反映难以理解，但李老师仍没有改变教学策略。李老师的做法(　　)

A. 忽视了学生的发展性　　B. 忽视了学生的主体性

C. 尊重了学生的创造性　　D. 尊重了学生的差异性

37. 芳芳老师是一名刚毕业的大学生，刚接手一个新的班级，便积极主动找有经验的李老师讨教教学方法。李老师告诉芳芳老师，对学生越严厉越好，让学生言听计从，说啥做啥就好。对于李老师的说法，下列表述正确的是(　　)

A. 有利于管理班级纪律　　B. 没看到学生是发展的人

C. 没看到学生是具有独立意义的人　　D. 看到了学生具有发展的潜能

38. 对某一数学题，小李用不同于教师的方法得出了同样的答案。老师看到后大发雷霆，当众训斥小李，该老师的做法违背了(　　)

A. 关注学科的教育理念　　B. 以学生为本的教育理念

C. 教会学生知识的教育理念　　D. 以教育者为中心的教育理念

39. 当孩子处于婴儿期时，父母要始终如一地满足孩子的各种需要，悉心呵护以培养信任感；当孩子处于幼儿期时，父母应该关注孩子的积极主动性，允许孩子主动承担家务，并给予鼓励与支持；当孩子处于学龄期时，父母要引导孩子勤奋努力，并对孩子的勤奋行为给予表扬。这是因为(　　)

A. 学生的身心发展是有顺序性规律的　　B. 学生的身心发展是有阶段性规律的

C. 学生具有巨大的发展潜能　　D. 学生具有自身的独特性

40. “士别三日，即更刮目相待”体现了(　　)

A. 学生是发展的人　　B. 学生是具有独立意义的人

C. 学生是独特的人　　D. 学生是责权主体

二、材料分析题(每小题14分，参考时限10分钟。共8小题)

1. 材料：

有一天，李老师在多媒体教室上英语公开课，听课的一位教研员发现坐在教室最后一排的学生无精打采，也不跟着课堂的节奏走。趁学生做练习的时候，教研员悄声问坐在最后一排的那几个学生怎么回事，那几个学生不好意思地说明了缘由，原来那几个学生都是班上的英语“差生”，上课之前，李老师特意安排那几个学生坐在最后面，以免影响公开课的效果。下课之后，在与李老师的交谈中，教研员说：“既然那几个学生英语学习跟不上，为什么不给那几个学生另外布置适合他们的学习任务呢？哪怕让他们记几个单词也比干坐一节课好啊！”李老师一脸茫然，并不认可这个建议，只是勉强地点点头。

问题：请结合材料，从学生观的角度分析李老师的行为，并提出另一种对“差生”的正确处理方式。

2. 材料：

新学期开学，我接手了一个特殊的班级。这个班级总是乱哄哄的，课堂上搞小动作的、交头接耳的、坐立不安的……令人应接不暇。接管班级后，我经常提醒同学们要遵守纪律，好好听课，学生却视我的话如耳旁风，左耳进右耳出，班级纪律一直不见好转。最终，我暗下决心，决定找个机会，“杀一儆百”，好好地整顿一下班级纪律。功夫不负有心人，机会终于来了。班里的“捣蛋大王”齐齐课间玩闹时，把一块快要融化的雪糕扔在邻班一个男生的身上。先是邻班男生的班主任气冲冲地跑来告状，下午其父母又来讨说法。我带着满腔的怒气让齐齐写了一份两千字的检查。在班会课上，我又把齐齐叫到讲台上，让他当众读自己的检查，并让其他同学指出他的错误，希望别的同学能够引以为戒。

问题：请结合材料，从学生观的角度，评析“我”的教育行为。

3. 材料：

高虎是留守儿童，并且父母离婚，他跟着自己的爷爷奶奶生活。爷爷奶奶从未接受过教育，对高虎的学习也不能给予正确的引导，只是一味地宠溺。所以，高虎就形成了以自我为中心的性格特点，而且，在学校里也不敢与人交流，很自卑、孤僻。班主任马老师发现了这位特殊的学生，在课堂上经常给予高虎鼓励、期待。课余时间，马老师就把高虎叫到自己办公室或自己家里，辅导他的学习，并鼓励高虎要相信自己，每一个个体都是独特的，每位同学都有缺点、优点，只有自己发奋努力，未来才不是梦。在马老师的鼓励关心下，高虎的性格得到了完善，成绩也获得了提升。

问题：请结合材料，从学生观的角度，评析马老师的行为。

4. 材料：

晓华学习成绩差，很多老师认为他学业上无可救药。有一天，张老师发现他的作文本里夹着一页纸，上面歪歪扭扭地写着“零分我的好朋友你在慢慢地向我靠近你如此多情难到你也把我当成一个无用的人不我不是一个无用的人我是人我也有一颗自尊心再见吧零分”。

张老师把晓华叫到办公室，帮助他改正了错别字并加上标点，重新组织成下面的样子：

零分，我的好朋友，

你在慢慢地向我靠近。

零分，你如此多情，

难道你也把我当成一个无用的人？

不，我不是一个无用的人，

我是人，我也有一颗自尊心。

再见吧！零分！

张老师露出赞许的神情，说："看，这是一首很好的诗啊！"听到这句话，晓华原本紧绷的脸上露出了笑容。张老师又说："诗言志，从这首诗可以看出你是不甘心与零分为伍的人，你也有你的梦想。"这是诗？我也能写诗？晓华非常激动，他没想到老师会给他这样的评价。张老师热情的鼓励驱散了他心中的阴影，坚定了他奋发向上的信心。从此以后，晓华努力学习，取得了很大进步。

问题：请结合材料，从学生观的角度，评析张老师的教育行为。

5. 材料：

一年级学生莎莎，由于母亲工作忙，开学第一天，莎莎的耳朵没有洗干净。第一节课，张老师发现了莎莎的耳朵脏，把她作为一个反面示例，叫莎莎站起来给大家看，引起了全班同学的大笑。从此以后，每次上张老师的课，莎莎总是把头埋得很低，总是觉得大家都在看她，都在嘲笑她。因此莎莎的数学成绩一直很差。张老师把原因归结于莎莎上课不认真，没能集中注意力去听课，以致莎莎的成绩越来越差，期末考试时，她的数学只考了40分。莎莎的身心受到了严重的影响。

问题：请结合材料，从学生观的角度，分析张老师的教育行为。

6. 材料：

六年级(1)班学生王红的语文、英语两科成绩都很好，数学却很差，用她自己的话说："我爸妈小时候数学都不好，遗传！"

刚接这个班数学课的张老师很惋惜，她想：怎样才能让王红爱学数学、会学数学呢？在全面了解王红的学习状况之后，张老师决定从习得学习方法、消除对数学的畏惧入手帮助王红。

张老师先是和王红一起总结语文与英语的学习方法，归纳其中相通的地方，指导王红尝试将其应用在数学学习上。课堂上，张老师提问王红时，会将复杂的问题分解成一个个小问题，适当进行启发，并给王红提供机会说出解题思路，这逐渐改善了王红的听课效果。

在操作性学习活动中，王红常常不知如何下手。针对这些问题，张老师一方面鼓励王红大胆操作，不要怕犯错误，另一方面教给她具体的操作方法，引导她逐步体验，王红也渐入佳境。当作业难度较大时，张老师便给王红搭一个"脚手架"，设计较容易的题目让她先完成，然后找到题目之间的联系，最终完成作业。对于王红的作业，张老师采用面批的形式，及时反馈，以便王红适时改进。

经过张老师和王红的共同努力，王红的数学成绩得到了大幅度提高，王红再也不说自己"学不好数学"了。

问题：请结合材料，从学生观的角度，评析张老师的教育行为。

7. 材料：

陈老师在语文教学中，总是先让学生明确学习目标，然后提出问题，让学生围绕问题各自探索，并在小组内进行交流。大家都解决不了的问题，就由陈老师讲解，一学期下来，很多学生觉得不仅收获了知识，解决问题的能力也增强了。

当然，陈老师也会遇到一些“意外”情况，有的同学老是找不到学习的方法，也不愿意发言，习惯当听众，王春就是这样的孩子。陈老师有一次点名让王春发言，王春站起来紧张得面红耳赤，陈老师示意王春坐下。课后，陈老师把王春叫到办公室说：“你既然不愿意在班上公开讲，那我们就私下聊吧，现在只有我们两个人，你就补上你的课堂发言吧。”在陈老师的多次鼓励下，王春慢慢克服了胆怯，也敢上台发言了。

作为班主任，陈老师号召学生扩大阅读面，他给学生推荐了很多书目，包括古今中外的文学名著，也包括科技史、通俗哲学读物、成功者的励志故事……他还经常组织学生交流阅读体会，一学期下来，学生的视野明显开阔了，知识面也明显扩宽了。

问题：请结合材料，从学生观的角度，评析陈老师的教育行为。

8. 材料：

刘老师发现小月同学有些自卑，便决定召开一次主题班会活动，帮助小月克服自卑心理。在班会上，刘老师让每个人在自己的背后贴一张纸，由其他同学在纸上写出他/她的优点。小月看到自己的纸条上写着“帮助班级浇花”“帮助同学答疑”……她才发现原来自己也是有很多优点的。后来小月逐渐克服了自卑心理，学习的积极性也提高了。

问题：请结合材料，从学生观的角度，评价刘老师的教学行为。

专题三 教师观

链接答案本 P271

一、单项选择题(每小题2分,共41小题。参考时限60分钟)

1. 获全国“先进工作者”荣誉称号的乡村教师农加贵曾说:“影响一个孩子6年,就可以改变一个家庭6年甚至60年的命运。”这揭示了教师劳动的(　　)特点。

A. 复杂性　　B. 长期性　　C. 科学性　　D. 创造性

2. 小郑、小刘都是某学校的数学老师,平时两人都很努力,也喜欢暗暗较劲。学校举办的青年教师说课比赛,小郑和小刘都有参加,但赛前两位老师既无教学的交流,也无比赛想法的讨论,最后双双遗憾出局。关于小郑和小刘的做法,下列说法合理的是(　　)

A. 有利于教师的个人成长　　B. 有利于教师在竞争中成长

C. 体现了教师公平竞争的自觉性　　D. 违背了教师间的合作理念

3. 教师在教学过程中让学生死记硬背,而没有让学生掌握记忆的方法,进行有意义的记忆。这说明该教师(　　)

A. 没有关注学生的创造性　　B. 过分重视知识的讲授,而没有让学生进行实践

C. 没有关注学生的情感需求　　D. 关注知识传授而非教会学生学习

4. 教师在对自己的教学行为进行系统化反思、对积累的经验进行总结的过程中所扮演的职业角色为(　　)

A. 研究者角色　　B. 促进者角色

C. 合作者角色　　D. 对话者角色

5. 在新课程改革中,教师的教学行为发生的变化是(　　)

A. 在对待教学关系上,新课改强调教导、答疑

B. 在对待与其他教育者的关系上,新课改强调独立自主精神

C. 在对待自我上,新课改强调反思

D. 在对待师生关系上,新课改强调权威、批评

6. 张老师根据自己班级情况,为解决班级内部班干部的人际关系问题,营造和谐融洽的班级氛围,自主开发了“和谐人际”的班级课程。这体现了教师是(　　)(易错)

A. 教育教学的研究者　　B. 课程的建设者和开发者

C. 学生学习的促进者　　D. 社区型的开放教师

7. 小丽是个慢性子，做什么事都很慢，同学们不喜欢跟她玩，但班主任胡老师总是在班上夸小丽做作业很细心，很少犯错，值日时卫生打扫得很干净。班主任的做法（　　）

A. 正确，在师生关系上班主任能尊重、赞赏学生

B. 正确，班主任是课程建设者和开发者

C. 错误，班主任不是学生学习和发展的促进者

D. 错误，班主任不是教学反思者

8. 自习课上，刘老师在辅导学生学习，不知哪位同学将一张“老虎贴纸”粘在了刘老师的身上，引起同学们一阵窃笑。经调查，这个恶作剧是李钰搞的。此后，刘老师对李钰不闻不问。刘老师的行为（　　）

A. 正确，可以促进李钰的自我反思　　B. 正确，可以警示班上其他的同学

C. 不正确，这样压制了李钰的个性　　D. 不正确，这是对李钰的不当惩罚

9. 陈老师穿了一套新衣服，课前一进教室，所有学生的目光都投向她。有几个淘气的男同学就凑在一起，用调侃的语气大声喊道：“老师，我爱你。”下列处理方式，最恰当的一项是（　　）

A. 露出羞涩的神情　　B. 严厉地批评他们

C. 微笑着说：“告诉大家一个秘密，我也爱你们”　　D. 不予理睬，开始上课

10. 英语教师胡老师上课时，学生琳琳指出胡老师某处讲解有误，但实际上胡老师的讲解是对的。胡老师的做法恰当的是（　　）

A. 不搭理琳琳

B. 肯定琳琳勇于指出老师错误的行为，并跟琳琳解释为什么没有错

C. 批评琳琳没有认真听讲，胡乱指出错误

D. 直接告诉琳琳，老师是对的

11. 黄老师平时经常与学生交流学习，主动与同事分享经验和资源，而且鼓励家长参与学校的各种活动。学生、同事们和家长都很喜欢她。这说明黄老师已经具备了（　　）

A. 环境创设与利用能力　　B. 教学设计与教学管理的能力

C. 沟通与合作的能力　　D. 教育活动的计划与实施能力

12. 语文课上，一位学生突然向李老师提出一个与课堂无关却又观点独特、有讨论价值的问题。此时，李老师应当（　　）

A. 肯定学生提出的问题，鼓励学生课余与老师讨论

B. 指责学生胡思乱想，责令其坐好听课

C. 告诉学生不能提与本节课无关的问题

D. 不理会学生的提问

13. 冯老师批改作业时常常抱怨:“讲了多少遍,可还是答不上！真不知道现在的学生都怎么了!”这说明冯老师(　　)(常考)

A. 具有教学评价能力　　B. 缺乏教学组织能力

C. 缺乏教学反思能力　　D. 具有教学研究意识

14. 邱老师在工作日志中写道:“在今天的教研会上,我说做教研跟写论文的方法是一样的,居然没有得到认可。是我错了？还是大家不理解我？我得把这个问题搞清楚。”这表明邱老师(　　)

A. 善于自我反思　　B. 缺乏探索精神　　C. 缺乏问题意识　　D. 善于自我暗示

15. 李老师经常梳理教学工作中遇到的问题,并运用教育学、心理学的知识分析问题的成因,寻找解决策略。李老师在这一过程中扮演的主要角色是(　　)

A. 教育教学的研究者　　B. 行为规范的示范者

C. 心理健康的维护者　　D. 学生学习的组织者

16. 授课过程中,李老师始终坐在讲台上操作多媒体,以展示课前准备的精美课件。从教师观的角度看李老师的教学行为,下列判断不正确的是(　　)(易错)

A. 忽视了学习习惯的培养　　B. 忽视了学生的主体性

C. 忽视了课堂效果的提升　　D. 忽视了教师的创造性

17. 李老师经常参与县教育局组织的“送教下乡,送教到基层”活动,为乡村、社区的人们讲学习方法,讲公民道德规范。这表明李老师(　　)

A. 具有较强的课程参与意识　　B. 具有较强的社区服务意识

C. 具有较强的课程研究意识　　D. 具有较强的终身学习意识

18. 学生最喜欢上肖老师的课,因为他上课的时候,学生可以自由看小说或者睡觉。肖老师认为自己只要认真把知识讲清楚就行了,学生听不听课是他们自己的事,纪律管理应该是班主任的责任。肖老师的这种做法(　　)

A. 正确,是以学生为主体的表现　　B. 正确,是履行教师义务的表现

C. 错误,没有关注学生的心理健康　　D. 错误,没有树立正确的教师职业理念

19. 黄老师向民间艺人学习地方戏曲,并将这些内容引入音乐课教学中。这种做法体现了黄老师具有(　　)

A. 校本教研的意识　　B. 课程开发的意识

C. 长善救失的意识　　D. 示范领导的意识

20. 某小学定期组织同一学科的教师开展教学观摩活动,然后各教师针对教学过程进行讨论,并进行教学反思,不断提高教学水平。这种做法体现的教师专业发展途径是(　　)

A. 岗前培训　　B. 同伴互助　　C. 师徒结对　　D. 专家指导

21. 刘老师在一所山村学校支教，她在课堂上向学生描述澳大利亚的考拉，引发了学生对大自然的向往。结果在课堂分组讨论时，她发现有一个小组并不是在讨论课堂主题——考拉，而是在讨论希望刘老师在某个合适的时间能够带他们到学校附近的山里游玩。为了让大家集中注意力讨论课堂主题，刘老师采用的最佳措施是(　　)(易错)

A. 批评该组学生，命令他们讨论老师给定的课堂主题

B. 不予干涉理睬，任由该组学生讨论

C. 参与其中，适当提问，将话题自然引向课堂主题

D. 答应学生的要求并给该组学生安排与课堂主题有关的思考题

22. 白老师是学校里的骨干老师，他喜欢自己一个人钻研教学和做科研，拒绝与其他老师进行交流，他觉得自己的专业知识、教学经验可以让他有能力独立完成教学科研任务。针对白老师的做法，下列说法正确的是(　　)

A. 白老师的做法过于自私，但有利于其个人能力的提升

B. 白老师的做法妨碍了整个团队的发展，但营造了良好的竞争环境

C. 白老师缺乏团结协作意识，不利于自己的专业发展

D. 白老师不应该和其他老师合作，以免其他老师得利，超过自己

23. 新课程不仅要求教师的观念要更新，而且要求教师的教学行为也要转变，强调帮助、引导学生，表现在(　　)

A. 教师是学生学习的促进者　　B. 对待师生关系，强调教师主导

C. 教师是教育教学的研究者　　D. 对待教学关系，强调授受关系

24. “学为人师，行为世范”体现了教师工作的(　　)

A. 复杂性与创造性　　B. 主体性和示范性

C. 连续性和广延性　　D. 长期性和间接性

25. 在教学过程中，面对不期而至的教学信息，容不得教师细细推敲，瞬间就需要果断做出抉择，稍有不慎就会使课堂教学处于失控的局面。这体现了教师劳动的(　　)(易混)

A. 长期性　　B. 复杂性　　C. 示范性　　D. 创造性

26. 下列关于新课程改革背景下教师角色转变的表述错误的是(　　)

A. 从教师与学生的关系看，教师应该是学生学习的促进者

B. 从教学与课程的关系看，教师应该是课程的建设者和开发者

C. 从教学与研究的关系看，教师应该是教育教学的研究者

D. 从学校与社区的关系看，教师应该是学者型独立的教师

27. “打铁必须自身硬”体现的是教师劳动的(　　)

A. 复杂性　　B. 长期性　　C. 示范性　　D. 创造性

28. 任何一名教师对学生的影响绝不限于某一学科知识本身，除了要精通本门学科知识以外，还应具备一般的人文知识、社会科学和自然科学知识等。这说明教师需要具备（ ）

A. 精深的学科专业知识　　B. 广博的科学文化知识

C. 必备的教育科学知识　　D. 丰富的实践知识

29. 新课改后，教师开始改变以往教师讲、学生听的灌输式教学方式，在课堂上积极引导学生自主思考，培养学生自主学习的能力。这说明，教师扮演着（ ）角色。

A. 知识创造者　　B. 榜样示范者

C. 学生学习促进者　　D. 教学活动设计者

30. 李莉考试成绩不理想，发卷子时，董老师对她说："你还穿'耐克'，赶紧回家换'特步'吧。耐克的标志是√，特步的标志才是×。"李莉顿时羞红了脸。这表明董老师（ ）

A. 教学语言有失严谨　　B. 无视学生人格尊严

C. 批评学生严而有格　　D. 教育学生严慈相济

31. 近一段时间，班上流行大操大办过生日的风气，孩子过生日家长们纷纷比阔。在班会上，班主任孙老师对这种情况进行了批评，要求大家厉行节俭。孙老师的做法体现了教师是（ ）

A. 文化知识的传播者　　B. 高尚情操的塑造者

C. 社会风气的改造者　　D. 学生品行的引导者

32. 学生问："老师，我考试总是很紧张，怎么办？"老师说："你学习不够努力，没有复习好，所以就紧张了。"由此可以看出这位老师缺乏（ ）

A. 政治理论知识　　B. 学科专业知识　　C. 科学文化知识　　D. 教育科学知识

33. 周老师在班会课上一再强调学生上课不能迟到，不能吸烟，对待同学要有礼貌。而周老师经常在打完上课铃很久之后才到教室上课，在校园里随处吸烟，而且经常用脏话骂学生。由此反映出周老师主要没有做好（ ）的角色。

A. 朋友　　B. 榜样　　C. 引导者　　D. 解惑者

34. 王老师在课堂教学中帮助学生制定适当的学习目标，提供学习策略的指导，并且为学生创造良好的教学环境。这集中体现了王老师在教学中担任的角色是（ ）

A. 开发者　　B. 建设者　　C. 反思者　　D. 引导者

35. 王老师在新一轮的教师考核中成绩不是很理想，校长决定让她参加下一次校内组织的培训计划。王老师欣然接受，但是在培训过程中，王老师不认可培训师的讲解，也不和其他老师讨论，当其他老师提出意见时还振振有词地辩驳，公开表示自己对这次培训的不满。对于王老师的表现，下列说法不正确的是（ ）

A. 王老师没有很好地做到与同事的合作

B. 王老师对培训不满，提出自己的想法可以理解，但是态度不端正

C. 王老师没有做到尊重其他同事

D. 王老师没有提高自身业务能力的意识

36. 王老师在课堂上叫小光回答问题，小光答不上来。王老师正确的处理方式为(　　)

A. 这么简单的问题都答不上来，太笨了　　B. 坐下吧，有谁帮他回答

C. 别急，慢慢回忆一下，刚才是怎么讲的　　D. 这是刚讲过的问题，是不是开小差了

37. 秦老师是一名刚毕业的大学生，从事语文教学工作。为了能把班级教好，他每天特别早就到学校，看着学生背书，每堂课都兢兢业业地从上课讲到下课，下午放学后还把班里语文成绩不好的学生或者小测验不合格的学生留下，看着他们学习，达到要求后才能离开。可期中考试结束后，班级学生的语文成绩仍旧没有进步。秦老师需要反思的是(　　)

A. 教学态度　　B. 教学方法　　C. 教学评价　　D. 教学条件

38. 新课程倡导教师专业发展的主要途径是(　　)

A. 学习——再学习　　B. 实践——反思

D. 学习——实践　　C. 实践——再实践

39. 教师提高对自己教学活动的自我观察，发现其中的问题，提出改进方案，是教师作为(　　)的角色。(常考)

A. 设计者　　B. 指导者

C. 组织者和管理者　　D. 反思者和研究者

40. 教师相互观摩彼此的教学，详细描述看到的情境，并对此进行讨论分析。这属于教师反思的(　　)方法。

A. 反思日记　　B. 详细描述　　C. 交流讨论　　D. 行动研究

41. 林老师十分关心自己课堂上展现的教学内容是否得当，自己对于教学时间的安排是否合理等。根据福勒和布朗的教师成长理论，该教师正处于(　　)

A. 关注学生阶段　　B. 关注生存阶段　　C. 关注情境阶段　　D. 关注自我阶段

二、材料分析题(每小题14分，参考时限10分钟。共8小题)

1. 材料：

开学不久，陈老师发现小浩同学有许多毛病，陈老师心想，像小浩这样的同学缺少的不是批评而是肯定和鼓励。一次，陈老师找他谈话说："你有缺点，但是你也有不少优点，可能你自己还没发现。这样吧，我限你在两天内找到自己的一些优点，不然我可要批评你了。"第三天，小浩很不好意思地找到陈老师，满脸通红地说："我心肠好，力气大，以后想当兵。"陈老师听了说："这就是了不起的优点。心肠好，乐于助人，到哪里都需要这种人。你力气大，想当兵，保卫家园，是很

光荣的事,你的理想很实在。不过当兵同样需要科学文化知识,需要有真才实学。”听了老师的话,小浩高兴极了,脸上露出了微笑。

问题:结合上述材料,从教师观的角度,评析陈老师的教育行为。

2. 材料:

董老师和王老师是师徒关系,有一次上课时,王老师发现一个细节:董老师从头到尾都拿着教科书,而且上课过程中还时不时瞄上几眼。经过观察,王老师发现师傅瞄的并不是教科书本身的内容,而是她事先就粘贴在书中的小纸片。通常,董老师会在分析这篇课文的单词或句型时看一眼,在讲到有关课文的文化背景时看一眼,又或者是在讲评学生作业时看一眼。这些卡片上都记的什么呢?

课后,得到董老师的允许,王老师翻看了师傅所使用的教科书中的小纸片,发现这些纸片主要分为三类:绿色纸片是知识拓展类,黄色纸片是考点讲解类,蓝色纸片是错题分析类。王老师向董老师请教:“这样的小纸片密密麻麻,会不会不利于教学知识的梳理?”董老师回答道:“不会呀,这是在分析学生认知规律和学习特点的基础上想出来的方法。其中,知识拓展类纸片可以帮助学生解决知识的连贯性、整体性问题,考点讲解类纸片可以帮助学生解决知识的理解性、应用性问题,错题分析类纸片可以帮助学生解决知识的巩固性、综合性问题。所以,咱们的教学不仅要观察可以怎么做,还要去琢磨为什么这样做。”

问题:请结合材料,从教师观的角度,评析董老师的教育行为。

3. 材料：

某节课上，黄老师让学生阅读有关古希腊和中国古代神话的两段描述，然后提问："从这两段描述中，可以发现古希腊神话和古代中国神话有什么不同？"学生甲回答："希腊神话有比较完整的系统，而中国神话比较零散。"黄老师点评道："这位同学的回答很不完整，哪位同学来补充一下？"这时，甲同学羞得满脸通红，而班里则是一片寂静。课后黄老师回到办公室就说道："现在的学生脑子怎么这么笨，我之前都讲过类似的居然还不会，考试成绩差真是活该啊，反正我已经尽力了，就这样吧。"

问题：请结合材料，从教师观的角度，评析黄老师的教育行为。

4. 材料：

大学毕业后，曲老师到一所农村小学当老师，至今已有八年了。在此期间，有的同事调到条件更好的学校去了，有的则步入了职业倦怠期，有几所条件更好的城区学校想引进他，但他总是拒绝说："我从小在农村长大，明白农村孩子也需要良好的教育，这里的孩子离不开我。"

为了成为一名优秀的老师，曲老师经常翻阅各种期刊，以及时了解学科的新信息。他还经常向经验丰富的教师学习。为了提升自己分析和解决问题的能力，曲老师不断学习科学研究方法，并运用这些方法解决了一些教学问题。

曲老师说："台上一分钟，台下十年功，当教师仅靠大学时所学的知识远远不够。"他坚持每天至少进行一个小时的阅读，多年来从未间断过，他的阅读范围很广，除了研读学科专业领域的经典著作之外，他还广泛学习法学、地理学、社会学、美学等各个领域的知识。

问题：请结合材料，从教师观的角度，评析曲老师的教育行为。

5. 材料：

最近袁老师成了大家议论的焦点。从教三十余年，袁老师给大家留下的印象都是谨慎稳妥。但在最近，袁老师却开始主动“革自己的命”，放着几十年的教学风格不用，非要“鸡蛋里面挑骨头”。例如袁老师同时教授一年级、六年级学生，许多面临这种情况的老师往往会被校领导抱怨对待一年级学生太宽松，对待六年级学生太严厉，大家也都听之任之。可袁老师几十岁的人却主动跑去听其他老师上课，并请他们指出自己教学中的不足之处。对待调皮的学生，大家都是严厉批评，袁老师却主动关心这些学生的家庭环境，反思自己的教学风格是不是不适应他们。此外，袁老师还向校长建议重新调整使用了几十年的课表，要求学校增设成长规划、心理健康等“闻所未闻”的课程。

袁老师的这些行为在这所以成绩为主要目标的学校里无疑属于“特立独行”，受到各种批评，可是袁老师并没有因此而气馁，反而四处宣传他的新课程理论。

问题：请结合材料，从教师观的角度，评析袁老师的教育行为。

6. **材料：**

以下是一名学生的日记：

今天的数学课上，老师又把那几个好学生提问了一遍，其他的同学连看都不看一眼，更不用说被老师视为另类的我们这几个坏学生了。哎，哪有教师不喜欢好学生的呢？谁让我们学不如人呢？可是我想问问老师，大家同在一个教室里学习，为什么我们会被分为三六九等？为什么您的眼里要有好、中、差？为什么您总是把几个好学生挂在嘴边？我们几个还是您的学生吗？这是不是太不公平了……

问题：请结合材料，从教师职业理念的角度，评析该教师的教育行为。

7. **材料：**

赵老师是某小学的一名青年教师，现在正担任着班主任。大学毕业走上工作岗位后，他一心扑在学生的教育教学上，发誓要做一名热爱学生的优秀教师。为了了解和接近学生，取得学生的信赖，他与班里的"风云人物"一起参加课外甚至校外活动，如打球、下棋、逛电子游戏厅等，几乎对学生的各种愿望都是有求必应。但是，一学年下来，赵老师却感到非常沮丧：不仅学校领导批评他过于放纵学生，而且班上的学生也对他的管理方式颇有微词，抱怨老师偏心。为此，赵老师非常苦恼，几乎动了辞掉班主任职务的念头。

问题：请结合材料，从教师职业理念的角度，评析赵老师的教育行为。

8. 材料：

六年级下学期，班上陆续有学生过生日。有些小寿星想隆重庆祝自己的生日，邀请我参加生日聚会。面对学生的邀请，我思考了很久：学生邀请我，说明他们把我当朋友，是对我的信任，去参加，他们肯定很高兴。可是，这样会不会引发学生们的攀比浪费？拒绝学生，会不会让他们伤心？

反复思考之后，我决定利用这个机会，引导学生换一种方式庆祝生日。我发动班干部组织了“我们长大啦”主题班会课。在班会上，全体同学给“小寿星”们进行了简朴的庆祝活动，而后我引导学生们构想十年之后自己的生活。同学们畅所欲言，有的说要做科学家，有的说要做企业家，有的说要和家人一起过幸福的生活。我跟学生们分享了自己读大学、工作以来的经历，启发学生认识到要想实现梦想，不仅要好好学习，还要积极锻炼身体，提高人际交往和社会适应能力。

这次活动之后，学生们的学习劲头更足了，师生关系更融洽了。“小寿星”们把原本计划请客的钱凑起来，买了一台饮水机放到教室里，给大家的饮水带来便利。本来有些同事觉得我组织这个主题班会会浪费学生们宝贵的学习时间，但是他们看到效果后也纷纷效仿开展了类似的主题班会。

问题：请结合材料，从职业理念的角度，分析材料中“我”的教育行为。

第二章　法律法规

链接答案本 P281

法律法规

- 《中华人民共和国宪法》：我国的政体、公民权利、国家机构及其职权★★★
- 《中华人民共和国教育法》
  - 学校和教育机构的性质、办学条件、法人条件以及权利★★
  - 受教育者的权利★★
  - 文化机构的义务
  - 教育税收制度
  - 违法主体应负的法律责任★★★
- 《中华人民共和国教师法》
  - 与名言警句相匹配的法条
  - 教师资格丧失的条件与后果
  - 社会办学教师待遇的保障
  - 违法主体应负的法律责任★★★
- 《中华人民共和国义务教育法》
  - 义务教育阶段学生入学及有关组织、个人的社会义务
  - 义务教育保障工作中相关部门和学校的举措★★★
  - 违法主体应负的法律责任★★★
- 《中华人民共和国未成年人保护法》
  - 未成年人的定义
  - 家庭保护、学校保护
  - 社会保护、①________、政府保护、司法保护★★★
  - 违法主体应负的法律责任
- 《中华人民共和国预防未成年人犯罪法》
  - 学生不良行为和严重不良行为的表现及举措★★★
  - 学校、教育、公安等机构组织在预防未成年人犯罪工作中的举措
- 《学生伤害事故处理办法》：不同情形下学生伤害事故的担责主体与担责程度★★★
- 《中小学教育惩戒规则（试行）》：学校、教师实施惩戒的原则
- 教师的权利与义务★★
  - 教师的职业权利：教育教学权、管理学生权、获取报酬待遇权、民主管理权、②________
  - 教师权利的保护：教师行政申诉、教育行政复议、教育行政诉讼
  - 教师的职业义务：遵纪守法义务、教育教学义务、全面教育义务、爱护尊重学生义务、保护学生义务、提高思想觉悟和业务水平义务
- 学生权利及侵权表现
  - 学生的公民权利：人格权、③________
  - 侵犯学生受教育权、人格权、财产权的表现形式★★★

刷真题

链接答案本 P281

单项选择题(每小题2分,共57小题。参考时限85分钟)

1. [2023上半年]某网站在对用户发帖进行审核时,发现有用户发布了一条可能影响未成年人身心健康的信息。依据《中华人民共和国未成年人保护法》,该网站应当采取的措施是(　　)(易错)

A. 作出提示或者通知用户予以提示　　B. 立即停止向该用户提供网络服务

C. 删除相关记录并向当地公安机关报告　　D. 删除、屏蔽、断开链接等

2. [2023上半年]依据《中华人民共和国教育法》,国家举办学校及其他教育机构应当坚持的原则是(　　)

A. 勤俭节约　　B. 优先发展　　C. 就近入学　　D. 公平高效

3. [2022下半年]国务院常务会议的组成人员不包括(　　)(易错)

A. 总理、副总理　　B. 各部部长　　C. 国务院秘书长　　D. 国务委员

4. [2022下半年]卫生部门违规向学校收取费用。依据《中华人民共和国教育法》,责令其退返所收费用的机构是(　　)

A. 当地工商部门　　B. 当地教育部门

C. 当地公安部门　　D. 当地人民政府

5. [2022下半年]家长王某因教师李某批评其儿子而心怀不满,认为李某对其儿子有偏见。一天,王某在路上截住下班回家的李某,对其进行殴打,造成李某肋骨多处骨折。对此伤害事件,下列说法不正确的是(　　)

A. 可以依法追究王某的刑事责任　　B. 可以依法追究王某的民事责任

C. 依法给予王某行政处罚　　D. 李某所在学校应给予王某行政处罚

6. [2022下半年]教师钱某认为学校侵犯了其工资报酬权,向当地教育行政部门提出申诉。教育行政部门接到申诉作出处理的时限是(　　)

A. 15日内　　B. 30日内　　C. 45日内　　D. 60日内

7. [2022下半年]某小学试行"绿色惩戒",如学生在课堂打闹,要求教师采取的措施不是责罚,而是让学生背诵五则励志名言,或是收集一篇有关自律的文章并写出心得体会。该校的举措(　　)

A. 体现了对学生的关心、爱护和尊重　　B. 弱化了对学生违纪行为的自主管理

C. 不利于开展教学改革和实验　　D. 不利于培养学生的责任意识和纪律观念

8. [2022上半年]为了提高学生的科学素养,顾老师计划带他们去参观当地的科技馆,科技馆以学生年龄小、人数多、管理不便为由,婉拒了请求。科技馆的行为(　　)

A. 应当改进,科技馆应为师生参观提供便利

B. 可以理解,科技馆并不是专门的教育机构

C. 值得肯定,科技馆应当确保学生的人身安全

D. 有待商榷,科技馆所有的设施应向师生免费开放

9. [2022上半年]小雨7岁了,父母不送他去上学,而是联合了几位志趣相投的朋友,在自己家对孩子进行教育。对此,下列说法正确的是(　　)(常考)

A. 小雨的父母应报当地人民政府审核批准　　B. 小雨的父母应到当地教育行政部门备案

C. 教育行政部门应依法督促小雨父母改正　　D. 教育行政部门应依法对小雨的父母予以处分

10. [2022上半年]小学生潘某与陈某在课间活动时打羽毛球,击球中潘某所挥的球拍突然脱手,击中了一旁观看的李某,导致李某左眼受伤。对于李某所受的伤害,应承担主要赔偿责任的是(　　)

A. 潘某监护人　　B. 陈某监护人

C. 李某班主任　　D. 李某的学校

11. [2022上半年]考试前,李老师发现少了一份试卷,便对学生昭宇说:"你基础太差,参加了考试也不能及格,还是自己看书学习吧!"于是把试卷给了其他同学。李老师的做法(　　)

A. 错误,班主任才有免除学生参加考试的权利

B. 错误,基础再差的学生也有参加考试的权利

C. 正确,体现了严慈相济的职业道德

D. 正确,体现了因材施教的教育理念

12. [2022上半年]梓轩的画多次在市儿童画展上获奖,前段时间,某出版社因修订地方教材的需要,在未联系他的情况下,就用了他的一幅作品作为插图。该出版社的做法(　　)

A. 合法,教材的编辑和出版属于社会公益事业

B. 合法,出版社使用的是已公开发表的作品

C. 不合法,出版社应该事先取得梓轩的授权

D. 不合法,不应该选择未成年人的作品作为插图

13. [2022上半年]思涵受不了继母的虐待,找到班主任刘老师求助。刘老师当即向王校长汇报,王校长却说:"清官难断家务事,这种事我们还是别管了。"王校长的做法(　　)

A. 错误,学校应依法履行监护责任,保护儿童人身安全

B. 错误,学校应依法履行保护义务,积极采取救助措施

C. 正确,学校没有执法权限,光凭劝说无济于事

D. 正确,学校不是行政机关,无权干预家庭事务

14. [2021下半年]社会青年孙某闯入一所农村小学寻衅滋事,扰乱学校秩序,依据《中华人民共和国教育法》,对孙某应由(　　)

A. 教育行政部门进行强制教育　　B. 公安机关给予治安管理处罚

C. 受害学校给予罚款　　D. 乡级人民政府实施管制

15. [2021下半年]小学教师李某由于在校外兼职,经常旷工,严重影响了学校教学工作。依据《中华人民共和国教师法》,学校应对李某给予(　　)

A. 解聘　　B. 警告　　C. 罚款　　D. 训诫

16. [2021下半年]依据《中华人民共和国未成年人保护法》规定,县级以上人民政府应当建立的未成年人保护工作机制是(　　)

A. 合作机制　　B. 监督机制　　C. 协调机制　　D. 考核机制

17. [2021下半年]某县有关部门拖欠小学教师工资,依据《中华人民共和国教师法》,受理教师申诉的应是(　　)

A. 同级人民政府　　B. 上一级人民政府

C. 教师所在学校　　D. 同级人民政府教育行政部门

18. [2021下半年]小学生宋某多次旷课、逃学,经老师多次教育仍拒不改正。对于宋某,学校可以(　　)(易混)

A. 予以处分　　B. 予以训诫

C. 开除学籍　　D. 责令参加社会服务活动

19. [2021上半年]《中华人民共和国宪法》规定,人民行使国家权力的机关是(　　)

A. 全国人民代表大会和地方各级人民代表大会

B. 地方各级人民代表大会和地方各级人民政府

C. 地方各级人民代表大会及其常务委员会

D. 中央人民政府和地方各级人民政府

20. [2021上半年]教师李某未履行请假手续,参加了县教研室组织的一次学术研讨会,让学生在教室自习。学校给予李某记过处分并扣除其当月部分绩效工资,李某对此处分不服。对此,下列说法正确的是(　　)

A. 学校不应该处分李某,李某享有学术研究权

B. 学校不应该扣除工资,李某享有报酬待遇权

C. 李某对处分不服,可以向上级纪委提出申诉

D. 李某的旷课行为,侵犯了学生受教育的权利

21. [2021上半年]教师张某不执行学校的教学计划，随意安排教学内容和教学进度。张某的做法(　　)

A. 合法，教师有选择教学内容的权利　　B. 合法，教师有安排教学进度的权利

C. 不合法，教师有执行学校教学计划的义务　　D. 不合法，教师有提高教学业务水平的义务

22. [2021上半年]班上有人遗失了财物，孔老师未经调查就怀疑是学生熊某偷拿了，尽管熊某一再否认，但孔老师还是要求他当着全班同学的面承认“罪行”。孔老师的行为(　　)

A. 侵犯了熊某的人身自由　　B. 侵犯了熊某的人格尊严

C. 侵犯了熊某的隐私权　　D. 侵犯了熊某的荣誉权

23. [2020下半年]某小学修建新教学大楼，要求每名新生家长缴纳3000元集资款，并承诺在学生毕业时如数返还。该校做法(　　)

A. 正确，学校承诺返还集资款　　B. 正确，家长应支援学校建设

C. 不正确，学校不能非法集资　　D. 不正确，学校应当返本付息

24. [2020下半年]小学生秦某在课间休息时玩手机，班主任李某以学校不准带手机为由没收其手机，一直没有归还。班主任李某的做法(　　)(常考)

A. 正确，教师有管理学生的权利　　B. 正确，教师有教育教学的权利

C. 不正确，侵犯了学生的财产权　　D. 不正确，侵犯了学生的休息权

25. [2020下半年]面对办学成本的不断增长，周校长计划将自己捐资举办的民办学校转型为营利性民办学校，通过向学生收取合理学费，来保障教育质量。周校长的做法(　　)

A. 合法，校长享有处置学校财产的合法权利

B. 合法，利于保障学生接受优质教育的权利

C. 不合法，捐资举办的学校其财产应当归国家所有

D. 不合法，捐资举办的学校不得设立为营利性组织

26. [2020下半年]某小学组织六年级学生秋游，活动前与学生家长签订了学校免责协议。活动中，学生孙某不慎摔伤。对此事故责任的判断，正确的是(　　)(易混)

A. 学校已签订协议，不应承担法律责任　　B. 学校是监护人，应承担监护人责任

C. 学校组织校外活动，就应该承担全部责任　　D. 学校所签协议无效，应依法承担法律责任

27. [2020下半年]根据《中华人民共和国宪法》，有权决定特别行政区设立及其基本制度的是(　　)

A. 中央人民政府　　B. 全国人民代表大会

C. 该特别行政区立法会　　D. 全国人民代表大会常务委员会

28. [2019下半年]下列选项中,不属于《中华人民共和国宪法》规定的公民基本权利的是(　　)

A. 劳动权　　B. 休息权　　C. 罢工权　　D. 受教育权

29. [2019下半年]某机关违反国家规定向学校收取费用,依据《中华人民共和国教育法》,由政府责令该机关退还所收费用,并对直接负责的主管人员和直接责任人员(　　)

A. 依法给予处罚　　B. 依法提起诉讼　　C. 依法给予处分　　D. 依法提出复议

30. [2019下半年]教师魏某工作态度消极,多次旷工,给学校教学工作造成损失。依据《中华人民共和国教师法》,学校可以采取的措施是(　　)

A. 对魏某予以解聘　　B. 给予魏某行政处罚

C. 对魏某予以罚款　　D. 要求魏某总结悔过

31. [2019下半年]小学生梁某欺凌同学,扰乱课堂纪律,学校经过研究,决定将其开除。该校做法(　　)

A. 不合法,学校只能劝退学生　　B. 不合法,学校不得开除学生

C. 合法,学校有教育学生的权利　　D. 合法,学校有处分学生的权利

32. [2019下半年]小学生罗某在学校组织的体育活动中受伤,学校和学生家长书面请求教育主管部门进行调解。根据《学生伤害事故处理办法》,该主管部门完成调解的时间段为(　　)(易混)

A. 受理申请之日起60日内　　B. 受理申请之日起45日内

C. 受理申请之日起30日内　　D. 受理申请之日起15日内

33. [2019上半年]小学生王某在课间玩耍时,故意将同学赵某推倒在地,致其左腕骨折,依据《学生伤害事故处理办法》的规定,应对赵某所受伤害承担主要责任的是(　　)

A. 王某的监护人　　B. 学校　　C. 王某的班主任　　D. 王某

34. [2019上半年]依据《中华人民共和国教育法》的规定,关于设立学校必须具备的基本条件的表述,下列选项中不正确的是(　　)

A. 有长期发展规划　　B. 有组织机构和章程

C. 有必备的办学资金和稳定的经费来源　　D. 有符合规定标准的教学场所及设施、设备等

35. [2019上半年]教师王某因醉酒驾车发生交通事故,被判有期徒刑1年。下列说法中,正确的是(　　)(易混)

A. 王某丧失教师资格,刑满释放后可继续执教

B. 王某丧失教师资格,刑满释放后,可从事其他职业

C. 王某保留教师资格,刑满释放后,需要重新注册认证

D. 王某保留教师资格,刑满释放后,不能留在原学校执教

36. [2019上半年]小学生李某随外出务工的父母到某市上学,为李某提供平等接受义务教育条件

的主体应为(   )

A. 其户籍所在地人民政府
B. 其父母或其他法定监护人
C. 其父母工作地人民政府
D. 以上三者

37. [2018下半年]某偏远山区交通不便,儿童居住较为分散,为保障当地适龄儿童接受义务教育,根据《中华人民共和国义务教育法》的规定,县级人民政府可以采取的措施是(   )

A. 设置走读学校
B. 设置寄宿制学校
C. 设置家庭学校
D. 设置半日制学校

38. [2018下半年]下列选项中,不属于全国人民代表大会行使的职权的是(   )

A. 领导和管理国防建设事业
B. 修改宪法和监督宪法的实施
C. 决定特别行政区的设立及其制度
D. 审查和批准国家的预算和预算执行情况的报告

39. [2018下半年]张某和李某两家世代交好,他们为双方的未成年子女订立了婚约。张某和李某的做法(   )

A. 合法,父母享有对子女的监护权
B. 合法,父母享有对子女的管教权
C. 不合法,订立婚约应征得双方子女同意
D. 不合法,父母不得为未成年人订立婚约

40. [2018下半年]小学生高某在学校组织的校外活动中不慎受伤,经教育行政部门调解,高某父母与学校就事故处理达成了协议。但事后学校拒不履行协议。对此,高某的父母可以采取的措施是(   )

A. 依法提起诉讼
B. 依法申请行政复议
C. 依法提出申诉
D. 依法申请行政仲裁

41. [2018下半年]小学生小凡在学校教学楼门口发现一条狗,想赶走它,却不慎被咬伤,经查,这条狗是学生小伟从家里带来的。对于小凡所受伤害应当承担赔偿责任的是(   )(易错)

A. 小凡的监护人和学校
B. 小伟的监护人和学校
C. 小伟的班主任和小伟的监护人
D. 小凡的班主任和小伟的监护人

42. [2018上半年]教师张某上班迟到了,学校按照制度规定扣除了张某当月的部分绩效工资。张某对学校的处分不服,他可以向教育行政部门(   )

A. 申请仲裁
B. 提出申诉
C. 检举控告
D. 申请复议

43. [2018上半年]11岁的小明在学校捡到一部价值2000元的智能手机，拿回家自己用。小明的行为(　　)(易混)

A. 属于严重不良行为　　B. 属于民事违法行为

C. 属于行政违法行为　　D. 没有违反相关法律

44. [2018上半年]下列做法中，没有违反相关法律规定的是(　　)

A. 小刚的妈妈经常检查他的作业和日记本

B. 课间休息时教师王某在教室外面的走廊吸烟

C. 教师刘某让没有正确回答问题的学生站着听课

D. 教师李某课堂上让未掌握投篮动作的学生反复练习

45. [2018上半年]学生甲和学生乙有矛盾，甲为泄私愤，将乙的照片作为投飞镖的靶子。甲的做法(　　)

A. 合法，同学矛盾不必夸大　　B. 合法，对乙没有不良影响

C. 不合法，侵犯了乙的名誉权　　D. 不合法，侵犯了乙的肖像权

46. [2018上半年]六年级女生朱某学习不好，经常在课堂上讲话。一天上课，朱某又和同桌的男生说话，教师张某批评朱某说："你怎么这么贱呀，能不能不招惹男生呀！"朱某听后立刻大哭，用头部在课桌上猛烈撞击，造成额头出血。关于朱某所受的伤害，下列说法正确的是(　　)

A. 学校承担朱某伤害的主要赔偿责任　　B. 张某侵犯了朱某的言论自由权

C. 朱某家长承担朱某伤害的赔偿责任　　D. 张某承担朱某伤害的部分赔偿责任

47. [2017下半年]钱某闯入某乡中心校寻衅滋事，破坏了一间教室的门。依据《中华人民共和国教育法》的规定，对于钱某(　　)

A. 应由乡人民政府给予治安管理处罚　　B. 应由公安机关给予治安管理处罚

C. 应由该中心校给予教育行政处罚　　D. 应由教育行政部门给予行政拘留

48. [2017下半年]教师杨某对学校作出的处理决定不服，向当地教育行政部门提出申诉，被申诉人应为(　　)(易错)

A. 校长　　B. 教育行政部门　　C. 学校　　D. 教职工代表大会

49. [2017下半年]某公立小学塑胶跑道不达标，导致有些学生身体不适。应对该事故承担赔偿责任的是(　　)

A. 教育行政部门　　B. 学校　　C. 教师　　D. 校长

50. [2017上半年]某小学给学生订购校服，校长从中拿回扣，尚未构成犯罪。依照《中华人民共和国教育法》的规定，应没收非法所得，并对校长(　　)

A. 给予行政处分　　B. 给予强制措施　　C. 给予刑事处罚　　D. 给予治安处罚

51. [2017上半年]放学途中,11岁的强强在人行道上被同班同学小刚撞倒,导致骨折。对该事故承担赔偿责任的主体是( )

A. 小刚
B. 小刚的监护人
C. 学校
D. 班主任

52. [2016下半年]小学生陈某十分调皮,经常违反课堂纪律。班主任周某让其缴纳"违反金",宣称再犯错误则从中扣钱充作班费。周某的做法( )

A. 正确,有利于维护课堂纪律
B. 正确,有利于提高管理效率
C. 不正确,教师没有罚款的权利
D. 不正确,批评无效后才能罚款

53. [2016下半年]小学生王玲的作文被老师推荐发表,所获稿酬应归( )

A. 学校
B. 推荐老师
C. 班主任
D. 王玲

54. [2016下半年]小学教师梁某因上班迟到被罚款,她对学校的决定不服,提出申诉,申诉的受理机关应是( )

A. 教职工代表大会
B. 信访机关
C. 教育行政部门
D. 检察机关

55. [2016上半年]根据《中华人民共和国教师法》的相关规定,社会力量所办学校的教师的待遇( )

A. 由教育行政部门确定,但由举办者予以保障
B. 由举办者自行确定,但由教育行政部门予以保障
C. 由教育行政部门确定并予以保障
D. 由举办者自行确定并予以保障

56. [2016上半年]根据《中华人民共和国教师法》的相关规定,教师有下列哪种情形,可以由其所在学校予以行政处分或解聘( )

A. 故意不完成教学任务造成损失的
B. 课余时间无偿为学生补课的
C. 教学过程中延长授课时间的
D. 学生管理中严厉对待学生的

57. [2016上半年]五年级学生小强因被父母责骂,心情低落,老师发现后对其进行了安慰,但小强在课间还是自伤了。下列说法正确的是( )

A. 学生是在学校受伤的,学校应当承担责任
B. 学校对学生负有监护义务,应当承担责任
C. 学生行为属于自伤行为,学校不应承担责任
D. 学生受伤发生在课间,学校不应承担责任

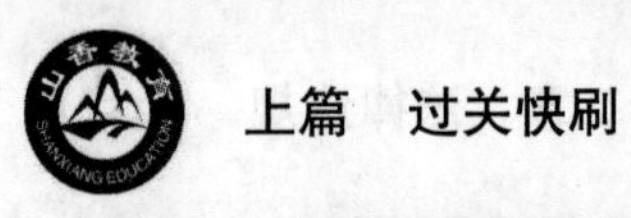

专题一　《中华人民共和国宪法》

链接答案本 P292

单项选择题(每小题2分,共20小题。参考时限30分钟)

1. 根据《中华人民共和国宪法》规定,国家举办各种学校,普及(　　)

A. 初等义务教育　　B. 中等义务教育

C. 职业教育　　D. 普法教育

2. 根据《中华人民共和国宪法》规定,中华人民共和国的公民是指(　　)

A. 出生在中国的人　　B. 年满18周岁的人

C. 具有中国国籍的人　　D. 享有政治权利的人

3. 我国《宪法》规定,国家合理安排积累和消费,兼顾国家、集体和个人的利益,在发展生产的基础上,逐步改善人民的(　　)

A. 物质生活和精神生活　　B. 物质生活和文化生活

C. 经济生活和精神生活　　D. 文化生活和社会生活

4. 全国人民代表大会和地方各级人民代表大会都由(　　)产生,对人民负责,受人民监督。

A. 直接选举　　B. 间接选举　　C. 等额选举　　D. 民主选举

5. 全国人民代表大会是最高国家权力机关,下列不属于全国人民代表大会职权的是(　　)(常考)

A. 选举中华人民共和国主席和副主席

B. 依照法律规定决定省、自治区、直辖市的范围内部分地区进入紧急状态

C. 审查和批准国民经济和社会发展计划和计划执行情况的报告

D. 制定和修改刑事、民事、国家机构的和其他的基本法律

6. 下列选项中,由全国人民代表大会常务委员会行使的职权是(　　)

A. 修改宪法

B. 选举中华人民共和国主席、副主席

C. 制定和修改刑事、民事、国家机构的和其他的基本法律

D. 解释宪法,监督宪法的实施

7. 根据我国《宪法》规定，国务院有权制定和发布(　　)

A. 教育法律　B. 教育行政法规　C. 教育政府规章　D. 教育单行条例

8. 根据《中华人民共和国宪法》规定，国家监察委员会是最高监察机关，其对(　　)负责。

A. 全国人民代表大会和全国人民代表大会常务委员会

B. 全国人民代表大会或全国人民代表大会常务委员会

C. 全国人民代表大会

D. 全国人民代表大会常务委员会

9. 根据《中华人民共和国宪法》规定，最高人民法院是国家的(　　)(易错)

A. 专门审判机关　B. 最高审判机关　C. 最高司法机关　D. 专门行政机关

10. 司法机关依法独立行使职权，该原则的含义是：人民法院、人民检察院依法独立行使自己的职权，不受(　　)

A. 权力机关的干涉　B. 上级司法机关的干涉

C. 行政机关、社会团体和个人的干涉　D. 政党、社会团体和个人的干涉

11. 我国《义务教育法》《未成年人保护法》《国旗法》等特别写明“以宪法为根据制定本法”或“根据宪法，制定本法”，这表明(　　)

A. 宪法包含了其他法律、法规　B. 宪法是普通法律的立法依据

C. 宪法是我国公民权利的保障书　D. 一切法律、法规都不得与宪法相抵触

12. 某夫妇认为读书无用，迟迟不让十岁的女儿上学读书。该夫妇的行为违反了下列法律中的(　　)

①《中华人民共和国刑法》　②《中华人民共和国宪法》

③《中华人民共和国义务教育法》　④《中华人民共和国未成年人保护法》

A. ①②③　B. ②③④　C. ①③④　D. ①②④

13. 因追查刑事犯罪的需要，某县公安局要求当地邮局提供某犯罪嫌疑人的信件收寄记录。根据我国《宪法》关于公民基本权利的规定，下列说法正确的是(　　)

A. 公安机关无论何时都有检查任何人的信件收寄记录的权利

B. 邮局在任何情况下都应保护公民的通信秘密

C. 该公安局有权要求该邮局提供相关信息

D. 邮局信件收寄记录不属于通信秘密

14.《中华人民共和国宪法》规定，公民对国家工作人员的违法失职行为有权向国家机关提出申诉、控告或检举。这属于公民权利中的(　　)

A. 政治权利　B. 监督权利　C. 社会经济权利　D. 人身自由权利

15. 社会主义民主政治的本质特征是(　　)

A. 党的领导　　B. 人民当家作主　　C. 依法治国　　D. 民主集中制

16. 我国《宪法》规定，各少数民族聚居的地方实行区域自治，设立自治机关，行使自治权。下列选项中不属于民族自治地方的自治机关的是(　　)

A. 西藏自治区的人民代表大会　　B. 大理白族自治州的人民法院

C. 玉龙纳西族自治县的人民政府　　D. 鄂伦春自治旗的人民代表大会

17. 一设区的市人民政府向全市发布了一项不适当的决定，根据我国《宪法》的规定，(　　)有权改变或撤销该决定。

A. 国务院　　B. 全国人民代表大会

C. 国家主席　　D. 全国人民代表大会常务委员会

18. 第十三届全国人民代表大会第五次会议通过《关于修改〈中华人民共和国地方各级人民代表大会和地方各级人民政府组织法〉的决定》，这表明了全国人民代表大会在依法行使(　　)(易混)

A. 立法权　　B. 决定权　　C. 审议权　　D. 提案权

19. 孙某为某县级人民代表大会常务委员会委员。根据我国《宪法》规定，其可以担任(　　)

A. 该县司法局局长　　B. 该县人民检察院检察长

C. 该县监察委员会副主任　　D. 该县某小学校长

20. 工人阶级领导的、以工农联盟为基础的人民民主专政的社会主义国家，是我国的(　　)

A. 国体　　B. 纲领　　C. 政体　　D. 根基

专题二　《中华人民共和国教育法》

链接答案本 P294

单项选择题(每小题2分，共24小题。参考时限35分钟)

1. 根据《中华人民共和国教育法》的规定，中等及中等以下教育在国务院领导下，由(　　)管理。

A. 国务院　　B. 地方人民政府　　C. 教育局　　D. 国务院常务委员会

2. 新田园小学是某教育集团投资创办的一所民办小学，按照《中华人民共和国教育法》的规定，该小学的日常行政管理由(　　)负责。

A. 学校董事会　　B. 校长

C. 教职工全体代表大会　　D. 学校党委书记

3. 李某经人介绍进入某学校的后勤部工作，学校可以根据(　　)对李某进行管理。

A. 教师聘任制　　B. 教育职员制度

C. 专业技术职务聘任制度　　D. 教学辅助人员聘任制度

4. 我国《教育法》规定，国务院和县级以上地方各级人民政府应当向(　　)报告教育工作和教育经费预算、决算情况，接受监督。

A. 上级人民代表大会或者其常务委员会　　B. 全国人民代表大会或者其常务委员会

C. 本级人民代表大会或者其常务委员会　　D. 本级党的纪律检查委员会

5. 根据《中华人民共和国教育法》的规定，国家建立以(　　)的体制，逐步增加对教育的投入，保证国家举办的学校教育经费的稳定来源。

A. 社会筹措教育经费为主、财政拨款为辅

B. 财政拨款为主、其他多种渠道筹措教育经费为辅

C. 校友捐赠教育经费为主、政府拨款为辅

D. 多种渠道筹措教育经费为主、个人捐助为辅

6. 依据《中华人民共和国教育法》的相关规定，教育是社会主义现代化建设的基础，国家保障教育事业(　　)

A. 优先发展　　B. 同步发展　　C. 快速发展　　D. 共同发展

7. 琳琳是一个7岁的中国籍女孩儿，目前与在外工作的父母一起在马来西亚居住。下列说法正确的是(　　)

A. 只要是中国国籍的公民，就享有我国义务教育规定的权利及义务

B. 琳琳是外国人，想接受我国教育就可以接受教育，不想接受也可以

C. 琳琳可优先在我国升学

D. 琳琳不可以在我国获得奖学金

8. 《中华人民共和国教育法》是我国教育工作的根本大法。下列选项中，没有违反其相关规定的是(　　)

A. 因为家境贫寒，家长未送7周岁的小明去上学

B. 父亲觉得女孩没有必要读书，于是让正读初中的女儿辍学到工厂打工

C. 小东家境优越，因此某小学优先录取了他

D. 小华学习刻苦，曾在多个比赛中取得优异成绩，最后获得了留学机会

9. 小王经过四年学习后从某大学顺利毕业。根据《中华人民共和国教育法》规定，有权为其颁发学历证书的是(　　)

A. 当地市政府　　B. 小王的班主任　　C. 小王所在大学　　D. 当地教育局

10. 某班主任在填写期末成绩单时，为了节约时间，仅凭自己的主观喜恶快速填写成绩单。该教师的做法(　　)(常考)

A. 正确，教师有评定学生成绩的权利

B. 正确，体现了教师的教育教学管理权

C. 错误，侵犯了学生的人格权

D. 错误，侵犯了学生在学业成绩上获得公正评价的权利

11. 下列选项中，依法要承担民事责任的是(　　)

A. 李某违反国家财政制度、财务制度，挪用和克扣教育经费，构成犯罪

B. 李某结伙斗殴、寻衅滋事、扰乱学校的教育教学秩序

C. 李某侵占了学校的校舍和场地

D. 李某是直接负责招收学生的主管人员，在招收学生工作中徇私舞弊

12. 某公立学校利用周末时间在校内举办补习班，向参加补习的学生收取补课费用。对该校违反国家有关规定收取补课费用，责令其退还费用的机关是(　　)

A. 教育行政部门　　B. 当地人民政府　　C. 当地工商部门　　D. 当地物价部门

13. 考生在国家教育考试中，有(　　)的行为的时候，组织考试的教育考试机构可以取消其相关考试资格或者考试成绩，情节严重者由教育行政部门责令其一年以上以及三年以下停止参加相关国家教育考试。

A. 让他人代替自己参加考试　　B. 报名之后不参加考试

C. 考试中组织作弊　　D. 考试前把手机关机

14. 根据《中华人民共和国教育法》，下列说法不正确的是(　　)

A. 汉语言文字为学校及其他教育机构的基本教学语言文字

B. 少数民族学生为主的学校及其他教育机构，有推广使用普通话的责任和义务，应严格使用普通话进行教学

C. 学校及其他教育机构进行教学，应当推广使用全国通用的普通话和规范字

D. 少数民族学生为主的学校及其他教育机构，可以使用本民族或者当地民族通用的语言文字进行教学

15. 根据我国《教育法》规定，盗用、冒用他人身份，顶替他人取得的入学资格的，由教育行政部门或者其他有关行政部门责令撤销入学资格，并责令停止参加相关国家教育考试(　　)

A. 一年以上三年以下　　B. 二年以上五年以下

C. 三年以上六年以下　　D. 四年以上十年以下

16. 某市教育局局长挪用教育经费，为自己建造豪华办公室。那么，应当依法(　　)

A. 责令其赔礼道歉　　B. 给予其行政拘留

C. 责令其限期悔过　　D. 责令归还并给予其行政处分

17. 学生赵某上课玩手机，被班主任以代为保管的名义没收。之后，赵某多次索要未果。对此，赵某可以采取的法律救济途径是(　　)

A. 复议和诉讼　　B. 申诉和诉讼　　C. 申诉和仲裁　　D. 复议和仲裁

18. 因未能及时缴纳寄宿费，学生沈某被班主任陆老师取消了参加学校运动会的资格。陆老师的这种做法(　　)

A. 体现了学校对学生实施奖励或处分的权利

B. 体现了学校组织实施教育教学活动的权利

C. 侵犯了学生参加教育教学安排的各种活动的权利

D. 侵犯了学生在学业成绩和品行上获得公正评价的权利

19. 沈某购买用于考试作弊的隐形耳机，以每副1000元的价格向参加教师资格考试的考生出售，累计获利1万元。依据《中华人民共和国教育法》，当地公安机关可对沈某处以罚款的金额是(　　)

A. 1千元以上，5千元以下　　B. 5千元以上，1万元以下

C. 1万元以上，5万元以下　　D. 5万元以上，10万元以下

20. 公职人员张某被查出曾冒用他人身份，顶替他人入学。根据我国《教育法》，可给予张某(　　)

A. 开除处分　　B. 撤职处分　　C. 刑事制裁　　D. 记过处分

21. 某小学为迎接60周年校庆进行校舍翻新，在此期间，要求全体学生正常上课。学生小天在课间休息时被落石砸成重伤，应依法追究直接负责的主管人员和其他直接责任人员的(　　)(易错)

A. 民事责任　　B. 刑事责任　　C. 行政责任　　D. 行政处分

22. 某小学附近每天上午都会聚集一群中老年人跳广场舞，由于播放的歌曲的音量过大，已经严重影响学校的正常教学，校方多次出面交涉，但跳舞群众声称在公共场所跳舞是他们的权利。对于该案例，下列说法正确的是(　　)

A. 学校警告无效，学校保安有权驱赶

B. 群众有在公共场所休闲锻炼的权利，学校无权干涉

C. 跳舞群众的行为扰乱学校教学秩序，学校可向公安机关报案

D. 公安机关可依法追究跳舞群众的民事责任

23. 某校违反国家规定招生，下列说法不正确的是(　　)

A. 由教育部门责令退还所有费用，但不得退回所招学生

B. 对学校进行警告，可以处违法所得五倍以下罚款

C. 情节严重的，责令停止相关招生资格一年以上三年以下

D. 对直接负责的主管人员和其他直接负责人员，依法给予处分

24. 依据《中华人民共和国教育法》，相关社会公共文化体育设施等场所应当对教师、学生实行优待。下列场所不属于按规定优待开放的是(　　)

A. 图书馆　　B. 博物馆　　C. 电影院　　D. 文化馆

专题三　《中华人民共和国教师法》

链接答案本 P298

单项选择题(每小题2分，共22小题。参考时限35分钟)

1. 芳芳毕业于中等师范学校，有教育教学能力，则她可以取得(　　)教师资格。

A. 小学　　B. 初级中学　　C. 高级中学　　D. 大学

2. 教师林某因盗窃被法院判处有期徒刑一年，缓刑一年，下列说法中正确的是(　　)

A. 林某服刑期满可以从事教师职业　　B. 林某可在民办小学从事教师职业

C. 林某五年内不得从事教师职业　　D. 林某终身不能从事教师职业

3. 王老师大学毕业后自愿到西部少数民族地区支教，根据《中华人民共和国教师法》的规定，应该依法对王老师(　　)

A. 给予补贴　　B. 予以表彰　　C. 进行奖励　　D. 提高津贴

4. 教师蒋某违反学校管理制度，被校长在全校教师会议上点名批评，蒋某的丈夫赵某听说后，不辨是非，在校长下班的路上将其打成重伤，情节严重。依法应对赵某追究(　　)

A. 违宪责任　　B. 刑事责任　　C. 行政责任　　D. 一般责任

5. 王老师依法检举某县拖欠教师工资的问题后，被威胁调到偏远地区，不准参加晋升和评优，该县的相关人员对依法检举的王老师进行打击报复，情节较严重，应被给予(　　)

A. 纪律处分　　B. 行政处分　　C. 经济处罚　　D. 警告处分

6. 汪某就读于某师范大学全日制数学教育本科专业，依据《中华人民共和国教师法》，他可以享受(　　)

A. 医疗补贴　　B. 购房补贴　　C. 专业奖学金　　D. 国家奖学金

7. 学校和其他教育机构应逐步实行(　　)

A. 教师选任制　　B. 教师考任制　　C. 教师委任制　　D. 教师聘任制

8. 欧老师是镇上一所学校的语文教师，由于其文笔极佳，被市政府邀请撰写文章而严重影响了学校的教育教学工作。对于欧老师，学校应采取的措施是(　　)

A. 行政处分或解聘　　B. 依法追究刑事责任

C. 处两百元以上两千元以下罚款　　D. 撤销教师资格

9. 李丁的妈妈情绪一直不好，经常拿李丁撒气，李丁身上总是青一块紫一块。马老师为此多次找李丁妈妈谈话，李丁妈妈就找校长撒泼。了解真相后，校长批评马老师"多管闲事"。校长的做法(　　)

A. 正确，管教孩子是家长的权利，与学校无关

B. 正确，马老师只要管好学校里的事情就行了

C. 不正确，学校应当最大限度地为教师提供条件保障

D. 不正确，学校应当支持教师制止有害于学生的行为

10. 某县政府因财政困难常拖欠该县中小学教师工资，其经研究决定，将全县教师待发工资的一半用于修建宾馆，以该宾馆的利润偿还教师工资及补助教师生活。该县政府的做法(　　)

A. 正确，修建宾馆是出于补助教师生活的长远打算

B. 正确，为了公共建设，可暂时挪用教师工资

C. 不正确，直接责任人员应承担相应的行政责任

D. 不正确，但挪用款项及时归还的，可不予追究相关人员的责任

11. 某小学两月未按时发放教师工资，侵犯了学校教师的合法权益。根据《中华人民共和国教师法》的规定，应当(　　)(常考)

A. 责令其限期改正　　B. 给予行政处分

C. 依法追究刑事责任　　D. 对其处以罚款并责令改正

12. 小张老师认为学校侵犯了他的合法权益，对学校作出的处理不服。他可以(　　)

A. 拒绝履行法律规定的教师义务　　B. 向人民法院提起行政诉讼

C. 向教育行政部门提出申诉　　D. 向教育行政部门申请行政复议

13. 刚从师范大学毕业的小王取得了教师资格证书，到小学报到后才知道还有试用期。小王认为自己已经获得了教师资格证书，又毕业于师范大学，不应该再有试用期。对于该小学的做法，下列说法正确的是(　　)

A. 师范大学毕业生经过了教育教学实习，入职后不需要试用期

B. 教师资格考试包括对教师技能的考查，入职后不需要试用期

C. 取得教师资格的人员首次任教时，应当有试用期

D. 无论什么身份，从事教师职业都需要有试用期

14. 周老师品行不良，在课堂上辱骂成绩较差的学生，造成了恶劣影响，被相关教育行政部门撤销了教师资格，则周老师在（　　）年内都不能重新申请认定教师资格。

A. 1　　B. 3　　C. 4　　D. 5

15. 教师的平均工资水平应（　　）当地国家公务员的平均工资水平，并逐步提高。

A. 低于　　B. 等于　　C. 低于或等于　　D. 不低于或高于

16. 根据《中华人民共和国教师法》规定，中小学教师资格由（　　）认定。

A. 县级以上地方人民政府教育行政部门

B. 国务院或者省、自治区、直辖市教育行政部门或者由其委托的学校

C. 县级以上地方人民政府教育行政部门组织有关主管部门

D. 国务院

17.《中华人民共和国教师法》制定的目的是（　　）

①保障教师的合法权益　　②建设具有良好思想品德修养的教师队伍

③促进社会主义教育事业的发展　　④最终目的是使学生更好地发展

A. ①②③　　B. ①②④　　C. ②③④　　D. ①③④

18. 某学校因财政紧缺，对非正式在编的教师的暑假和寒假的工资不予发放，该校的做法（　　）

A. 不正确，违反了《中华人民共和国教师法》

B. 不正确，违反了《中华人民共和国义务教育法》

C. 正确，学校参考企业制度，上班工作有酬劳，寒暑假不上班，自然没有酬劳

D. 正确，因为没有正式编制，所以没有寒暑假工资

19. 某小学对新一批入学的年轻教师进行了工作考核。根据《中华人民共和国教师法》的规定，学校或者其他教育机构对教师进行考核的内容不包括（　　）

A. 业务水平　　B. 工作态度

C. 工作成绩　　D. 工作年限

20. 根据《中华人民共和国教师法》的规定，教师受聘任教、晋升工资、实施奖惩的依据是（　　）

A. 教师考核结果　　B. 教师业务水平　　C. 教师工作态度　　D. 教师教学能力

21. 根据我国《教师法》中关于教师待遇的规定，建立正常晋级增薪制度，具体办法由（　　）规定。

A. 各学校　　B. 国务院　　C. 当地财政部门　　D. 当地教育行政部门

22. 外籍教师的聘任办法由(　　)规定。

A. 国务院　　B. 国家权力机关

C. 国务院教育行政部门　　D. 学校自行

专题四　《中华人民共和国义务教育法》

链接答案本 P301

单项选择题(每小题2分,共26小题。参考时限40分钟)

1. 9岁的小丽家庭经济情况不好,且父母有重男轻女倾向,不让小丽继续接受教育,小丽父母的做法违反了我国《义务教育法》规定的(　　)义务教育制度。

A. 六年　　B. 九年　　C. 十二年　　D. 十五年

2. 依据《中华人民共和国义务教育法》的规定,妨碍义务教育实施,造成重大社会影响的,负有领导责任的人民政府或人民政府教育行政部门的负责人(　　)

A. 应受行政训诫　　B. 应被就地免职

C. 应承担刑事责任　　D. 应当引咎辞职

3. 小玲读二年级时,小玲的父母认为她无法融入班集体,不适合学校教育,于是为小玲办理了退学手续,让她在家学习。这种做法(　　)

A. 正确,有利于因材施教

B. 正确,有利于开展"一对一"教育,培养拔尖生

C. 错误,其父母未按法律规定保障子女入学接受义务教育

D. 错误,应由专业人员评估小玲是否适合学校教育,并由专业人员为其进行家教

4. 7岁的小峰因意外丧失听力,无法如期入读小学。根据有关规定,小峰家长应当向________提出申请,并由其委托________对小峰身体状况、接受教育和适应学校学习生活的能力进行评估,确定适合小峰身心特点的教育安置方式(　　)

A. 所在街道;当地教育行政部门　　B. 当地教育行政部门;教育机构

C. 所在街道;残疾人教育专家委员会　　D. 当地教育行政部门;残疾人教育专家委员会

5. 某小学为提高生源质量,自行组织入学考试,实行跨学区招生。该学校的做法(　　)

A. 合理,学校有招收学生的权利　　B. 合理,学校有自主办学的权利

C. 不合法,违反了尊重学生人格的规定　　D. 不合法,违反了免试就近入学的规定

6. 某校三年级学生小刚因为家庭经济困难被父母要求辍学，当地教育局应当(　　)

A. 及时联系小刚的父母，劝说并提供帮助　　B. 尊重小刚和家人的决定

C. 立即控制小刚的父母及监护人　　D. 让学校开除其学籍

7. 小刚因玩鞭炮导致左手残缺，但智力未受损。六周岁时父母送其入学，某小学却以小刚身体有残疾为由拒绝其入学。该学校的做法(　　)

A. 正确，符合《中华人民共和国未成年人保护法》

B. 正确，符合《中华人民共和国义务教育法》

C. 错误，违反了《中华人民共和国义务教育法》

D. 错误，违反了《中华人民共和国预防未成年人犯罪法》

8. 某县人民政府为提高升学率，把县里的学校分为重点学校和非重点学校，学校分设重点班和非重点班。该县的做法违反了(　　)

A.《中华人民共和国教师法》　　B.《中华人民共和国义务教育法》

C.《中华人民共和国未成年人保护法》　　D.《中华人民共和国预防未成年人犯罪法》

9. 贺老师为了提高教学质量，要求全体学生自费购买他指定的教学辅导用书。贺老师的这种行为(　　)

A. 体现了教师享有的"从事科学研究和学术交流"的权利

B. 体现了教师享有的"指导学生的学习和发展"的权利

C. 违反了不得选用未经审定的教科书的规定

D. 违反了不得向学生推销商品和服务的规定

10. 六年级学生张亮不仅学习成绩差，而且经常欺负同学，惹是生非，其所在学校想开除他，拟采取劝退的方式让他退学。该校的这种做法(　　)(常考)

A. 正确，采取劝退而非直接开除的方式，充分尊重了张亮的人格尊严

B. 正确，学校有权开除影响教育教学秩序的学生

C. 不正确，应该先对张亮予以警告处分，如其拒不改正才能开除

D. 不正确，法律规定义务教育阶段学校不得开除学生

11. 学生小明早已达到入学的年龄，但由于其父母因交通事故离世，小明现在处于无人监护的状态，生活困难，根本无法完成义务教育。依据《中华人民共和国义务教育法》的规定，对于小明的受教育权利，具有保障责任的是(　　)

A. 儿童福利机构　　B. 当地人民政府

C. 居住地的学校　　D. 当地教育机构

12. 某县人民政府不顾薄弱学校的实际需求，将有限的教育资源投入到两所优质小学。该县政府的做法（　　）

A. 合法，有利于提高教育质量　　B. 合法，县级政府有权自主管理

C. 不合法，应当均衡配置教育资源　　D. 不合法，应当平均分配教育资源

13. 某教师因一学生上课时不认真听讲、扰乱课堂秩序，便对其进行言语侮辱、讽刺，该教师的行为（　　）

A. 违反了《中华人民共和国义务教育法》　　B. 违反了《中华人民共和国刑法》

C. 属于正当行使教育教学权，但方式欠妥　　D. 属于正当行使教育教学权，可促进学生成长

14. 某国家机关工作人员因参与小学数学教科书的编写，被当地人民政府给予行政记过处分，没收其全部违法所得。当地人民政府作出处分的法律依据是（　　）

A.《中华人民共和国教育法》　　B.《中华人民共和国教师法》

C.《中华人民共和国义务教育法》　　D.《中华人民共和国未成年人保护法》

15. 某小学拒绝接收具有接受普通教育能力的残疾适龄儿童、少年随班就读，根据我国《义务教育法》规定，应由（　　）人民政府教育行政部门责令限期改正。

A. 乡镇　　B. 县级　　C. 市级　　D. 省级

16. 张某大学毕业后，作为志愿者到农村地区学校任教两年，随后张某又应聘到一所公立学校，连续工作六年。根据《中华人民共和国义务教育法》，张某的工龄应为（　　）

A. 10　　B. 8　　C. 7　　D. 6

17. 根据《中华人民共和国义务教育法》，教科书价格按照（　　）原则确定。

A. 市场调节　　B. 经营者定价　　C. 微利　　D. 最大利润

18. 未履行对义务教育经费保障职责的，由国务院或者上级地方人民政府责令限期改正；情节严重的，对直接负责的主管人员和其他直接责任人员依法给予（　　）

A. 刑事处罚　　B. 民事处分　　C. 治安处罚　　D. 行政处分

19. 正在读小学六年级的小马被选入省乒乓球队参加专门训练，则（　　）

A. 小马可以不再接受义务教育

B. 省乒乓球队应当保证小马继续接受义务教育

C. 省乒乓球队经学校批准可自行对小马实施义务教育

D. 小马可以自行选择是否继续接受义务教育

20. 下列做法违反《中华人民共和国义务教育法》相关规定的是（　　）

A. 对违反学校管理制度的学生予以批评教育　　B. 对学生进行安全教育，加强管理

C. 向学生推销教育教学相关商品　　D. 接收残疾适龄儿童随班就读

21. 县级以上地方人民政府根据需要设置相应的实施特殊教育的学校(班),对视力残疾、听力语言残疾和(　　)的适龄儿童、少年实施义务教育。

A. 肢体残疾　　B. 心理异常　　C. 特殊疾病　　D. 智力残疾

22. 小学生小东在一个月内旷课了5次,他的班主任应当采取的措施是(　　)

A. 罚站一天　　B. 与其家长联系　　C. 罚抄50遍作业　　D. 建议学校开除

23. 根据我国《义务教育法》对教科书制度的规定,学校应当选用(　　)的教科书。

A. 已出版　　B. 经指定　　C. 经审定　　D. 自行编制

24.《中华人民共和国义务教育法》规定,依照有关法律、行政法规的规定予以处罚的情形包括(　　)

①胁迫或者诱骗应当接受义务教育的适龄儿童、少年失学、辍学的

②非法招用应当接受义务教育的适龄儿童、少年的

③出版未经依法审定的教科书的

④教科书循环使用的

A. ①②　　B. ③④　　C. ①②③　　D. ①②③④

25. 根据《中华人民共和国义务教育法》的规定,实施义务教育的公办学校实行(　　)

A. 党支部领导下的校长分工负责制　　B. 校长负责制

C. 教职工代表大会负责制　　D. 校务委员会负责制

26. 辍学的李某和王某(均为甲地人,12周岁)在甲、乙两地作案共达40余起,盗窃手机价值高达20多万元,但他们在被警方抓获后竟说:"我是未成年。"现需要对李某和王某进行义务教育,所需经费由(　　)予以保障。

A. 当地慈善机构　　B. 李某和王某所在学校

C. 李某和王某的父母　　D. 人民政府

专题五　《中华人民共和国未成年人保护法》

链接答案本 P304

单项选择题(每小题2分,共32小题。参考时限50分钟)

1. 根据《中华人民共和国未成年人保护法》的规定,国家、社会、学校和(　　)应当对未成年人进行理想教育、道德教育、科学教育、文化教育、法治教育、国家安全教育、健康教育、劳动教育,加强

爱国主义、集体主义和中国特色社会主义的教育，培养爱祖国、爱人民、爱劳动、爱科学、爱社会主义的公德，抵制资本主义、封建主义和其他腐朽思想的侵蚀，引导未成年人树立和践行社会主义核心价值观。

A. 父母　　B. 家庭　　C. 监护人　　D. 社会团体

2. 李某强迫未成年学生沈明装扮残疾人在地铁口乞讨。对于李某的行为应当由(　　)

A. 公安机关依法给予处罚　　B. 人民法院依法提起公诉

C. 教育行政部门给予处罚　　D. 社会公益组织提起公诉

3. 小赵的父母外出打工，父母和小赵沟通并征得其同意后，委托家庭状况良好并且平日里很关心小赵的姑姑履行照护小赵的义务。姑姑的行为属于(　　)

A. 学校保护　　B. 社会保护　　C. 家庭保护　　D. 司法保护

4. 小明(10岁)的父母离婚时，法院判决其随母生活，其父以法院判决为由，对其不管不问。其父的这种行为违反了(　　)

A.《中华人民共和国未成年人保护法》　　B.《中华人民共和国义务教育法》

C.《中华人民共和国教育法》　　D.《中华人民共和国教师法》

5. 三年级学生王某学习成绩很差，考试成绩经常排全年级倒数第一，为了维护学校形象，学校决定将王某开除。学校的做法(　　)

A. 属于教学方法不当，但不违法　　B. 属于维护学校教学秩序的行为，不违法

C. 符合学校的管理制度，不违法　　D. 侵犯了学生的受教育权，违法

6. 小华从不参加体育锻炼，老师不闻不问；晚上常常看电视到很晚，父母也未曾干预。小华的老师和其父母的行为违反了(　　)

A.《中华人民共和国预防未成年人犯罪法》　　B.《中华人民共和国义务教育法》

C.《中华人民共和国劳动法》　　D.《中华人民共和国未成年人保护法》

7. 未成年人成长过程中，需要来自社会和家庭的呵护，但必须遵循一定的原则。下列选项符合《中华人民共和国未成年人保护法》中的教育原则的是(　　)

A. 尊重未成年人的人格尊严，教育与保护相结合

B. 为提高孩子成绩，周末带其参加辅导班

C. 释放孩子天性，听之任之，任其发展

D. 棍棒教育为主，思想教育为辅

8. 学生李某未能完整背诵课文，老师罚他抄课文50遍。老师的做法(　　)(常考)

A. 属于正常的教育方法　　B. 属于教育方法不当，不违法

C. 属于个人认识问题，不违法　　D. 属于对学生变相体罚，违法

9. 小秦是二年级学生,父亲稍不顺心就对他进行打骂,甚至拿烟头烫他。学校了解情况后,可以采取的措施是( )

A. 对小秦的父亲给予警告或处分
B. 对小秦的父亲给予训诫或罚款
C. 向有关部门提出检举或者控告
D. 向有关部门提出申请或者诉讼

10. 体育老师张某让学生在老旧破损、有一定安全隐患的单杠上练习动作。关于张老师的行为,下列说法恰当的是( )

A. 正确,张老师这么做是教学工作需要
B. 错误,张老师不顾学生安全,应该被公安机关逮捕
C. 错误,老师不能在危及学生人身安全的设施中进行教学活动
D. 正确,这样更能锻炼学生,应当提倡

11. 某校所在地附近一处山林发生森林火灾,该校几名男生闻讯后主动请缨前赴火灾现场救火,班主任蒋老师拒绝了这几名学生的请求。蒋老师的做法( )

A. 正确,教师要保护学生生命安全
B. 正确,教师要先征求家长的意见
C. 不正确,教师应尊重学生的独立人格
D. 不正确,教师应培养学生的社会服务意识

12. 某小学的学生会干部收到黑书店寄来的一包书刊征订单,发现其中介绍了一些“不健康”的书刊,该生立即将包裹上交学校,并按要求报告公安机关,当地公安机关对该书店进行了调查和严肃处理。这件事表明( )

A. 严禁任何组织和个人向未成年人推销书刊
B. 严禁任何组织和个人向未成年人出售书刊
C. 未成年人的健康成长需要社会保护
D. 学生的一切活动都要报告学校和公安机关

13. 下列表述与《中华人民共和国未成年人保护法》相符的是( )

A. 学校发生突发事件时,应当优先救护未成年人
B. 对违法犯罪的未成年人,应当依法免除其处罚
C. 教育与奖惩相结合是保护未成年人工作应遵循的基本原则
D. 父母因外出务工不能履行对未成年人监护职责的,应当委托学校代为监护

14. 小山今年9岁,但由于身体缺陷,加上家庭经济困难无法完成规定的义务教育。根据《中华人民共和国未成年人保护法》的规定,对小山的受教育权具有保障责任的是( )

A. 小山的监护人
B. 当地教育部门
C. 儿童福利院
D. 当地人民政府

15. 某小学组织学生到公园春游,公园按成年人标准对学生收取门票费用。该公园的做法(　　)

A. 正确,说明公园平等地对待对学生和成年人

B. 错误,违反了《中华人民共和国未成年人保护法》

C. 正确,学生应当根据公园制定的规则缴纳门票费用

D. 错误,公园应当向学校收取这笔门票费用

16. 12岁的小曹经常到某网吧玩游戏,该网吧(　　)

A. 无任何过错　　B. 有过错但不违法

C. 违反了《中华人民共和国未成年人保护法》　　D. 属于经营问题,与法无关

17. 张某为了牟利,在一所小学外开了一家网吧,并允许未成年人进入。针对张某所开的网吧,相关主管部门应予以关闭,依法给予张某(　　)

A. 罚款　　B. 记过处分　　C. 拘留　　D. 刑事制裁

18. 根据《中华人民共和国未成年人保护法》的规定,未成年人已经完成规定年限的义务教育不再升学的,政府有关部门和社会团体、企业事业组织应当根据实际情况,对他们进行(　　),为他们创造劳动就业条件。

A. 职业技能培训　　B. 就业教育

C. 劳动教育　　D. 岗前培训

19. 根据《中华人民共和国未成年人保护法》的规定,(　　)应当根据需要设立未成年人救助保护机构、儿童福利机构,负责收留、抚养由民政部门监护的未成年人。

A. 居民委员会、村民委员会　　B. 县级以上人民政府及其教育部门

C. 县级以上人民政府及其民政部门　　D. 公安机关

20. 公安机关、人民检察院、人民法院办理未成年人犯罪案件,应当照顾未成年人(　　),并根据需要设立专门机构或者指定专人办理。

A. 年龄因素　　B. 智力因素　　C. 身心发展特点　　D. 性格特点

21. 某学校有一名学生斌斌,因和社会上的不良团伙进行抢劫而被公安机关拘留。为了让大家引以为戒,王老师在朋友圈和微博发布消息,描述了此事,并在描述中使用了斌斌的真实姓名。王老师的做法(　　)

A. 合理,王老师在自己的朋友圈和微博上发布此事是想让更多的人看到,从而起到教育的作用

B. 合理,王老师有言论自由,可以发表自己的看法

C. 不合理,触犯了《中华人民共和国未成年人保护法》

D. 不合理,触犯了《中华人民共和国刑法》

22. 因违反课堂秩序，教师罚学生做500个仰卧起坐，学生家长向教育局投诉。对此适宜的处理是(　　)

A. 责令改正　　B. 辞退教师

C. 撤职校长　　D. 撤职教务主任

23. 工商部门检查时，检查人员发现一烟酒专卖店未设有不向未成年人出售烟酒的标志，烟酒专卖店申诉称店中已有相关标志，检查人员仔细检查后发现，该店确实设有不向未成年人出售烟酒的标志，但该标志设在店内烟酒展示架的内侧，且标志较小，字迹模糊，不易被发现。对此，处理正确的是(　　)

A. 由主管部门批评教育，并要求烟酒专卖店歇业整改

B. 由主管部门责令改正，依法给予行政处罚

C. 由工商管理部门吊销其营业执照

D. 由主管部门责令改正，并依法提出行政诉讼

24. 某小煤窑雇用李力(13岁)下井挖煤，每天工作12小时。对此，下列说法正确的是(　　)

A. 应由公安机关查封小煤窑

B. 李力与小煤窑双方自愿，这是合法的劳动关系

C. 应由主管部门责令小煤窑改正，并处以罚款

D. 应由教育部门对小煤窑处以罚款

25. 良好的社会环境有利于促进未成年人的健康成长，下列选项中属于社会保护的是(　　)

A. 学生王某在学校突发疾病，学校及时通知家长并积极救护王某

B. 接受社区矫正的未成年人的复学、升学、就业不受歧视

C. 父母或者其他监护人不得使接受义务教育的未成年人辍学

D. 任何组织或者个人不得隐匿未成年人的日记

26. 十三届全国人民代表大会常务委员会第二十二次会议对《中华人民共和国未成年人保护法》进行了修订，修订后的《未成年人保护法》增加了(　　)两章。

A. “学校保护”“社会保护”　　B. “网络保护”“政府保护”

C. “社会保护”“法律责任”　　D. “家庭保护”“司法保护”

27. 根据《中华人民共和国未成年人保护法》规定，网络游戏服务提供者不得在(　　)向未成年人提供网络游戏服务。

A. 每日二十二时至次日六时　　B. 每日二十三时至次日十时

C. 每日二十一时至次日九时　　D. 每日二十二时至次日八时

28. 根据《中华人民共和国未成年人保护法》，学校安排未成年人参加文化娱乐、社会实践等集体活动，应当（　　），防止发生人身伤害事故。

A. 有利于教学任务的完成　　B. 限制未成年人的人身自由

C. 完成未成年人监护人的要求　　D. 保护未成年人的身心健康

29. 邻居张阿姨发现小明浑身是伤，询问过后才知是醉酒的父亲将其打完后撵出家门，张阿姨气不过，敲门劝阻，而小明父亲以家事不需外人过问为由将其痛骂一顿。以下说法正确的是（　　）

A. 保护未成年人是监护人的职责，其他人无权过问

B. 小明提出诉讼，父亲应负刑事责任

C. 父亲醉酒后打小明是一时冲动，不属于家庭暴力

D. 针对侵犯未成年人合法权益的行为，张阿姨有权劝阻

30. 小学生阿雅的父亲陈某脾气暴躁并且爱喝酒，经常在喝完酒后打骂阿雅。陈某违背了《中华人民共和国未成年人保护法》中（　　）的相关内容。

A. 家庭保护　　B. 学校保护　　C. 社会保护　　D. 司法保护

31. 某小区发生盗窃案，警察来到小区附近学校，希望通过询问学生君君获得办案线索，班主任张某得知警察并没有联系上君君的父母，拒绝了警察的询问要求。张某的做法（　　）

A. 正确，履行保护未成年人合法权益的义务　　B. 正确，任何组织或者个人不得改变教学计划

C. 不正确，公民有配合公安机关办案的义务　　D. 不正确，干扰了公安机关的正常执法行为

32. 根据《中华人民共和国未成年人保护法》的规定，网络直播服务提供者不得为未满（　　）周岁的未成年人提供网络直播发布者账号注册服务。

A. 十二　　B. 十四　　C. 十六　　D. 十八

专题六　《中华人民共和国预防未成年人犯罪法》

链接答案本 P309

单项选择题（每小题2分，共19小题。参考时限30分钟）

1. 某小学开展预防犯罪教育活动，要求学生家长配合。然而，有些父母说：“孩子送到学校，学校就应对孩子的教育全权负责，我们平时工作忙，根本没时间管孩子。”父母的做法（　　）

A. 正确，学校不能推卸自己的教育责任

B. 正确，父母没有承担预防犯罪教育的责任

C. 不正确，父母对未成年人的预防犯罪教育负有直接责任

D. 不正确，学校对未成年人的预防犯罪教育负全责

2. 小李放学回家被妈妈责骂了一顿，一气之下跑到好朋友东东家里要求借宿一晚，东东的父母答应了。关于东东的父母对小李的留宿行为，下列选项中做法不正确的是(　　)

A. 东东的父母应及时向当地公安机关报告

B. 东东的父母留宿小李后不告诉任何人其下落

C. 东东的父母应在二十四小时内及时通知小李的父母

D. 东东的父母应在二十四小时内及时通知小李所在学校

3. 小学生张某旷课一天，学校未与其家长联系。该校的做法(　　)

A. 合法，是学生自己违反校规　　B. 合法，是家长未尽监护责任

C. 不合法，学校应及时与家长联系　　D. 不合法，学校应派学生出去寻找

4. 学生陈某逃课去网吧上网，学校在得知消息后，最恰当的做法应当是(　　)

A. 及时与陈某的监护人取得联系　　B. 及时向当地教育行政部门报告情况

C. 及时在当地电视台发布寻人启事　　D. 及时向当地公安机关报告情况

5. 根据《中华人民共和国预防未成年人犯罪法》，未成年人实施刑法规定的行为、因不满法定刑事责任年龄不予刑事处罚的，经专门教育指导委员会评估同意，(　　)可以决定对其进行专门矫治教育。

A. 公安机关　　B. 司法行政部门

C. 教育行政部门会同公安机关　　D. 教育行政部门会同司法行政部门

6 李老师发现隔壁班韩某加入了一个有违法犯罪行为的团伙。下列选项中，李老师正确的做法是(　　)

A. 及时向公安机关报告　　B. 不是自己班的学生，不予理会

C. 告诫自己班的学生远离韩某　　D. 及时向学校报告，开除韩某

7. 父母最近发现小君做作业时总是玩手机，心不在焉，甚至不想和父母沟通。一次，母亲无意间发现小君在社交网站上与一群不良青年有瓜葛，从其手机中的交谈内容还发现，这群不良青年正在蛊惑小君吸食毒品。根据我国《预防未成年人犯罪法》的规定，小君父母应当立即将情况报告给(　　)

A. 法院　　B. 居委会　　C. 公安机关　　D. 教育部

8. 根据我国《预防未成年人犯罪法》的规定，下列不属于“不良行为”的是(　　)

A. 多次旷课　　B. 参与赌博　　C. 吸毒　　D. 沉迷网络

9. 根据我国《预防未成年人犯罪法》的规定，预防未成年人犯罪，在各级人民政府组织领导下，实行(　　)

A. 集中治理　　B. 系统治理　　C. 源头治理　　D. 综合治理

10. 下列未成年人的行为中，属于《中华人民共和国预防未成年人犯罪法》中所称的"严重不良行为"的是(　　)(常考)

A. 小勇经常旷课去网吧　　B. 小明偷看了同学购买的淫秽书籍

C. 小刚私下吸烟　　D. 小强将一把匕首藏在书包里，用来防身

11. 11岁的学生王某为了购买网络游戏装备曾多次盗窃学校财物。对于王某的行为，可以采取的措施不包括(　　)

A. 给予警告或记过处分　　B. 送专门学校进行矫治

C. 处以有期徒刑和罚金　　D. 由家长严加管教

12. 某校学生张晓经常参与赌博，赌资较大，且屡教不改，学校可以(　　)

A. 向教育行政部门申请，开除学籍

B. 向公安机关部门申请，送少管所进行监管

C. 向教育行政部门申请，送入专门学校接受专门教育

D. 向人民法院申请，送监狱服刑

13. 根据《中华人民共和国预防未成年人犯罪法》中的相关规定，专门学校对没有完成义务教育的未成年人，应当保证其继续接受(　　)

A. 义务教育　　B. 法治教育

C. 心理健康教育　　D. 职业教育

14. 学生李力携带管制刀具上学，不时威胁其他同学，屡教不改。由于其父母已逝，跟着爷爷一起生活，爷爷无力管教，希望将其送专门学校进行矫治和接受教育。可由(　　)提出申请，报教育行政部门批准。

A. 李力邻居　　B. 李力爷爷　　C. 公安机关　　D. 同学父母

15. 某校学生徐明刑满释放后回到学校。对于徐明，教师应当(　　)

A. 限制其与其他同学接触　　B. 限制其使用学校的设施

C. 允许参加学校各项活动　　D. 按其以往表现评价品行

16. 某校学生张某接受社区矫正后，向学校申请复学。学校应当(　　)

A. 拒绝其复学申请　　B. 同意其复学申请

C. 将其转向其他学校　　D. 将其与其他同学隔离，单独教育

17. 未成年学生小峰的父母不履行监护职责，放任小峰强行索要他人财物。依据我国《预防未成年人犯罪法》，有权对小峰父母给予训诫的是(　　)

A. 所在学校　　B. 公安机关　　C. 区教育局　　D. 居民委员会

18. 依据《中华人民共和国预防未成年人犯罪法》，在下列学生行为中，学校应当及时与其父母或者其他法定监护人取得联系的是(　　)

A. 上课聊天　　B. 多日旷课　　C. 不交作业　　D. 谈情说爱

19. 12岁的小檬因和父母发生争吵，一气之下离家出走。饥饿难耐之下向一家小餐馆老板求助，请求对方收留。根据我国《预防未成年人犯罪法》的规定，餐馆老板应当立即采取的措施不包括(　　)

A. 及时联系小檬学校　　B. 及时联系小檬父母

C. 及时向公安机关报告　　D. 隐瞒收留小檬的事实，让其安心住下

专题七　《学生伤害事故处理办法》

链接答案本 P312

单项选择题(每小题2分，共18小题。参考时限25分钟)

1. 某寄宿小学派车接送学生，途中有学生提出要上厕所，司机在路边停车5分钟，5分钟过后，司机没有清点人数就将车开走了。小学生王某从厕所出来发现车已经开走，急忙追赶。在追赶过程中摔倒在地，将门牙跌落三颗。王某的伤害应由(　　)承担责任。

A. 司机　　B. 寄宿学校　　C. 王某本人　　D. 司机和王某

2. 敏敏隐瞒了自己的病史，体育课上敏敏旧病复发，摔倒磕伤，被紧急送往医院。对于敏敏所受的伤害，(　　)应承担责任。

A. 学校　　B. 敏敏监护人　　C. 体育教师　　D. 班主任

3. 小学生李刚为了参加某电影首映礼，在课间偷偷翻墙外出，不慎摔落造成手臂骨折。对此事故须承担主要责任的是(　　)

A. 学校　　B. 李刚父母　　C. 学校保安　　D. 李刚班主任

4. 放学后，3名学生到教师张某在学校附近开设的商店里，购买了过期食品，导致食物中毒。对这起事故应承担主要责任的是(　　)

A. 政府　　B. 家长　　C. 张某　　D. 学校

5. 亮亮在寒假期间擅自翻越学校围墙进入学校，导致腿部骨折。在本次事故中（ ）（常考）

A. 学校存在过错，应当承担责任
B. 学校没有过错，但要承担责任
C. 学校没有过错，无须承担责任
D. 学校存在过错，但可免除责任

6. 李老师在学校晨读期间，让学生夏某到校外为自己买早点，夏某不幸遭遇车祸。事故责任应由（ ）

A. 李老师全部承担
B. 车祸肇事方全部承担
C. 李老师和车祸肇事方共同承担
D. 学校全部承担

7. 学生孙某在课间活动时跌倒摔伤，其亲属在事故处理过程中无理取闹，扰乱学校教育教学秩序。依据《学生伤害事故处理办法》的规定，此种情形下，学校应当（ ）

A. 报告教育行政部门处理
B. 报告公安机关处理
C. 报告纪检监察部门处理
D. 报告人民法院处理

8. 某县明德小学五年级(4)班学生在课间休息时，被风刮倒的广告牌砸伤，经鉴定为轻微伤。学校处理该事故后，还应当书面报告（ ）

A. 县人民政府
B. 市教育行政部门
C. 市人民政府
D. 县教育行政部门

9. 学校运动会上，刘某等几位同学随裁判老师进入铁饼投掷区记录结果，在他们还未撤出投掷区时，参赛同学王某投出的铁饼砸中了刘某，致其背部受伤。对刘某所受伤害应承担主要赔偿责任的主体是（ ）

A. 学校
B. 裁判老师
C. 王某的法定监护人
D. 裁判老师和王某的法定监护人

10. 某小学周末组织学生到敬老院为老人做好事。学生王某在擦窗户玻璃时，不慎从2楼窗台跌下摔伤，经医院诊断治疗花去医疗费一万余元。对于王某摔伤的赔偿责任，下列观点不正确的是（ ）（易错）

A. 王某摔伤是为敬老院擦玻璃，应当由敬老院负主要责任
B. 学校组织学生去敬老院做好事才出的事故，学校应该负赔偿责任
C. 学校在组织学生外出活动时，应先做好安全教育和指导
D. 学校不应该安排小学生擦二楼玻璃这样具有危险性的工作

11. 小学生小丽在放学路上被同学小强欺凌，导致小腿受伤，而小强称是为了教训她，不让她给老师打小报告。根据我国《学生伤害事故处理办法》的规定，下列说法正确的是（ ）

A. 应直接追究小强的刑事责任和民事责任
B. 学校应承担受伤者小丽的赔偿责任
C. 不会自我保护的小丽要自行承担全部责任
D. 小强的监护人应对小丽承担赔偿责任

12. 课间，九岁的小陈在关门时，夹伤了同班同学小黄的手，医务室老师认为伤势严重，需送往医院治疗，小黄要求小陈付医药费，但怕父母责备，请求老师不要告诉父母自己受伤的事。从法律的角度来看，班主任老师最佳的做法是（　　）

A. 不告诉小黄家长，并主张学校负担医药费

B. 告知双方家长，并主张小陈的家长负担医药费

C. 不告诉小黄家长，并主张小陈的家长负担医药费

D. 告知双方家长，并主张双方家长共同负担医药费

13. 某校三年级男生小强与同班女生小红发生矛盾后打了小红，老师对小强进行批评教育。小红父亲得知此事赶到学校，冲进教室，不顾老师的阻拦，将小强打伤。事后小强家长将小红父亲和学校一起告上法庭。该事件经法院审理，判决学校承担40%的责任。法院对这起学生伤害事故采用的归责原则是（　　）

A. 过错原则　　　　B. 无过错原则

C. 公平原则　　　　D. 补偿原则

14. 某校组织学生到公园参观，教师事先反复强调注意事项和纪律，学生王某（11岁）对教师的强调置之不理，自行攀爬公园内标有"禁止攀爬"告示的假山，结果从假山摔下导致骨折。王某的骨折应该由（　　）

A. 学校负责，因为教师没有尽到管理职责　　　　B. 王某负责，因为他违反了纪律

C. 学校负责，因为是学校组织的活动　　　　D. 学校和王某共同负责

15. 下列关于学生遭受人身伤害的处理原则表述不正确的是（　　）

A. 由校园中的无民事行为能力或限制民事行为能力的学生造成的学生伤害事故，应当由造成伤害的学生的监护人来承担相应的赔偿责任

B. 因学校教师或者其他工作人员实施与其职务无关的个人行为造成的学生伤害事故，应由致害人依法承担相应的责任

C. 未成年学生在学校开展的对抗性或者具有风险性的体育竞赛活动中发生意外伤害的，学校应承担相应的责任

D. 学校安排学生参加活动，因提供交通工具、食品及其他消费与服务的经营者，或者学校以外的活动组织者的过错造成的学生伤害事故，有过错的当事人应当依法承担相应的责任

16. 根据《学生伤害事故处理办法》的规定，学校对未成年学生（　　）

A. 不承担监护责任　　　　B. 不承担安全教育责任

C. 不承担保护责任　　　　D. 不承担自救教育责任

17. 六年级(3)班夏老师上课期间发现班里小强的座位中放了一把短刀,但考虑到学生正在认真学习,就继续上课。第二天,听说小强将同学小雨砍伤了。在此事件里(　　)

A. 对于小雨所受伤害,学校也应承担相应责任

B. 夏老师行为不正确,发现之时应立刻联系小雨监护人,将其带走

C. 夏老师行为正确,正确履行了教育教学职责

D. 小强并无任何不良行为,夏老师无须多加询问

18. 学生小李在体育课上跑步时突然昏倒,致使胸部受伤,经检查小李有先天性心脏病,班主任知道,但体育老师不知情。小李父母要求学校支付小李在医院的住院费,这种请求(　　)

A. 不合理

B. 合理

C. 只要在学校受伤,学校就应支付住院费用,所以该请求合理

D. 体育老师虽然不知情,但是小李在体育课上摔倒受伤,所以体育老师应负责,让学校支付不合理

专题八　《中小学教育惩戒规则(试行)》

链接答案本 P315

单项选择题(每小题2分,共5小题。参考时限5分钟)

1. 雯雯上课偷看小说、跟同学聊天,张老师不可采用(　　)进行教育惩戒。

A. 对雯雯进行批评教育　　B. 让雯雯擦黑板三天

C. 让全班同学和雯雯一起再做一遍家庭作业　　D. 让雯雯值日一天

2. 刘老师在上课时,学生小明在课堂上违规违纪但情节较为轻微,刘老师不可以当场对小明实施的教育惩戒有(　　)

A. 责令小明罚站5分钟　　B. 让小明做书面检讨

C. 点名批评　　D. 让小明自扇巴掌1次

3. 学生及其家长对学校实施的教育惩戒或者给予的纪律处分不服的,可以在教育惩戒或者纪律处分作出后(　　)个工作日内向学校提起申诉。

A. 15　　B. 20　　C. 3　　D. 7

4. 校规校纪提交家长委员会、教职工代表大会讨论后,需经(　　)审议通过后施行,并报主管教育部门备案。

A. 教职工代表大会　　B. 家长会员会　　C. 校长办公会议　　D. 司法机关

5. 一节课堂教学时间内的教室内站立属于哪种教育惩戒( )

A. 情节较重　　B. 轻微　　C. 严重　　D. 恶劣

专题九　教师的权利与义务

链接答案本 P316

单项选择题(每小题2分,共23小题。参考时限35分钟)

1. 寒假期间,某小学要求所有教师加班两周,对于不加班的教师予以扣发工资处理。学校的做法( )

A. 正确,学校有权给教师布置工作任务　　B. 正确,学校可以合理安排教师的时间

C. 不正确,学校侵犯了教师自由发展权　　D. 不正确,学校侵犯了教师带薪休假权

2. 李老师作为一名班主任,想要快速提高全班同学的成绩,但几次考试成绩都不尽如人意。他发现班级平均成绩每次都是被成绩特别差的个别学生拉下去的,所以三番五次找那几位学生谈话,但这几位学生态度不好,也没有学习热情,对此李老师很生气,于是当众辱骂他们,并让其在班级门口罚站一天。李老师的这种做法没有履行教师义务中的( )

A. 增强学生的法制观念　　B. 为人师表

C. 批评和抵制有害于学生健康成长的现象　　D. 关心、爱护全体学生,尊重学生人格

3. 某小学教师黄某认为自己的学历和能力都已达标,拒绝参加教育行政部门组织的教师培训活动。黄某的做法( )

A. 正确,教师可以放弃个人权利　　B. 不正确,教师不能放弃培训的权利

C. 正确,教师享有专业自主权利　　D. 不正确,提升业务水平是教师义务

4. 某教学点的张老师根据班级学生人数太少的情况,打破传统课堂讲授惯例,进行讨论式教学改革。张老师这样做是《中华人民共和国教师法》赋予他的( )

A. 科学研究权　　B. 教育教学权

C. 管理学生权　　D. 民主管理权

5. 为了保护学生的隐私,某小学规定语文教师不得在课堂上对学生的文章进行点评。该校的做法( )

A. 正确,学校有权对教师提出工作要求　　B. 正确,学校应该满足学生的自尊需求

C. 不正确,学校限制了教师的言论自由　　D. 不正确,学校侵犯了教师的专业权利

6. 教师权利是指教师在教育活动中享有的由教育法律赋予的权利，在教师的各种权利中，最基本的权利是（　　）

A. 获取报酬权　　B. 科学研究权　　C. 民主管理权　　D. 教育教学权

7. 某教师对学校管理提出改进意见，被校长打击报复。校长所侵犯的教师权利是（　　）（常考）

A. 民主管理权　　B. 教育教学权　　C. 指导评价权　　D. 学术研究权

8. 张老师是一名小学语文老师，他利用周末自费参加专业学术会议以提高自身业务水平。学校得知后，给予张老师警告处分。下列说法正确的是（　　）

A. 学校做法正确，校内专职教师不得参加校外活动

B. 学校做法正确，要对教师严格管理

C. 学校做法错误，教师享有自我发展的权利

D. 学校做法错误，该老师没花学校的钱，学校不能管

9. 李老师向校领导反映学校考评考核制度中存在的问题，有的同事却说李老师不自量力。其实李老师是在（　　）

A. 履行教师职责　　B. 履行教师义务　　C. 行使公民权利　　D. 行使教师权利

10. 陈老师打算根据本班学生的实际情况进行课堂教学改革，但校领导担心家长会反对，同事们对他的计划也很不支持。陈老师应该（　　）

A. 坚持改革，这是教师的权利　　B. 坚持改革，这是教师的义务

C. 放弃改革，这纯属没事找事　　D. 放弃改革，这违背教学常识

11. 教师赵某因当地教育行政部门侵犯其合法权益，依法提出了申诉，对于赵某的申诉，有权受理的机关是（　　）

A. 同级人民政府或上一级人民政府有关部门

B. 所在地区中级人民法院或省高级人民法院

C. 所在地区人民检察院或最高人民检察院

D. 上一级人民政府或中央人民政府有关部门

12. 某教师积极参加学校工会活动，并对学校的改革发展建言献策，该教师行使的权利是（　　）

A. 教育教学权　　B. 控告检举权　　C. 民主管理权　　D. 进修培训权

13. 某县教师小赵通过了研究生入学考试，而该校领导拒绝小赵的离职请求，小赵的做法正确的是（　　）

A. 向该市政府申诉　　B. 向该县教育局申诉

C. 向该县政府申诉　　D. 向省教育厅申诉

14. 某小学规定，教师因休产假不能工作的，其工资由学校扣除用作其他代课教师的代课费用。该学校的做法(　　)

A. 不合法，侵犯了教师享受国家规定的福利待遇的权利

B. 不合法，代课教师的工资应由学校自筹经费予以保障

C. 合法，学校享有对教师实施奖励或处分的权利

D. 合法，学校享有按照章程进行自主管理的权利

15. 校长的侄子毛毛平时学习成绩较好，但却十分调皮捣蛋，在期末时，校长找到班主任王老师进行谈话，要求将毛毛评选为三好学生，班主任拒绝了。对此表述正确的是(　　)

A. 不合理，我国学校实行校领导负责制，班主任应该服从校领导的安排

B. 不合理，毛毛是校领导的侄子，班主任应该给校领导面子

C. 合理，班主任应该坚定立场，不应随他人改变态度

D. 合理，班主任有权公正评定学生的品行和学业成绩

16. 星兴学校的杨老师在教职工代表大会上，对学校管理提出了一些意见，校长却说他做好教学工作就好了，不要操心职责范围以外的事情。该校长的做法侵犯了杨老师的(　　)(常考)

A. 科学研究权　　　　B. 指导评价权

C. 获取报酬权　　　　D. 民主管理权

17. 教师李某让班里调皮的学生缴纳违纪金，以加强班级管理。该教师的做法(　　)

A. 合法，有助于维护班级秩序　　　　B. 合法，对其他人有警示作用

C. 不合法，教师没有罚款的权利　　　　D. 不合法，学校才有罚款的权利

18. 刘老师作为班主任，只关心本班学习好的学生，将成绩差的学生座位全部排在最后，并且经常上课言语讽刺这些学生。该老师(　　)

A. 做法不正确，没有履行爱护尊重学生的义务

B. 做法不正确，没有保护学生的受教育权

C. 做法正确，能够严格履行教育教学职责

D. 做法正确，激发了学生的求知欲

19.《中华人民共和国教师法》对教师申诉的范围作出了规定。下列属于教师申诉范围的是(　　)

A. 政府行政部门侵犯其合法权益　　　　B. 企业单位侵犯其合法权益

C. 事业单位侵犯其合法权益　　　　D. 其他个人侵犯其合法权益

20. 根据《中华人民共和国教师法》规定，下列选项中属于教师应当履行的义务的是(　　)

A. 指导学生的学习和发展，评定学生的品行和学业成绩

B. 进行教育教学活动，开展教育教学改革和实验

C. 关心、爱护全体学生，尊重学生人格，促进学生在品德、智力、体质等方面全面发展

D. 对学校教育教学、管理工作和教育行政部门的工作提出意见和建议

21. 某县要修水电站，县政府下发文件要求每个公职人员都要参加电站集资。某镇小学校长按照文件要求，在领工资之前，从每位教职工的工资中分别扣除了文件规定上交的集资款。对此，下列说法错误的是该校长( )

A. 侵犯了教职工的隐私权

B. 侵犯了教职工的获取劳动报酬权

C. 违反了国家要求的不得对学校和教师乱摊派的规定

D. 侵犯了教职工的个人财产自主权

22. 某校教师职工手册上规定："暑假期间的教师工资应在开学后一起补发，以防止教师离职，扰乱下学期的正常教学安排。"对此规定认识正确的是( )

A. 此规定合法，有利于防止教师暑期离职，为学校挽留了人才

B. 此规定合法，保证了学校教学工作的顺利展开，有利于学生的学习

C. 此规定违法，损害了教师的民主管理权利，挫伤了教师的积极性

D. 此规定违法，侵犯了教师的获取报酬待遇权，不利于学校长远发展

23. 王洋是某民办小学的老师，在教学过程中经常出现拖堂现象，影响学生休息，于是学校领导通知他：拖堂一分钟扣除一百元。王老师很郁闷，明明是正常上课后为学生提供的贴心答疑服务，怎么就被处分了呢？王老师对此不服，依照《中华人民共和国教师法》，他可以( )

A. 向学校党委组织部提出申诉　　B. 向学校董事会提出申诉

C. 向当地法院提起诉讼　　D. 向教育行政部门提出申诉

专题十 学生权利及侵权表现

链接答案本 P318

单项选择题(每小题2分，共38小题。参考时限55分钟)

1. 个别教师不允许班上学习差的学生参加考试、随意占用学生的上课时间、指派学生参加一些与教育教学无关的商业庆典活动等。这些行为主要侵害的是学生的( )

A. 健康权　　B. 名誉权　　C. 受教育权　　D. 隐私权

2. 某教师当着全班同学的面辱骂兵兵为傻子，该教师侵犯了兵兵的(　　)

A. 隐私权　　B. 健康权　　C. 人格尊严权　　D. 人身自由权

3. 六年级某班的班主任李老师私自翻看了小明的日记，发现其有早恋的苗头，于是告诉了小明的家长，并且勒令其暂时不能到校上课，在家反省。李老师侵犯了学生的(　　)

A. 受教育权和人身自由权　　B. 隐私权和受教育权

C. 隐私权和人格尊严权　　D. 人格尊严权和知识产权

4. 某班学生张某想竞选班长，但他在同学中的"威望"不及竞争对手胡某。为了竞选成功，张某捏造事实在同学中散布谣言，诋毁胡某。张某的行为侵犯了胡某的(　　)

A. 姓名权　　B. 荣誉权　　C. 名誉权　　D. 隐私权

5. 学校随意撤销学生获得优秀称号的现象，属于侵犯学生的(　　)

A. 平等权　　B. 自由权　　C. 名誉权　　D. 荣誉权

6. 教育局局长等相关人员准备到某校进行视察，该校领导让各个年级考试成绩排名倒数10名的学生停课，参加迎接教育局局长等相关视察人员的欢迎仪式。该校领导的做法(　　)

A. 合法，学校领导有管理学生的权利　　B. 不合法，侵犯了学生的受教育权

C. 合法，差生可以参加与学习无关的活动　　D. 不合法，侵犯了学生的人身权

7. 王老师为了让学生们遵守课堂纪律，一旦发现有学生开小差或是窃窃私语的，就要求其到老师办公室接受思想教育，当天不能上课。王老师的做法主要侵犯了学生的(　　)

A. 选举权与被选举权　　B. 言论自由权

C. 受教育权　　D. 人身自由权

8. 班级里有一个同学丢了东西，班主任让大家投票选举小偷，小明被选了出来，他否认自己偷东西，但班主任依旧认定他是小偷。班主任侵犯了小明的(　　)

A. 健康权　　B. 名誉权　　C. 荣誉权　　D. 隐私权

9. 某学生在语文课堂上经常提出疑难问题，当老师不能解答时，便对老师大加嘲讽，使得老师甚是尴尬。期末阅卷时，老师想起该学生在课堂上刁难自己的行为，就刻意给这名学生打出很低的分数。对于该老师的做法，描述正确的是(　　)

A. 做法错误，侵犯了学生的身心健康权和人格尊严权

B. 做法正确，教师具有评定学生品行和成绩的权利

C. 做法错误，教师侵犯了学生获得公正评价的权利

D. 做法正确，教师应履行及时纠正学生错误的义务

10. 张老师在讲桌两旁各放了一张桌子，凡是考试成绩下降严重的学生就要坐在讲桌旁，直到下次考试成绩有所提高才能回到原座位。张老师的做法(　　)

A. 错误，这是一种偏心的行为

B. 正确，这是帮助学生提高成绩的有效手段

C. 正确，既保证了学生的受教育权，又履行了教师的教学管理权

D. 错误，侵犯了学生的人格尊严权

11. 某老师未经学生允许，私自将学生的作品编入自己编著的优秀作文集。对该老师的做法叙述正确的是(　　)(易混)

A. 该老师侵害了学生的荣誉权　　B. 该老师侵害了学生的著作权

C. 该老师侵害了学生的财产权　　D. 该老师侵害了学生的隐私权

12. 近年来，网上曝出了许多小学生遭到某些老师的虐待，对学生的生理和心理都造成了严重伤害的事件。这些老师的虐童行为，属于侵犯学生的(　　)

A. 生命健康权　　B. 人格尊严权　　C. 隐私权　　D. 人身自由权

13. 某学校为追求升学率，将年级成绩最差的三个学生除名。该学校的做法侵犯了未成年学生的(　　)

A. 人格尊严权　　B. 隐私权　　C. 受教育权　　D. 人身自由权

14. 小陈是某小学五年级学生。一天，校长把小陈领回家，告诉小陈的母亲，说他在学校总是欺负同学，其他家长有很大意见，为了维护学校的正常秩序，他不能再留在学校了。该学校侵犯了小陈的(　　)

A. 人身自由权　　B. 身心健康权　　C. 受教育权　　D. 名誉权

15. 在校期间，小张由于一时冲动，犯了错误，学校以此为由让小张停课两日，还停发了布置作业的信息。该学校的行为侵犯了小张的(　　)

A. 人身自由权　　B. 人格尊严权

C. 隐私权　　D. 参加教育教学活动的权利

16. 某县黄家屯村村民黄某有一个男孩，由于幼时患病，造成左脚跛瘸，行动不便。这个孩子到了入学的年龄，黄某带他到黄家屯小学报名入学，但学校以他是残疾儿童为由，拒绝招收。为使儿子能够入学，黄某又带他到附近的另一所学校龙门镇小学报名，而龙门镇小学则以此儿童非所属学区为由，也拒绝招收。学校侵害了男孩的(　　)

A. 平等的受教育权　　B. 人格尊严权

C. 人格平等权　　D. 人身自由权

17. 课间，学生小黄发现钱包里的钱不见了，班主任对全班学生进行搜身，查找丢失的财物。该班主任的做法侵犯了学生的(　　)(常考)

A. 人身自由权　　B. 财产权　　C. 平等权　　D. 受教育权

18. 某小学教师李某上课前发现部分学生未完成家庭作业，要求这部分学生完成作业后再进教室听课。李某的做法(　　)

A. 合法，教师有管理学生的权利　　B. 合法，教师有教育学生的职责

C. 不合法，侵犯了学生的受教育权　　D. 不合法，侵犯了学生的人格权

19. 某小学在资助贫困生的公示中，将资助学生的姓名、家庭住址、父母姓名、电话号码、身份证号等信息予以公布，该校的做法(　　)

A. 符合校务公开的办事原则　　B. 体现了学校自主管理的权力

C. 侵犯了学生的个人隐私权　　D. 违背了公平待生的教育理念

20. 黄老师分发试卷时把考试成绩落后的学生李强叫作“学渣”。多次之后，李强在同学面前抬不起头，上课更不爱听讲了。黄老师的做法(　　)

A. 正确，这是一种鞭策　　B. 正确，可以激励学生更好地学习

C. 不正确，侵犯了学生的受教育权　　D. 不正确，侵犯了学生的人格尊严权

21. 语文课上，李老师正情绪激昂地带领同学们学习李白的《赠汪伦》，大家都很投入，这时李老师发现王明正对着语文课本傻笑。李老师走到王明身边才发现他正在偷偷玩手机，李老师非常生气，当即没收了他的手机并拒绝归还。该老师的做法(　　)

A. 正确，有利于维持课堂的正常秩序　　B. 正确，有利于王明学习知识

C. 不正确，侵犯了王明的受教育权　　D. 不正确，侵犯了王明的财产权

22. 某节数学课上，教师张某在讲解三角形内角和的内容，讲了两遍，小明仍然不明白为何内角和为180度，张某不耐烦地说：“你怎么比猪还笨呢！”同学们都笑了，小明再也不敢说话了。张某的做法(　　)

A. 侵犯了学生的受教育权　　B. 侵犯了学生的人格尊严权

C. 侵犯了学生的人身自由权　　D. 侵犯了学生的隐私权

23. 某学校擅自将吴同学的信息及学习成绩变化情况刊登在宣传材料上广为散发，用来宣传学校的教学水平。该学校的做法侵犯了吴同学的(　　)

A. 名誉权　　B. 姓名权　　C. 健康权　　D. 隐私权

24. 某男同学性格好动，下课期间在教室打球，一不小心将教室玻璃打碎。学校在查明情况后，依据学校“损坏公物要赔偿和罚款”的规章制度，对该同学做出以下三条处理决定：一是给予警告

处分；二是照价赔偿玻璃；三是罚款一百元。之后该校还在全校师生大会上对该生进行点名批评，希望起到杀一儆百的作用。对于学校的处理方式，下列说法正确的是（　　）

A. 是合法的，做到了依法治校，从严治校

B. 可以适当罚款，但是一百元的罚款金额过高

C. 学生不是有意破坏公物，给予警告处分起到教育作用即可，不能要求赔偿和罚款

D. 前两条处理是合法的，但对学生进行罚款是典型的违法行为

25. 学生小强在美术教师张某的精心指导下，完成了一幅美术作品。该作品代表学校参加了省青少年画展，荣获一等奖，并获5000元现金奖励。下列说法正确的是（　　）

A. 奖金应该归属学校，因为该作品是代表学校参赛

B. 奖金应该归属张某，因为张某精心指导

C. 奖金应该归属小强，因为小强享有著作权

D. 奖金应该归属小强家长，因为家长是其法定监护人

26. 大磊和程程是同桌。程程喜欢写日记，记下自己每天的生活。大磊耐不住好奇心，有一天偷偷把程程的日记拿出来看。他发现程程有多次被人殴打的经历，而后将此事告诉了自己的好友，大家便窃窃私语，嘲笑程程。大磊的行为侵犯了程程的（　　）

A. 隐私权　　B. 人身自由权

C. 荣誉权　　D. 受教育权

27. 放学后，教师沈某让小光留校写作业，沈某因临时有事，将小光反锁在办公室直到深夜。沈某的行为（　　）

A. 合法，教师有批评教育学生的权利　　B. 不合法，侵犯了小光的人格权

C. 合法，教师有监督学生完成作业的义务　　D. 不合法，侵犯了小光的人身自由权

28. 学生程某经常违反班规，班主任张某让其缴纳罚款。班主任张某的做法（　　）

A. 合法，教师有惩戒学生的权利　　B. 合法，教师有管理班级的权利

C. 不合法，教师没有罚款的权利　　D. 不合法，学校才有罚款的权利

29. 学生张亮平时比较淘气，经常在课堂上捣乱，因此班主任在上公开课时安排张亮去和其他班的学生上体育课。对此，下列说法正确的是（　　）

A. 正确，能够保证课堂秩序和公开课质量

B. 正确，照顾到张亮的特点，发挥学生的主体性

C. 错误，让张亮和其他班学生上课会扰乱正常的教学秩序

D. 错误，参加教育教学计划安排的各种活动是学生的权利

30. 某学生在校园内踢球时不小心撞碎了宣传栏的玻璃，黄老师当众对其进行粗暴的言语辱骂。黄老师的做法主要侵犯了该同学的(　　)

A. 受教育权　　B. 人格尊严权　　C. 生命权　　D. 人身自由权

31. 某教育辅导机构未经过其学生小丽的许可，私下将小丽的照片印在宣传手册上，并以此来吸引更多的学生报班。该辅导机构侵犯了小丽的(　　)

A. 生命权　　B. 受教育权　　C. 休息权　　D. 肖像权

32. 教师不得因为各种理由随意对学生进行搜查，不得关学生禁闭，这是因为学生具有(　　)权利。

A. 身心健康　　B. 人身自由　　C. 人格尊严　　D. 受教育

33. 小豪给班里长得胖的同学小佳取了个“肥猪佳”的绰号，还煽动其他同学一起取笑小佳，小豪的这种行为侵犯了小佳的(　　)

A. 健康权　　B. 荣誉权　　C. 肖像权　　D. 名誉权

34. 六年级学生肖强在班里成绩总是倒数第一，被班主任劝退。该班主任的做法(　　)

A. 正确，教师有管理学生的权利

B. 不正确，经家长同意后才可以劝退学生

C. 正确，教师有教育学生的权利

D. 不正确，该教师侵犯了肖强的受教育权

35. 林老师班上的王同学经常在课堂上捣乱，屡教不改，林老师为了惩罚王同学，不让王同学参加学校的期末考试。林老师的做法(　　)

A. 合法，教师可以批评和管教学生

B. 不合法，侵犯了王同学的受教育权

C. 不合法，侵犯了王同学的人身自由

D. 不合法，侵犯了王同学的荣誉权

36. 某班级月考数学成绩考得不理想，数学老师非常生气，骂了全班同学一节课，这侵犯了学生的(　　)

A. 受教育权　　B. 健康权　　C. 荣誉权　　D. 隐私权

37. 每当学生小明在课堂上捣乱时，王老师就把他关进体育器材室，直到放学后才放他出来，王老师的行为侵犯了小明的(　　)

A. 荣誉权　　B. 隐私权　　C. 名誉权　　D. 人身自由权

38. 在英语课默写单词的环节中，小蕾因单词记得不牢固，默写不出来。老师很生气地说：“不知道你的脑袋里都装着什么，真是个笨蛋。”这位老师侵犯了小蕾的(　　)

A. 受教育权　　B. 人身自由权　　C. 人格尊严权　　D. 隐私权

第三章　教师职业道德

链接答案本 P323

- 教师职业道德
  - 教师职业道德规范
    - 教师职业道德的范畴★★
    - 《中小学教师职业道德规范》(2008年)★★★
      - ①________
      - ②________
      - ③________
      - ④________
      - ⑤________
      - ⑥________
    - 《中小学教师职业道德规范》(1997年)
      - 依法执教★
      - 爱岗敬业
      - 热爱学生
      - 严谨治学
      - 团结协作
      - 尊重家长
      - 廉洁从教★
      - 为人师表
    - 《中小学班主任工作规定》★
  - 教师职业行为
    - 教师职业行为规范
      - 教师职业行为规范的基本要求★★★
      - 教师职业行为规范的主要内容★
    - 教师在教学活动中要处理好的几大关系
      - 教师与学生的关系★★
      - 教师与学生家长的关系★
      - 教师与同事的关系★★
      - 教师与教育管理者的关系
    - 《新时代中小学教师职业行为十项准则》★
    - 《中小学教师违反职业道德行为处理办法(2018年修订)》★

链接答案本 P323

一、单项选择题(每小题2分,共29小题。参考时限45分钟)

1. [2023上半年]飞飞经常迟到,康老师没少批评他。今天他又忘戴红领巾了,康老师生气地罚他站在教室后面,并对他说:“要是别的同学,我可能就原谅了。但对你,我早就忍无可忍了!”康老师的做法违背的教育惩戒原则是(　　)

A. 对抗性　　B. 整合性　　C. 互换性　　D. 公正性

2. [2023上半年]小学教师丁老师经常赴各地参加教学研讨,他勤于钻研并发表了不少论文,个人影响力越来越大。但他在教学上投入不足,班上学生成绩不理想。对此,丁老师认为:“不能仅以学生分数评价教师工作。”丁老师的言行(　　)

A. 不合理,教师的首要任务是提高学生分数

B. 不合理,丁老师未能正确理解教师的职责

C. 合理,不能以分数作为评价教师的唯一标准

D. 合理,有利于教师专业发展

3. [2022下半年]李老师在班里开展“大家一起找优点”活动,要求学生设立“优点记录本”,既记录自己的优点,也记录同学的优点,并在每周“优点交流会”上交流。李老师的做法(　　)

A. 不恰当,将导致学生的盲目自信　　B. 不恰当,将导致学生报喜不报忧

C. 恰当,能激励学生不断进步　　D. 恰当,能减少班主任工作量

4. [2022下半年]有家长反映陈老师最近上课总是敷衍了事。经调查了解,陈老师开了一家网店,以致精力不济,备课不充分。对此,陈老师正确的做法是(　　)

A. 联系家长,搞好家校关系　　B. 继续经营,加大工作投入

C. 化解冲突,委托同事代课　　D. 关闭网店,认真备课施教

5. [2022下半年]疫情期间,某小学胡老师说:“教育管理部门不应该要求‘停课不停学’,我们实施起来太困难。”并且不予配合。这表明胡老师在教师职业道德方面没有做到(　　)

A. “庄严自持,内外若一”　　B. “知者必量其力所能至而从事焉”

C. “善为师者,既美其道,有慎其行”　　D. “不以一人疑天下,不以天下私一人”

6. [2022上半年]开学伊始,刘老师在班上进行“班级公约海选”,还推选了“公约管理员”,负责监督执行情况并反馈。对刘老师的做法,下列说法正确的是(　　)

A. 会滋长“公约管理员”打小报告的不良习惯,但有利于学生自我管理

B. 推选"公约管理员"不利于学生和睦相处,但尊重了学生主体性

C. 推选"公约管理员"有违全员参与精神,但体现了班级民主管理

D. 会增加"公约管理员"的任务,但调动了学生的积极性、主动性

7. [2021下半年]家长向学校投诉覃老师罚迟到的小辉站在教室外面听课。学校的下列做法中正确的是( )

A. 将小辉调到其他班级

B. 将覃老师换到其他班级任课

C. 制止覃老师的行为并对其进行诫勉谈话

D. 取消覃老师参评优秀教师资格12个月

8. [2021下半年]于老师在课堂上被学生的一个问题难住。课后,她遍查资料,还专门请教了专家,最终详细地回复了学生。下列选项与该案例所体现的教师职业道德要求相符的是( )(常考)

A. "言必信,行必果。"

B. "知不足,然后能自反也;知困,然后能自强也。"

C. "故君子之教喻也,道而弗牵,强而弗抑,开而弗达。"

D. "君子知至学之难易,而知其美恶,然后能博喻,能博喻然后能为师。"

9. [2021上半年]在课堂教学中,文老师不仅能够深入浅出地讲解学科知识,而且能结合教学内容对学生进行思想道德方面的引导。文老师的做法体现了( )

A. 教育价值的融合

B. 教法与学法的融合

C. 师生互动的生成

D. 传授与习得的互补

10. [2021上半年]特级教师李老师经常去听年轻老师的课并给予指导。一次听孙老师上课时,李老师发现孙老师对某个知识点的讲解存在偏差,便当场打断教学予以纠正。这说明李老师( )

A. 帮扶心切,严慈相济

B. 甘为人梯,示范失当

C. 教学严谨,循循善诱

D. 严于律己,缺乏尊重

11. [2020下半年]本学期,四(1)班方老师组织学生开展了多次防火、防灾及交通安全等主题演练活动。这表明方老师( )

A. 善于倾听学生的心声

B. 重视学生的亲身体验

C. 注重学生的自由发展

D. 重视培养学生施救意识

12. [2019下半年]学校安排王老师外出培训学习,他说:"我都五十多岁了,教学也完全没问题,还参加什么培训?把机会留给年轻人吧。"对此,下列说法正确的是( )(常考)

A. 教学经验丰富的老教师不需要参加培训

B. 作为教师应该不断提高自身的专业水平

C. 培训年轻教师可发挥培训资源最大效用

D. 培训任务过多加重了王老师的工作负担

13. [2019下半年]孙老师常在表扬或批评学生时说:"你做得不错！要是像XXX同学一样,可就惨啦!""千万不要像XXX同学一样!""你就不能像XXX同学一样表现好点吗?"孙老师的做法( )

A. 正确,能够培养学生谦逊品质　　B. 正确,能够促进学生认识自己

C. 不正确,会伤害被比较的学生　　D. 不正确,应只与优秀学生比较

14. [2019上半年]李老师在班级设立了"生日祝福墙",每当有学生过生日时,同学们纷纷在祝福墙上留下祝福的话语,还互相赠送自制卡片。李老师的做法( )

A. 不恰当,会加重学生的负担　　B. 不恰当,会助长物质攀比之风

C. 恰当,能让学生感受班级温暖　　D. 恰当,能让学生提高消费意识

15. [2019上半年]有段时间,班里几名女生因为传话走样产生误会,关系紧张。对此,付老师设计了"复制不走样"的游戏。游戏结束后,一个学生这样写道:"虽然是同一句话,但经过五个人的传话后,我听到的已经完全变样了,原来传话会引起这么多误解。"下列关于付老师行为的说法,不正确的是( )

A. 付老师注重教书育人　　B. 付老师注重方法创新

C. 付老师注重严慈相济　　D. 付老师注重循循善诱

16. [2018下半年]并不富裕的汪老师时常资助一些家庭经济困难的学生,还鼓励他们克服困难,在学习上给予他们切实的帮助。这体现了汪老师能够做到( )

A. 长善救失　　B. 严慈相济　　C. 因材施教　　D. 关爱学生

17. [2018下半年]刚入职不久的班主任张老师因过失被家长投诉了。此时,张老师恰当的做法是( )

A. 求助领导,要求换班　　B. 埋怨家长,批评学生

C. 反省自我,积极沟通　　D. 坚持自我,任其自然

18. [2018上半年]平时爱搞笑的小东几次竞选班干部均落选了,对此,班主任应采取的恰当做法是( )

A. 提醒小东低调做人,注意拉票　　B. 建议小东放弃竞选,安于现状

C. 鼓励小东不要气馁,继续努力　　D. 安慰小东顺其自然,随缘认命

19. [2018上半年]还有半年就要退休的郑老师仍在学校仅凭经验带头上示范课,对徒弟要求严格,以致个别徒弟对其心存抱怨。下列关于郑老师行为的说法中不正确的是( )

A. 爱岗敬业　　B. 与时俱进　　C. 甘为人梯　　D. 勤恳乐教

20. [2017下半年]小茹说话有些口吃，常有同学嘲笑她。班主任付老师除教育学生要尊重小茹外，还指导小茹朗读，鼓励她坚持练习。后来，小茹在朗读比赛中获奖，人也渐渐开朗了。这表明付老师具有(　　)

A. 维护课堂秩序的能力　　B. 严格要求学生的意识

C. 尊重关爱学生的情怀　　D. 严以律己的从教意识

21. [2017下半年]对下图中教师行为的评价，正确的是(　　)

A. 注重教育公平　　B. 注重有教无类

C. 忽视学生的全面发展　　D. 忽视学生的个性发展

22. [2017上半年]姜老师听到晓成等几个学生说不喜欢自己，更喜欢别的班主任，因此对他们总是没有好脸色，经常当众斥责或罚站。这表明姜老师没有(　　)

A. 严格要求学生　　B. 维护课堂秩序　　C. 调整自我心态　　D. 督促学生学习

23. [2017上半年]张老师生气时在学生面前不自觉地会“爆粗口”，学生很反感。张老师应该(　　)

A. 依然如故，顺其自然　　B. 无意为之，不必在意

C. 努力改正，尽量避免　　D. 改变自己，不说脏话

24. [2016下半年]同学们正在听孙老师讲课，乐乐却偷偷地扯了一下糖糖的头发，糖糖疼得大叫。孙老师立即大声呵斥道：“乐乐，你不想听就出去！”“乐乐太坏了，以后同学们都别跟他玩。”孙老师的做法(　　)

A. 合理，维护了教师的权威　　B. 不合理，侮辱了乐乐的人格

C. 合理，保护了糖糖的健康　　D. 不合理，破坏了课堂学习氛围

25. [2016下半年]夏老师和汤老师都在积极准备参加市小学教育基本技能大赛，首次参加比赛的夏老师向汤老师请教，汤老师因担心夏老师在比赛中超过自己，就说自己也不清楚。汤老师的做法表明她(　　)

A. 具有帮助同事自我创新的意识　　B. 缺乏尊重同事人格的品质

C. 具有促使同事自主发展的意识　　D. 缺乏与同事互助合作的精神

26. [2016下半年]部分家长认为教育孩子是教师的事情,自己可以不管孩子。对此,教师的下列做法,正确的是( )

A. 引导家长一同做好教育工作　　B. 责怪家长对孩子教育不负责任

C. 放弃合作,自己好好教育学生　　D. 给予理解,家长教育能力有限

27. [2016上半年]骨干教师华老师教学能力突出,经常一个人钻研教学,不愿意参加集体备课。这说明华老师缺乏( )

A. 严于律己的意识　　B. 团队协作的精神

C. 严谨工作的态度　　D. 敬业爱岗的品格

28. [2016上半年]下列选项中,没有违背教师职业道德规范的是( )(易错)

A. 王老师收了学生家长赠送的购物卡　　B. 赵老师收到了不少学生制作的贺卡

C. 李老师经常让学生家长开车送其回家　　D. 宋老师每天都给学生布置过量的练习题

29. [2016上半年]班主任王老师在班上开展“悦读悦享”活动,与同学们同读一本书,经常将自己的“阅读心得”与同学们分享。下列分析不恰当的是( )

A. 王老师注重师生同读互促,率先垂范　　B. 王老师注重营造读书氛围,激趣启智

C. 王老师注重学习,不断提升自我素养　　D. 王老师注重公正,对同学们一视同仁

二、材料分析题(每小题14分,参考时限10分钟。共3小题)

1. [2022下半年]材料:

我班上有两个个头相近、名字读音相似的女生。一个叫梁钰,爱好跳舞,但学习基础不太好;一个叫杨瑜,擅长书法,除数学外,其他功课都很优秀。

梁钰一直把自己成绩不好归结为记忆力差。但经我的观察与分析,一是她学习方法不对,二是不能持之以恒,对此,我给她提出了建议。一开始,梁钰还按我的建议去学习,非常有劲头。但坚持不到半学期就松懈了,总说自己跳舞忙,学习刚有一点儿起色,又退步了。

对杨瑜,我也和她一起分析了数学学习问题,提出了建议。自此,她主动找老师和数学成绩好的同学请教,数学学习进步很大,这让杨瑜非常开心,对学好数学也有了信心。

期中考试后,我在班会上进行小结,我准备这样表扬杨瑜:“杨瑜,老师发现你是一个能够自我反思、积极进取的孩子,我为你的进步而高兴!但你也要知道学习如逆水行舟,不进则退,希望你再接再厉,争取更大的进步!”

但由于我的口误,把杨瑜说成了梁钰,说完后同学们都瞪大了眼睛,我才意识到自己粗心大意了,想改口又怕伤了梁钰的自尊心。我干脆将错就错,又补充了一句:“梁钰,学习贵在坚持,

你能坚持努力吗?”梁钰羞涩又略带惊喜地说:“嗯嗯嗯,好好好!”接着,我又对杨瑜的表现进行了评价。

这次班会后,梁钰在学习上有了变化,学习成绩也有了提高。

问题:请结合材料,从教师职业道德的角度,评析“我”的教育行为。

2. [2021下半年]**材料:**

张老师小时候非常内向寡言,后来遇到了擅长教隶书的李老师。在李老师的启发下,她走进书法这道门,人也变得开朗起来,隶书也成为张老师最喜欢的一种书体。

成为教师后,为了教育学生,她不断尝试各种书体的临摹,并依据班上学生的个性特点开展“因生习‘书’”“以‘书’育人”等系列书法练习活动。

针对行为有些散漫的学生,她教以楷书,让他们在楷书的法度谨严中一撇一捺地揣摩领悟,进而学会自我调控。

针对身体有些孱弱的学生,她教以魏碑,让他们先感受魏碑书体的雄浑大气,待他们产生兴趣后,慢慢引导他们在魏碑的遒劲、峻挺中体悟气势。

针对顽皮不守规矩的学生,她教以篆书,让他们感受篆书的“有提无顿,有转无折”,无粗无细,在篆书线条的书写中学会不偏不倚,进而遵规守纪。

针对性格内向的学生,她则教以隶书,和他们分享自己儿时的经历,并现场展示隶书的书写,勉励他们尝试练习,让他们在“蚕头燕尾”“一波三折”的隶书临习中,感受舒展与快乐。

问题:请结合材料,从教师职业道德的角度,评析张老师的教育行为。

3.［2019下半年］**材料：**

这学期，我接任四(2)班班主任。我发现，和女生相比，班里不少男生的自我约束能力较弱，遇事容易冲动，学习也比较粗心。对此，我采取了以下措施：

第一，建立双班委，让有才干的男生脱颖而出。过去班干部绝大部分是女生，在改选时，我设立了男、女生两套班委，让有经验的女生指导男生干部工作，也让男生为女生干部提建议。

第二，设立“真汉榜”，让有潜力的男生树立信心。每周在行为规范、学习习惯等方面进行比赛，积分居前或达到一定分数的男生可以荣登此榜。连续四次上榜，可获得一份阳光喜报。

第三，开展活动，让好动的男生挥洒激情。为了调动每一个男生的积极性，我经常开展一些男生擅长的活动，发挥他们的特长。

第四，发挑战书，激发男生的上进心。在征得全班同学同意后，我让每个男生挑选一个想要挑战的同学，挑战内容包括口才、写字、守纪等。这一招还真管用，不管是挑战的还是被挑战的学生，都取得了进步。

第五，干体力活，培养男生的责任感。在班上，我有意让男生负责体力活。对于那些粗心大意的男生，我就适时提醒。

问题：请结合材料，从教师职业道德的角度，评析材料中“我”的教育行为。

专题一　教师职业道德规范

链接答案本 P330

一、单项选择题(每小题2分,共43小题。参考时限65分钟)

1. 孔子的“己所不欲,勿施于人”主要体现了教师职业道德范畴中的教师(　　)

A. 公正　　B. 幸福　　C. 良心　　D. 仁慈

2. 王老师利用闲暇时间向民间艺人学习地方特色乐器,并将这些内容与自己的音乐教学相融合,这种做法体现了王老师具有(　　)

A. 终身学习的意识　　B. 勤思笃学的意识

C. 科学技术知识　　D. 是非辨别能力

3. 曾老师每次布置完课后作业后,都只是在下次课堂上给学生核对一下答案,曾老师的做法(　　)

A. 合理,可以提高教学效率　　B. 不合理,教师应认真批改作业

C. 合理,可以促进学生自学　　D. 不合理,增加了学生课后负担

4. 优生总是表现优秀,成绩好,能让老师少操心。因此,一些老师不自觉地偏爱班级里的优生。这其实违背了教师职业道德规范中的(　　)

A. 关爱学生　　B. 教书育人　　C. 为人师表　　D. 终身学习

5. 一位教师在教学《两条小溪的对话》时,让学生分角色表演。有一位学生问:“老师,我能不用书中的原话吗?”老师和蔼地问:“为什么呢?”“因为书中原话太长,我背不下来,如果拿着书表演,又不太好。”孩子说出了原因。“你的意见很好,用自己的话来表演吧!”老师高兴地抚摸了一下孩子的头。果然,这个孩子表演得非常出色。该教师做到了(　　)

A. 志存高远,勤恳敬业　　B. 关爱学生健康,保护学生安全

C. 诲人不倦,因材施教　　D. 严于律己,以身作则

6. 下列不属于中小学教师职业道德规范的内容的是(　　)

A. 爱岗敬业　　B. 关爱学生　　C. 终身学习　　D. 乐于助人

7. 习近平总书记强调，教师要“以高尚的人格魅力赢得学生敬仰，以模范的言行举止为学生树立榜样。”这是在要求教师要践行(　　)的职业道德规范。

A. 教书育人　　B. 为人师表　　C. 爱国守法　　D. 终身学习

8. 李老师认为爱国主义教育应从学生小时候开始，于是她经常在班内开展“中国娃娃”“我的少数民族朋友”“爱祖国”“爱首都”等爱国主题活动。这表明李老师在教学工作中能够做到(　　)

A. 爱国守法　　B. 为人师表　　C. 终身学习　　D. 关爱学生

9. 谢老师非常热爱教育事业，工作兢兢业业，立志做一名优秀教师。但是自从当了班主任，他遇到了一些困惑。新的一周刚刚开始，谢老师就遇到一个难题，一名学生敲开他的门，放下一个罐子，说了句：“谢老师，这是我奶奶要我给您的。”他打开罐子一看，里面整整齐齐躺着十几个鸡蛋。面对这些鸡蛋，谢老师最恰当的做法是(　　)

A. 作为一名光荣的人民教师，不该拿学生的“一针一线”，应该立刻拒绝那名学生

B. 这是学生和学生家长的心意，也不是什么贵重的东西，可以收下

C. 为学生付出了那么多，收他们一点东西也是应该的，没什么大不了的

D. 与学生家长沟通，说明情况，委婉而坚定地谢绝家长的礼物

10. 王老师在大西北的穷僻山村当小学校长。这个学校30多年分来几十位老师，只留下了5位，最长的干了两年，最短的只待了半年。而王老师却一直守着这个山村。他甘守清贫，为山村教育事业默默奉献自己的一切。王老师的做法符合教师职业道德规范中(　　)的要求。

A. 爱岗敬业　　B. 关爱学生　　C. 爱国守法　　D. 为人师表

11. 苏联的一位教育学家曾说过：“漂亮的孩子人人都爱，爱不漂亮的孩子才是教师真正的爱。”这句话体现了教师职业道德中的(　　)

A. 爱国守法　　B. 教书育人　　C. 终身学习　　D. 关爱学生

12. 小虎在课堂上喜欢与同桌讲话，就算同桌不理睬他，他也能一个人说个不停，李老师为了不影响其他人学习，让小虎把桌椅搬到教室后面角落一个人坐。下列选项中对该班主任的行为评价正确的是(　　)

A. 激励学生学习的积极性　　B. 没有发挥学生主体性

C. 没有尊重学生人格　　D. 维护了教师权威

13. 新学期竞选班干部，学习成绩一向不好的吴鹏竞选体育委员，班里许多同学反对，并告诉班主任：“吴鹏成绩不好，不配当班干部。”如果你是班主任，会采取的正确做法是(　　)

A. 告诉其他同学，学习成绩不是衡量一个人的唯一标准

B. 认为其他同学说得有道理，否决吴鹏的竞选

C. 训斥其他同学“：你们心胸狭窄，才不配当班干部”

D. 忽略其他同学的意见，执意让吴鹏担任体育委员

14. 一位学生肚子不舒服，在课堂上吐了一地，蒋老师立即将他送往卫生室，回教室后还清扫呕吐物。这体现了蒋老师（　　）

A. 因材施教，为人师表　　B. 作风正派，关心集体

C. 热爱祖国，热爱教育事业　　D. 关爱学生，行为表率

15. 杨老师正在黑板上板书，突然有一位同学向杨老师指出他写错了一个字，全班同学应声起哄。如果你是杨老师，下面做法正确的是（　　）

A. 尴尬地笑一笑，将此事粗略带过

B. 为了维护自己的权威，告诉同学们自己没有写错

C. 虚心接受，纠正错别字

D. 为了维持课堂纪律，让学生课后再讨论

16. 吴老师在组织班会活动时，通常让表现好的学生做主持人或做重点发言，而表现欠佳的学生则基本上是听众的角色。吴老师的做法（　　）

A. 利于激励学生　　B. 有失教育公平　　C. 便于班级管理　　D. 违背因材施教

17. 王老师在教学中总是尝试新的教学方法。在音乐课上，王老师鼓励同学们给经典音乐重新填词，评选“最美歌词”和“最具创意奖”，同学们对音乐课的兴趣大增。下列选项中是孔子所说，且与王老师做法相符的是（　　）

A.“吾生也有涯，而知也无涯”　　B.“学而不已，阖棺乃止”

C.“古人于为学，终生与之俱”　　D.“朝闻道，夕死可矣”

18. 贾老师在逛商场时偶遇班上一位学生和其家长，便一同挑选衣服，付款时，这位家长坚持要把贾老师的500元钱一起付了。对此，贾老师的正确做法是（　　）

A. 勉强接受并回送价值相当的礼物　　B. 数额不大，不必在意，但下不为例

C. 表示感谢并注意格外关照她的孩子　　D. 表示感谢但坚决拒绝该家长

19. 加里宁说：“既然你们在今天、明天、后天就得把你们所有的一切都奉献出去，但同时你们如果不日新月异地补充自己的知识、力量和精力，那么你们的任何东西都留不下来了。”这体现了教师职业道德规范中的（　　）

A. 爱国守法　　B. 终身学习　　C. 教书育人　　D. 为人师表

20. 季羡林先生活到老、学到老,96岁高龄仍任教北大,身居病榻之时,每天还坚持读书写作,为世人所敬仰。这体现的教师职业道德是( )

A. 为人师表 B. 教书育人 C. 终身学习 D. 爱国守法

21. 留守儿童小华身上有一些不良行为习惯,班主任老师应该( )

A. 关心爱护小华,加强对他的行为养成教育

B. 宽容理解小华,降低对他的要求并顺其自然

C. 严厉责罚小华,令其尽快改掉不良行为习惯

D. 联系家长,责令其督促小华改掉不良习惯

22. 刘老师大声批评迟到的同学,但他自己也迟到了。于是,有几位同学在嘀咕:"自己也迟到。"一位女同学也向旁边的同学使眼色,脸上露出不服气的神情。此时,刘老师应该( )

A. 承认错误,保证下不为例,然后继续批评迟到的同学

B. 承认错误,自我批评,借此简单进行纪律教育,然后继续上课

C. 停止批评学生,继续上课,下课处理

D. 若无其事,继续上课,保证教学进度

23. 某班主任在家长会上帮商家推广一种"心算"教材,但并未强制家长们购买。该班主任的做法( )

A. 凸显了敬业精神 B. 违背了师德规范 C. 违反了教学规律 D. 体现了求真务实

24. 小刘以优异的成绩应聘为某校教师,她一到岗就认真备课、讲课,还运用多媒体技术和网络教学手段进行教学。她的课很受学生欢迎。刘老师的行为( )(常考)

A. 符合爱岗敬业的要求 B. 符合为人师表的要求

C. 符合爱国守法的要求 D. 符合关爱学生的要求

25. 一位小学数学教师教授"千克的初步认识",在用教具天平称量粉笔时,忘了拆去天平托盘下的胶垫,出现了对同一支粉笔第一次称重为100克,第二次称重为10克的情况,而该教师把两次测量的10倍之差向学生解释为天平这种测量工具的误差。该教师的处理方法违反了( )的职业道德。

A. 爱国守法 B. 爱岗敬业 C. 关爱学生 D. 终身学习

26. 新转来的晓丽比较内向,很少与班里同学说话,故尹老师上课时经常与晓丽互动,还特意安排能让晓丽与大家交流的活动,使晓丽尽快融入班集体。尹老师的做法体现了他( )

A. 对个别学生的偏爱 B. 对学生的关爱

C. 忽略大部分学生的感受 D. 不能平等对待学生

27. 右图中,对学生所送礼物,教师要( )

A. 全部接受,在教师节时可以接受学生的所有礼物

B. 区别对待,对学生自制的小礼物可以适当地接受

C. 婉言谢绝,任何时候都不能接受学生的任何礼物

D. 婉言谢绝,尽量避免在公开场合接受学生的礼物

28. 李老师发现一些学生卫生习惯不好,经常在教室里面乱扔废纸。面对这种情况,李老师恰当的做法是( )

A. 严肃教育学生,严重时将学生赶出教室　B. 建立惩罚机制,罚扔废纸的学生扫走廊

C. 不再强调卫生,只要学生成绩好即可　D. 批评教育学生,督促学生养成好习惯

29. 某校李老师对于教材内容不去主动领会和吃透,反而经常从网上下载相关资料直接作为自己的教案,或者照抄其他老师的教案。上课的时候态度敷衍,教学方法单一,引起了学生的诸多不满。李老师这些行为主要违反的教师职业道德要求是( )

A. 廉洁从教　B. 爱岗敬业　C. 以人为本　D. 关爱学生

30.《中小学教师职业道德规范》中,为人师表的内容不包括( )

A. 坚守高尚情操,知荣明耻,严于律己,以身作则

B. 衣着得体,语言规范,举止文明

C. 自觉抵制有偿家教,不利用职务之便谋取私利

D. 不以分数作为评价学生的唯一标准

31. 六(1)班的李凡考试成绩一直不佳。班主任召开家长会时说:“我们班有几个像李凡这样的孩子,考试成绩一直落在全班后面,他们今后的发展很令人担忧啊!”这位班主任的做法( )

A. 不恰当,应私下提醒家长做好心理准备　B. 不恰当,应综合评价之后再与家长沟通

C. 恰当,能帮助家长正确预期孩子的发展　D. 恰当,能帮助李凡等学生准确定位自己

32. 班主任黄老师有一个学生情况记录本,里面详细记录了班上每一位学生的学习、思想、心理、生活等情况。黄老师的做法符合《中小学班主任工作规定》中( )的要求。

A. 充分发挥纽带作用　B. 关心学生的全面发展

C. 建立平等民主的师生关系　D. 积极进行班集体文化建设

33. 数学教师张老师对学生要求严格,被她提问到的学生如果回答不出问题,就要到教室后面站着听讲,同学们都害怕被张老师提问。张老师的做法违背的师德规范是( )

A. 关爱学生　B. 为人师表　C. 教书育人　D. 爱岗敬业

34. 林老师入职以来，对工作高度负责，总是认真备课上课，认真批改作业，认真辅导学生，对待学生的提问从不敷衍塞责。这表明林老师能够执行《中小学教师职业道德规范》中的（ ）

A. 诲人不倦　B. 廉洁自律　C. 爱岗敬业　D. 诚实守信

35. 有三十多年丰富教学经验的段老师，特别重视外出学习，一有机会就向其他老师取经，观摩别人的课堂，反思自己的教学方法，努力提高教育教学水平。这说明段老师具有（ ）

A. 模仿其他老师的意识　B. 关心学生的意识

C. 实施素质教育的意识　D. 追求进步的意识

36. 孙晓波经常被王老师在课堂上点名批评"孙晓波又迟到了""孙晓波的试卷订正两次了还是有错误"。孙晓波跟同学说："老师天天训我，让我很没面子，我就更要给他添点乱子。"该事例表明王老师应该注意（ ）

A. 优化处分的方法　B. 重视学生的学习　C. 加大惩罚的力度　D. 尊重学生的人格

37. "全国教书育人楷模"叶海辉爱教乐学，勇于创新，为边远海岛教育默默奉献。他创编体育游戏近2000例，制作80余种4200多件体育器材，让学生爱上体育课。他多次赴西藏、青海等地参与乡村支教，助力西部地区教师发展。叶海辉老师的事迹体现的教师职业道德是（ ）

A. 为人师表、终身学习　B. 教书育人、关爱学生

C. 爱岗敬业、教书育人　D. 爱岗敬业、为人师表

38. 闫桂珍老师全身心扑在教育工作中，由于常年劳累，超负荷工作，她患上了严重的咽炎，时常腰腿关节疼痛，心脏也不太好。领导和同事看她太累了，要她少带一个班的课，她却说："工作需要我，学生需要我。我喜欢学生，我愿意上课，我的价值在课堂。"闫老师的事迹是对（ ）的生动诠释。

A. 为人师表　B. 爱岗敬业　C. 教书育人　D. 关爱学生

39. 上课时，程老师发现后排的一名学生在偷偷吃零食，刚开始程老师没有理会，但这名学生吃了很长时间也没停下。程老师忍无可忍，便快速走到这名学生跟前，抢过零食扔出窗外。程老师的做法（ ）

A. 恰当，体现教师的严格要求　B. 恰当，符合学校的管理规定

C. 不恰当，不应简单粗暴处理问题　D. 不恰当，不应干预学生个人行为

40. 袁老师爱生如子，为了促进学生的全面发展，他在每周的班会上都会评选劳动之星、体育之星、艺术之星等，然后对各方面表现优秀的学生予以嘉奖。这体现了袁老师遵循（ ）的职业道德规范。

A. 爱岗敬业　B. 教书育人　C. 为人师表　D. 终身学习

41. 周老师认为，成绩好不是唯一的出路，只要学生的人格没有问题，养成阳光的个性，今后他的发展道路也不一定不好。周老师注重评价多元化，体现了教师职业道德规范要求中的(　　)

A. 为人师表　　B. 教书育人　　C. 爱国守法　　D. 关爱学生

42. 某教师先后暗示多名学习偏差的学生，让他们的家长送礼，最终收到家长红包1万元及价值1.5万元的贵重礼品。该教师的行为违背了(　　)的师德要求。(常考)

A. 教书育人　　B. 爱岗敬业　　C. 为人师表　　D. 关爱学生

43. 每年王老师都会给自己制订读书计划，并严格执行。这体现了王老师注重(　　)

A. 团结协作　　B. 教学创新　　C. 终身学习　　D. 循循善诱

二、材料分析题(每小题14分，参考时限10分钟。共10小题)

1. 材料：

刚毕业的邹老师被安排担任我们这个“难管”班级的班主任。我们可高兴了，因为从年龄、性格上看，他是我们这些“顽皮生”不难对付的。我们决定给他来个“下马威”。于是，我们不断制造各种无聊的“难题”，出乎意料的是，他并不生气，还总是不厌其烦地解决这些“难题”。他不仅在课堂上对我们难懂的问题一遍又一遍地解释，直到我们弄懂为止，还利用课余时间跟我们聊生活、学习，甚至还带我们到校外参观、郊游。我们平时有什么意见和要求，他总能站在我们的角度去理解，或进行解释，或尽量满足。

我曾悄悄问邹老师：“您为什么不像别的老师那样呢？为什么我们犯了错误，您也不严厉地惩罚我们呢？”他说：“你觉得我是惩罚你们管用，还是现在这样更好呢？你们犯了错误，我帮你们指出来，你们改正了，我就高兴。老师和学生也是可以成为朋友的吧？”

其实我们也不是冷血动物。一段时间过去，邹老师终于把我们都感动了。慢慢地，我们真把他当成了好朋友，不好意思再“为难”他，甚至为了表达对他的“哥们”情谊，在他生日的时候，我们这些“顽皮”学生还凑钱买了一条名牌领带送给他。可是，这回他不乐意了，执意不要，坚持和我们一起到商场把领带退了。

问题：请结合材料，从教师职业道德的角度，评析邹老师的教育行为。

2. 材料：

无论工作多忙，刘老师坚持每天读书。在工作中遇到难题，她就在教研组例会上提出来，与同事探讨。在教学方面，她大胆实践“自主合作，当堂达标”的教学模式，把课堂实践尽可能多地还给学生，让学生体验课堂，享受课堂。学生文雪说：“老师让我们自己上台去讲，尽管很紧张，但是也很喜悦。因为讲完后得到老师的夸奖会有很大成就感。”在新教学模式中，学生学得很快乐，效果也很好。

刘老师发现王宇等几个同学学习很用功，但特别紧张，不敢说话。刘老师觉得应该给学生创造机会，让他们接触社会，锻炼人际交往能力。于是，她在班上组织演讲比赛、口语交际大赛等，还带领学生开展社会调查。王宇等同学逐渐变得开朗了。

晓丽同学身体虚弱，刘老师就敦促她加强体育锻炼，并且提醒晓丽家长帮助晓丽养成良好的生活习惯。在老师和家长的共同努力下，晓丽再也不是以前的“病秧子”了。

问题：请结合材料，从教师职业道德的角度，评析刘老师的教育行为。

3. 材料：

李老师非常热爱自己的工作，为了做好本职工作，她不断提高自己的理论素养，改进教学方法。

在日常教学中，她关心每一位学生的成长，也能针对不同学生的发展特点因人施教。比如淘淘是个有思想、有个性的学生，可就是在教学活动中注意力不集中，也不愿意上课。于是李老师就利用其好奇心特别强的特点，通过课前与学生做游戏来吸引淘淘的注意力，当淘淘加入游戏活动中时，就及时在班上表扬淘淘。由此吸引了他的注意力，激发了他上课的兴趣。

为了促使家校教育同步，她还主动与家长沟通，虚心接受家长提出的合理化建议。由于工作成绩突出，李老师被评为优秀教师。

问题：请结合材料，从教师职业道德的角度，评析李老师的教育行为。

4. 材料：

正值大年三十，准备开车回乡下与父母团聚的王老师接到了居委会的疫情防控电话，王老师二话没说立即报名了社区志愿服务岗位，主动承担防疫值班工作。值班期间，王老师耐心细致地做好防疫宣传和小区进出人员的排查工作，帮助邻居订购生活物品。他还通过电话、微信等方式每天询问、记录、上报班上学生的动向、身体情况，并叮嘱、指导他们做好防护。

因为疫情，学生不能正常到校上课。初次线上教学的王老师遇到了设备、网络、教学资源等方面的困难，他便就地取材，自制教学用具，布置好“直播间”。为了保证教学效果，王老师精心设计和讲解直播课，引导学生互动，他还建立了班级学习群，引导大家讨论，气氛特别活跃。王老师坚持在线批改作业，并关注学生的心理状况。

他调侃自己是“新晋十八线主播”“又学到了许多新技能”。总结会上，王老师说：“我是党员，要起到带头作用，无论什么情况下，都要对学生负责，对工作负责，把初心写在行动上，把使命落在岗位上。”

问题：请结合材料，从教师职业道德的角度，评析王老师的行为。

5. 材料：

某重点大学的毕业生李帅，在公开招聘中以优异的成绩被聘为某小学数学老师，刚上班时，他虚心向同事请教，认真备课，对工作认真负责，教学成果显著，在期末评定中成绩优越。但随着工作的熟悉，社会交往的增多，便越来越不重视备课和对教学环节的把握，开始变得轻浮、懒散，他认为："教师上课就那么回事，我备好一遍课可以用好多年！"

上学期学生评教，李帅排名倒数。校长找其谈话，他还不以为然："我重点大学毕业生，难道还教不了他们？"之后，他把对校长和学生评教结果的不满向学生发泄，对上课不专心听讲或成绩差的学生或挖苦讽刺或罚站，甚至赶出教室。

问题：请结合材料，从教师职业道德的角度，评析李老师的教育行为。

6. 材料：

张老师是某校的资深教师，为了能更好地将知识传授给学生，张老师每天都认真备课、讲课，努力提高自己的教学技能。为了进一步提高教学水平，她还综合运用多媒体教学和网络教学手段进行授课，学生们都很喜欢上张老师的课。但是，张老师不能容忍一些学生不认真的学习态度。某日，张老师给学生布置预习并默写相关知识点的作业，下午批改时，张老师发现46名学生中大部分都未完成或者错误太多，随后张老师把没有完成默写的37名学生一一叫上讲台，批评的同时还对其进行掌掴。

问题：请结合上述材料，从教师职业道德的角度，评析张老师的教育行为。

7. 材料：

小学教师李芳，从教以来，二十九年如一日，全面贯彻党的教育方针，辛勤耕耘，无私奉献，在平凡的工作岗位上创造出不平凡的业绩。她积极推进素质教育，注重对学生的思想教育和健全人格的培养，用自己的言行感染学生。她不断学习，始终坚持用最先进的教育思想和方法教育学生，总是以新的课程理念打造每一堂课，她的课生动活泼、充满激情，深受学生喜爱。她始终把每一个学生都看作自己的孩子，对所教学生的性格、爱好、家庭情况都了如指掌，尽心帮助每一名困难学生，是学生心中的好老师、好“妈妈”。在学生面临危难的生死一瞬间，她挡在学生身前，用生命完成了最后一堂课！

问题：请结合材料，从教师职业道德的角度，评析李老师的教育行为。

8. 材料：

葛华和李强在课间因为一件小事吵架，葛华挨了两拳，刚要还手，上课铃响了，李强迅速跑进教室。葛华觉得吃了亏，怒不可遏。他站在教室门口指着李强大声叫嚷："有本事你给我出来，我非把你揍扁不可！"此时，正好来上数学课的于老师看到了这一幕，于老师愣了一下，马上和蔼地对葛华说："葛华，你看老师拿了这么多作业本，你能帮老师发给同学们吗？"葛华虽然还在生气，但还是很快接过作业本发了下去，于老师又对全班同学说："刚才葛华虽然和别人闹了点小矛盾，可是他为了不影响上课，愉快地帮助我发作业，这很好！我相信他下课后会正确处理这件事的。"葛华听到老师的表扬，转怒为喜，上课也非常认真。

下课后，于老师请李强帮他把教具拿回办公室，趁机问明了事件发生的过程。听完李强的诉说，于老师耐心地对他说："虽然双方都有责任，但打人给别人造成了伤害，如果是你被打了，你会感觉怎样？我们已经是小学生了，要学会用自己的智慧，友好地解决与他人的冲突，老师相信你会处理好这件事的。"之后，李强主动找葛华道歉，两人重归于好。

问题：请结合材料，从教师职业道德的角度，评析于老师的教育行为。

9. 材料：

家长会后，学生家长甲、乙交流教育孩子的体会。家长甲："还是袁老师刚才说得对，他写不完作业，就不让他睡觉！这一招可真灵，现在他放下书包一准写作业，看来孩子不爱学习，咱们这些做家长的是该想想办法。"家长乙："对，还是袁老师有见识，他说现在孩子不好好学习，将来就没有前途，对孩子必须用强制手段。家长在管孩子上一定要硬气一点，不要心软。所以，我在家准备了教鞭，立了家规，不听话就让他挨鞭……"

问题：请结合材料，从教师职业道德的角度，评析袁老师的行为。

10. 材料:

从教二十余年,洪老师的很多事迹,让学生终生难忘。

一年秋天,学生们刚开始上课,外面突然大雨倾盆,班上三名学生晒在宿舍外面的被褥被淋湿了,洪老师就让他们晚上住在自己家里,还给他们做饭吃;一名学生从几十公里外的山区乘汽车来校时,生活费被盗,洪老师除了与有关部门协调外,还自己掏钱替学生垫付伙食费;有一次,校外不良青年来到学校,拿刀威逼学生,索要学生财物,她奋不顾身地保护学生,而后积极向有关部门呼吁,净化校园周边环境,同时向学生讲解自我保护的方法。

有一年春季刚开学,一位老人把她的孙女小芳领到洪老师的面前。老人说:“小芳以前一直跟着打工的父母在外地,转了几次学,学习成绩不好。她害怕老师和同学们嫌弃她,希望老师多费心。”洪老师说:“小芳是我的学生,我会尽心去教的。只要她肯努力,踏实学,认真做事,就是好学生。”在洪老师有针对性的帮助和指导下,小芳进步很快,小学毕业时考出了优异的成绩。

洪老师很注重对自己的教育教学成败进行反思总结。她的教育随笔《我的表扬何以会成为学生的压力》《如何让文言文不再枯燥难学》《如何让学生在青春期不恐慌》《班主任怎样才能赢得科任教师的支持》相继获奖,大家都说她是名副其实的好老师。

问题:请结合材料,从教师职业道德的角度,评析洪老师的行为。

专题二 教师职业行为

链接答案本 P341

单项选择题(每小题2分,共30小题。参考时限45分钟)

1. 翁老师是一名语文老师,为了让学生的语文成绩有所提高,他给学生布置了大量的作业,导致学生没有多余的时间学习其他科目。作为班主任的你应该( )

A. 在办公室里和其他同事讨论此事,给翁老师制造压力

B. 给学生多布置其他科目的作业

C. 告诉翁老师,学生在背后强烈反对他的做法

D. 与翁老师沟通,协商有利于学生全面发展的合理办法

2. 小郭在美国生活过一段时间,英语水平较高,因此,他常常对新来的英语教师严老师表现出不屑,还提出很多刁钻的问题。对此,严老师应( )

A. 建议小郭不必上英语课　　B. 对小郭进行批评教育

C. 主动了解小郭的学习兴趣　　D. 无视小郭的无礼言行

3. 当一位新入职的老师向经验丰富的林老师借教案上课时,林老师拒绝道:“我的教案不一定适合你,不过,这个周末我们可以一起来探讨。”这表明林老师( )(常考)

A. 缺乏良性竞争的能力　　B. 善于保护自己的隐私

C. 注意帮助同事的方法　　D. 缺乏团结协作精神

4. 下课铃响了,按照教学设计还有一个教学环节没有实施,钱老师就延长了5分钟的时间。钱老师的做法( )

A. 恰当,保证了学习的基本容量　　B. 不恰当,忽视了学生的学习风格

C. 恰当,遵守了教学的基本规范　　D. 不恰当,漠视了学生的学习效果

5. 小丽老师非常漂亮,有次上课她穿了超短裙,导致整堂课学生都在窃窃私语。如果你是小丽老师的同事,你会( )

A. 不跟小丽老师说,这是小丽老师自己的事

B. 跟小丽老师说穿超短裙不合适,不像老师的样子

C. 跟小丽老师说穿超短裙很漂亮,不过穿及膝裙更得体

D. 不跟小丽老师说,上好课就可以了

6. 你是某班的班主任,某日班上学生明明的家长打电话给你,称自己是校长的亲戚,要求你在下次编排座位时,安排明明跟班上学习成绩最好的学生成为同桌。对此,你最恰当的回应是(　　)

A. 既不拒绝也不答应,看这位家长接下来的反应

B. 立即拒绝这位家长的要求,并表示只有明明的学习成绩提高了,自己才有可能多照顾他

C. 给这位家长讲明道理,说明自己安排座位的理由,并获得家长的配合

D. 为了自己以后在学校的发展,答应这位家长的要求

7. 自习课上,刘老师在给一位学生讲题时,小林偷偷将一张写有“我是猪”的纸条粘在刘老师背上,引起同学们一阵窃笑。此后,刘老师对小林不闻不问。刘老师的行为(　　)

A. 正确,可以促进小林的自我反思　　B. 正确,可以警示班上其他的同学

C. 不正确,这样压制了小林的个性　　D. 不正确,这是对小林的不当惩罚

8. 俗语说“同行是冤家”“教会了徒弟,饿死了师傅”“文人相轻”,这些观念与(　　)相违背。

A. 谦虚为怀,自知之明　　B. 严以律己,以诚待人

C. 学习先进,共同提高　　D. 团结协作,甘为人梯

9. 某班处于毕业时期,多名科任老师向你反映毕业班的学生学习量过大,经常上课不认真听讲,而是做其他学科的作业,尤其在成绩优秀的学生中更为严重。以下做法最为妥当的是(　　)

A. 核查科任老师所反映的问题,利用班级会议向学生说明利弊,引导学生改正

B. 委婉地向各科任老师说明情况,学生上课不认真听讲是老师上课的教学魅力不足,与学生无关

C. 要求学生相互监督,坚决遏制此类现象,要求学生上课时把其他学科的书本放置到讲台

D. 严厉惩罚成绩优秀的学生,并要求其向科任老师道歉,以起警示作用

10. 万老师脾气急躁,有一次打了小夏同学一巴掌,小夏的母亲第二天来学校找万老师,如果你是万老师,你会(　　)

A. 告诉小夏母亲自己打小夏的理由

B. 不理会,因为自己情绪控制不好可能会与她吵起来

C. 在小夏面前告诉其家长小夏如何不好好学习

D. 特别注意控制自己的情绪,向小夏及其母亲道歉

11. 新入职的王老师想去优秀教师李老师班上随班听课,学习经验。李老师笑容可掬地说:“你是名牌大学毕业的高才生,我的课上得不好,你就不要去听了。”这表明李老师(　　)

A. 缺乏专业发展意识　　B. 缺乏团结协作精神

C. 能够尊重信任同行　　D. 鼓励同事自我提升

12. 小梁是"富二代",经常在上课时玩平板电脑、智能手机,还常常向同学炫耀。作为班主任,你会(　　)

A. 把家长叫到学校,让家长处理

B. 批评小梁,因为上课玩平板电脑、经常炫耀是不对的

C. 与小梁推心置腹地谈谈,让其认识到凭自己本事赚来的钱才值得骄傲,使其自觉改正

D. 不必理会,这是小梁自己的事

13. 家长开放日时,二(6)班一位家长听完数学展示课之后向班主任反映:"班里孩子多,我家然然胆子小又不爱说话,这堂课他一次手也没有举,虽然有一次被叫起来回答问题了,但那个题没什么难度,我感觉他这堂课收获很小。您能不能跟数学老师说说,让他多给然然些机会?"面对这样的情况,班主任如何回复最合适(　　)

A. 表示会让数学老师多给孩子发言机会,让家长放心

B. 表示会跟数学老师沟通,也请家长鼓励孩子积极发言

C. 建议家长直接与数学老师沟通,自己不便向数学老师提要求

D. 暗示家长数学老师曾经多次给然然机会,但孩子回答得不好

14. 班主任苏老师发现,承担本班数学教学任务的林老师经常让学生罚站。面对这种情况,苏老师应该(　　)

A. 严厉批评林老师,责令其立即改正

B. 耐心与林老师交流,探讨更好的学生管理办法

C. 学习借鉴林老师的做法,提升自己的课堂管理能力

D. 尊重林老师的主动权,不干预林老师的这种课堂管理行为

15. 林老师受学校委派参加一个学术研讨会,在会上接触到了许多先进的理论观点,但他拒绝与其他教师分享。林老师的做法表明他(　　)

A. 不能平等待生　　　　B. 不能诚恳待人

C. 不能尊重同事　　　　D. 不能团结协作

16. 班主任蒋老师每次考试后都会把考试成绩发到有全班同学家长的微信群里,蒋老师还时常在微信群里对成绩相对落后的学生的家长进行批评,有时候还把这些家长叫到学校里听她训话。蒋老师的做法(　　)

A. 错误,教师应该与家长平等沟通　　　　B. 错误,教师应对学生发展负全责

C. 正确,家长要配合学校教育学生　　　　D. 正确,教师应该主动寻求家长支持

17. 班主任赵老师与同事之间相互尊重、相互理解、相互学习、相互帮助，在班级管理中，赵老师也善于听取其他任课老师的意见，他的这种做法（　　）

A. 有利于处理好师生关系　　B. 是缺乏主见的表现

C. 有利于处理好师师关系　　D. 缺乏竞争意识

18. 有的家长来学校跟老师说自己工作比较忙，希望老师不仅能在学习上照顾学生，还要在生活上照顾学生。处理该问题，首先应该（　　）

A. 直接拒绝，向家长说明家庭教育也很重要

B. 用心倾听，对家长的处境和心情表示理解

C. 表明决心，向家长说明自己会竭尽全力地帮助和照顾每一个学生

D. 商量讨论，共同讨论教师如何使学生更好地学习与生活

19. 王老师经常在办公室内唉声叹气，走来走去，严重影响其他同事批改作业和备课。这时，你作为一名新老师，采取以下哪种行为比较恰当（　　）

A. 作为新老师应忍气吞声

B. 作为新老师，应大胆替同事提出反对意见

C. 联合其他同事语言攻击他

D. 委婉地跟王老师沟通，了解其是否有什么困难

20. 教师节前夕，某班主任老师在班级群组织送礼投票，要求学生集资给老师送礼，否则转班。学校核实后，拟给予该教师降低岗位等级处分。依据《中小学教师违反职业道德行为处理办法》，下列选项正确的是（　　）

A. 由学校提出建议，上级人事部门决定并备案

B. 由学校提出建议，同级人事部门决定并备案

C. 由学校提出建议，学校主管部门决定并报同级人事部门备案

D. 由学校提出建议，学校主管部门决定并报上级人事部门备案

21. 疫情期间，某民办学校王老师没有报备批准就自行前往疫情严重的国家旅游，造成严重后果。学校决定解除王老师的聘任合同。依据《中小学教师违反职业道德行为处理办法》，下列说法不正确的是（　　）

A. 学校在处理决定前应当听取王老师的申辩

B. 学校在处理决定前应当听取家长委员会的意见

C. 学校在处理决定前应当准许王老师举行听证要求

D. 学校在处理决定前应当报请主管教育部门批准

22. 胡老师正在上课，韩明、张亮两位同学却在讲话，于是胡老师就过去训斥他们，并且当着全班同学的面给他们起绰号，称说话声音最大的韩明为“大喇叭”，声音有点沙哑的张亮为“破铜锣”。胡老师还罚他们到教室外的走廊上站立直至下课。胡老师的行为(　　)

A. 正确，“教不严，师之惰”，教师就应该严格要求学生

B. 错误，可以对学生实施罚站，但是不可以给学生起绰号

C. 错误，违背了团结协作的职业道德规范

D. 错误，不利于良好师生关系的建立

23. 小李老师性格活泼开朗，为人风趣幽默，喜欢跟孩子相处。来到一所新学校后，不久就俘获了学生的“芳心”，学生有什么话都愿意跟小李老师说。一次，班上的明明找到小李老师倾吐心声，抱怨他们的班主任赵老师偏心，区别对待班上的学生，还列举了赵老师的“罪行”。作为同事，小李老师也早就发现了赵老师的一些做法不当。此时，小李老师应该(　　)

A. 维护同事，批评明明随意评论自己老师的做法

B. 帮助明明分析事情的原委，让他认识到赵老师对他的爱护，并找机会跟赵老师沟通

C. 赵老师的确有做得不对的地方，陪着明明一起吐槽也不算破坏同事的威信

D. 一定要让赵老师知道明明对他的意见，这样才能帮助赵老师取得进步

24. 某市教委在教师中随机调查，问“您热爱学生吗?”90%以上的教师都回答“是”。当转而问他们所教的学生“你体会到老师对你的爱了吗?”时，回答“体会到”的学生仅占10%。这说明(　　)

A. 教师还没有掌握高超的沟通和表达技巧

B. 教师尚不具备崇高的道德境界

C. 教师缺乏信心

D. 教师缺乏爱心

25. 小学生玉妙脸上有块胎记，几乎占据了整个额头。她平时留着很长的刘海，总是一个人默默坐在教室的角落里，班上几个调皮的男生还画了一个黑白脸的鸭子嘲笑她。玉妙因为脸上的胎记不美观，加上其他同学的取笑，情绪上受到很大的影响，甚至想要辍学。作为她的班主任，不可取的措施是(　　)

A. 帮助她适当宣泄自己的情绪

B. 帮助她充实自己的内心，自己变得强大

C. 帮助她认识到自己的优点，并且明白心灵美比外在美更重要

D. 帮助她教训笑她的几个男生

26. 在备战中考时,某学校老师一起分析考点,揣摩考题。老师们常常一起商量,你生怕我对考点有了遗漏,我担心你的身体吃不消。大家相互学习,相互帮助,共同提高。这表明老师们能够做到(　　)

A. 以诚待人,严于律己　　B. 学习先进,自我提高

C. 谦虚为怀,贵有自知　　D. 通力合作,共同进步

27. 制定《新时代中小学教师职业行为十项准则》的主要目的是:引导广大教师努力成为有理想信念、有道德情操、有扎实知识、(　　)的好老师。

A. 有仁爱之心　　B. 有无私奉献　　C. 有责任使命　　D. 有乐观积极

28.《新时代中小学教师职业行为十项准则》中关于传播优秀文化准则规定的禁止行为有(　　)

①转发他人的错误观点　　②编造散布虚假信息、不良信息

③损害国家利益、社会公共利益　　④违背社会公序良俗

A. ①②③④　　B. ①②④　　C. ①②　　D. ①③④

29. 小学教师李某违反教学纪律,敷衍教学,擅自从事影响教育教学本职工作的兼职兼薪行为,这违背了《新时代中小学教师职业行为十项准则》中的(　　)

A. 坚守廉洁自律　　B. 规范从教行为

C. 自觉爱国守法　　D. 潜心教书育人

30. 教师有违反职业道德行为受到处分的,符合《教师资格条例》第十九条规定的,由(　　)依法撤销其教师资格。

A. 县级以上教育行政部门　　B. 市级以上教育行政部门

C. 省级以上教育行政部门　　D. 国务院教育行政部门

第四章 文化素养

- 文化素养
  - 历史素养
    - 中国古代史
      - 原始社会:原始人群、氏族公社
      - 奴隶社会:甲骨文、青铜器、政治制度
      - 封建社会:历史人物及其功绩、改革变法运动、著名战役、对外交流等★★★
    - 中国近代史:外国发动的侵华战争、洋务运动、五四运动、中国共产党的诞生、抗日战争等
    - 中国现代史:抗美援朝战争,香港、澳门回归
    - 世界历史
      - 世界古代史:文明古国及其主要成就
      - 世界近代史:文艺复兴、地理大发现、资本主义的产生与发展、第一次世界大战等★★
      - 世界现代史:第二次世界大战、开罗宣言、联合国建立、马歇尔计划
  - 科学素养
    - 中国古代科技成就:四大发明,各领域的著名人物与突出成就
    - 新中国的科技成就
      - 航空航天成就:航天器的名称与功能,北斗卫星导航系统
      - 生物学和医学成就:杂交水稻、青蒿素等
      - 信息技术成就:汉字激光照排技术、超级计算机、光量子计算机等
    - 西方科技成就
      - 近代科技成就:各领域重大成就、理论的发明者或提出者
      - 三次科技革命成果
    - 生活科学常识
      - 数学常识:算术平均数、中数、众数、加权平均数、百分等级等★★★
      - 物理常识:力学、光学、物理效应★★
      - 化学常识:化学元素、化学定律
      - 天文地理常识:太阳系行星、大气层、地球自转和公转、世界著名海峡、岩石和地质等★★★
      - 生物常识:生物的特征、人体的营养物质★★
      - 安全常识:火灾、地震、触电等灾害和意外事故的安全防护知识★★
      - 气象灾害预警信号

- 文化素养
  - 传统文化素养
    - 传统思想：先秦诸子百家的思想、宋明理学等
    - 天文历法：星宿、二十四节气、干支纪年法、纪时法★★
    - 节日习俗：古代传统节日及习俗、少数民族节日与服饰★★★
    - 历史典故与人物★★★
    - 古代特殊称谓：年龄称谓、别称、职业称谓、古今地名称谓等
    - 选官制度：察举制、九品中正制、科举制
    - 非物质文化遗产
    - 名胜与文化遗产
  - 文学素养
    - 中国文学
      - 先秦文学：儒家经典“四书五经”、屈原和《离骚》★★
      - 唐代文学：初唐、盛唐、中唐、晚唐著名诗人及其作品，著名散文家及其作品★★
      - 宋代文学：婉约词派和豪放词派代表人物及其作品，著名散文家及其作品，司马光《资治通鉴》，蒙学著作★★
      - 明代文学：四大奇书、三言二拍、《三国演义》《水浒传》《西游记》
      - 清代文学：《红楼梦》《聊斋志异》《儒林外史》、晚清四大谴责小说
      - 现当代文学：鲁迅、朱自清、老舍、巴金、曹禺、莫言、刘慈欣等人的作品
    - 外国文学
      - 启蒙文学：笛福《鲁滨逊漂流记》、斯威夫特《格列佛游记》、歌德《浮士德》等
      - 十九世纪浪漫主义文学和现实主义文学：狄更斯、勃朗特三姐妹、雨果、巴尔扎克、契诃夫、列夫·托尔斯泰等人的作品★★
      - 二十世纪文学：高尔基的自传体三部曲，海明威、泰戈尔、赫尔曼·黑塞等人的作品★★
    - 儿童文学：中外儿童文学作品★★
  - 艺术素养
    - 字体和书法：著名书法家及其代表作★★
    - 绘画：著名画家及其代表作
    - 雕塑：唐三彩，外国著名雕塑家及其作品
    - 建筑
      - 中国建筑：中国古代民居，著名建筑师及其成就★★★
      - 外国建筑：主要建筑风格，著名建筑
    - 音乐：中国古典乐器，著名音乐家及其作品；西洋乐器，著名音乐家及其作品★★★
    - 戏曲：京剧、昆曲、评剧、豫剧、越剧、黄梅戏等剧种的经典曲目★★
    - 音乐剧：美国纽约百老汇

链接答案本 P345

单项选择题(每小题2分,共71小题。参考时限105分钟)

1. [2023上半年]火星探测是指人类通过向火星发射空间探测器,对火星进行的科学探测活动。2020年7月23日,我国首个火星探测器在文昌航天发射场发射升空并成功入轨。该火星探测器的名称是( )

A. 天宫一号　B. 神舟一号　C. 天问一号　D. 长征一号

2. [2023上半年]14世纪,一场被称为“黑死病”的大瘟疫席卷整个欧洲,夺走了约2500万人的生命,死亡人数接近当时欧洲总人口的三分之一。导致这场瘟疫的传染病是( )

A. 鼠疫　B. 天花　C. 艾滋病　D. 狂犬病

3. [2023上半年]中国共产党的第一部党章对党员条件、党的各级组织和党的纪律作出具体规定,对加强党的自身建设具有重要意义。通过该党章的会议是( )

A. 中共一大　B. 中共二大　C. 中共三大　D. 中共四大

4. [2023上半年]南京是中国历史文化名城,有“六朝古都”之称。下列选项中,曾在南京建都,却又不属前述“六朝”的是( )

A. 三国吴　B. 东晋　C. 南朝陈　D. 明朝

5. [2023上半年]弗兰茨·卡夫卡是现代主义、表现主义文学的重要代表,创作了一些影响很大的小说,在当代西方文学中占有重要地位。下列选项中,不属于卡夫卡作品的是( )

A.《判决》　B.《审判》　C.《局外人》　D.《变形记》

6. [2022下半年]千姿百态的地貌都是地质作用的结果。地质作用按其能量来源,可分为内力作用和外力作用。下列地貌中,属于内力作用导致的是( )

A. 冰川　B. 溶洞　C. 断层　D. 沙漠

7. [2022下半年]君主立宪制是指国家元首由世袭的君主担任,君主的权利受到宪法和议会制约的君主制政体。下列选项中,不是君主立宪制政体的国家是( )

A. 日本　B. 丹麦　C. 奥地利　D. 西班牙

8. [2022下半年]商朝最初定都于亳,此后迁都,其中最重要的一次是迁都到殷,自此逐渐强盛起来,农业发达,政局稳定,诸侯来朝。下列选项中,迁都至殷的商王是( )

A. 盘庚　B. 南庚　C. 太庚　D. 祖庚

9. [2022下半年]在我国古代文学作品中,有着丰富的女性形象。下列女性形象中,出自冯梦龙《警世通言》的是( )

A. 湘夫人　B. 糜夫人　C. 扈三娘　D. 杜十娘

10. [2022下半年]导出分数是在原始分数的基础上,按一定的规则推导出来的,最常用的是百分等级和标准分数。如果某学生在一次全区数学统考中卷面分数为70分。而全区有60%的学生卷面成绩低于70分,则该生在此次考试中的百分等级为(　　)

A. 60　　B. 65　　C. 70　　D. 75

11. [2022上半年]《丧钟为谁而鸣》是美国作家海明威的小说,这部小说是以一场内战为历史背景的,这次战争是(　　)

A. 西班牙内战　　B. 墨西哥内战　　C. 美国南北战争　　D. 英国玫瑰战争

12. [2022上半年]公元79年,古罗马帝国的庞贝城毁于一场火山爆发,由于火山灰掩埋,古城中的街道房屋保存比较完整。对其遗址的考古挖掘为研究古罗马的社会生活和文化提供了重要资料。该火山是(　　)

A. 皮纳图博火山　　B. 圣海伦斯火山　　C. 维苏威火山　　D. 埃特纳火山

13. [2022上半年]第一次工业革命中蒸汽机的出现带动了一系列的发明,人们利用蒸汽机在各领域改进生产,提高效率。下列(　　)设计并制造了世界上第一台蒸汽机车。

A. 瓦特　　B. 富尔顿　　C. 惠特尼　　D. 史蒂芬孙

14. [2022上半年]公元前7世纪后期,晋国和楚国进行了一场战役,晋军大败楚国,从此奠定了晋文公的"霸主"地位。这场战役是(　　)

A. 城濮之战　　B. 桂陵之战　　C. 马陵之战　　D. 长平之战

15. [2021下半年]空间站是一种载人航天器,可供多名航天员巡防、长期工作和居住。2021年4月29日,我国发射空间站核心舱进入预定轨道,全面开启空间站建造,该空间站核心舱的名称是(　　)

A. 天宫　　B. 天问　　C. 天和　　D. 天舟

16. [2021下半年]小说《荒原狼》被誉为德国的《尤利西斯》,主人公身上有"狼性"和"人性"的对立,看不到出路,小说反映了两次世界大战之间一般中年知识分子的孤独、彷徨和苦闷。这部作品的作者是(　　)

A. 赫尔曼·黑塞　　B. 阿尔贝·加缪　　C. 威廉·福克纳　　D. 辛克莱·刘易斯

17. [2021下半年]成语"终南捷径"出自《新唐书·卢藏用传》。该书记载,卢藏用想入朝做官,走了较便捷的门路,最终达到了目的。卢藏用被人讥为"终南捷径"的门路是(　　)(常考)

A. 隐居　　B. 占卜　　C. 经商　　D. 出家

18. [2021下半年]《长征组歌》讴歌了中国工农红军历经艰辛、英勇作战、无私无畏的革命精神,词作者是一位亲历长征的中国人民解放军开国将军,这位将军是(　　)

A. 谭政　　B. 陈赓　　C. 邓华　　D. 萧华

19. [2021下半年]许多以现实生活为题材创作的美术作品，富有感人的艺术魅力。下图这座著名雕塑是老一辈革命者不屈不挠的奋斗精神和革命乐观主义精神的真实写照，其名称是(　　)

A. 天伦之乐　　B. 艰苦岁月　　C. 畅想未来　　D. 音乐之魂

20. [2021上半年]1953年，科学家沃森和克里克发现了DNA结构，遗传学和生物学的研究从此由细胞阶段进入了分子阶段。他们所认识到的DNA结构是(　　)

A. 三链螺旋　　B. 球状　　C. 双链螺旋　　D. 单链

21. [2021上半年]平原是绝对高度低于200米、相对高度小于50米的平缓陆地，是陆地地貌最基本的类型之一，世界大部分人口均居住在平原地区。世界上最大的平原是(　　)

A. 东欧平原　　B. 亚马孙平原

C. 西西伯利亚平原　　D. 长江中下游平原

22. [2021上半年]我国的成语很多来源于含有历史人物、历史事件和那个时代的社会生活的典故。下列选项中，来源于汉代的人物和事件的成语是(　　)

A. 竭泽而渔　　B. 完璧归赵　　C. 马革裹尸　　D. 洛阳纸贵

23. [2021上半年]中国戏曲是中国传统戏剧的独特称谓，具有综合性、虚拟性和程式性三大特征。下列关于中国戏曲的表述不正确的是(　　)

A. 元杂剧、京剧都属于戏曲　　B. 戏曲要有人物和故事情节

C. 它包含散曲、话剧、说书、相声等　　D.《西厢记》《牡丹亭》是其代表作品

24. [2021上半年]乐器是指能发出乐音，供演奏音乐使用的器具，古今中外乐器多达四万余种。按照乐器不同的演奏方法，可分为不同的种类。我国民族乐器中，古琴属于(　　)(易错)

A. 打击乐器　　B. 弹拨乐器　　C. 拉弦乐器　　D. 吹管乐器

25. [2020下半年]温标是温度的数值表示法，它是为度量物体温度高低而对温度零点和分度方法所作的规定。下列选项中，最早建立的温标是(　　)

A. 国际温标　　B. 摄氏温标　　C. 华氏温标　　D. 列氏温标

26. [2020下半年]二战期间，中、美、英三国首脑召开国际会议，商讨了联合对日作战计划，确认了日本归还所侵占的台湾等中国领土。该国际会议名称是(　　)

A. 波茨坦会议　　B. 凡尔赛会议　　C. 开罗会议　　D. 巴黎和会

27. [2020下半年]北宋文学家王安石在《元日》中写道:“爆竹声中一岁除,春风送暖入屠苏。千门万户曈曈日,总把新桃换旧符。”诗中所描写的“元日”,对应于今天的节日是( )(易错)

A. 清明 B. 元宵 C. 春节 D. 元旦

28. [2020下半年]杜甫“白也诗无敌,飘然思不群。清新庾开府,俊逸鲍参军”一诗称赞的诗人是( )

A. 李白 B. 白居易 C. 庾信 D. 鲍照

29. [2020下半年]蒙学是古时对儿童进行启蒙教育的私塾。下列选项中,不属于我国蒙学读本的是( )

A.《道德经》 B.《千字文》 C.《百家姓》 D.《三字经》

30. [2020下半年]标准差是一组数据分散程度的一种度量,是表示精确度的重要指标。在一次考试后,甲组同学的成绩分别为83、82、81、79、78、77,则该组同学成绩的平均分和标准差是( )

A. 80和2.16 B. 80和4.66 C. 81和2.16 D. 81和4.66

31. [2019下半年]在中国历史上,仿照《周礼》的制度推行新政,以“王田制”为名恢复“井田制”,将盐、铁、酒、铸钱收归官府专营,多次改变币制的改革运动是( )

A. 邹忌变法 B. 王莽改制 C. 庆历新政 D. 戊戌变法

32. [2019下半年]地球被一层很厚的大气层包围着,空气密度随高度增加而减小,大气层通常可分为对流层、平流层、电离层和散逸层等。下列选项中,能够反射电磁短波,实现电磁波远距离通讯的是( )

A. 对流层 B. 平流层 C. 电离层 D. 散逸层

33. [2019下半年]“初伏日在夏至第三庚”,意思是三伏中入伏第一天是在夏至后的第三个庚日。据此判断,下列选项中,距离初伏最近的是( )

A. 大暑 B. 立秋 C. 处暑 D. 秋分

34. [2019下半年]林语堂在描述中国古代一位著名作家时说:“他是一个无可救药的乐天派、一个伟大的人道主义者、一个百姓的朋友、一个大文豪、大书法家、创新的画家、造酒试验家……”他所描述的作家是( )

A. 李太白 B. 王摩诘 C. 黄山谷 D. 苏东坡

35. [2019下半年]众数是一组统计数据中的代表性数据,体现了这组数据的“集中趋势”,并且不受极端数据的影响。一次考试后,甲组十位同学的成绩分别为69、73、79、85、70、82、73、71、83、75,这组分数的众数是( )

A. 72 B. 73 C. 74 D. 75

36. [2019上半年]人体中含有50多种元素,其中含量占体重0.01%以上的元素被称为常量元素。含量占体重0.01%以下的元素被称为微量元素。下列元素在人体中含量最高的是( )

A. 钾　　B. 钙　　C. 钠　　D. 碳

37. [2019上半年]全球大部分的货物贸易是通过海运进行的。人们为了缩短航程,在19世纪到20世纪完成了举世闻名的基尔运河、苏伊士运河和巴拿马运河的建设。其中,苏伊士运河连接的是( )

A. 地中海与红海　　B. 太平洋与加勒比海

C. 北海与波罗的海　　D. 印度洋与南中国海

38. [2019上半年]人类文明的发展是与人类使用生产工具分不开的,考古学家根据人类所使用工具的变革,将人类古代的历史划分为不同的时期。下列选项中不属于这些历史时期的是( )

A. 石器时代　　B. 陶器时代　　C. 青铜时代　　D. 铁器时代

39. [2019上半年]《红楼梦》塑造了数百名人物形象,尤以女性形象最为出色,金陵十二钗就是其中的突出代表。下列剪纸作品中,人物形象为林黛玉的是( )

A　　B　　C　　D

40. [2019上半年]亭是中国传统建筑中一种周围开敞的小型建筑,常设在园林中或风景名胜处,供人们观览和休息。下列中国名亭中,得名于杜牧《山行》诗句的是( )

A. 醉翁亭　　B. 陶然亭　　C. 爱晚亭　　D. 沧浪亭

41. [2018下半年]青霉素的发现为人类抵抗细菌感染提供了有力武器,但抗生素的滥用也会造成危害。下列选项中,发现第一种抗生素——青霉素的科学家是( )

A. 朱既明　　B. 屠呦呦　　C. 巴斯德　　D. 弗莱明

42. [2018下半年]在19世纪以前,纺织原料全部采用天然纤维。下列天然纤维中,我国最晚用作纺织原料的是( )

A. 棉　　B. 麻　　C. 毛　　D. 丝

43. [2018下半年]拉丁美洲是美国以南所有美洲地区的通称,历史上曾为印第安人的家园,孕育了灿烂的古代文明,下列选项中,发祥于该地区的古代文明是( )

A. 拉丁文明　　B. 玛雅文明　　C. 爱琴文明　　D. 波斯文明

44.［2018下半年］童话通过丰富的想象、幻想和夸张来塑造艺术形象，反映生活，对自然物的描写常用拟人化手法。下列选项中，作者与作品对应不正确的是（　　）（常考）

A. 科洛迪——《木偶奇遇记》　　B. 圣埃克苏佩里——《夏洛的网》

C. 拉格勒夫——《骑鹅旅行记》　　D. 卡罗尔——《艾丽丝漫游奇境记》

45.［2018下半年］苏州园林蕴含浓厚的中国传统思想和文化内涵，是东方造园艺术的典范，下列选项中，不属于苏州园林的是（　　）

A. 豫园　　B. 拙政园　　C. 留园　　D. 网师园

46.［2018上半年］在中国历史上，许多朝代都曾经实行过“变法”，以期通过变法增强国家实力。在下列变法人物中，主张“燔诗书而明法令”的是（　　）

A. 管仲　　B. 商鞅　　C. 王安石　　D. 张居正

47.［2018上半年］在我国历史上，创造和改进了简仪、仰仪、高表等观测天象的仪器，主持编制了《授时历》，将一个回归年的天数精确到365.2425天的数学家、天文学家是（　　）

A. 张衡　　B. 祖冲之　　C. 郭守敬　　D. 徐光启

48.［2018上半年］二十四节气是一年中地球绕太阳运行到二十四个固定位置上的日期，各节气分别冠以反映自然气候特点的名称，在中国古代主要用于指导农事活动。下列选项中，不属于二十四节气的是（　　）

A. 清明、谷雨　　B. 立夏、小满　　C. 中秋、重阳　　D. 冬至、小寒

49.［2018上半年］书信体小说《少年维特之烦恼》通过对主人公痛苦、憧憬、多情善感和愤世嫉俗等情绪的描写，表达了一代青年要求摆脱封建束缚、建立合乎自然的社会秩序和平等的人际关系、实现人生价值的心声。其作者是（　　）

A. 歌德　　B. 席勒　　C. 茨威格　　D. 格拉斯

50.［2018上半年］八音是中国古代对乐器的分类，指金、石、丝、竹、匏、土、革、木八类。下列中国古代乐器中，属于丝类的是（　　）

A. 琴　　B. 竽　　C. 鼓　　D. 管

51.［2017下半年］面对突发灾难，逃生方法正确与否与逃生成功率密切相关。应对不当，往往付出生命代价。在高层楼里遇到火灾时，下列做法中不正确的是（　　）

A. 湿毛巾封死门缝等待救援　　B. 快速进入电梯下行逃生

C. 弯腰低头顺楼梯往下奔跑　　D. 用湿毛巾捂住口鼻呼吸

52.［2017下半年］地质年代是用来描述地球历史事件的时间单位，通常在地质学和考古学中使用。下列选项中，恐龙繁盛的地质年代是（　　）（易错）

A. 寒武纪　　B. 泥盆纪　　C. 侏罗纪　　D. 第四纪

53. [2017下半年]康德是德国著名哲学家,同时也是一位有重大贡献的自然科学家。他积极探索天体的起源及其运动变化规律,提出了关于太阳系自然形成的理论,这一理论是( )

A. "星云"假说　　B. "大爆炸"学说　　C. "银河星系"假说　　D. "银河系中心"学说

54. [2017下半年]先秦诸子的著作,经常采用寓言来阐明道理。下列寓言故事,出自《庄子》的是( )

A. 庖丁解牛　　B. 愚公移山　　C. 自相矛盾　　D. 揠苗助长

55. [2017下半年]"高贵的单纯和静穆的伟大"是艺术史家温克尔曼对古希腊艺术特别是古希腊雕塑艺术的评价。下列选项中,不属于古希腊雕塑的是( )

A.　　B.　　C.　　D.

56. [2017上半年]1911年,物理学家卢瑟福完成了α粒子散射实验:用α粒子"轰击"金箔,并对散射的α粒子进行统计。根据实验结果,他提出原子内部存在着( )

A. 中子　　B. 质子　　C. 原子核　　D. 电子云

57. [2017上半年]我国气象灾害预警包括台风、暴雨、暴雪、寒潮、大风、沙尘暴、高温、干旱、雷电、冰雹、霜冻、大雾、霾、道路结冰等,预警信号由名称、图标、标准和防御指南组成,其中图标由图形、文字和颜色构成。下列图形中,表示寒潮预警的是( )

A. ℃　　B.　　C.　　D.

58. [2017上半年]现代世界各国一般以国家建立、独立日为国庆日,有的君主立宪制国家规定在位国王或皇帝的即位、诞辰之日为国庆日,也有的国家把对建国具有重要意义的历史事件发生日定为国庆日。下列选项中,与法国国庆日的确立相关的历史事件是( )

A. 拿破仑一世发动"雾月政变"　　B. 法兰西第一共和国的成立

C.《人权与公民权宣言》发表　　D. 巴黎人民起义攻占巴士底狱

59. [2017上半年]江南机器制造总局是清朝洋务运动中成立的现代军事工业生产机构,同时也是现代中国最大的军火工厂。下列历史人物中,筹建此机构的是( )

A. 张之洞　　B. 李鸿章　　C. 沈葆桢　　D. 左宗棠

60. [2017上半年]我国古代把夜晚分为五个时段,用鼓打更报时,所以叫作五更、五鼓或五夜。下列选项中,属于"三更"的时段是( )

A. 19:00—21:00　　B. 21:00—23:00

C. 23:00—(次日)1:00　　D. (次日)1:00—3:00

61. [2017上半年]女性人物形象是世界文学宝库中的珍贵财富。下列女性形象中，由英国女作家夏洛蒂·勃朗特塑造的是(　　)

A. 苔丝　　B. 简·爱　　C. 娜拉　　D. 卡门

62. [2016下半年]《徐霞客游记》是一部以日记体为主的地理著作，记述了明末地理学家徐霞客30多年的旅行经历。下列表述不正确的是(　　)

A. 详细考察并科学记述了喀斯特地貌的特征　　B. 纠正了文献记载有关水道源流的一些错误

C. 调查了西域地理并重现了汉代丝绸之路　　D. 如实地记述了所到之处的人文地理情况

63. [2016下半年]下列科学家中发现运动磁体能够产生感应电流的是(　　)

A. 奥斯特　　B. 安培　　C. 法拉第　　D. 戴维

64. [2016下半年]某官员出身寒微，通过科举考试走上仕途。下列选项中，该官员生活的朝代可能是(　　)

A. 西汉　　B. 东汉　　C. 东晋　　D. 唐代

65. [2016下半年]鲁迅《娜拉走后怎样》中，"娜拉"形象出自挪威作家易卜生的一部社会问题剧，该剧是(　　)

A.《社会支柱》　　B.《玩偶之家》　　C.《群鬼》　　D.《人民公敌》

66. [2016下半年]"韦编三绝今知命，黄绢初裁好著书"是一幅贺寿对联，所贺寿主的年龄是(　　)

A. 30　　B. 40　　C. 50　　D. 60

67. [2016上半年]1928年，英国人弗莱明发现，被污染的金黄色葡萄球菌培养基上生长出一种霉菌，进而从该霉菌中分离出一种物质，成为人类历史上发现的第一种抗生素。这种抗生素是(　　)

A. 链霉素　　B. 青霉素　　C. 多粘菌素　　D. 短杆菌素

68. [2016上半年]印象派绘画代表作之一《日出·印象》的作者是(　　)

A. 雷诺阿　　B. 高更　　C. 毕沙罗　　D. 莫奈

69. [2016上半年]下列不属于发生在法国大革命时期的历史事件是(　　)

A. 攻占巴士底狱　　B. 热月政变　　C. 通过《人权宣言》　　D. 启蒙运动

70. [2016上半年]鲁迅在文学创作、文学批评、文学研究、翻译等多个领域都有贡献，并有相关作品集流传后世。下列属于其小说集的是(　　)

A.《准风月谈》　　B.《故事新编》　　C.《朝花夕拾》　　D.《花边文学》

71. [2016上半年]古诗"去年元夜时，花市灯如昼。月上柳梢头，人约黄昏后"中的"元夜"所指的传统节日是(　　)

A. 元旦　　B. 元宵　　C. 端午　　D. 中秋

专题一　历史素养

链接答案本 P358

单项选择题(每小题2分,共53小题。参考时限80分钟)

1. 中国境内最早的古人类叫(　　)

A. 北京人　　B. 元谋人　　C. 山顶洞人　　D. 蓝田人

2. 世界上所有国家里,只有我们国家的汉字是从古代一直演变过来、没有间断的文字。我国现存的已经释读的最古老的汉字是(　　)

A. 金文　　B. 大篆　　C. 小篆　　D. 甲骨文

3. 中共中央于1935年1月在遵义召开会议,决定增选毛泽东为中央政治局常委。会后进行中央常委分工:由张闻天负总责,由毛泽东、周恩来、王稼祥组成三人军事指挥小组,负责长征中的军事指挥。从中国历史发展的进程来看,遵义会议(　　)

A. 使红军跳出敌人的重重包围　　B. 开始确立毛泽东的领导地位

C. 使中国革命从此一帆风顺　　D. 确立毛泽东思想为党的指导思想

4. “1991年12月25日19时38分,克里姆林宫上空印有镰刀和铁锤图案的国旗降下,白蓝红三色旗升上了旗杆。”这标志着(　　)

A. 苏联解体　　B. 东欧剧变　　C. 乌克兰独立　　D. 独联体诞生

5. 有学者认为:“战后西欧各国由于经济凋敝而导致了政局极度动荡,有可能引发赤色革命……这对美国是不可想象的,因此它必然要选择复兴欧洲。”由此美国推行(　　)

A. 马歇尔计划　　B. 杜鲁门主义　　C. “冷战”政策　　D. “大棒”政策

6. 1927年,中国共产党打响了武装反抗国民党反动派的第一枪。这次事件即(　　)

A. 南昌起义　　B. 五四运动　　C. 辛亥革命　　D. 新文化运动

7. 战国时期有七个强大的诸侯国争雄称霸,史称“战国七雄”。下列选项中,不属于“战国七雄”的是(　　)

A. 齐国　　B. 秦国　　C. 越国　　D. 楚国

8. (　　)是在中国古代继宗法血缘分封制度之后出现的两级地方行政制度,是中央垂直管理下官员由中央直接任免的流官任期制,标志着官僚政治取代血缘政治,是公天下的开始。

A. 郡县制　　B. 分封制　　C. 藩国制　　D. 封国制

9. 知道某条约将缔结后，晚清重臣张之洞哀叹："然北无旅顺，南无台湾，中华海面，全为所扼，此后虽有水师，何从施展？"该条约是(　　)

A.《南京条约》　B.《辛丑条约》　C.《马关条约》　D.《巴黎和约》

10. 1949年，毛泽东在诗中写道："虎踞龙盘今胜昔，天翻地覆慨而慷。""天翻地覆"是指中国人民解放军(　　)(易错)

A. 解放南京　B. 挺进大别山　C. 转战陕北　D. 解放长江以北地区

11. 1917年，十月革命一声炮响给我们送来了马克思列宁主义，以下关于十月革命的说法不正确的是(　　)

A. 推翻了罗曼诺夫王朝的统治

B. 建立了世界上第一个社会主义国家

C. 是马克思主义理论与俄国具体国情的结合

D. 为广大亚非拉国家带来了先进的社会革命理论

12. 毛泽东在1927年8月中共中央紧急会议上的讲话中提出的著名论断是(　　)

A. 使马克思主义中国化　B. 加强调查研究是转变作风的基础

C. 须知政权是由枪杆子中取得的　D. 统一战线是三大法宝之一

13. (　　)是抗日战争相持阶段，八路军在华北地区发动的一次规模最大、持续时间最长的战役，有力配合了国民党军在正面战场的作战，极大振奋了全国的抗战信心。

A. 百团大战　B. 淞沪会战　C. 平津战役　D. 武汉会战

14. 习近平总书记在庆祝建军90周年大会上的讲话指出，党对军队绝对领导的根本原则和制度，奠基于(　　)

A. 南昌起义　B. 三湾改编　C. 秋收起义　D. 古田会议

15. 在7世纪初，(　　)以武力征服了苏毗、羊同诸部，建立了统一的吐蕃奴隶制国家。

A. 囊日论赞　B. 尺带珠丹　C. 松赞干布　D. 可黎可足

16. 夏商周时期，下列有关说法不正确的是(　　)

A. 商王通过垄断神权以强化王权

B. 周武王建立了西周，采取分封制和井田制

C. 除嫡长子外，周王其余的儿子被称为宗子

D. 周礼是维护宗法分封制度必不可少的工具

17. 辛亥革命推翻了中国两千多年的封建君主专制，开创了近代民族民主革命的新纪元。其爆发于(　　)

A. 1911年　B. 1917年　C. 1918年　D. 1921年

18. 四大文明古国是在国际上认可度较高的对世界四大古文明的概称。下列选项中，发源于尼罗河流域的文明古国是(　　)

A. 中国　　B. 古印度　　C. 古巴比伦　　D. 古埃及

19. 法国学者马扎里海说："汉人于1661年从那里驱逐了荷兰人，1885年驱逐了法国人，1874年和1944年驱逐了日本人。""那里"是指我国的(　　)

A. 山东　　B. 辽宁　　C. 台湾　　D. 广西

20. 下列历史事件按时间排序正确的一组是(　　)

A. 平王东迁→三家分晋→楚王问鼎　　B. 文景之治→光武中兴→张骞通西域

C. 开元盛世→安史之乱→玄奘西行　　D. 杯酒释兵权→王安石变法→靖康之乱

21. 下列事件与"老骥伏枥，志在千里，烈士暮年，壮心不已"的作者有关的是(　　)

①挟天子以令诸侯　②官渡之战　③赤壁之战　④八王之乱

A. ①②　　B. ③④　　C. ②③　　D. ①②③

22. 凯旋门是欧洲人纪念战争胜利的建筑。巴黎凯旋门上的《马赛曲》浮雕所反映的历史事件是(　　)

A. 普法战争　　B. 法国大革命　　C. 拿破仑战争　　D. 1848年欧洲革命

23. 下列是与第二次世界大战有关的历史事件，按事件发生的先后顺序排列，正确的是(　　)

①诺曼底登陆　②德国进攻波兰　③慕尼黑阴谋　④日本偷袭珍珠港

A. ②①③④　　B. ③④②①　　C. ②③④①　　D. ③②④①

24. "有志者事竟成，破釜沉舟，百二秦关终属楚；苦心人天不负，卧薪尝胆，三千越甲可吞吴。"此联所涉及的历史事件发生在(　　)

A. 春秋和战国　　B. 秦朝和春秋　　C. 战国和三国　　D. 秦初和汉初

25. 亚非国家和地区第一次在没有殖民国家参加的情况下召开的会议是(　　)

A. 开罗宣言　　B. 雅尔塔会议　　C. 波茨坦会议　　D. 万隆会议

26. 1920年，浙江第一师范学校教员(　　)翻译了《共产党宣言》，这是我国最早的中文全译本。

A. 陈望道　　B. 吴晗　　C. 冯雪峰　　D. 潘漠华

27. 美索不达米亚平原孕育了古巴比伦王国，创造了楔形文字，对世界文字发展史有着重大贡献，同时也造就了世界上第一部比较完备的成文法典，为法治社会奠定了基础。这部法典是(　　)

A.《汉谟拉比法典》　　B.《摩奴法典》

C.《乌尔纳姆法典》　　D.《摩西五经》

28. 下图中数字的创始者是(　　)

A. 古巴比伦人　　B. 印度人　　C. 埃及人　　D. 阿拉伯人

29. 基督教、伊斯兰教和佛教并称为世界三大宗教。基督教产生的时间是(　　)

A. 公元前1世纪中叶　　B. 公元1世纪中叶

C. 公元前2世纪中叶　　D. 公元2世纪中叶

30. 从历史渊源看,真正意义上的全球化始于(　　)

A. 资本主义萌芽　　B. 新航路开辟　　C. 文艺复兴运动　　D. 尼德兰革命

31. 中国共产党第一次独立自主地运用马克思主义原理解决自己的路线、方针政策的会议是(　　)(易混)

A. 中共"一大"　　B. 文家市会议　　C. 遵义会议　　D. 中共"七大"

32. "《春秋》大一统者,天地之常经,古今之通谊也。今师异道,人异论,百家殊方,指意不同……臣愚以为诸不在六艺之科孔子之术者,皆绝其道,勿使并进。邪辟之说灭息……"这段话意在劝说统治者要施行(　　)

A. "尊王攘夷"　　B. "焚书坑儒"　　C. "独尊儒术"　　D. "八股取士"

33. 在汉朝建立之初,"不独一般人民无积蓄可言,连将相有的也得坐牛车,皇帝也无力置备纯一色的驷马"。此后的六七十年间,"国家大部分享着不断的和平,而当权的又大多是黄老的信徒,守着省事息民的政策。经这长期的培养,社会又从复苏而趋于繁荣"。这段时期在历史上称为(　　)

A. 文景之治　　B. 贞观之治　　C. 开元盛世　　D. 永乐盛世

34. 兴起于欧洲17世纪的一场维护资产阶级利益的,为美国独立战争和法国大革命提供了思想武器,也为马克思主义哲学的创立提供了理论前提的思想解放运动是(　　)

A. 工业革命　　B. 文艺复兴　　C. 启蒙运动　　D. 资产阶级改革

35. 1938年10月,(　　)在党的六届六中全会上,最先提出了"马克思主义中国化"的命题。

A. 李大钊　　B. 陈独秀　　C. 张闻天　　D. 毛泽东

36. 河南出土的商代文物"后母戊鼎"是用(　　)制作的。

A. 铁　　B. 陶瓷　　C. 铜　　D. 青铜

37. 下图是有关法国大革命期间的一幅漫画。铁砧旁的三个人分别代表贵族、教士和平民，他们共同打造一部宪法。这部宪法是(　　)

A.《权利法案》　B.《独立宣言》　C.《拿破仑法典》　D.《人权宣言》

38. 1919年爆发的五四运动是中国革命史上具有重大意义的事件，以下表述正确的是(　　)

A. 五四运动是中国共产党领导下的一次爱国运动

B. 五四运动标志着中国新民主主义革命的开始

C. 参与五四运动的人只有学生

D. 游行学生被北洋军阀政府逮捕，是五四运动爆发的导火线

39. 万里茶道是丝绸之路衰落之后在(　　)兴起的又一条重要的国际商道，全程近两万千米，成为18、19世纪东西方贸易的主要通道。

A. 欧亚大陆　B. 东亚大陆　C. 非洲大陆　D. 南亚次大陆

40. 三星堆遗址群位于(　　)

A. 湖南　B. 四川　C. 湖北　D. 云南

41. 早在1921年，我国便开始对仰韶文化遗迹进行考察，由此诞生了我国现代考古学。仰韶文化是(　　)中游地区一种重要的新石器时代彩陶文化。

A. 长江　B. 黄河　C. 松花江　D. 湄公河

42. 春秋时期的争霸战争，就其性质而言，是(　　)

A. 促进民族融合的战争　B. 推进祖国统一的战争

C. 推翻周王朝的战争　D. 奴隶主的掠夺战争

43. 三省六部制是西汉以后长期发展形成的封建管理制度。六部是指吏部、户部、礼部、兵部、刑部、工部，不同朝代各部履行的基本职能大体一致。其中，管理全国学校事务及科举考试的是(　　)(易混)

A. 吏部　B. 户部　C. 礼部　D. 兵部

44.《说文解字》解释说："宗，尊祖庙也。"也就是说：宗法的"宗"的本义是宗庙。这说明宗法制的纽带是(　　)

A. 血缘　B. 财产　C. 信仰　D. 地域

45. 秦朝建立的中央集权制度极大地影响了中国历史的发展,其中最深远的影响是(　　)

A. 有利于封建经济文化的发展

B. 有利于文化的统一

C. 奠定了中国两千多年封建政治制度的基本格局

D. 有利于以华夏族为主体的中华民族的形成

46. 汉代的董仲舒将天道和人事相比附,提出了(　　)说,成为古代封建统治的理论基础之一。

A. 天人相通　　B. 天人合一　　C. 天人感应　　D. 天人同流

47. 汉武帝时,张骞出使西域,开辟了著名的"丝绸之路",下列不是经此路传入我国的是(　　)

A. 石榴　　B. 良马　　C. 葡萄　　D. 大豆

48. 下列选项中涉及的历史人物,与其他三项不在同一朝代的是(　　)

A. 功盖三分国,名成八阵图　　B. 江东子弟多才俊,卷土重来未可知

C. 治世之能臣,乱世之奸雄　　D. 千万雄兵莫敢当,单刀匹马斩颜良

49. 奠定了三国鼎立局面的战争是(　　)

A. 祖逖北伐　　B. 官渡之战　　C. 赤壁之战　　D. 八王之乱

50. 唐朝是继隋朝之后的大一统中原王朝,共历21帝,是当时世界上最强盛的国家之一,声誉远播。下列情形不可能发生在唐朝的是(　　)

A. 贵族妇女相聚捣练缝衣　　B. 一大批荔枝供品被送往皇宫

C. 私塾教师教学生作八股文　　D. 瓷器通过贸易大量输出到国外

51. 1974年,考古学家发掘出一艘南宋时期的"福船",发掘地点为"海上丝绸之路"的起点、当时世界上著名的大港口。这一发掘地所在的城市是(　　)

A. 广州　　B. 福州　　C. 泉州　　D. 汕头

52. 北宋时期,王安石在宋神宗的支持下实行变法。下列有关王安石变法的表述,正确的是(　　)

A. 水利法并没有涉及豪强垄断水利的问题

B. 保甲法的实行,有效地保证了雇佣军缺额的补充

C. 王安石认为北宋王朝贫弱的根本原因是吏治问题

D. 北宋国家贫困的症结不在于开支过多,而在于生产过少

53. 关于当代中国历史,下列描述正确的是(　　)

A. 新中国成立后,我国由半殖民地半封建社会转变为社会主义社会

B. 深圳、珠海、汕头、大连是我国最早的4个经济特区

C. 1977年我国正式恢复已经中断多年的高考制度

D. 中美建交是二十世纪八十年代的一件大事

专题二　科学素养

链接答案本 P364

单项选择题(每小题2分,共72小题。参考时限110分钟)

1. 日常生活中被我们称为“启明星”或者“太白”的星,其实是太阳系行星中的(　　)

A. 冥王星　　B. 土星　　C. 木星　　D. 金星

2. 验钞机是现在生活中,尤其是现金流通量比较大的银行中必不可少的设备,它大大减轻了工作人员的繁重任务。验钞机能够检验钞票的真伪利用的是(　　)

A. 多普勒效应　　B. 红外效应　　C. 紫外效应　　D. 光电效应

3. 公元751年,唐朝军队在中亚败于阿拉伯军队,被俘往阿拉伯的士兵中有不少技术工匠,这次战役客观上促成了中阿之间的一次技术转移。这时中国传入阿拉伯的技术应该是(　　)

A. 造纸术　　B. 活字印刷术　　C. 指南针　　D. 火药与火器

4. 2020年9月8日,全国抗击新冠肺炎疫情表彰大会隆重举行,习近平总书记向国家勋章和国家荣誉称号获得者颁授勋章奖章并发表重要讲话,本次共和国勋章获得者是(　　)

A. 钟南山　　B. 张伯礼　　C. 张定宇　　D. 陈薇

5. 宇宙飞船进入预定轨道并关闭发动机后,在太空运行。在这艘飞船中用天平测量物体的质量,结果是(　　)

A. 和在地球上测得的质量一样大　　B. 比在地球上测得的质量大

C. 比在地球上测得的质量小　　D. 测不出物体的质量

6. 关于科学家与其代表成就的描述,下列选项中对应错误的是(　　)

A. 牛顿—经典力学　　B. 法拉第—电磁感应

C. 普朗克—狭义相对论　　D. 爱因斯坦—广义相对论

7. 七大洲分界线是七个大洲中相邻两大洲之间的分界线,各大洲之间多以海峡、山脉、运河等为界。亚洲与非洲的分界线是(　　)(易混)

A. 乌拉尔山脉　　B. 高加索山脉　　C. 苏伊士运河　　D. 巴拿马运河

8. 核电是一种安全、清洁、经济的新能源,修建核电站发电有利于节约资源,保护生态环境。中国第一座投入商业运营的核电站是(　　)

A. 岭澳核电站　　B. 秦山核电站　　C. 大亚湾核电站　　D. 田湾核电站

9. 度量衡是我国古代使用的计量单位,其中“量”指的是(　　)方面的标准。

A. 长度　　B. 面积　　C. 容量　　D. 质量

10. 在《植物发生论》一文中,指出细胞是一切植物结构的基本单位的科学家是(　　)

A. 胡克　B. 列文虎克　C. 施莱登　D. 施旺

11. 七大洲中面积最大、纬度最高的大洲分别是(　　)

A. 亚洲和北美洲　B. 欧洲和南美洲　C. 欧洲和大洋洲　D. 亚洲和南极洲

12. 2020年12月8日,国家主席习近平同尼泊尔总统班达里互致信函,共同宣布珠穆朗玛峰的最新高度为(　　)

A. 8844.43米　B. 8848.13米　C. 8848.86米　D. 8848.96米

13. 作为中国首个开放性滨海航天发射基地和世界上为数不多的低纬度发射场,(　　)能借助近赤道的较大线速度,以及惯性带来的离心现象,使火箭燃料消耗大大减少。

A. 太原卫星发射中心　B. 文昌卫星发射中心

C. 酒泉卫星发射中心　D. 西昌卫星发射中心

14. 站在湖边俯视平静的湖面,可以看到:船儿在水面上漂浮,鸟儿在水中飞翔,鱼儿在白云中穿梭,青山倒立在水中。其中看到的场景中,由于光的折射而形成的是(　　)

A. 船儿　B. 鸟儿　C. 鱼儿　D. 青山

15. 关于彗星的观测和记录,可靠的最早记载见于(　　)

A.《春秋》　B.《尚书》　C.《左传》　D.《诗经》

16. 麦哲伦环球航行是世界航海史上的一大壮举,这次航行证实了(　　)

A. 天圆地方　B. 地球是一个球体

C. 赤道周长4万千米　D. 板块运动

17. 中国古代记载了物理学知识,其中包括杠杆原理和浮力理论、声学和光学知识的著作是(　　)

A.《营造法式》　B.《天工开物》　C.《墨经》　D.《梦溪笔谈》

18. 我国在西昌卫星发射中心使用长征三号运载火箭,成功发射该系统的第55颗导航卫星,被称为"收官之星"。这个巨型的复杂航天系统是(　　)

A. 嫦娥系统　B. 神舟系统　C. 北斗系统　D. 天宫系统

19. 世界上平均海拔最高、别称为"冰雪大陆"的大洲是(　　)

A. 南美洲　B. 南极洲　C. 亚洲　D. 非洲

20. 我国的住宅卧室通常朝向南面,主要依据是(　　)

A. 住宅设计者的习惯　B. 使用方便

C. 美观　D. 更好地采光

21. 19世纪中期,深入探索化学元素之间的关系,并制定了化学元素周期表的科学家是(　　)

A. 牛顿　B. 门捷列夫　C. 道尔顿　D. 居里夫人

22. 我国航天员在空间站内驻留时间不断增加，进行体育锻炼已成为航天员需要完成的一项重要工作。下列适宜的运动是(　　)

A. 举重　　B. 跳高　　C. 立定跳远　　D. 拉弹簧拉力器

23. 化学与日常生活密切相关，下列说法错误的是(　　)

A. 浓硫酸可刻蚀石英制艺术品　　B. 纯碱可以用来清洁污垢

C. 装饰材料释放的甲醛会造成污染　　D. 碘酒是由碘、碘化钾溶解于酒精溶液而制成

24. 中国许多河流落差巨大，径流量多，水能资源十分丰富。下列选项中，水能资源最丰富的两条河流分别是(　　)

A. 长江、珠江　　B. 长江、松花江　　C. 长江、黄河　　D. 长江、雅鲁藏布江

25. 地中海是大西洋的附属海，连接地中海和大西洋的海峡是(　　)

A. 巴士海峡　　B. 麦哲伦海峡　　C. 马六甲海峡　　D. 直布罗陀海峡

26. 下图是唐朝时期使用的一种传统农具，它被称作(　　)

A. 筒车　　B. 耧车　　C. 曲辕犁　　D. 水排

27. 下列作品是著名物理学家霍金的代表作的是(　　)

A.《相对论》　　B.《时间简史》

C.《量子力学原理》　　D.《自然哲学的数学原理》

28. 中国江流湖泊众多，按照湖泊含盐量可以分为淡水湖、盐湖和咸水湖。中国第一大淡水湖是(　　)

A. 鄱阳湖　　B. 巢湖　　C. 太湖　　D. 洪泽湖

29. 2021年4月，习近平总书记来到桂林市象鼻山公园调研，指出桂林是一座山水甲天下的旅游名城，是大自然赐予中华民族的一块宝地。桂林山水从地貌上讲属于(　　)

A. 岩溶地貌　　B. 丹霞地貌　　C. 嶂石岩地貌　　D. 张家界地貌

30. 雷电是在雷暴天气条件下发生的伴有闪电和雷鸣的一种雄伟壮观而又令人生畏的放电现象。人们在户外遇到雷雨天气时，要注意防范。下列说法错误的是(　　)

A. 在雷雨天气中，不宜在旷野中打伞，或高举羽毛球拍、高尔夫球棍等

B. 如果在雷电交加时，头、颈、手处有蚂蚁爬走感，头发竖起，说明将发生雷击，应赶紧趴在地上，这样可以降低遭雷击的风险

C. 远离建筑物外露的水管、煤气管等金属物体及电力设备

D. 尽快找棚屋、岗亭、大树等处所避雨

31. 2020年12月10日4时14分，我国在西昌卫星发射中心用长征十一号运载火箭，以"一箭双星"方式将引力波暴高能电磁对应体全天监测器卫星送入预定轨道。为了利于科学传播，卫星昵称为（　　）

A 墨子　　B. 慧眼　　C. 极目　　D. 太极

32. 2020年1月10日召开的国家科学技术奖励大会上，2019年度最高科学技术奖得主是（　　）

A. 钟南山、李兰娟　　B. 黄旭华、曾庆存

C. 张文宏、陈薇　　D. 袁隆平、屠呦呦

33. 电冰箱使用的是三角插头。当其工作时，如果接地线断了，下列判断正确的是（　　）

A. 电冰箱消耗的电能会增加　　B. 电冰箱不能正常工作

C. 人接触其外壳可能会触电　　D. 电冰箱使用寿命会缩短

34. 酸奶是牛奶经乳酸菌发酵产生的。自制酸奶的过程如下：把袋装纯牛奶温热后倒入洗净灭菌的玻璃瓶，加入少量的某种物质搅拌均匀。瓶子加盖，在适宜温度下放置一定时间，液体牛奶就变成了凝固状的酸奶。在牛奶中加入的"某种物质"最有可能是（　　）

A. 小苏打　　B. 成品酸奶　　C. 啤酒　　D. 草莓汁

35. 中东地区储藏着丰富的石油资源，是最重要的石油输出地之一，海湾地区的石油输往世界各地时都要经过唯一的海上通道（　　），因此该海峡被誉为"世界油阀"。（常考）

A. 霍尔木兹海峡　　B. 马六甲海峡　　C. 直布罗陀海峡　　D. 麦哲伦海峡

36. 在中国古代以笔记体裁形式写成的科学典籍中，有一本最早记载了人工磁化的一种简便方法，即"以磁石磨针锋"造指南针。这本典籍是（　　）

A.《齐民要术》　　B.《梦溪笔谈》　　C.《农政全书》　　D.《徐霞客游记》

37. "七色光，七色光，太阳的光彩，我们带着七彩梦走向未来。"一束灿烂的阳光照射到下列哪种光学元件上，我们可以观察到"红、橙、黄、绿、蓝、靛、紫"七色光（　　）

A. 凹面镜　　B. 凸面镜　　C. 平面镜　　D. 三棱镜

38. 2019年6月5日12时6分，我国成功发射长征十一号运载火箭，标志着中国航天首次海上发射技术试验圆满成功。此发射地是在（　　）

A. 黄海海域　　B. 渤海海域　　C. 东海海域　　D. 南海海域

39. 总结了战国、秦、汉时期的数学成就，奠定了中国古代数学以计算为中心的特点的著作是(　　)

A.《周髀算经》　B.《黄帝内经》　C.《方圆阐幽》　D.《九章算术》

40. 下列重大科技成果中，名称与研发项目对应有误的是(　　)

A.“天宫一号”——空间实验室　B.“悟空号”——量子科学实验卫星

C.“蛟龙号”——载人潜水器　D.“中国天眼”——射电望远镜

41. 下列每组数据表示3根小木棒的长度，其中能组成一个三角形的是(　　)

A. 3cm，4cm，7cm　B. 3cm，4cm，6cm

C. 5cm，4cm，10cm　D. 5cm，3cm，8cm

42. 人们形容天空往往是“蔚蓝的天空”，事实上天空并不是蓝色，飞行员在空中飞行到一定高度以后，会发现越往高处飞天色越暗。这是因为(　　)

A. 随着高度的增加，云彩增多，挡住了太阳光线

B. 随着高度的增加，空气变得稀薄，使阳光透射能力变弱

C. 随着高度的增加，惰性气体层变厚，减弱了阳光的透射能力

D. 随着高度的增加，空气变得稀薄，大气对阳光的色散能力转弱

43. 熬骨头汤时，为提高骨头中钙质的溶解度，可加入少量的(　　)

A. 醋　B. 料酒　C. 盐　D. 酱油

44. 直流发电机的发明标志着电力时代的到来。其发明者是(　　)

A. 赫兹　B. 西门子　C. 法拉第　D. 伏特

45. 观察下图，图中的天体M最可能是(　　)

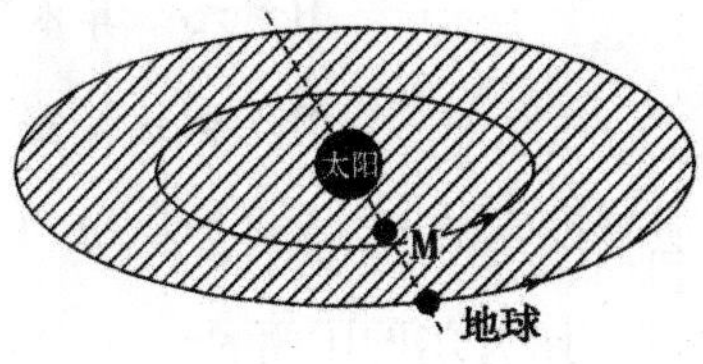

太阳
M
地球

①水星　②火星　③天王星　④金星　⑤木星　⑥土星

A. ②⑥　B. ④⑤　C. ②③　D. ①④

46. “这是最好的时代，也是最坏的时代”，英国文学家狄更斯曾这样描述工业革命发生后的世界。下列不属于第二次工业革命成果的是(　　)

A. 有线电报　B. 汽车　C. 手机　D. 飞机

47. 能源按其基本形态分为一次能源和二次能源，下列属于二次能源的是(　　)

A. 太阳能　B. 石油　C. 海洋能　D. 煤气

48. 1970年4月,中国第一颗人造地球卫星“东方红一号”发射成功,标志着中国正式进入“太空俱乐部时代”。“东方红一号”卫星发射的地点是(　　)

A. 文昌卫星发射中心　　B. 酒泉卫星发射中心

C. 太原卫星发射中心　　D. 西昌卫星发射中心

49. 关于沙尘暴的描述,下列说法错误的是(　　)

A. 沙尘暴的记录最早见于《竹书纪年》　　B. 沙尘暴孕育了青藏高原

C. 沙尘暴减缓了酸雨的影响　　D. 在我国,沙尘暴多发于西北地区

50.《天体运行论》的出版,标志着“日心说”正式创立。这是天文学上的一次革命,引起人类宇宙观的重大变革,使西方文明从宗教的束缚中解脱出来。《天体运行论》的作者是(　　)

A. 哥白尼　　B. 牛顿　　C. 伽利略　　D. 开普勒

51. 2020年2月11日,世界卫生组织总干事谭德塞在瑞士日内瓦宣布,将新型冠状病毒感染的肺炎命名为(　　)

A.CEVIO-19　　B.COVID-20　　C.CEVIO-20　　D.COVID-19

52. 下列历史人物中属于我国古代著名医学家的是(　　)

A. 郭守敬　　B. 孙思邈　　C. 沈括　　D. 朱世杰

53. 世界上迄今为止年代最久、唯一留存、仍在一直使用的、以无坝引水为特征的中国最古老的水利工程是(　　)

A. 郑国渠　　B. 都江堰　　C. 通济渠　　D. 白渠

54. 东汉的班超曾派人出使欧洲强国“大秦”(即罗马帝国),东汉和“大秦”都创造了辉煌的文化。属于它们的成就分别是(　　)

A. 活字印刷术、万有引力定律　　B.《九章算术》、罗马法

C. 蔡伦改进造纸术、日心说　　D.《春秋繁露》《理想国》

55. 诺贝尔奖是根据化学家诺贝尔遗嘱设立的,包括自然科学和人文科学的综合性、国际性和永久性系列奖项,为国际最高荣誉奖项。诺贝尔的国籍是(　　)

A. 瑞士　　B. 德国　　C. 英国　　D. 瑞典

56. 第七十二届世界卫生大会通过了《国际疾病分类》第十一次修订本,正式将游戏成瘾列为(　　)

A.“神经综合征”　　B.“心理障碍”

C.“精神疾病”　　D.“脑功能异常综合征”

57. 某学生在体育课上跌倒,扭伤脚踝,皮肤无破损,已排除骨折,下列应急方法中正确的是(　　)

A. 局部使用抗生素　　B. 用力按摩　　C. 冷敷患处　　D. 热敷患处

58. 缺铁性贫血的人群,应当适量多摄取的食物是( )

A. 菠菜　B. 粗粮　C. 动物肝脏　D. 胡萝卜

59. 大气中的臭氧是由于氧气吸收了( )后生成的。

A. 红光　B. 紫外线　C. 蓝紫光　D. 红外线

60. 下图是世界上最早测定地震方位的地动仪的示意图,这一发明的创造者是( )

A. 祖冲之　B. 宋应星　C. 张衡　D. 蔡伦

61. 噪声已成为现代城市环境污染的重要因素之一,下列措施不能直接减弱噪声的是( )

A. 在道路两旁、建筑物周围植树

B. 给摩托车、汽车的排气管安装消声器

C. 在城市主要道路两旁安装噪声监测仪

D. 纺织工人在车间工作时戴上耳罩

62. 指南针是中国古代四大发明之一。中国人很早就认识到磁石指南的特性,先后发明了磁针和罗盘。指南针经阿拉伯传到欧洲,大大促进了世界远洋航海技术的发展。下列选项中,中国最早使用指南针航海的朝代是( )

A. 唐朝　B. 北宋　C. 元朝　D. 明朝

63. 第24届冬季奥林匹克运动会于2022年在中国北京和张家口举办,共设7大项、15个分项、109个小项的比赛。下列体育图标中,"高山滑雪"的标识是( )

A.　B.　C.　D.

64. 盆地的主要特征是四周高(山地或高原)、中部低(平原或丘陵)。下列选项中,海拔最高的盆地是( )(易混)

A. 塔里木盆地　B. 柴达木盆地　C. 准噶尔盆地　D. 四川盆地

65. 明朝医药学家李时珍编著的( ),分类科学严密,包含药物数目众多,文笔流畅生动,被誉为"东方医药巨典"。

A.《千金方》　B.《神农本草经》　C.《伤寒杂病论》　D.《本草纲目》

66. 2020年12月17日凌晨,随着携带月壤样品的返回器在内蒙古预定区域安全着陆,标志着我国探月工程任务圆满成功。执行本次探月工程任务的是( )

A. 北斗三号　B. 天问一号　C. 长征七号　D. 嫦娥五号

67. 我们的祖先在1000多年前就发明了火药，关于火药的说法错误的是(　　)

A. 古代火药的成分有硝石、雄黄、蜂蜜等

B. 古代火药用途广泛，常常用来治疗疮癣、杀虫、辟湿气以及瘟疫

C. 唐朝末年，火枪、火炮、火箭等军事武器就得到了广泛应用

D. “东风夜放花千树。更吹落、星如雨。”描述的就是古代火药制成烟火燃放时的场景

68. 在整个中国航天史中，首位在太空三次出舱的航天员是(　　)

A. 叶光富　　B. 翟志刚　　C. 刘伯明　　D. 聂海胜

69. 中国第一艘航空母舰命名为(　　)

A. 辽宁舰　　B. 大连舰　　C. 山东舰　　D. 海南舰

70. “人脸识别”作为一项热门的计算机技术研究领域，属于(　　)技术的一种，其中包括跟踪侦测、影像调整等应用技术。

A. 图像分析处理　　B. 生物特征识别

C. 机器视觉定位　　D. 人工智能算法

71. 2020年11月12日，清华大学教授李文辉获得了巴鲁克·布隆伯格奖。这是迄今为止我国科学家首次获此殊荣。该奖是全球(　　)研究和治疗领域最高奖。

A. 乙肝　　B. 癌症　　C. 糖尿病　　D. 阿尔兹海默症

72. 19世纪自然科学的三大发现为马克思主义的产生提供了自然科学前提，这三大发现不包括(　　)

A. 细胞学说　　B. 能量守恒与转化定律

C. 地质渐变论　　D. 达尔文的生物进化论

专题三　传统文化素养

链接答案本 P372

单项选择题(每小题2分，共59小题。参考时限90分钟)

1. 宋代理学是以儒家思想为基础，吸收佛教和道教思想而形成的新儒学。南宋的(　　)是理学发展的集大成者，他继承了北宋哲学家程颢、程颐的思想，进一步完善和发展了客观唯心主义的理学体系。

A. 陈淳　　B. 吕祖谦　　C. 陆九渊　　D. 朱熹

2. 2020年12月17日，我国单独申报及我国与马来西亚联合申报的两个项目，经评审通过，列入联合国教科文组织《人类非物质文化遗产代表作名录》。至此，我国共有42个项目被列入非物质文化遗产名录，居世界第一。本次我国单独申报成功的项目是（　　）

A. 端午节　　B. 太极拳　　C. 妈祖　　D. 二十四节气

3. 杜甫诗“大邑烧瓷轻且坚，扣如哀玉锦城传。君家白碗胜霜雪，急送茅斋也可怜”，赞叹的瓷器种类是（　　）

A. 青瓷　　B. 白瓷　　C. 青花瓷　　D. 彩瓷

4. 汉语中的不少成语和历史人物有关。成语“东床快婿”的“婿”原本是指（　　）

A. 项羽　　B. 王羲之　　C. 刘邦　　D. 诸葛亮

5. 下列我国古代科举考试与录取者称谓，对应正确的是（　　）

A. 院试—贡士　　B. 乡试—秀才

C. 会试—举人　　D. 殿试—进士

6. “小满”是二十四节气之一，这时，江南大麦进入黄熟期，油菜籽成熟，蚕开始结茧，古时有“小满动三车”的习俗。下列选项中，不属于“三车”的是（　　）

A. 纺车　　B. 滑车　　C. 油车　　D. 水车

7. 下列不属于墨家思想的是（　　）

A. 兼爱　　B. 致良知　　C. 节用　　D. 非攻

8. “云母屏风烛影深，长河渐落晓星沉”描写的是一天之中的哪一时段（　　）

A. 黄昏　　B. 夜半　　C. 黎明　　D. 午后

9. 刺绣又称丝绣、针绣，是中国优秀的民族传统工艺之一。下列选项中，未列入刺绣工艺“四大名绣”的是（　　）

A. 湘绣　　B. 蜀绣　　C. 苏绣　　D. 京绣

10. 2021年为农历辛丑年，这一称谓沿用了古代干支纪年的方法。下列表述中没有使用干支纪年的是（　　）

A. 永和九年，岁在癸丑，暮春之初，会于会稽山阴之兰亭

B. 夏四月辛巳，败秦师于殽

C. 淳熙丙申至日，予过维扬

D. 死事之惨，以辛亥三月二十九日围攻两广督署之役为最

11. 在较大的寺院里，都有一座“大雄宝殿”。这里的“大雄”二字指的是（　　）

A. 释迦牟尼的尊号　　B. 佛经的尊号

C. 佛教起源的传说　　D. 达摩的尊号

12.“九品中正制”也叫“九品官人法”，这是(　　)时期的选官制度。

A. 西汉　　B. 东汉　　C. 魏晋南北朝　　D. 唐朝

13. 中华五千年文化创造出许多脍炙人口的成语典故。下列成语与历史事件对应正确的是(　　)(常考)

A. 纸上谈兵—城濮之战　　B. 卧薪尝胆—楚汉争霸

C. 风声鹤唳—淝水之战　　D. 退避三舍—巨鹿之战

14. 中国古代演戏的场所在历史上有过各种不同的名称和形态。就建筑而言，唐代称之为戏场，宋代则称为(　　)

A. 戏园　　B. 勾栏　　C. 戏台　　D. 戏楼

15.“昔年八月十五夜，曲江池畔杏园边。今年八月十五夜，湓浦沙头水馆前。西北望乡何处是，东南见月几回圆。昨风一吹无人会，今夜清光似往年。”这首古诗描述了我国一个传统节日的景象，这个节日是(　　)

A. 春节　　B. 元宵节　　C. 重阳节　　D. 中秋节

16.“刘三姐”是中国民间传说中的人物。这一民间传说源于(　　)

A. 壮族　　B. 满族　　C. 彝族　　D. 苗族

17. 古时候，一家有兄弟数人，在给他们起名字的时候，家长会有意用上一些表示顺序的字，以示长幼有序。下列排行称谓按照年龄从大到小，排列正确的是(　　)

A. 仲、季、叔、伯　　B. 伯、仲、叔、季

C. 仲、叔、伯、季　　D. 仲、伯、叔、季

18.“国学”一词，古已有之。《周礼·春官宗伯·乐师》有言：“乐师掌国学之政，以教国之小舞。”其中“国学”的意思是(　　)

A. 家族内设立的教育机构　　B. 诸侯国设立的教育机构

C. 以周礼为中心的一门学问　　D. 以音乐为中心的一门学问

19. 中国农历三月三日这一天，男女老少都要到郊外水边嬉戏，以消灾解难，古代称这一活动为“修禊”。“三月三”是由古代的(　　)节演变而来的。

A. 上巳　　B. 寒食　　C. 中元　　D. 圣纪

20. 三皇五帝时期，河水泛滥，大禹从鲧治水的失败中吸取教训，改变了“堵”的办法，转而对洪水进行疏导，大禹“三过家门而不入”，耗尽心血与体力终于完成了治水的大业。他治理的河流是(　　)

A. 黄河　　B. 海河　　C. 长江　　D. 淮河

21. 中国的传统节日形式多样,内容丰富,是中华民族悠久历史文化的重要组成部分。火把节是下列哪个民族的传统节日(　　)

A. 藏族　　B. 回族　　C. 彝族　　D. 傣族

22. 中国很多成语典故往往来源于历史人物事件。"凿壁偷光"描述的是下列哪一人物(　　)

A. 车胤　　B. 祖逖　　C. 王羲之　　D. 匡衡

23. 由于青铜技术的成熟,以及鼓风、浇铸等方法的运用,世界各个民族的先人陆续掌握了冶铁技术,中国是在(　　)初步掌握了冶铁技术。(常考)

A. 春秋战国　　B. 汉代　　C. 秦代　　D. 宋代

24. 清明,农历二十四节气之一。中国传统的清明节大约始于周代,距今已有两千五百多年的历史。二十四节气中的"清明"一般是在农历(　　)

A. 二月　　B. 三月　　C. 四月　　D. 五月

25. 在两千多年前的春秋时期,孔子提出平等的思想,体现孔子平等思想的主张是(　　)

A. 克己复礼　　B. 为政以德　　C. 民贵君轻　　D. 有教无类

26. 俗话说"一寸光阴一寸金"。这里的"一寸"是用古代哪种计时器量出的时间单位(　　)

A. 日晷　　B. 漏刻　　C. 钟表　　D. 漏壶

27. 南京是中国著名的四大古都及文化历史名城之一,又称为(　　)

A. 三朝古都　　B. 六朝古都　　C. 九朝古都　　D. 十三朝古都

28. 下列关于朋友关系与其雅称,对应正确的一项是(　　)

A. 贫贱而地位低下时结交的朋友—莫逆之交

B. 有道德有学问的人结成的朋友—竹马之交

C. 以平民身份交往的朋友—贫贱之交

D. 情谊契合、亲如兄弟的朋友—金兰之交

29. 中国民间四大爱情传说是指在中国民间以口头、文稿等形式流传最为宽广、影响最大的四个神话传说。下列不属于这四大传说的是(　　)

A. 牛郎织女　　B. 孟姜女　　C. 白蛇传　　D. 山海经

30. 王安石《游褒禅山记》的句子"唐浮图慧褒始舍于其址"中"浮图"的意思是(　　)

A. 僧人　　B. 塔　　C. 寺庙　　D. 禅师封号

31. "爆竹声中一岁除,春风送暖入屠苏",这里的"屠苏"指的是(　　)

A. 苏州　　B. 房屋　　C. 酒　　D. 庄稼

32. 下列词语代表的年龄大于"垂髫"的是(　　)

A. 及笄　　B. 孩提　　C. 始龀　　D. 襁褓

33. 下列选项中,与典故“士别三日,刮目相待”有关的一项是( )

A. 吕布　　B. 张飞　　C. 吕蒙　　D. 司马懿

34. “三更”是指( )

A. 21点至23点　　B. 23点至次日凌晨1点

C. 凌晨1点至3点　　D. 24点

35. “江山如此多娇,引无数英雄竞折腰。惜秦皇汉武,略输文采;唐宗宋祖,稍逊风骚。”毛泽东在《沁园春·雪》这首词中的“汉武”指皇帝的( )

A. 谥号　　B. 年号　　C. 庙号　　D. 尊号

36. “伯仲之间”比喻两者之间差不多,难分优劣,其中“伯”和“仲”分别指( )

A. 老大、老二　　B. 老二、老三　　C. 老大、老三　　D. 老三、老四

37. 明代黄凤池辑有《梅竹兰菊四谱》,从此,梅、兰、竹、菊被称为“四君子”,世人常用“四君子”来寓意人的品德高尚。其中,竹所代表的是( )

A. 劳动模范　　B. 名臣贤相　　C. 谦谦君子　　D. 奸诈小人

38. “五禽戏”是汉末医学家华佗倡导的一种模仿动物的动作和神态进行健身的方法。下列不属于“五禽”之一的是( )

A. 虎　　B. 蛇　　C. 熊　　D. 猿

39. 杜甫在《赠卫八处士》中说道:“人生不相见,动如参与商”,这里的“参”和“商”指的是( )

A. 牛郎星与织女星　　B. 太阳与月亮

C. 水星与火星　　D. 猎户座与天蝎座

40. 元太祖铁木真是蒙古草原英雄,被尊称为“成吉思汗”。那么“成吉思”的意思是( )

A. 太阳　　B. 大地　　C. 大海　　D. 草原

41. 3月5日是学雷锋纪念日,各地会开展各种形式的纪念活动。3月5日和下列哪个节气的时间最接近( )

A. 惊蛰　　B. 雨水　　C. 春分　　D. 清明

42. 端午节的节俗以祈福纳祥、压邪禳灾等形式展开,内容丰富多彩,热闹喜庆。下列民俗均与端午节有关的是( )

A. 踏青、剪窗花、燃放灯火、放风筝　　B. 赏月、佩茱萸、猜灯谜、饮菊花酒

C. 插柳、贴春联、赏菊花、放孔明灯　　D. 吃粽子、赛龙舟、饮雄黄酒、插菖蒲

43. 二十四节气把太阳周年运动轨迹划分为24等份,每一等份为一个节气,始于立春,终于大寒,周而复始。按春夏秋冬划分,下列节气不在夏季的是( )

A. 小满　　B. 夏至　　C. 芒种　　D. 惊蛰

44. 古代的人们在交际或著述时往往喜欢用典雅的词语称谓年龄，现在常说的“而立之年”指的是(　　)

A. 20岁　　B. 30岁　　C. 40岁　　D. 50岁

45. 公元1976年是农历丙辰年，据此推算，公元1977年应该是(　　)

A. 农历戊午年　　B. 农历丁巳年

C. 农历辛亥年　　D. 农历丙寅年

46. 2016年11月30日，形成于春秋战国时期的“二十四节气”歌谣，被列入联合国教科文组织人类非物质文化遗产代表作名录。歌谣是：“(　　)，夏满芒夏暑相连，秋处露秋寒霜降，冬雪雪冬小大寒”。

A. 立春惊春清谷天　　B. 春雨惊春清谷天

C. 春雨春分清谷天　　D. 立春雨水清谷天

47. 谦辞用于自称，以示谦虚。下列称谓不属于谦辞的有(　　)

A. 令郎　　B. 舍妹　　C. 老朽　　D. 家严

48. “二十四节气”是我国古代劳动人民通过观察太阳周年运动，认知一年中时令、气候、物候等方面变化规律形成的智慧结晶，其形成于我国的(　　)

A. 珠江流域　　B. 长江流域　　C. 黄河流域　　D. 辽河流域

49. 寒食节是我国历史悠久的传统节日，寒食节的设立是为了纪念(　　)

A. 介子推　　B. 伍子胥　　C. 范蠡　　D. 屈原

50. 依次展示彝族、蒙古族、维吾尔族、藏族文化代表的是(　　)

A. 火把节、《江格尔》、手鼓舞、唐卡　　B. 火把节、唐卡、手鼓舞、《江格尔》

C. 手鼓舞、那达慕、唐卡、《江格尔》　　D. 那达慕、《江格尔》、唐卡、手鼓舞

51. 下列诗句与元宵节有关的是(　　)(常考)

A. 火树银花合　　B. 今夜清光似往年

C. 碧艾香蒲处处忙　　D. 总把新桃换旧符

52. 下列典故与人物对应错误的是(　　)

A. 一言九鼎—秦孝公　　B. 洛阳纸贵—左思

C. 投笔从戎—班超　　D. 退避三舍—晋文公

53. 诗句“疏影横斜水清浅，暗香浮动月黄昏”中“暗香”指的是(　　)

A. 菊花之香　　B. 荷花之香　　C. 梅花之香　　D. 桂花之香

54. 下列关于中国古代“四大美女”的说法正确的是(　　)

A. “云想衣裳花想容”是形容杨玉环美貌的诗句

B.“王允巧施连环记”与“羞花”讲的是貂蝉的故事

C.“闭月”所形容的美女生活在崇尚“以丰腴为美”的时代

D.“沉鱼”讲的是王昭君的故事,“落雁”讲的是西施的故事

55. 中国象棋用具简单,趣味性强,流行广泛,有着悠久的历史。其棋盘共有(　　)个交叉点。

A. 70　　B. 80　　C. 90　　D. 100

56. 下列传统节日按照一年中的先后顺序排列,正确的一项是(　　)(常考)

①今夜月明人尽望,不知秋思落谁家。

②遥知兄弟登高处,遍插茱萸少一人。

③国亡身殒今何有,只留离骚在世间。

④爆竹声中一岁除,春风送暖入屠苏。

A. ④③②①　　B. ④③①②　　C. ③④①②　　D. ③②④①

57. 习近平总书记曾说过,八项规定带有“徙木立信”的作用,让人看到风清气正的希望。“徙木立信”是关于我国古代政治家(　　)的故事。

A. 管仲　　B. 商鞅　　C. 王安石　　D. 张居正

58. 下图是古代士大夫玩的一种投掷游戏,同时也是一种礼仪,在春秋战国时期就已经出现,直至明末都较为流行。该游戏是(　　)

A. 射覆　　B. 藏钩　　C. 投壶　　D. 击壤

59. 截至目前,我国世界遗产有56处,其中,世界自然遗产有14处。世界自然遗产总数超越之前并列的澳大利亚和美国,位居世界第一。下列选项中属于我国世界自然遗产的是(　　)

A. 贵州梵净山　　B. 杭州西湖

C. 大足石刻　　D. 成都武侯祠

专题四　文学素养

链接答案本 P378

单项选择题(每小题2分,共58小题。参考时限85分钟)

1. 作品讴歌祖国山河与美丽的自然风光,风格雄奇奔放,俊逸清新,富有浪漫主义精神,达到了内容与艺术的完美统一,并被贺知章称为“谪仙人”的诗人是(　　)

A. 李白　　B. 杜甫　　C. 白居易　　D. 刘禹锡

2. 元曲四大家之一的关汉卿,被称为“曲圣”,其代表作是(　　)

A.《墙头马上》　　B.《倩女离魂》　　C.《汉宫秋》　　D.《窦娥冤》

3. “都云作者痴,谁解其中味”言简意赅,意味深长。它出自中国四大古典文学名著之一,这部著作是(　　)(易混)

A.《红楼梦》　　B.《水浒传》　　C.《西游记》　　D.《三国演义》

4. 中国唐代有“诗仙”李白、“诗圣”杜甫,人称“李杜”。人称“小李杜”的两位诗人分别是(　　)

A. 李商隐、杜牧　　B. 李清照、杜甫

C. 李鸿章、杜娟　　D. 李世民、杜如晦

5. 巴尔扎克是19世纪法国批判现实主义文学的代表作家。他的作品中为人们展现了法国社会特别是巴黎上流社会的现实主义历史的是(　　)

A.《双城记》　　B.《人间喜剧》　　C.《寒灰集》　　D.《悲惨世界》

6. “海内存知己,天涯若比邻”,出自唐代诗人王勃的《送杜少府之任蜀州》,这首诗的题材是(　　)

A. 田园诗　　B. 山水诗　　C. 送别诗　　D. 怀古诗

7. 陶渊明是中国第一位田园诗人,创作了诸多反映田园生活的诗文。下列选项中,不属于其作品的是(　　)

A.《归去来兮辞》　　B.《归园田居》　　C.《岳阳楼记》　　D.《桃花源记》

8. 因“他的文学作品中的高尚理想和他在描绘各种不同类型人物时所具有的同情和对真理的热爱”而获得诺贝尔文学奖的作家是(　　)

A. 石黑一雄　　B. 罗曼·罗兰　　C. 契诃夫　　D. 莫言

9. “一门三父子,都是大文豪。诗赋传千古,峨眉共比高。”这首诗中的“三父子”,指的是(　　)

A. 曹操、曹丕、曹植　　B. 苏洵、苏轼、苏辙

C. 班彪、班固、班超　　D. 杜甫、杜牧、杜荀鹤

10.( )是一部自传体的作品,记述了卢梭从出生到1765年流亡圣皮埃尔岛为止的一生。

A.《忏悔录》 B.《爱弥儿》 C.《新爱洛依丝》 D.《社会契约论》

11.“黑色幽默”这一文学流派在20世纪60年代流行于( )

A. 英国 B. 法国 C. 美国 D. 意大利

12.“小人国”“大人国”的故事富于想象,出自18世纪英国作家乔纳森·斯威夫特的一部小说。这部小说是( )

A.《海的女儿》 B.《格列佛游记》

C.《鲁滨逊漂流记》 D.《汤姆·索亚历险记》

13.“子钓而不纲,弋不射宿”的提出者是( )

A. 孔子 B. 荀子 C. 墨子 D. 孟子

14.一生中创作了众多经典童话故事,被誉为“世界儿童文学的太阳”的作家是( )

A. 安徒生 B. 卡洛尔 C. 巴里 D. 金斯利

15.下列作品与第二次世界大战有关的是( )

A.《辛德勒名单》 B.《静静的顿河》

C.《智取威虎山》 D.《战争与和平》

16.《周易》是我国最古老的文化典藏之一,被誉为“六经之首”。下列句子出自《周易》的是( )

A. 人法地,地法天,天法道,道法自然

B. 天行健,君子以自强不息;地势坤,君子以厚德载物

C. 君子有大道,必忠信以得之,骄泰以失之

D. 老吾老,以及人之老;幼吾幼,以及人之幼

17.《左传》是中国第一部叙事详细的编年体史书。它主要记述了( )时期的内容。

A. 春秋 B. 战国 C. 先秦 D. 西周

18.欧洲文学长廊中有四个以吝啬闻名的经典人物形象,由于对利益的追逐丧失理智、人性,并将愚蠢、下作、卑鄙无耻等人性的黑暗面表现得淋漓尽致。这四人吝啬鬼是( )(常考)

A. 泼留希金、安东尼奥、阿巴贡、葛朗台 B. 泼留希金、夏洛克、阿巴贡、严监生

C. 泼留希金、夏洛克、阿巴贡、葛朗台 D. 李梅亭、卢至、监河侯、严监生

19.元曲因其诙谐和率真的艺术风格,和唐诗宋词并列成为中国文学史上的三座里程碑。元曲中以元曲四大家最为著名,下列不属于“元曲四大家”的是( )

A. 郑光祖 B. 高明 C. 马致远 D. 白朴

20.伊斯兰教是世界性的宗教之一,与佛教、基督教并称为世界三大宗教。其经典是( )

A.《金刚经》 B.《道德经》 C.《圣经》 D.《古兰经》

21. 老舍评价一部作品时说:“鬼狐有性格,笑骂成文章。”这部作品是(　　)

A.《西游记》　B.《封神演义》　C.《聊斋志异》　D.《山海经》

22. 新中国成立后,第一位获得“人民艺术家”称号的作家是(　　)

A. 鲁迅　B. 茅盾　C. 巴金　D. 老舍

23. 俄国现代文学的奠基人,被称为“俄国文学之父”的是(　　)

A. 普希金　B. 高尔基　C. 托尔斯泰　D. 奥斯特洛夫斯基

24. 文艺复兴时期,但丁的代表作品是(　　)

A.《茶花女》　B.《堂吉诃德》　C.《神曲》　D.《乌托邦》

25. 杜甫诗句“会当凌绝顶,一览众山小”所描写的名山是(　　)

A. 衡山　B. 华山　C. 恒山　D. 泰山

26. “出师未捷身先死,长使英雄泪满襟。”此诗句中所描写的人物和诗句的作者分别是(　　)

A. 岳飞、辛弃疾　B. 周瑜、杜甫　C. 诸葛亮、李白　D. 诸葛亮、杜甫

27. 在《三国演义》中,诸葛亮是智慧的化身;在《水浒传》中,智谋出众的人是(　　)

A. 晁盖　B. 宋江　C. 吴用　D. 林冲

28. 下列作品中属于雨果创作的是(　　)

A.《巴黎圣母院》　B.《双城记》　C.《欧也妮·葛朗台》　D.《呼啸山庄》

29. 西湖位于杭州城西,属于湖泊型的国家级风景名胜区,受到过古今中外无数诗人的赞美。以下诗句不属于赞颂杭州西湖美景的是(　　)

A. 湖上春来似画图,乱峰围绕水平铺　B. 孤山寺北贾亭西,水面初平云脚低

C. 湖光秋月两相和,潭面无风镜未磨　D. 水光潋滟晴方好,山色空蒙雨亦奇

30. 2012年10月11日,山东籍作家莫言获得2012年诺贝尔文学奖。下列属于莫言作品的是(　　)

A.《活着》　B.《人生》　C.《蛙》　D.《白鹿原》

31. 观察下图,如果在搜索引擎中输入如下关键文字,其指向的文学家应该是(　　)

A. 莎士比亚　B. 托尔斯泰　C. 巴尔扎克　D. 但丁

32. 这部著作是中国古代第一部纪传体通史,记述了从传说中的黄帝到汉武帝时三千多年的历史。这部著作是(　　)

A.《史记》　B.《吕氏春秋》　C.《左传》　D.《资治通鉴》

33. 席勒的哪部作品描写了瑞士人民不能忍受压迫，秘密地组织联盟，高呼“不自由，毋宁死”的誓言，走上了斗争的道路（　　）

A.《奥尔良的姑娘》　　B.《阴谋与爱情》

C.《麦布女王》　　D.《威廉·退尔》

34. “月落乌啼霜满天，江枫渔火对愁眠。姑苏城外寒山寺，夜半钟声到客船。”这首诗中的“愁”字是指（　　）

A. 仕途失意　　B. 贫病交加

C. 思乡之苦　　D. 寒意袭人

35. 诗句“指点江山，激扬文字，粪土当年万户侯”书写了革命青年对国家命运的感慨和以天下为己任，蔑视反动统治者，改造旧中国的豪情壮志，该诗句出自毛泽东的哪部作品（　　）

A.《沁园春·雪》　　B.《采桑子·重阳》

C.《满江红·和郭沫若同志》　　D.《沁园春·长沙》

36. 英国荒诞文学的巅峰之作，被誉为“把荒诞文学的艺术提到最高水准”的是（　　）

A.《艾丽丝漫游奇境记》　　B.《汤姆·索亚历险记》

C.《鲁滨逊漂流记》　　D.《格列佛游记》

37.《绿野仙踪》是儿童文学史上的一部经典著作。其作者是（　　）

A. 伊迪丝·内斯比特　　B. 冰心

C. 弗兰克·鲍姆　　D. 马克·吐温

38. 鲁迅是我国著名作家，他有着强烈的爱国主义热情，其多部作品被奉为经典。其中，鲁迅在作品（　　）中讲述了自己童年时的生活。（常考）

A.《狂人日记》　　B.《阿Q正传》　　C.《朝花夕拾》　　D.《野草》

39. 19世纪中后期一直到一战前后，英国处于维多利亚时代，以下作品的内容反映了维多利亚时代英国社会生活的是（　　）

A.《福尔摩斯探案集》　　B.《少年维特之烦恼》

C.《老人与海》　　D.《十日谈》

40. “四书五经”是中国儒家的经典书籍。其中，“四书”是指《大学》《论语》《孟子》和（　　）

A.《诗经》　　B.《礼记》　　C.《中庸》　　D.《周易》

41. 下列选项中，属于屈原作品的是（　　）

A.《九辩》　　B.《风赋》　　C.《高唐赋》　　D.《湘夫人》

42. 中国文学史上第一部浪漫主义诗歌总集指的是（　　）

A.《离骚》　　B.《乐府诗集》　　C.《诗经》　　D.《楚辞》

43. 乐府诗具有深刻的社会思想意义和极高的艺术成就，并为历代文人所推崇。“乐府双璧”是指《木兰诗》和(　　)

A.《长歌行》　　B.《孔雀东南飞》　　C.《秦妇吟》　　D.《陌上桑》

44. 下列选项中，作家与其作品对应错误的是(　　)

A. 但丁—《神曲》　　B. 司汤达—《红与黑》

C. 屠格涅夫—《复活》　　D. 肖洛霍夫—《静静的顿河》

45. 我国现代诗歌史上体现“五四”时期精神的一部诗集是(　　)

A. 郭沫若的《女神》　　B. 鲁迅的《野草》

C. 胡适的《尝试集》　　D. 闻一多的《红烛》

46. 维克多·雨果是19世纪前期积极浪漫主义文学的代表作家，被人们称为“法兰西的莎士比亚”。下列作品中属于其代表作的有(　　)

A.《双城记》　　B.《茶花女》　　C.《悲惨世界》　　D.《三个火枪手》

47. 中国古代蒙学教育的基本目标是培养儿童认字，发展书写能力，养成良好的日常生活习惯，具备基本的道德伦理规范，掌握一些中国基本文化常识及日常生活常识。下列选项中，不属于中国蒙学教材的是(　　)

A.《千字文》　　B.《百家姓》　　C.《急就章》　　D.《山海经》

48. (　　)是唐代古文运动的倡导者，被称为“唐宋八大家之首”。

A. 欧阳修　　B. 韩愈　　C. 柳宗元　　D. 苏轼

49. 古代世界各民族创造的科技和文化成果为近代文明的起步和发展奠定了基础。再现早期希腊社会图景，对西方文学发展产生了深远影响的文学巨著是(　　)

A.《威尼斯商人》　　B.《圣经》

C.《俄狄浦斯王》　　D.《荷马史诗》

50. “欲胜人者必先自胜，欲论人者必先自论，欲知人者必先自知”出自《吕氏春秋》，下列有关《吕氏春秋》的说法正确的是(　　)

A. 是秦朝治国的指导思想

B. 是战国末期儒家的代表作

C. 此书成书于秦始皇统一中国之后

D. 是中国历史上第一部有组织、按计划编写的文集

51. 莎士比亚是英国文艺复兴时期伟大的剧作家和诗人。下列不属于莎士比亚的悲剧的有(　　)

A.《威尼斯商人》　　B.《哈姆雷特》

C.《麦克白》　　D.《奥赛罗》

52. 下列作品与作者对应正确的一组是( )

《小王子》;《复活》;《家》;《女神》

A. 金斯利;马克·吐温;丁玲;郭沫若

B. 比尔·狄盖特;列夫·托尔斯泰;丁玲;艾青

C. 圣埃克苏佩里;列夫·托尔斯泰;巴金;郭沫若

D. 比尔·狄盖特;马克·吐温;巴金;艾青

53. 宋代文人范仲淹的《岳阳楼记》中,脍炙人口的语句是( )

A. 落霞与孤鹜齐飞,秋水共长天一色　　B. 世事洞明皆学问,人情练达即文章

C. 匹夫而为百世师,一言而为天下法　　D. 先天下之忧而忧,后天下之乐而乐

54. 洪昇和孔尚任都是清初著名剧作家,孔尚任是济宁曲阜人,也是孔子后裔。他的代表作是( )

A.《长生殿》　　B.《儒林外史》

C.《桃花扇》　　D.《二十年目睹之怪现状》

55. 下列作品不属于"晚清四大谴责小说"的是( )

A.《孽海花》　B.《老残游记》　C.《官场现形记》　D.《儒林外史》

56. 魏源《海国图志》中的重要思想是( )

A. 中学为体,西学为用　　B. 天下兴亡,匹夫有责

C. 物竞天择,适者生存　　D. 师夷长技以制夷

57. 2013年,习近平总书记访俄期间,提到中国几代人受到俄国文学的影响。以下属于苏联时期文学家的是( )

A. 普希金　B. 高尔基　C. 屠格涅夫　D. 陀思妥耶夫斯基

58. 下列诗句中与友情无关的一项是( )

A. 天涯地角有穷时,只有相思无尽处　　B. 人生交契无老少,论交何必先同调

C. 故人具鸡黍,邀我至田家　　D. 青山一道同云雨,明月何曾是两乡

专题五　艺术素养

链接答案本 P387

单项选择题(每小题2分,共55小题。参考时限80分钟)

1. 为纪念卫国战争胜利70周年,俄罗斯2015年推出了根据同名小说改编的电影《这里的黎明静悄悄》新版。该小说的作者是( )

A. 肖洛霍夫　B. 瓦西里耶夫　C. 法捷耶夫　D. 帕斯捷尔纳克

2. 下列世界著名的美术作品中不属于雕刻作品的是(　　)

A.《掷铁饼者》　B.《呐喊》　C.《思想者》　D.《米洛斯的维纳斯》

3. 在西方世界,圣母是不少绘画名家笔下的素材。下列选项中,代表作有《椅中圣母》,以画圣母著称的画家是(　　)

A. 拉斐尔　B. 米开朗基罗　C. 达·芬奇　D. 莫奈

4. 汉代陵墓中,堪称“汉人石刻,气魄深沉雄大”的杰出代表是(　　)

A. 秦始皇陵兵马俑　B. 西汉明器雕塑　C. 东汉明器雕塑　D. 霍去病墓石雕

5. 下列京剧脸谱的颜色、表现的人物性格特征及代表人物对应不正确的是(　　)

A. 红色—代表勇猛、暴躁(如张飞)　B. 白色—代表奸诈、多疑(如曹操)

C. 蓝色—代表刚强、有心计(如窦尔敦)　D. 黑色—代表正直、无私(如包公)

6. 秦始皇统一六国后推行“书同文,车同轨”的政策,“书同文”是中国第一次有系统地将文字的书体标准化的过程,其规定的标准字体是(　　)

A. 大篆　B. 小篆　C. 隶书　D. 金文

7. 歌剧《费加罗的婚礼》改编自法国戏剧家博马舍的同名戏剧作品,一经演出,就广受欢迎。这部歌剧的创作者是(　　)

A. 贝多芬　B. 肖邦　C. 海顿　D. 莫扎特

8. 盔顶是古代中国建筑的屋顶样式之一,拱而复翘的古代将军头盔式的顶式结构把中国古建筑的曲线美发挥到了极致,盔顶多用于碑、亭等礼仪性建筑。据考证,中国现存最大、最出名的盔顶建筑是(　　)

A. 岳阳楼　B. 滕王阁　C. 黄鹤楼　D. 阅江楼

9.《孔雀东南飞》中的诗句:“十三能织素,十四学裁衣,十五弹箜篌,十六诵诗书。”其中的箜篌是(　　)

A. 拨弦乐器　B. 丝竹乐器　C. 金石类乐器　D. 击打乐器

10. 下图是一幅著名的绘画作品,有人看了这幅画,“恍然如入汴京,置身流水游龙间,但少尘土扑面耳”。这幅名画的作者是(　　)

A. 阎立本　B. 张择端　C. 顾恺之　D. 吴道子

11. 下列古典名曲中,与王维的送别诗歌有关的是( )

A.《高山流水》 B.《阳关三叠》 C.《梅花三弄》 D.《平沙落雁》

12. 作为空想社会主义开山之作的《乌托邦》是( )的作品。

A. 意大利的康帕内拉 B. 法国的摩莱里

C. 英国的托马斯·莫尔 D. 法国的圣西门

13.《梁山伯与祝英台》是( )的代表曲目。(易错)

A. 京剧 B. 越剧 C. 黄梅戏 D. 昆剧

14. 我国的地方戏曲剧种多样、精彩纷呈,各个剧种都有自己的经典剧目,有些唱段甚至在民间广为传唱。《刘巧儿》塑造了一个反对包办婚姻、追求恋爱自由的农村女子形象,在国民中产生了极大的影响。该剧的剧种是( )

A. 越剧 B. 评剧 C. 黄梅戏 D. 豫剧

15. 世界许多著名音乐家都有一些美誉雅称。其中,被称为“近代音乐之父”的是( )

A. 海顿 B. 巴赫 C. 贝多芬 D. 肖邦

16. 歌剧是一门西方舞台表演艺术,简单而言就是主要或完全以歌唱和音乐来交代和表达剧情的戏剧,它源自于古希腊戏剧的剧场音乐。中国的新歌剧以( )的问世为诞生标志。

A.《小小画家》 B.《白毛女》 C.《刘三姐》 D.《运河谣》

17. “天下十大行书”各自独具艺术魅力,称得上是中国书法史上行书的里程碑。其中,被称为“天下第一行书”的书法作品是( )(常考)

A.《九成宫醴泉铭》 B.《洛神赋》 C.《赤壁赋》 D.《兰亭集序》

18. 在几千年人类文明发展进程中,亚洲、非洲、美洲、欧洲都留下了许多宝贵的文学、艺术和建筑遗产。下列文化遗产属于同一个大洲的是( )

A.《最后的晚餐》、雕塑“思想者”、雕塑“大卫” B. 胡夫金字塔、狮身人面像、帕特农神庙

C.《百年孤独》《老人与海》《海底两万里》 D.《飞鸟集》《高老头》《源氏物语》

19. 彩塑是中国民间手工艺品,以黏土加上纤维物、河沙、水,揉合的胶泥为材质,在木制骨架上进行形体塑造,阴干后填缝、打磨,再着色描绘。我国的彩塑到盛唐达到了顶峰,这一时期的代表作品是( )

A. 云冈石窟像 B. 山西晋祠像 C. 麦积山石窟像 D. 甘肃敦煌塑像

20. 白居易在其诗词中用“大珠小珠落玉盘”称赞一种乐器的演奏声,这种乐器是( )

A. 琵琶 B. 古筝 C. 扬琴 D. 风琴

21. 南京中山陵是中国近代建筑中融汇东西方建筑技术与艺术的代表作,其设计者是( )

A. 陈植 B. 梁思成 C. 吕彦直 D. 杨廷宝

22. 巴洛克建筑的特点是外形自由，追求动感，喜好富丽的装饰和雕刻强烈的色彩，常用穿插的曲面和椭圆形空间来表现自由的思想和营造神秘的氛围。下列属于巴洛克主义风格建筑的是（　　）

A. 索菲亚大教堂　　B. 巴黎圣母院

C. 罗马耶稣会教堂　　D. 比萨大教堂

23. 印象派代表人物凡·高的画作以极富情绪化的颜色著称，下列属于凡·高代表作的是（　　）

A.《草地上的午餐》　　B.《日出·印象》

C.《向日葵》　　D.《圣维克多山》

24. 著名的《春之声圆舞曲》出自（　　）

A. 贝多芬　　B. 柴可夫斯基

C. 舒伯特　　D. 施特劳斯

25. 在传统花鸟画中，一些动植物总是被赋予某种象征意义。下列对应不正确的是（　　）

A. 喜鹊——喜气　　B. 仙鹤——长寿

C. 荷花——富贵　　D. 石榴——多子

26. 中国是目前拥有世界非物质文化遗产数量最多的国家。下列我国文化遗产中，不属于世界非物质文化遗产名录的是（　　）

A. 昆曲　　B. 剪纸　　C. 京剧　　D. 秦腔

27. 下图是中国国家博物馆的一件陶俑作品，叫“击鼓说唱俑”，它的创作时期是（　　）

A. 汉　　B. 秦　　C. 明　　D. 清

28. 世界著名华裔建筑大师贝聿铭于2019年5月16日去世，享年102岁，他的许多作品享誉世界，其中不包括（　　）

A. 悉尼歌剧院　　B. 苏州博物馆

C. 香港中银大厦　　D. 卢浮宫玻璃金字塔

29. 音乐通过一定形式的音响组合，表现人们的思想情感和生活情态，有不同的流派与风格。下列选项中，泛指过去时代具有典范意义或代表性音乐的是（　　）

A. 爵士音乐　　B. 古典音乐　　C. 标题音乐　　D. 主调音乐

30.《格尔尼卡》(下图)采用了写实的象征性手法和单纯的黑、白、灰三色营造出低沉悲凉的氛围,渲染了悲剧性色彩,表现了法西斯战争带给人类的灾难。其作者是( )

A. 毕加索　　B. 马蒂斯　　C. 塞尚　　D. 莫奈

31. "衣裳劲简,彩色柔丽,菩萨端严,妙创水月之体",概括了一位画家笔下人物形象的特点,这位画家是( )

A. 周昉　　B. 阎立本　　C. 周文矩　　D. 顾闳中

32. 中国古代建筑的类型很多,主要有宫殿、陵墓、民居、园林建筑等。故宫是( )

A. 陵墓建筑　　B. 园林建筑　　C. 宫殿建筑　　D. 民居建筑

33. 顾恺之的绘画作品中,根据曹植的文学作品所创作的是( )

A.《女史箴图》　　B.《列女仁智图》　　C.《洛神赋图》　　D.《人物龙凤图》

34. 创作于东晋时期的书法作品《洛神赋十三行》体势秀逸,笔致洒脱,清代文人杨宾评价其"字之秀劲圆润,行世小楷无出其右"。该书法作品的创作者是( )

A. 王献之　　B. 王羲之　　C. 王珣　　D. 王导

35. 铜奔马是中国古代杰出的雕塑作品,又名"马超龙雀""马踏飞燕",为东汉时期的( )雕塑作品。

A. 玉　　B. 木　　C. 青铜　　D. 石

36. 特罗平宁是19世纪上半叶俄罗斯艺术家,下图中属于他的作品的是( )

A.　　B.　　C.　　D.

37. "八音"原为中国历史上最早的乐器科学分类法,西周时已将当时的乐器按制作材料分为八类,其中不包括( )

A. 金　　B. 匏　　C. 竹　　D. 书

38. 中国近现代被授予"人民艺术家"的称号,在诗、书、画、印各方面造诣都很深的画家是( )

A. 吴冠中　　B. 黄宾虹　　C. 齐白石　　D. 徐悲鸿

39.《黄河大合唱》以中华民族的发源地黄河为背景，热情地讴歌了中华儿女不屈不挠，保卫祖国的必胜信念。它的曲作者是(　　)

A. 马思聪　　B. 贺绿汀　　C. 黎锦晖　　D. 冼星海

40. 歌剧《图兰朵》吸收了江南民歌《茉莉花》的旋律，讲述了一个西方人想象中的中国传奇故事，带有浓郁的东方韵味。其作者是(　　)

A. 普契尼　　B. 威尔第　　C. 比才　　D. 格鲁克

41. 中国书法文化历史悠久，在书法上卓有成就的书法名家也是数不胜数。下列选项中，被世人称为“书圣”的是(　　)

A. 钟繇　　B. 王羲之　　C. 王献之　　D. 张僧繇

42. 瘦金体的创立者是(　　)

A. 宋仁宗赵祯　　B. 宋徽宗赵佶

C. 宋高宗赵构　　D. 宋光宗赵惇

43. 在我国书法史上，以楷书著称的四位书法家分别是(　　)

A. 欧阳询、颜真卿、柳公权、赵孟頫　　B. 欧阳询、颜真卿、柳公权、王羲之

C. 欧阳询、颜真卿、柳公权、王献之　　D. 欧阳询、颜真卿、苏轼、赵孟頫

44. 工笔是哪种绘画形式的技法(　　)

A. 水彩画　　B. 油画　　C. 水粉画　　D. 国画

45. 下图是《鲁迅小说插图集》中的一幅，与这一插图相关的小说是(　　)

A.《故乡》　　B.《社戏》　　C.《孔乙己》　　D.《祝福》

46. 近现代西方美术家因其主张题材风格不同，形成了许多美术流派，每一流派都有自己的代表画家。法国莫奈属于(　　)

A. 印象派　　B. 学院派　　C. 古典主义　　D. 浪漫主义

47. 下列按照汉字形体演变过程排列正确的是(　　)(易错)

A. 甲骨文—小篆—楷书—行书—隶书　　B. 甲骨文—小篆—隶书—楷书—行书

C. 甲骨文—隶书—小篆—楷书—行书　　D. 隶书—甲骨文—小篆—行书—楷书

48. 下列选项不属于“北宋四大家”的是(　　)

A. 苏轼　　B. 黄庭坚　　C. 米芾　　D. 李白

49. 关于中国画,下列时代和代表作对应关系不正确的是(　　)

A. 春秋战国—《人物龙凤图》　　B. 隋唐—《游春图》

C. 魏晋—《女史箴图》　　D. 元明清—《步辇图》

50. 规模宏伟,是中国清代大型皇家园林,有“万园之园”之称,被誉为“一切造园艺术的典范”的是(　　)

A. 颐和园　　B. 静明园　　C. 拙政园　　D. 圆明园

51. 唐三彩,全名唐代三彩釉陶器,是盛行于唐代的一种低温釉陶器,釉彩有黄、绿、白、褐、蓝、黑等色彩,以(　　)为主。

A. 蓝、绿、白　　B. 黄、绿、白　　C. 黄、绿、黑　　D. 黑、蓝、绿

52. 中国四大石窟是指以佛教文化为特色的巨型石窟艺术景观,它们主要是指(　　)

A. 云冈石窟、莫高窟、麦积山石窟、龙游石窟

B. 莫高窟、云冈石窟、龙门石窟、麦积山石窟

C. 麦积山石窟、莫高窟、龙游石窟、龙门石窟

D. 龙门石窟、莫高窟、云冈石窟、龙游石窟

53.《阳春》《白雪》《下里》《巴人》最早指的是(　　)

A. 诗词　　B. 舞蹈　　C. 音乐　　D. 绘画

54. 下列作品中,属于作曲家聂耳的代表作是(　　)

A.《游击队歌》　　B.《松花江上》　　C.《在太行山上》　　D.《义勇军进行曲》

55. 下列不属于黄梅戏代表人物的是(　　)

A. 严凤英　　B. 王少舫　　C. 马兰　　D. 常香玉

第五章　基本能力

- 基本能力
  - 信息处理能力
    - 计算机基础知识
      - 计算机系统的组成
      - 计算机病毒★
      - Windows操作系统★★
    - 文字处理软件Word
      - Word的工作界面
      - Word的基本操作★★★
    - 电子表格软件Excel
      - Excel的基础术语
      - Excel的工作界面★
      - Excel的基本操作★★
    - 演示文稿软件PowerPoint
      - PowerPoint的基础术语
      - PowerPoint的工作界面
      - PowerPoint的基本操作★★★
  - 逻辑思维能力
    - 概念
      - 概念的内涵与外延
      - 概念间的关系
      - 概念间关系的推理
    - 命题
      - 直言命题★
      - 复合命题★★
    - 推理
      - 智力推理★
      - 类比推理★★★
      - 图形推理★★★
      - 数字推理★★★
  - 阅读理解能力
    - 题型简介
    - 理解阅读材料中重要概念的含义
    - 理解阅读材料中重要句子的含义
    - 分析文章结构，把握文章思路
    - 归纳内容要点，概括中心意思
    - 分析概括作者在文中的观点态度

- 基本能力
  - 写作能力
    - 了解教育写作
      - 答题要求
      - 阅卷要求
      - 答题思路
    - 题型概述：基于文字材料的自由命题作文
    - 常见文体——论说文
      - 论说文的三要素
      - 论说文的结构
      - 论说文语言特点
    - 写作核心法则
      - 立意
      - 结构布局
      - 标题
      - 开头
      - 论证
      - 结尾
    - 作文素材：因材施教、赏识人才、挫折教育、创新教育、实践、态度、责任、传承文化

链接答案本 P395

一、单项选择题（每小题2分，共29小题。参考时限45分钟）

1. [2023上半年]Word中，如下图所示菜单栏中的“剪切”和“复制”呈浅灰色，功能处于禁用状态，造成此现象的原因是(　　)

A. 剪贴板上已有信息存放　　B. 在文档中没有选中内容

C. 选定的内容是本地图片　　D. 选定的文档太长，剪贴板放不下

2. [2023上半年]按规律填数字是一项很有趣的活动，特别锻炼观察和思考能力。下列选项中，填入数列“6、9、20、34、________、98”空缺处的数字，正确的是(　　)

A. 59　　B. 69　　C. 79　　D. 89

3. [2022 下半年]在 Word 文档中,如果出现了多处相同的错误,下列操作中,可一次性修改这些错误的是(　　)

A. 逐字查找更正　　B. 使用“撤消”命令与“恢复”命令

C. 使用“定位”命令　　D. 使用“编辑”菜单的“替换”命令

4. [2022 下半年]在 PowerPoint 中,演示文稿的基本组成单元是(　　)

A. 文本　　B. 图形

C. 幻灯片　　D. 工作表

5. [2022 下半年]下列选项中,与“青年—记者”的关系相同的是(　　)(常考)

A. “护士”和“医生”　　B. “学生”和“团员”

C. “警察”和“狱警”　　D. “作家”和“文人”

6. [2022 下半年]找规律填数字是一项很有趣的游戏,特别锻炼观察和思考能力。下列选项中,填入数列 2、3、9、30、________、8193 空缺处的数字,正确的是(　　)

A. 263　　B. 273　　C. 283　　D. 293

7. [2022 上半年]在 Excel 中,C3:C8 区域内每个单元格都保存着一个数值,则 C9 单元格中的函数“COUNT(C3:C8)”的数值为(　　)

A. 33　　B. 32　　C. 8　　D. 6

8. [2022 上半年]按图形逻辑,填入空白处最恰当的是(　　)

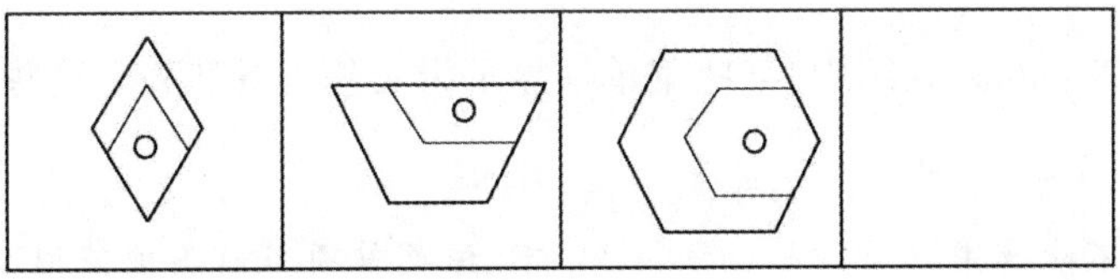

A. 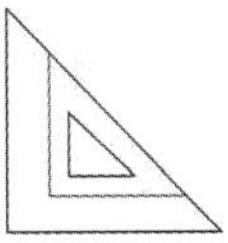　　B. 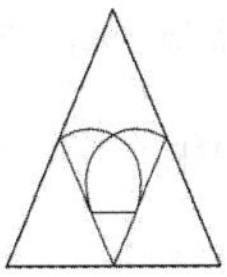　　C. 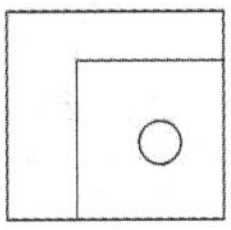　　D.

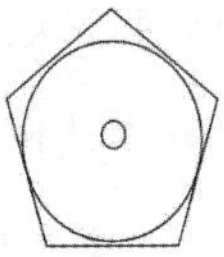

9. [2021 下半年]在 Word 中,不缩进段落的第一行,而缩进其余的行,可实现这一功能的操作是(　　)

A. 首行缩进　　B. 悬挂缩进

C. 左缩进　　D. 右缩进

10. [2021 下半年]下列选项中,与“取件—寄件”的逻辑关系相同的是(　　)

A. “跑步”和“健身”　　B. “出席”和“缺席”

C. “投篮”和“灌篮”　　D. “打针”和“输液”

11.［2021 上半年］在 Word 中，需要完成如图所示“插入表格”功能，下列选项中，表述正确的是(　　)

插入表格

插入表格(I)...

绘制表格(D)

A. 可以选择需要的行数和列数　　B. 只能使用表格设定的默认值

C. 只能选择行数　　D. 只能选择列数

12.［2021 上半年］下列选项中，与“马—白马”的逻辑关系相同的是(　　)

A. 篮球和球鞋　　B. 炊具和电饭锅

C. 苹果和香蕉　　D. 彩电和手机

13.［2020 下半年］在 PowerPoint 编辑状态下，下列功能不能实现的是(　　)

A. 插入图片　　B. 插入版式　　C. 插入表格　　D. 插入图表

14.［2020 下半年］找规律填数字是一项很有趣的活动，特别锻炼观察和思考能力。按照“1=2、2=4、3=12”的规律，下列选项中应填入“4=(　　)”中的是(　　)(常考)

A. 48　　B. 58　　C. 68　　D. 78

15.［2019 下半年］在 Windows 系统中，某些菜单项显示为灰色。下列关于这些菜单项的表述，正确的是(　　)

A. 该菜单项当前不能选用　　B. 该菜单项当前正被使用

C. 该菜单项已从注册表删除　　D. 该菜单项含有下一级菜单

16.［2019 下半年］下列选项中，与“恒星—行星”的逻辑关系相同的是(　　)

A. 音乐—古典音乐　　B. 帽子—手套

C. 中文书—辞典　　D. 球鞋—运动鞋

17.［2019 上半年］制作课件时如需插入背景音乐，下列选项中，应该选择的素材文件是(　　)

A. 汉宫秋月.wav　　B. 夕阳箫鼓.gif

C. 平沙落雁.xls　　D. 梅花三弄.jpg

18.［2019 上半年］找规律填数字是一项很有趣的活动，特别锻炼观察和思考能力。将选项中的数字填入“11、16、29、47、________、127”空缺处，符合该组数字排列规律的是(　　)

A. 75　　B. 76　　C. 77　　D. 78

19. [2018下半年]计算机病毒能利用系统信息资源进行繁殖并生存,影响计算机系统正常运行。下列关于计算机病毒的表述正确的是(　　)

A. 编制未完成的计算机程序　　B. 文件内容已经被破坏了的计算机程序

C. 编译不正确的计算机程序　　D. 被蓄意设计具有破坏性的计算机程序

20. [2018下半年]将选项中的图形填入下面空格中,最符合格子中另三个图形的一致性规律的是(　　)(常考)

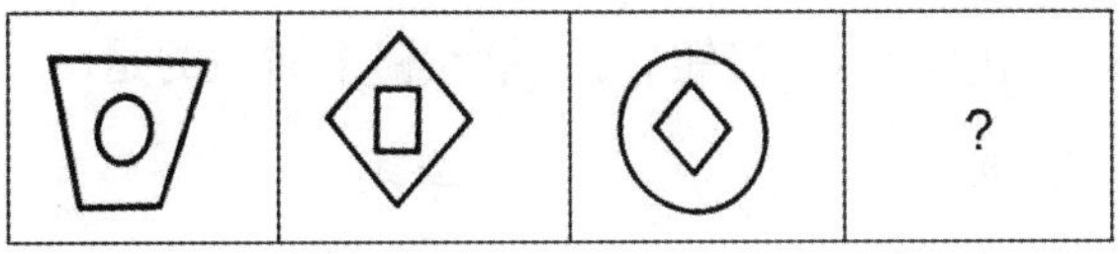

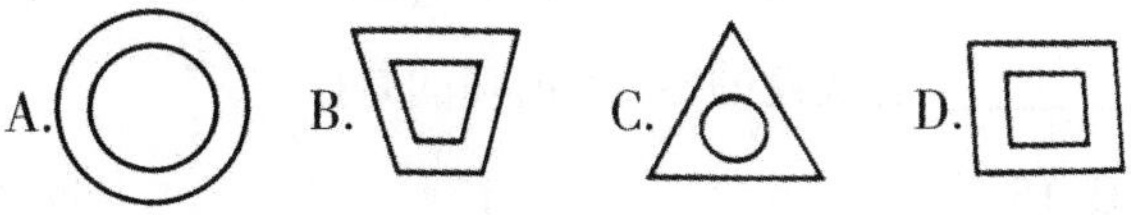

A.　B.　C.　D.

21. [2018上半年]在PowerPoint中,新建演示文稿已选定某特定的应用设计模板,在该文稿中插入一个新幻灯片时,新幻灯片的模板将(　　)

A. 采用默认型设计模板　　B. 随机选择任意设计模板

C. 采用已选定设计模板　　D. 需要指定其他设计模板

22. [2018上半年]下列选项中,与“水果”和“苹果”的逻辑关系相同的是(　　)

A. “蔬菜”和“萝卜”　　B. “芭蕉”和“香蕉”

C. “柠檬”和“橙子”　　D. “番茄”和“茄子”

23. [2017下半年]下列选项所表述的内容,包含在“只有经历过无数失败才懂得成功的艰辛”中的是(　　)

A. 没有经历过无数失败,就无法懂得成功的艰辛

B. 如果经历了无数的失败,就可以懂得成功的艰辛

C. 不懂成功的艰辛,是因为没有经历过无数失败

D. 即使没经历过无数失败,也可以懂得成功的艰辛

24. [2017上半年]将运行中的计算机应用程序窗口最小化以后,该应用程序的状态是(　　)

A. 已被关闭　　B. 停止运行　　C. 已被删除　　D. 还在运行

25. [2017上半年]下列选项所表述的内容,包含在“只有历经磨难,才会更深刻地明白人生真谛”的是(　　)

A. 如果历经磨难,一定能更深刻地明白人生真谛

B. 只要历经磨难,就能够更深刻地明白人生真谛

C. 想要更深刻地明白人生真谛,就必须历经磨难

D. 不想更深刻地明白人生真谛,就不必历经磨难

26.［2016下半年］在Excel中，当数据源发生变化时，所对应图表的变化情况是（　　）

A. 手动跟随变化　　B. 自动跟随变化

C. 不会跟随变化　　D. 部分图表丢失

27.［2016下半年］下列选项中，不能作为超级链接插入演示文稿的是（　　）

A. 另一个演示文稿　　B. 其他应用程序中的某一文档

C. 幻灯片中某一对象　　D. 同一演示文稿中的某张幻灯片

28.［2016上半年］点击Excel中的“f(x)”按钮，可在单元格中插入的是（　　）

A. 文字　　B. 数字　　C. 公式　　D. 函数

29.［2016上半年］找规律填数字是一项很有趣的游戏，特别锻炼观察和思考能力，下列选项中，填入数列“1、6、5、9、12、________”空缺处的数字，正确的是（　　）

A. 13　　B. 15　　C. 17　　D. 19

二、材料分析题（每小题14分，参考时限15分钟。共2小题）

1.［2022下半年］**材料：**

“美学”这个词，最初是一位德国哲学家鲍姆加登创造的。1750年，他以“美学”这个词为书名，发表了他的巨著《美学》第一卷。美学这个学科从此有了名称。但是，我们不能说，鲍姆加登定了一个名字，就有了一门学科。命名很重要，更重要的是要往这个学科里填内容。那么，在美学这个学科形成之前，还有没有美学？对此，朱光潜在他晚年的著作《美学拾穗集》里，作出了这样一种区分：“美学”与“美学思想”。他认为，1750年鲍姆加登的《美学》这本书出版后，“美学”才成为一门独立科学，此前的美学，可称为“美学思想”。

这样一来，我们就区分了两种意义上的美学，一种是一批美学家研究的，具有着高度哲学意味的，对美的性质、美感本质、艺术概念的分析等问题进行理论阐释的专门学科；另一种是一些哲学家、思想家和文学家、艺术家关于美和艺术的一些论述。

除了以上两种美学的区分之外，在当前更加需要关注的，是这样的一种区分。我们常常说，某位作家通过他的作品，展现了某种美学追求；某位画家的作品，在美学上独树一帜；某位音乐家的作品，给人以美学上的震撼。过去，美学家们常常忽视这些“美学”的用法，认为这不过是一些人在乱用词而已，这种说法是不对的。文学家、艺术家和普通大众都有美学观念、思想、追求和品味，这是一种生活中的“半美学”，特别应该得到美学专门研究者的关注。在生活中，美和对美的感受，是无所不在的。人在对世界的感知中，受自己的教养、知识和经历的影响，因而有着不同的趣味，这种趣味决定了人在感知时的选择性，以及对感知对象的内在反应。在这方面，艺术家与普通人并没有本质的区别。他们由于自己的教养、知识和经历，形成了他们在艺术创作中的美感倾向，并由此决定了他们的艺术风格。同时，在一个时代，一个社会，一种文化之中，也

有着一些占据着主导性的美感倾向,这些倾向具有流动性,始终处于变化之中,一些敏感的艺术家能够先知先觉。依据这样的感觉,他们创作出了自己的作品。反过来,他们的作品又影响并推动了一个时代、社会和文化的普遍感觉。这种流动着的东西,其实是美学的精髓,是活的美学,是美学的生命力所在。美学家们应该捕捉这些。

我们常常听说,美学过时了。其实,过时的是我们做美学的方式,而不是美学本身。美学是一种理论,它要保持理论的品格。但同时,它要“接地”,接触实际。美学的生长基础,是大量“半美学”的实践、思考和论述。这包括对古代“美学思想”的吸纳,也包括对当代作家和艺术家“美学思想”的吸纳,从这些“美学思想”中来,又推广到作家、艺术家那里去,这样的美学,才是有生命力的美学。

美学是一门专门的由专家从事的学问,又是一门涉及面极广的学问,关键在于,这些专家要先当学生,然后才能当先生,包容生活中无所不在的对事物进行美的感受和评价这一独特的维度,把握大量的“半美学”,整理出来,形成理论,以此保持与现实的对话关系,使美学重获活力,找到发展的源泉。

(摘编自高建平《美学是一门什么样的学问》,有删减)

问题:

(1)从美学发展史来看,鲍姆加登的《美学》有什么贡献?请根据文章,简要概括。

(2)文章提出并强调“半美学”,有什么意义?请简要分析。

2. [2021上半年]**材料：**

逼真和如画是艺术批评的两个标准。看到一幅画，一个雕塑品，赞美它好，说逼真。用现代话来说，就是画得活像，雕塑得像真的一样，这是说“逼真”好。我们游览风景，赞美风景好，说风景如画，就是“如画”好。究竟作品像真的事物好呢，还是真的事物像作品好呢？再说“逼真”又有什么好？“如画”又有什么好呢？用到文学批评上来，作品描写一个人，写得活像，是好的。作品描写风景，诗中有画也是好的。就作品说，究竟“逼真”好呢，还是“如画”好呢？还是两者都好呢？弄清这些问题，对掌握这两个批评标准是有帮助的。

先说逼真，《水经注·沔水》：“有白马山，山石似马，望之逼真。”山石像真的白马又有什么好呢？朱自清《论逼真与如画》里说：“这就牵连到这个‘真’字的意义了。这个‘真’固然指实物，可是一方面也是《老子》《庄子》里说的那个‘真’，就是自然，另一方面又包含谢赫六法的第一项‘气韵生动’的意思，惟其‘气韵生动’，才能自然，才是活的不是死的。死的山石像活的白马，有生气，有生意，所以好。‘逼真’等于俗话说的‘活脱’或‘活像’，不但像是真的，并且活像是真的。”（《朱自清文集》三）逼真的好处是有生气，有生意，是活的，所以光求外形相似是不够的。苏轼《书鄢陵王主簿所画折枝》：“论画以形似，见与儿童邻。……边鸾雀写生，赵昌花传神。”就是光求外形相像，只是儿童的见识；好的画，要把东西写活，要传神，这才是逼真的要求。

再说如画，风景如画，或作品中所写的景物如画又有什么好呢？画是艺术品，艺术品是从生活中来的，但它又和生活不一样，它比普通的实际生活更高，更强烈，更有集中性，更典型，更理想，因此就更带普遍性。那么说风景如画，就是说这里的风景像艺术作品中所反映出来的，比起普通的风景来具有典型性，那自然是好的。如苏轼的《念奴娇》：“乱石崩云，惊涛拍岸，卷起千堆雪。江山如画，一时多少豪杰。”这里写的景物极雄伟壮观，能表现出长江的壮阔景象，并反映作者的阔大胸襟，具有典型性，所以说如画是好的。

文学作品是语言的艺术，因此就文学作品来说，写得逼真，同真的一样，把人和物写活，写得有生气，或写得如画，写得形象，有画意，而这形象要具有典型性，这都不容易。能做到这样，都成为好作品。

（摘编自周振甫《逼真和如画》）

问题：

（1）就艺术批评的“逼真”和“如画”这两个标准，文章所强调的侧重点各是什么？请简要概括。

（2）下面是鲁迅《祝福》中祥林嫂形象的描写：

五年前的花白的头发，即今已经全白，全不像四十上下的人；脸上瘦削不堪，黄中带黑，而且消尽了先前悲哀的神色，仿佛是木刻似的；只有那眼珠间或一轮，还可以表示她是一个活物。她

一手提着竹篮,内中一个破碗,空的;一手拄着一支比她更长的竹竿,下端开了裂:她分明已经纯乎是一个乞丐了。

问题:请用文章论及的"逼真"和"如画"这两个艺术批评标准,简要分析。

三、写作题(每小题50分,参考时限40分钟。共2小题)

1.[2022下半年]阅读下面的材料,按要求作文。

20世纪50年代,王利器在人民出版社工作,任范文澜《文心雕龙注》的责任编辑。王利器参考自己的《文心雕龙新书》,订补了将近500条注文在《文心雕龙注》里,范老完全同意,并提出著作应同署他们两个人的名字。王利器认为这是自己的分内事,坚辞不允。

综合上述材料所引发的思考和感悟,写一篇论说文。

要求:用国家通用语言文字写作;角度自选,立意自定,标题自拟;不少于800字。

2.［2022上半年］阅读下面的材料，按要求作文。

材料一：近些年，我国的重大科技项目层出不穷，且不断取得重大成果："神舟"载人飞船、"天舟"货运飞船、"天宫"空间站、"嫦娥"月球探测器、"鹊桥"中继星、"玉兔"月球车、"悟空"暗物质粒子探测卫星、"天问"火星探测器、"祝融"火星车。

材料二：我国某极具影响力的科技公司的产品名称都很有特色：手机芯片叫"麒麟"，基带芯片叫"巴龙"，服务器芯片叫"鲲鹏"，路由器芯片叫"凌霄"，人工智能芯片叫"昇腾"，服务器平台叫"泰山"，操作系统叫"鸿蒙"。

综合上述材料所引发的联想和感悟，写一篇论说文。

要求：用规范的现代汉语写作；角度自拟；立意自定，标题自拟；不少于800字。

专题一 信息处理能力

链接答案本 P401

单项选择题(每小题2分,共67小题。参考时限100分钟)

1. 在Word中,下列关于表格操作的表述不正确的是( )

A. 两个连续单元格可合并成一个单元格　　B. 两张表格可以合并成一张完整的表格

C. 一张表格可拆分成多张表格　　D. 表格的外框可加上实线边框

2. Word中,要将某一文本段的格式复制到其他文档,应选择的功能按钮是( )

A.　　B.　　C.　　D.

3. 在Word中,如果当前文档中的文字下方出现红色波浪线,则表示该文字出现( )

A. "句法"错误　　B. "连接"错误

C. "拼写"错误　　D. "语法"错误

4. 保存Word 2010文件的快捷键是( )

A. Ctrl+S　　B. Ctrl+V　　C. Ctrl+X　　D. Ctrl+W

5. 在用Word编辑文档的过程中,要快速完成如图所示的选择需要配合鼠标使用的键是( )

琵琶行

浔阳江头夜送客,枫叶荻花秋瑟瑟。
主人下马客在船,举酒欲饮无管弦。
醉不成欢惨将别,别时茫茫江浸月。
忽闻水上琵琶声,主人忘归客不发。

A. Alt　　B. Tab　　C. Ctrl　　D. Shift

6. 在Word文档中,为了看清文档的打印效果,应使用的视图方式是( )

A. Web版式视图　　B. 阅读视图　　C. 页面视图　　D. 大纲视图

7. 大学生谭某虽然有自己的笔记本电脑,但他还是喜欢去网吧里面查资料,因为网吧里面电脑的内存储器容量是8GB,而他自己电脑的内存只有512MB。由此可知,网吧电脑内存储器容量是谭某电脑的( )倍。

A. 13　　B. 14　　C. 15　　D. 16

8. 在Windows系统中，若强行关闭一个正在运行的程序，可使用任务管理器来实现。打开任务管理器需按下(　　)

A. Ctrl+Del键　　B. Ctrl+Alt+Shift键

C. Ctrl+Shift键　　D. Ctrl+Alt+Del键

9. 在Word的编辑状态下，打开某一文档的作用是(　　)

A. 将指定的文档从内存中读入，并显示在当前窗口

B. 将指定的文档从外存中读入，并显示在当前窗口

C. 为指定的文档打开一个空白窗口

D. 建立一个新的文档

10. 下列选项中，属于Word的两种文本编辑模式的是(　　)

A. 改写与删除　　B. 插入与删除

C. 插入与改写　　D. 复制与删除

11. 在使用Word 2010查看文档过程中，发现不能进行修订操作，在左下方出现"不允许修改，因为所选内容已被锁定"提示信息，可用以下哪种方法解决(　　)

A. 勾选"设置格式"　　B. 勾选"插入与删除"

C. 关闭文档保护　　D. 单击"修订"按钮

12. 在Word文档中，可以将光标直接移到文档尾的快捷键是(　　)

A. End　　B. Home　　C. Page Up　　D. Ctrl + End

13. 在Word中，艺术字被当作是(　　)对象的一种形式。

A. 图片　　B. 文字　　C. 表格　　D. 特殊符号

14. 在使用Word编辑文档时，当光标在第一段最末位置，按Delete键，其结果是(　　)

A. 把第二段的第一个字符删除掉

B. 仅删除第一段最末行的最后一个字符

C. 把第一段落和第二段落合并成了一个段落

D. 把第一段落全部删除

15. 在Excel中，对数据源进行分类汇总之前，应先完成的操作是(　　)

A. 排序　　B. 筛选　　C. 有效地计算　　D. 建立数据库

16. 在Excel中，如果没有预先设定整个工作表的对齐方式，则字符型数据和数值型数据自动对齐的方式是(　　)

A. 左对齐，右对齐　　B. 右对齐，左对齐

C. 中间对齐，右对齐　　D. 视具体情况而定

17. 如下图Excel数据表所示,可计算出张志刚总成绩的函数是(　　)(常考)

	A	B	C	D	E	F
1	成绩单					
2	序号	姓名	语文	数学	英语	总成绩
3	1	张　伟	90	89	80	
4	2	李　明	89	73	78	
5	3	范子涵	72	94	74	
6	4	周　彤	85	76	89	
7	5	郑　敏	69	89	79	
8	6	赵雨薇	78	67	94	
9	7	张志刚	94	87	77	
10		单科平均				

A. SUM　　B. RANK　　C. COUNT　　D. AVERAGE

18. 在Excel中,要缩小单元格中的文字数据,使数据的宽度与列宽相同,应使用的复选框是(　　)

A. 自动换行　　B. 缩小字体填充

C. 合并单元格　　D. 单元格匹配

19. 在Word中设置格式,如图所示,段落的缩进方式是(　　)

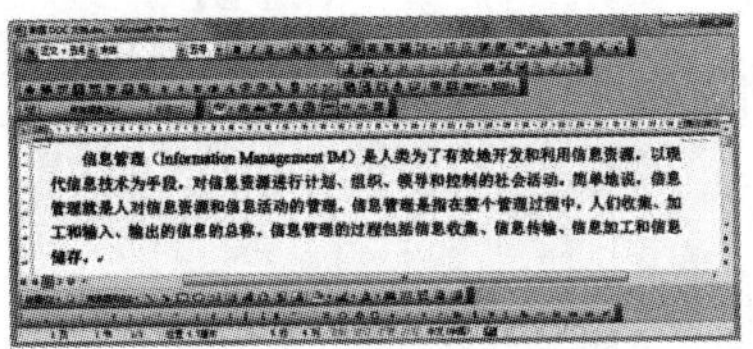

A. 首行缩进　　B. 悬挂缩进

C. 左缩进　　D. 右缩进

20. 下列关于PowerPoint的叙述,错误的是(　　)

A. 可以新建空白演示文稿,也可以基于模板创建演示文稿

B. 可以在幻灯片中插入表格

C. 可以将某张图片设置为幻灯片的背景

D. 可以在PowerPoint中插入表格,并对其中的数字进行排序

21. 在Word编辑状态下,要将另一文档的内容全部添加在当前文件光标处,正确的操作是(　　)

A. 单击"文件"→"新建"　　B. 单击"插入"→"对象"

C. 单击"文件"→"打开"　　D. 单击"插入"→"超链接"

22. 下列选项中,属于商业机构网址后缀名的是(　　)

A. .gov　　B. .edu　　C. .org　　D. .com

23. 下列关于Word文档打印的描述,正确的是(　　)

A. 打印操作的最小单位是页,不是段落

B. 每次打印操作必须打印整个文档内容

C. 打印操作只能打印文档内容,不能打印文档属性信息

D. 对于一个多页文档,每次打印操作只能按页码起码序进行

24. 在幻灯片放映方式的设置中，默认的放映方式是(　　)

A. 观众自行浏览(窗口)　　B. 演讲者放映(全屏幕)

C. 在展台浏览(全屏幕)　　D. 循环放映

25. 在PowerPoint中，不能对个别幻灯片内容进行编辑修改的视图是(　　)

A. 大纲视图　　B. 普通视图

C. 幻灯片浏览视图　　D. 以上都不能

26. 在PowerPoint中，设置幻灯片的切换方式时，不能设置的是(　　)

A. 切换效果　　B. 切换时的声音

C. 幻灯片放映顺序　　D. 切换速度

27. 可将正在编辑的Word 2010文档另存为扩展名为(　　)的文档。

A. JPG　　B. MP4　　C. PDF　　D. MKV

28. PowerPoint空白的幻灯片中，不可以直接插入的是(　　)

A. 艺术字　　B. 声音　　C. 字符　　D. 文本框

29. 在PowerPoint中，为所有幻灯片设置统一的、特有的外观风格，应运用(　　)

A. 母版　　B. 自动版式

C. 配色方案　　D. 联机协作

30. 下列关于表格信息加工的说法不正确的是(　　)

A. 一个Excel工作簿只能有一张工作表

B. SUM函数可以进行求和运算

C. B3表示第3行B列处的单元格地址

D. 数据透视表是一种对大量数据进行快速汇总和建立交叉列表的交互式表格

31. 下列关于Excel单元格的说法，错误的是(　　)

A. 可以选定连续的多个单元格　　B. 可以选定不连续的多个单元格

C. 一个数据表只有一个活动单元格　　D. 一个数据表可以有多个活动单元格

32. 在Excel中，自动填充柄可完成的操作是(　　)

A. 排序　　B. 移动　　C. 复制　　D. 填充图表

33. 在Excel默认状态下，对于排序问题，下列说法正确的是(　　)

A. 直接使用工具栏中的“升序”“降序”按钮　　B. 可按列纵向或按行横向排序

C. 只能对列排序，不能对行排序　　D. 可对行、列同时排序

34. 在Excel中，可将两个单元格中的字符或字符串连接起来的运算符是(　　)

A. !　　B. &　　C. %　　D. #

35. 下图中 Word 2010 文稿的文字环绕方式是(　　)

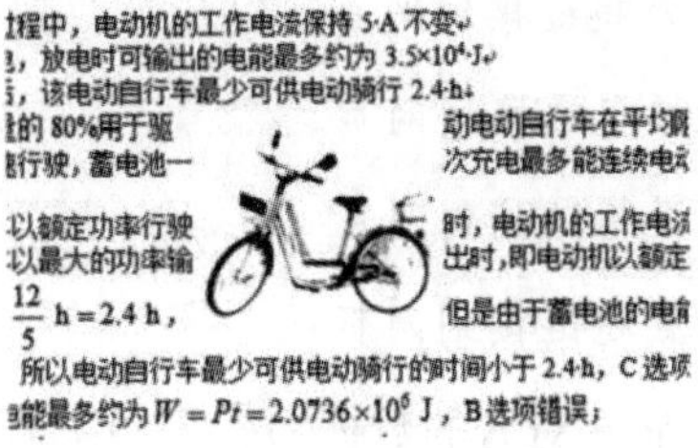

A. 衬于文字下方　　B. 嵌入型　　C. 衬于文字上方　　D. 四周型

36. 在 Excel 中,将内容为“1”的单元格拖放填充 6 个连续的单元格,其内容为(　　)(易错)

A. 连续 6 个“1”　　B. 连续 6 个空白　　C. 2、3、4、5、6、7　　D. 以上都不对

37. 在 Word 表格中,单元格内能填写的信息(　　)

A. 只能是文字　　B. 只能是文字或符号

C. 只能是图像　　D. 文字、图像、符号均可

38. 在 PowerPoint 中,如果要更改幻灯片上对象出现的顺序,应设置“动画”中的(　　)选项。

A. 顺序和时间　　B. 效果　　C. 多媒体设置　　D. 对动画重新排序

39. 在当前工作表的单元格中输入“=MAX(0.5,0,-2,false,true)”则单元格的结果显示为(　　)

A. 1　　B. 4　　C. -2　　D. 0.5

40. 在 Excel 中,可以创建嵌入式图表,它和创建图表的数据源放置在(　　)工作表中。

A. 同一张　　B. 不同的　　C. 相邻的　　D. 另一工作簿的

41. 在 Excel 中,数据筛选是广泛使用的统计工具。下列有关其功能的表述,正确的是(　　)

A. 将满足条件的记录显示,而删除不满足条件的数据

B. 将满足条件的记录显示,而隐藏不满足条件的数据

C. 将不满足条件的记录显示,而删除满足条件的数据

D. 将不满足条件的记录显示,而隐藏满足条件的数据

42. 下列关于 Excel 的分类汇总功能的说法,正确的是(　　)

A. 在分类汇总前需要按分类的列进行排序

B. 在分类汇总前不需要按分类的列进行排序

C. 可以使用删除行操作来取消分类汇总的结果,恢复到汇总前的状态

D. 分类汇总的方式是求和

43. 在 Excel 表的单元格里,同时按下 Alt+Enter 可以实现(　　)

A. 下移一个单元格　　B. 上移一个单元格

C. 单元格内换行　　D. 同时选定 2 个单元格

44. 在PowerPoint创建超链接时，下列说法不正确的是(　　)

A. PowerPoint中的文字可以设置超链接到网页

B. PowerPoint中的图片可以设置超链接到网页

C. PowerPoint中的按钮可以设置超链接到网页

D. PowerPoint中的对象不能设置超链接到网页

45. 在默认情况下，Excel单元格中靠左对齐的数据为(　　)

A. 日期　　B. 数值　　C. 时间　　D. 文本

46. Excel中最适合描述数据之间的比例分配关系的图表是(　　)

A. 条形图　　B. 饼图　　C. 散点图　　D. 柱形图

47. 在Word的编辑中，如果需要选中全部文字，应当执行(　　)命令。

A. 文件中全选的指令　　B. 快捷键Ctrl+A

C. 插入菜单中的全选指令　　D. 快捷键Shift+A

48. 在Excel中，利用填充功能不可以实现(　　)的填充。

A. 等差数列　　B. 等比数列　　C. 日期　　D. 方程式

49. 在Excel中，设置A1单元格的数字格式为整数，当输入3.14时，单元格显示为(　　)

A. 3.14　　B. 3　　C. 4　　D. ERROR

50. 在Excel中，如要关闭工作簿，但又不想退出Excel，可以(　　)

A. 选择“文件”下拉菜单中的“关闭”命令　　B. 选择“文件”下拉菜单中的“退出”命令

C. 单击Excel窗口中标题栏上的“关闭”按钮　　D. “视图”选项卡中的“隐藏”命令

51. 下列关于PowerPoint的说法中，正确的是(　　)

A. 可以编辑修改内容的视图有幻灯片浏览视图

B. 幻灯片播放时可以显示占位符

C. 幻灯片中一个对象可以设置多种动画效果

D. 每张幻灯片不可以使用不同的版式

52. 如果要输入大量文字，使用PowerPoint的(　　)视图是最方便的视图。

A. 大纲　　B. 幻灯片　　C. 讲义　　D. 备注页

53. 下列有关页眉和页脚的说法中，错误的是(　　)

A. 只要选中“奇偶页不同”复选框，就可以在文档的奇、偶页中插入不同的页眉和页脚内容

B. 在输入页眉和页脚内容时还可以在每一页中插入页码

C. 可以将每一页的页眉和页脚的内容设置成相同的内容

D. 插入页码时，必须每一页都要输入页码

54. 下面有关PowerPoint课件制作的说法不正确的是(　　)

A. PowerPoint课件中可以插入Flash文件

B. PowerPoint课件中插入的音频文件可设置成自动播放

C. PowerPoint课件支持一个对象多个动画连续播放

D. PowerPoint课件不支持多个对象的动画同时播放

55. 要使幻灯片在放映时能够自动播放,需要为其设置(　　)

A. 动作按钮　　B. 预设动画　　C. 排练计时　　D. 录制旁白

56. 在PowerPoint中,向幻灯片中添加文本时,可以选择"插入"菜单中的(　　)命令。

A. 文本框　　B. 图片　　C. 表格　　D. 影片和声音

57. 在Excel中,单元格地址的绝对引用,是在列标和行号前加(　　)符号。

A. *　　B. $　　C. #　　D. %

58. Excel中,用条件"数学>70"与"总分>350"对成绩数据表进行筛选,结果是(　　)

A. 所有数学>70的记录

B. 所有数学>70,并且总分>350的记录

C. 所有总分>350的记录

D. 所有数学>70,或者总分>350的记录

59. 在Windows操作系统中,要使某文件不被修改和删除,可把该文件的属性设置为(　　)

A. 只读　　B. 隐藏　　C. 存档　　D. 系统

60. 下列关于CPU的叙述中,正确的是(　　)

A. CPU能直接读取硬盘上的数据

B. CPU能直接与内存储器交换数据

C. CPU主要组成部分是存储器和控制器

D. CPU只能用来执行算术运算

61. 在Word编辑状态下,点击功能图标 可完成的操作是(　　)(易错)

A. 左对齐　　B. 右对齐　　C. 居中对齐　　D. 分散对齐

62. 在Word的"字体"对话框中,可设定文字的(　　)

A. 缩进　　B. 间距　　C. 对齐　　D. 行距

63. 在Excel工作表中,使用"高级筛选"命令对数据清单进行筛选时,在条件区不同行中输入两个条件,表示(　　)

A. "或"的关系

B. "与"的关系

C. "非"的关系

D. "异或"的关系

64. 假定单元格D3中保存的公式为"=B $ 3+C $ 3",若把它复制到E4中,则E4中保存的公式为(　　)

A. =B $ 3+C $ 3

B. =C $ 3+D $ 3

C. =B $ 4+C $ 4

D. =C $ 4+D $ 4

65. 在PowerPoint的浏览视图下,在多张幻灯片中选定一张并拖动,可实现的操作是(　　)

A. 复制幻灯片　　B. 选定幻灯片　　C. 删除幻灯片　　D. 移动幻灯片

66. 在PowerPoint中,下列视图模式可用于播放幻灯片的是(　　)

A. 大纲模式　　B. 幻灯片模式　　C. 幻灯片浏览模式　　D. 幻灯片放映模式

67. 小王帮公司做了一个近100页的PowerPoint演示文稿,经理要求他在每一页上都加上公司的Logo,最好的方法是(　　)

A. 将Logo分别插入到每张幻灯片中

B. 先将Logo插入到第一张幻灯片中,然后将Logo复制到每张幻灯片中

C. 使用"母版"功能,将Logo插入到母版中

D. 使用PowerPoint自带的模板

专题二　逻辑思维能力

链接答案本 P406

单项选择题(每小题2分,共57小题。参考时限85分钟)

1. 下列选项中,与"交警:处理违章:交规"逻辑关系相同的是(　　)

A. 保安员:维持秩序:规定　　B. 厨师:烹饪佳肴:菜单

C. 维修工:维修电器:合同　　D. 教师:备课:教案

2. "并非只有上大学才能成才"与这一判断等值的是(　　)

A. 不上大学就不能成才　　B. 可能不上大学也能成才

C. 如果上大学,就能成才　　D. 并非如果不成才就是没上大学

3. 药监局对6种抗生素进行了药效比较,得到结果如下:甲药比乙药有效,丙药的毒副作用比丁药大,戊药的药效最差,乙药与己药的药效相同。由此可知(　　)

A. 甲药与丁药的药效相同　　B. 戊药的毒副作用最大

C. 甲药是最有效的药物　　D. 己药比甲药的药效差

4. 班里要推选一位同学到校迎新晚会上表演。班长征询同学意见。

①小王说:小刘很有艺术细胞,小刘合适

②小白说:小张是舞林高手,小张合适

③小刘说:小白唱歌非常好,小白也合适

④小张说:小白过奖了,小白或小刘都合适

如果只有一个人的话与推选结果相符,则推选出来的同学是(　　)

A. 小王　　B. 小张　　C. 小刘　　D. 小白

5. 有教师、公务员、银行职员三人,其中甲不是银行职员,乙不是教师,丙不是公务员。教师比乙年龄大,丙在三人中年龄最小。根据上述条件,下列说法错误的是(　　)

A. 甲是教师　　B. 乙是公务员

C. 甲不是公务员　　D. 丙不是银行职员

6. 赵、钱、孙、李四个人比谁的身高最高。已知:赵、钱的身高之和与孙、李的身高之和相等,当将钱、李互换后,赵、李的身高之和高于钱、孙的身高之和,钱的身高高于赵、孙的身高。如果上述为真,以下哪项为真(　　)

A. 钱的身高最高　　B. 赵的身高最高

C. 孙的身高最高　　D. 李的身高最高

7. 有人问战士小王、小李、小张的年龄,小王说:“我22岁,比小李小2岁,比小张大1岁。”小李说:“我不是年龄最小的,小张和我差3岁,小张25岁。”小张说:“我比小王年龄小,小王23岁,小李比小王大3岁。”

以上每人所说的三句话中,都有一句是故意说错的,那么这三个人的年龄分别是(　　)

A. 小王22岁,小李25岁,小张21岁　　B. 小王23岁,小李22岁,小张25岁

C. 小王22岁,小李23岁,小张21岁　　D. 小王23岁,小李25岁,小张22岁

8. 小张、小胡和小李是大学同学,毕业后其中一人考上公务员,另外两人成为老师和作家,已知:(1)小张和作家都在北京工作;(2)老师在上海工作;(3)毕业后小李乘坐高铁去看望考上公务员的同学。以下判断正确的是(　　)

A. 小胡是作家,小李是老师　　B. 小胡是老师,小张是作家

C. 小李是作家,小张是公务员　　D. 小张是老师,小胡是公务员

9. 妈妈要带两个女儿去参加一个晚会,女儿在选择搭配的衣服。家中有蓝色短袖衫、粉色长袖衫、绿色短裙和白色长裙各一件。妈妈不喜欢女儿穿长袖配短裙。以下哪种是妈妈不喜欢的方案(　　)

A. 姐姐穿粉色衫,妹妹穿短裙　　B. 姐姐穿蓝色衫,妹妹穿短裙

C. 姐姐穿长裙,妹妹穿短袖衫　　D. 妹妹穿长袖衫和白色裙

10. 在某次国际会议上,每国有1~2名代表参会,参会代表没有多重国籍的人。其中,甲、乙、丙和丁四人分别来自英国、德国和美国3个国家。已知:

(1)甲乙至少有一人来自英国;

(2)乙丙至少有一人来自德国。

如果甲丙丁至少有2人来自英美两国，则下列(　　)项是不可能的。

A. 甲来自德国　　B. 乙来自德国　　C. 丙来自英国　　D. 丁来自英国

11. 下列选项中，与“杀鸡:儆猴”的逻辑关系相同的是(　　)

A. 得陇:望蜀　　B. 唇亡:齿寒　　C. 居安:思危　　D. 凿壁:偷光

12. 下列选项中，与“儿童:孩子”的逻辑关系相同的是(　　)

A. 同学:朋友　　B. 兄长:哥哥　　C. 饭店:商场　　D. 玩具:游戏

13. 甲、乙、丙三人各自举着红旗、绿旗和黄旗，分别从东面、南面和西面三个方向朝山顶攀登。甲不举红旗，也不从东面上山；举红旗的人从西面上山；乙举着绿旗。由此可以推出(　　)

A. 举黄旗的不是甲　　B. 举绿旗者从南面上山

C. 乙不从南面上山　　D. 丙从东面上山

14. 四个好朋友相约在孤岛进行野外生活体验一个月，随后他们对这次活动有如下对话：甲：我们四个都没有坚持一个月；乙：我们四个中有人坚持了一个月；丙：乙和丁至少有一人没有坚持一个月；丁：我没有坚持一个月。如果四个人中有两人说的是真话，两人说的是假话，则下列说法正确的是(　　)

A. 说真话的是甲和丁　　B. 说真话的是乙和丙

C. 说真话的是甲和丙　　D. 说真话的是乙和丁

15. 大嘴鲈鱼只在有鲦鱼出现的、长有浮藻的水域里生活。漠亚河中没有大嘴鲈鱼。从上述断定能得出以下哪项结论(　　)

(1)鲦鱼只在长有浮藻的河中才能发现。

(2)漠亚河中既没有浮藻，也发现不了鲦鱼。

(3)如果在漠亚河中发现了鲦鱼，则其中肯定不会有浮藻。

A. 只有(1)　　B. 只有(2)　　C. 只有(3)　　D. (1)(2)和(3)都不是

16. 按规律填数字是一种很有趣的游戏，特别锻炼观察和思考的能力。下列各组数字，填入数列“1、3、7、13、23、________、________、107”空缺处，正确的是(　　)

A. 28　57　　B. 29　61　　C. 37　59　　D. 39　65

17. 下列选项中，与“森林—郁郁葱葱”逻辑相同的是(　　)

A. 法庭—庄严肃穆　　B. 校园—勤奋好学

C. 餐桌—饕餮大餐　　D. 公园—嬉戏玩闹

18. 某班分小组进行了摘草莓趣味比赛，甲、乙、丙3人分属3个小组。3人摘得的草莓数量情况如下：

甲和属于第3小组的那位摘得的数量不一样；

丙比属于第1小组的那位摘得少；

3人中第3小组的那位比乙摘得多。

据此，将3人按摘得的草莓数量从多到少排列，正确的是(　　)

A. 甲、乙、丙　　B. 甲、丙、乙

C. 乙、甲、丙　　D. 丙、甲、乙

19. 甲、乙、丙三人大学毕业后选择从事各不相同的职业：教师、律师、工程师。其他同学做了如下猜测：小李：甲是工程师，乙是教师。小王：甲是教师，丙是工程师。小方：甲是律师，乙是工程师。后来证实，小李、小王和小方都只猜对了一半。下列关于甲、乙、丙、三人的职业的判断，正确的是(　　)

A. 甲是教师，乙是律师，丙是工程师　　B. 甲是工程师，乙是律师，丙是教师

C. 甲是律师，乙是工程师，丙是教师　　D. 甲是律师，乙是教师，丙是工程师

20. 小若为了参加一项法律考试，准备在一周之内复习14门课程，其中民法课程5门、经济法课程3门、行政法课程3门、商法课程2门、国际私法课程1门。但是因为精力有限，小若每天只能复习2门课程，并且需要满足以下条件：

(1)星期四只能复习2门民法课程，其余每天必须复习两类不同的课程；

(2)国际私法必须在星期天复习；

(3)民法和行政法不能在同一天复习；

(4)经济法和商法不能在同一天复习。

由此可以推出，以下哪两类课程不可能在同一天复习(　　)

A. 经济法和国际私法　　B. 行政法和经济法

C. 行政法和商法　　D. 民法和经济法

21. 全国运动会举行女子5000米比赛，辽宁、山东、河北各派了三名运动员参加。比赛前，四名体育爱好者在一起预测比赛结果。甲说："辽宁队训练就是有一套，这次的前三名非他们莫属。"乙说："今年与去年可不同了，金银铜牌辽宁队顶多拿一块。"丙说："据我估计，山东队或者河北队会拿奖牌。"丁说："第一名如果不是辽宁队，就该是山东队了。"比赛结束后，发现四个人中只有一人言中。以下哪项最可能是该项比赛的结果(　　)

A. 第一名辽宁队，第二名辽宁队，第三名辽宁队

B. 第一名辽宁队，第二名河北队，第三名山东队

C. 第一名山东队，第二名辽宁队，第三名河北队

D. 第一名河北队，第二名辽宁队，第三名辽宁队

22. 从所给的四个选项中，选择最合适的一个填在问号处，使之呈现一定的规律性。最合适的一项是(　　)

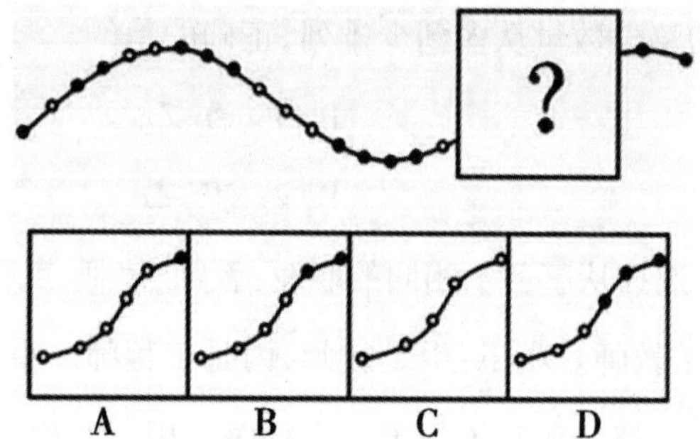

23. 甲、乙、丙、丁四位球迷有一段对话。甲说："Y球队能进入决赛。"乙说："如果X球队能进入决赛，那么Y球队也能进入决赛。"丙说："我看Y球队不能进入决赛，但X球队能进入决赛。"丁说："X球队不能进入决赛。"如果四人中只有一人是对的，那么可以推出(　　)

A. X和Y球队都能进入决赛　　B. X球队不能进入决赛，Y球队能进入决赛

C. X和Y球队都不能进入决赛　　D. X球队能进入决赛，Y球队不能进入决赛

24. 找规律填数字是一项很有趣的活动，特别锻炼观察和思考能力。下列选项中，填入数列"4、2、2、3、6、________"空缺处的数字，正确的是(　　)(常考)

A. 6　　B. 8　　C. 10　　D. 15

25. "医生都穿白衣服，所以，有些穿白衣服的人留长头发。"下列选项中，这一陈述的必要前提是(　　)

A. 有些医生留长头发　　B. 有些医生不留长发

C. 穿白衣服的人不留长发　　D. 穿白衣服的人都是医生

26. 下列选项中，与"火车—汽车—飞机"逻辑关系相同的是(　　)

A. 冬瓜—南瓜—瓜子　　B. 白菜—苋菜—空心菜

C. 中医—西药—口服药　　D. 空调—冰箱—家电

27. 找规律填数字是一项很有趣的活动，特别锻炼观察和思考能力。下列选项中，填入数列"6、14、22、________、38、46"空缺处最合适的是(　　)

A. 30　　B. 32　　C. 34　　D. 36

28. 下列选项中，与"鸿雁:笺札:书信"逻辑关系一致的是(　　)

A. 月老:红娘:媒人　　B. 乾坤:天地:宇宙　　C. 红豆:相思:恋人　　D. 东宫:王子:储君

29. 下列选项中，对"只有内正其心外修其行，才能表里如一"的理解，不正确的一项是(　　)

A. 要想表里如一，就必须内正其心外修其行　　B. 若能内正其心外修其行，则必能表里如一

C. 不能内正其心外修其行，则不能表里如一　　D. 若能表里如一，则必能内正其心外修其行

30. 从所给的四个选项中,选择最合适的一个填入空白处,使之呈现一定的规律性(　　)(常考)

A.　　B.　　C.　　D.

31. 找规律填数字是一个很有趣的活动,特别锻炼观察和思考能力。下列选项中,填入数列"101、169、305、577、________、2209"空缺处的数字,正确的是(　　)

A. 1118　　B. 1119　　C. 1120　　D. 1121

32. 下列选项中,与"地球:行星"逻辑关系一致的是(　　)

A. 英国:国家　　B. 陕西:中国

C. 公路:道路　　D. 岛屿:大陆

33. 找规律填数字是一项很有趣的活动,特别锻炼观察和思考能力。将选项中的数字填入"2、7、14、25、38、________"空缺处,符合该组数字排列规律的是(　　)

A. 54　　B. 55　　C. 57　　D. 58

34. 下列选项中,与"汉文帝—刘恒—文景之治"逻辑关系相同的一项是(　　)

A. 宋太祖—赵匡胤—杯酒释兵权　　B. 唐太宗—李世民—贞观之治

C. 清圣祖—爱新觉罗·玄烨—康乾盛世　　D. 秦始皇—嬴政—焚书坑儒

35. 下列选项中,与"白醋:消毒"逻辑关系一致的是(　　)

A. 热水器:加热　　B. 汽油:去渍

C. 白糖:调味　　D. 人参:滋补

36. 下列选项中,与"咽喉—要塞"逻辑关系一致的是(　　)

A. 耳目—刺探　　B. 头脑—智力

C. 手脚—捣鬼　　D. 眉目—头绪

37. 按照给出图形的逻辑特点,下列选项中,填入空白处最恰当的是(　　)

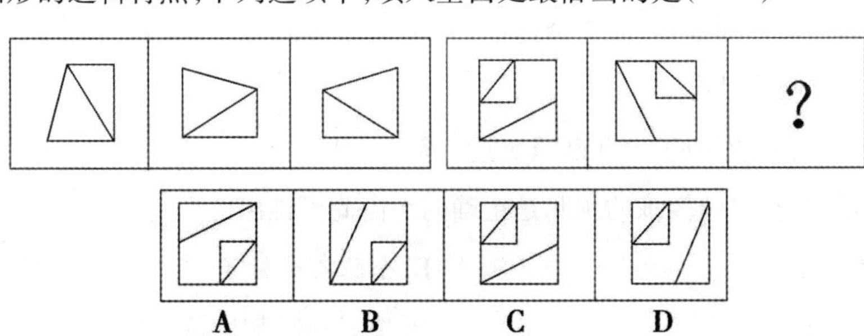

38. 从所给四个选项中，选择最合适的一个填入问号处，使之呈现一定的规律性(　　)

A.　B.　C.　D.

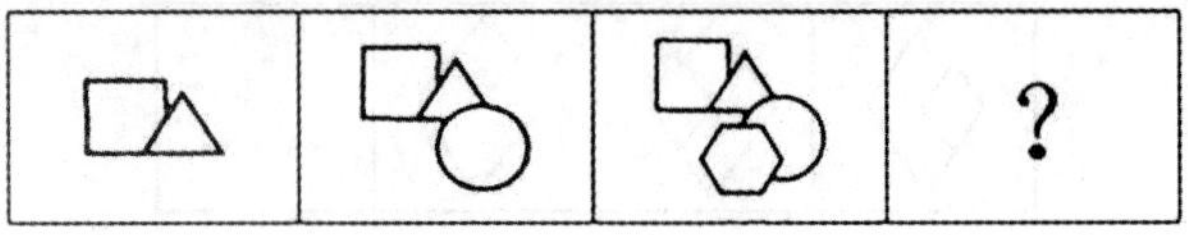

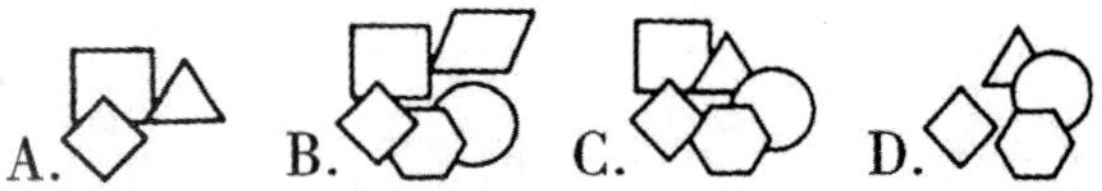

39. 从所给四个选项中，选择最合适的一个填入问号处，使之呈现一定的规律性(　　)

A　B　C　D

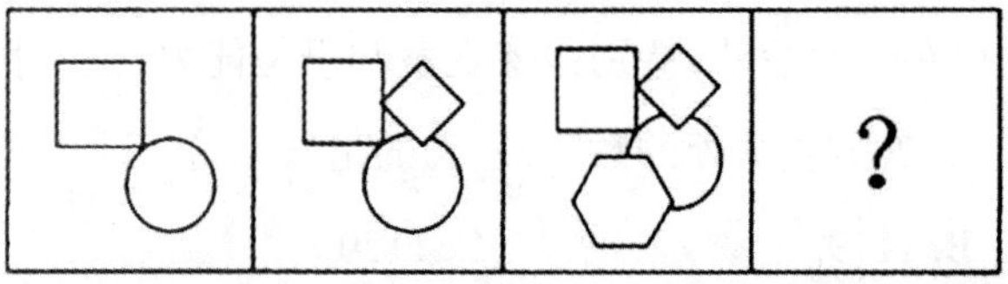

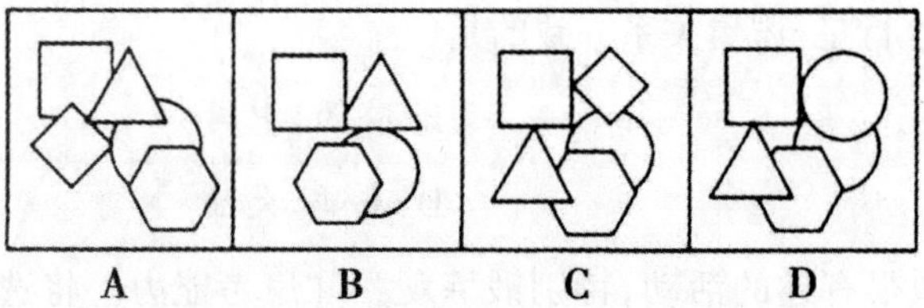

40. 下列选项中，与“白驹过隙:秒表”逻辑关系一致的是(　　)

A. 恩重如山:天平　　B. 一线希望:皮尺

C. 一言九鼎:弹簧秤　　D. 风驰电掣:测速仪

41. 下列选项中，与“直线交叉:直线不平行”的逻辑关系相同的是(　　)

A. $x>1$:$x^2>1$　　B. 100°:沸腾　　C. O_3:臭氧　　D. π:圆面积

42. 下列选项中，与“全身麻醉:注射麻醉”的逻辑关系相同的是(　　)

A. 物理消毒:加热消毒　　B. 抽样调查:问卷调查

C. 网络存储:单机存储　　D. 胸式呼吸:腹式呼吸

43. 下列选项中，与“丝竹:音乐”的逻辑关系相同的是(　　)

A. 学生:桃李　　B. 战争:戎马　　C. 汗青:史册　　D. 烽烟:干戈

44. 某省游泳队进行了为期一个月的高原集训，集训最后一日所有队员进行了一次队内测试，几位教练预测了一下队员的成绩：

张教练：“这次集训时间短，没人会达标。”

孙教练：“有队员会达标。”

王教练：“省运会冠军或国家队队员可达标。”

测试结束后，只有一位教练的预测是正确的。由此可推出(　　)

A. 没有人达标　　B. 全队都达标了

C. 省运会冠军达标　　D. 国家队队员达标

45. 按照给出图形的逻辑特点,下列选项中,填入空白处最恰当的是(　　)

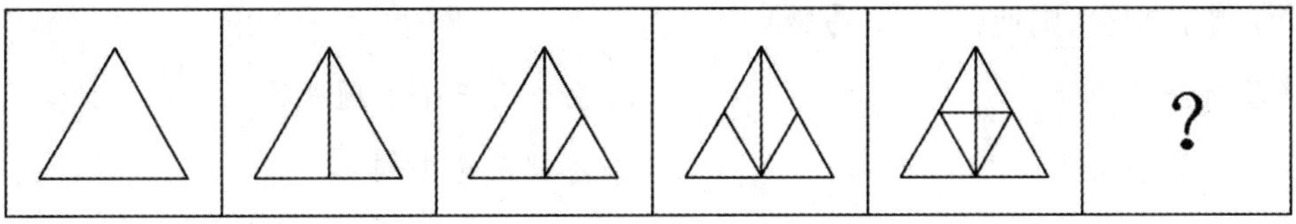

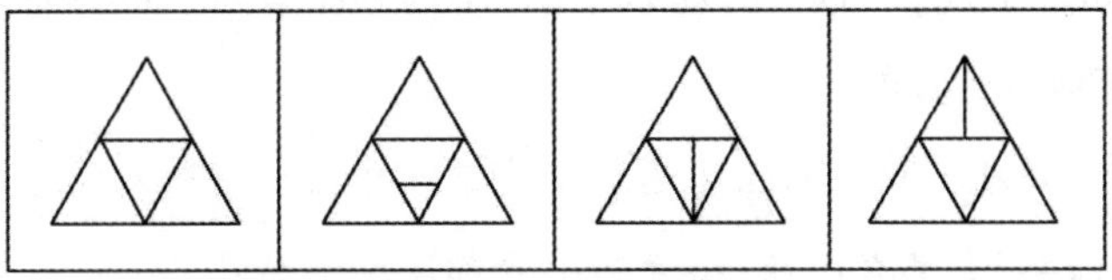

46. 找规律填数字是一项很有趣的活动,特别锻炼观察和思考能力。下列选项中,填入数列"36、45、70、119、200、________"空缺处的数字,正确的是(　　)

A. 321　　B. 340

C. 421　　D. 441

47. 找规律填数字是一项很有趣的活动,特别锻炼观察和思考能力。下列选项中,填入数列"1、7、17、31、49、________"空缺处的数字,正确的是(　　)

A. 57　　B. 67

C. 71　　D. 79

48. 找规律填数字是一项很有趣的活动,特别锻炼观察和思考能力。下列选项中,填入数列"-1、7、-13、19、________"空缺处的数字,正确的是(　　)

A. 25　　B. -25

C. 27　　D. -27

49. 下列选项中,与"爱不释手:弃若敝屣"的逻辑关系相同的是(　　)

A. 急功近利:急于求成　　B. 东倒西歪:东扶西倒

C. 众说纷纭:众口一词　　D. 百发百中:百步穿杨

50. 按照给出图形的逻辑特点,下列选项中,填入空白处最恰当的是(　　)

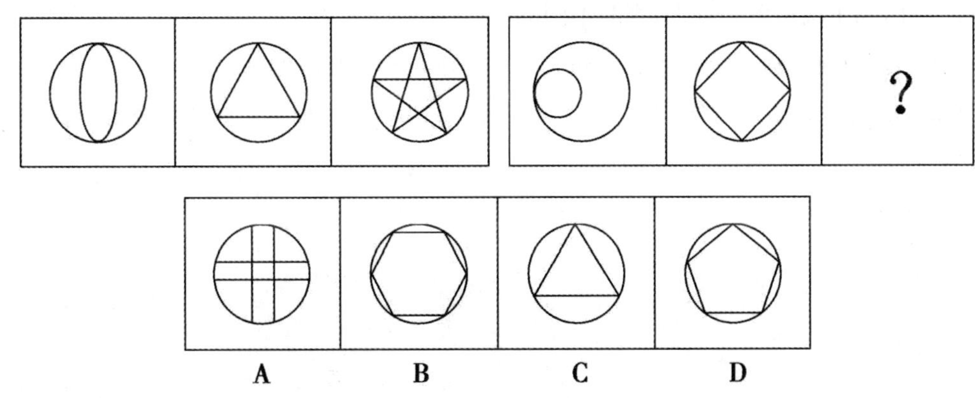

51. 有一份选择题试卷共6个小题，其得分标准是：一道小题答对得8分，答错得0分，不答得2分，某位同学得了20分，则他（　　）（易错）

A. 至多答对一个小题　　B. 至少有三个小题没答

C. 至少答对三个小题　　D. 答错两个小题

52. 老吴家儿子结婚，如果小凡参加婚礼，那么小丽、小远和小青将一起参加婚礼。如果上述断定是真的，那么以下哪项也是真的（　　）

A. 如果小凡没有参加婚礼，那么小丽、小远和小青三人中至少有一人没参加婚礼

B. 如果小凡没有参加婚礼，那么小丽、小远和小青都没参加婚礼

C. 如果小丽、小远和小青都参加了婚礼，那么小凡参加了婚礼

D. 如果小远没有参加婚礼，那么小青和小凡不会都参加婚礼

53. 下列选项中，与“春夏秋冬”和“四季”概念关系一致的是（　　）

A. 喜怒哀乐和情绪　　B. 赤橙黄绿和颜色

C. 早中晚和一天　　D. 东南西北和四方

54. 找规律填数字是一项很有趣的游戏，特别锻炼观察和思考能力，下列各组数字，填入数列“3、5、6、10、11、17、18、_______”空缺处，正确的是（　　）

A. 25　　B. 26

C. 27　　D. 28

55. 找规律填数字是一项很有趣的游戏，特别锻炼观察和思考能力，下列各组数字，填入数列“52、32、20、12、8、_______”空缺处，正确的是（　　）

A. 3　　B. 4

C. 5　　D. 6

56. 下列选项中，与“琴棋书画”和“经史子集”两概念的关系一致的是（　　）

A. 兵强马壮和闭关自守　　B. 悲欢离合和漂泊流浪

C. 衣帽鞋袜和冰清玉洁　　D. 鸟兽虫鱼和江河湖海

57. 下列与“李白和王维是唐朝诗人”判断不同的是（　　）

A. 林黛玉和薛宝钗是《红楼梦》中的人物　　B. 小聪和小娜是老师

C. 苏洵和苏轼是父子　　D. 记叙文和议论文是写作的常用文体

专题三　阅读理解能力

链接答案本 P413

材料分析题(每小题14分,参考时限15分钟。共20小题)

1. 材料:

中国之所谓国画,在过去的若干年代中,有很大的毛病。

中国的国画,十分之八九,可以说是对于传统的保守,对于古人的模仿,对于前人的抄袭。王维开创了墨笔山水,于是中国画的山水差不多都是墨笔的;清代四王无意中创立了一派,于是中国画家就此也"石涛",彼也"八大"起来!殊不知,艺术是直接表现画家本人的思想感情的,画家的思想感情虽是本人的,画家本人却是时代的,时代的变化就应当直接影响到绘画艺术的内容与技巧。所以,时代在变化,绘画的内容与技巧也要变化,不可以仅仅跟在千百年前的人物后面跑。

中国国画家总是崇尚人之风格气度,却忘记了艺术原是人类思想情感的外化,换句话,艺术是要借外物之形,以寄存自我的,或者说寄存时代的思想与感情的。而所谓外物之形,就是大自然中一切事物的形体。艺术假使不藉这些形体寄存思感,则人类的思感将不能藉造型艺术以表现,或者说所谓造型艺术者将不成其为造型艺术!中国画家就弄错了这一点,所以徒慕"写意不写形"的那美名,就矫枉过正地群趋于"超自然"的一隅去了!弄到现在,就只看到古人的笔墨气度,全不见有画家个人的造型技术。

为矫正这些毛病,我们所望于中国绘画之前途,还是有话说的。

绘画上的基本练习,应以自然现象为基础,先使物象正确,然后谈到写意的问题。古人之所以有"写意不写形"之语,大体是对照那些不管情意趣致如何,一味以像不像为第一标准的画匠而说的。在这个时代,这种画匠也并不是没有。于是,我们就得努力矫正我们自己,而不把那些画匠置之话下。

我们的画家之所以不自主地走进了囿于传统、模仿和抄袭的死路,也许因为我们的原料、工具,有使我们不得不这样的地方吧!例如我们的国画目前所用的纸质、颜料、毛笔,或者是因为太与书法相同之故,所以就不期然地应用着书法的技法与方法,而无法自拔?那我们就不妨像古人从竹板到纸张,从漆刷到毛锥一样,下一个决心,在各种材料和工具上试一试,或设法研究出一种新的工具来,加以代替,那时中国的绘画就一定可以有新的出路。

绘画上的单纯化,在现代同过去的欧洲,并不是不重要的,所以我们的写意画,也无可厚非。

不过，所谓写意，所谓单纯，即从复杂的自然现象中，寻出最足以代表它的那特点、质量和色彩，以极有趣的手法，归纳到整体的意象中来表现，绝不是违背了物象的本体，而徒然以抽象的观念，来适合于书法的趣味。

给予中国绘画一个光辉的前途，我愿同中国绘画诸同志共勉之。

（选自林风眠《我们所希望的国画前途》，有删改）

问题：

（1）请简要概述文章第二段的论述层次。

（2）作者提出了哪些可以“给予中国绘画一个光辉的前途”的具体办法？

2. 材料：

1927年，第五届索尔维物理学会议在布鲁塞尔召开，激烈的辩论很快就变成了一场爱因斯坦与玻尔之间的“决斗”。这场辩论在三年后的第六届索尔维会议上战火再续，玻尔获得胜利，他所代表的哥本哈根学派因此获得了大多数物理学家的认同，他们对量子力学的解释也被奉为正统解释。这次辩论就是著名的“爱因斯坦—玻尔论战”，有人称之为物理学史上的“巅峰对决”。

爱因斯坦和玻尔这两位科学巨人的背后，是现代物理学的两大基础理论——相对论和量子力学。他们的争论旷日持久，几乎所有理论物理学家都被吸引并参与进来，乐此不疲。尽管两人的科学理论和思想观点始终没能调和，但他们却结下了长达数十年的友谊。玻尔高度评价他与爱因斯坦的学术之争，认为它是自己“许多新思想产生的源泉”。爱因斯坦也称赞说：“很少有谁像玻尔那样，对隐秘的事物具有如此敏锐的直觉，同时又兼有如此强有力的批判能力。他是我们时代科学领域伟大的发现者之一。”

与爱因斯坦更个性化的独自研究不同，玻尔周围聚集着许多杰出的理论物理学家。他不但有革新的勇气，更是一位伟大的伯乐。他为量子物理学培养和组织了一支创新发展的队伍，人们称之为“哥本哈根学派”。后来的诺贝尔物理学奖获得者玻恩、海森伯、泡利以及狄拉克等都曾是其主要成员。

哥本哈根学派活动的大本营就是哥本哈根理论物理研究所。该所是玻尔在1917年申请，并于1921年正式成立的。他以著名科学家的身份为研究所作担保，筹集了大量资金。在任所长的40年间，他以特有的人格魅力，吸引了世界各地的青年才俊，使研究所成为当时全世界最重要、最活跃的量子力学研究中心。这里先后培养了600多名物理学家。玻尔使这个科学家群体中的每个个体的力量发挥到极致，形成了以集体讨论和自由探索为特征的研究风格。他还经常在此举办非公开的小型年会，邀请各国著名的物理学家出席，相互学习，启发交流。这里没有论资排辈，只有挑战与争鸣，形成了富有激情和活力、不断进取的学术精神，人们誉之为“哥本哈根精神”，这种精神至今仍在科学研究领域受到推崇。量子力学每前进一步，或多或少都与这个学派科学家的合作研究有关。可以说，玻尔领导的哥本哈根学派具备了一个科学学派应有的优秀特质。

希特勒上台后，玻尔以访问德国为名，暗地调查德国科学家的安全情况，然后设法把可能受到迫害的犹太科学家转移到安全地方。他还积极创立和参加丹麦救援组织，尽力帮助逃到哥本哈根的科学家与其他难民。

德国纳粹控制丹麦后，玻尔起初留在国内，与抗敌组织保持密切联系。他一贯的不合作态度，令纳粹非常恼火。1943年玻尔受到纳粹分子的威胁，他冒险出逃，历尽艰险，辗转到达美国。在美期间，为抗击法西斯，他曾参加原子弹的研制工作。在研制过程中，他就考虑到这一研究成果对未来世界的影响，并曾多次接触英美首脑，建议他们及早与苏联达成控制原子武器的协议，但没有成功。

二战后，玻尔积极倡导和实施国际科学合作。1957年，美国福特基金会将第一届“原子为了和平”奖授予玻尔，以表彰他“在全世界迫切需要的原则上，以友好的精神进行科学探索，在和平利用原子能以满足人类需要方面作出了榜样”。

（选自邹丽焱《玻尔传》，有删改）

问题：

（1）为什么爱因斯坦和玻尔的论战被称为物理学史上的“巅峰对决”？请结合材料简述原因。

（2）玻尔“特有的人格魅力”表现在哪些方面？请结合材料谈谈你的看法。

3. 材料：

影视产品挤压纸媒读物是当下一个明显趋势，正推动文化生态的剧烈演变。前者传播快、受众广、声色并茂，还原如真，具有文字所缺乏的诸多优越，不能不使写作者们疑惑：文学是否已成为夕阳？

没错，如果文字只是用来记录实情、实景、实物、实事，这样的文学确实已遭遇强大对手，落入螳臂当车之势，出局似乎是迟早的事。不过，再想一想就会发现，文学从不限于实录，并非某种分镜头脚本，优秀的文学实外有虚，实中寓虚，虚实相济，虚实相生，<u>常有镜头够不着的地方</u>。钱钟书先生早就说过：任何比喻都是画不出来的。说少年被“爱神之箭”射中，你怎么画？画一支血淋淋的箭穿透心脏？今人同样可以质疑：说恋爱者在“放电”，你怎么画？画一堆变压器、线圈、插头？

画不出来，就是拍摄不出来，就是意识的非图景化。其实，不仅比喻，文学中任何精彩的修辞，任何超现实的个人感觉，表现于节奏、色彩、韵味、品相的相机把握，引导出缺略、跳跃、拼接、置换的变化多端，使一棵树也可能有上千种表达，总是令拍摄者为难，没法用镜头来精确地追踪。在另一方面，文字的感觉化之外还有文字的思辨化。钱先生未提到的是：人是高智能动物，对事物总是有智性理解，有抽象认知，有归纳、演绎、辩证、玄思等各种精神高蹈，所谓“白马非马”，具体的白马黑马或可入图，抽象的“马”却不可入图；即便拿出一个万马图，但“动物”“生命”“物质”“有”等更高等级的相关概念，精神远行的诸多妙门，还是很难图示和图解，只能交付文字来管理，若没有文字，脑子里仅剩一堆乱糟糟的影像，人类的意识活动岂不会滑入幼儿化、动物化、白痴化？

一条是文字的感觉承担，一条是文字的思辨负载，均是影视镜头所短。有了这两条，写作者大可放下心来，即便撞上屏幕上的声色爆炸，汉语写作的坚守、发展、实验也并非多余。恰恰相反，文字与图像互为基因，互为隐形推手。一种强旺的文学成长，在这个意义上倒是优质影视生产不可或缺的重要条件。

（摘编自韩少功《镜头够不着的地方》）

问题：

(1)文中画线处“镜头够不着的地方”指的是什么？请简要概括。

(2)如何理解文中认为“文字与图像互为隐形推手”？请结合文本，简要分析。

4. 材料：

作家有三种死法。一曰自然的死，二曰痛苦的死，三曰快乐的死。

自然的死属于心脏停止跳动，是一种普遍的死亡形式，没有特色，可以略而不议。

痛苦的死亡是指作家的心脏还在跳动，人并没有死，只是已经没有了作品。作家没有了作品，可以看作个人艺术生命的消失。其中有些人是因为年事已高，力不从心。这不是艺术的死亡，而是艺术的离休，他自己无可指责，社会也会尊重他在艺术上曾经做出的贡献。痛苦的死亡则不然，即当一个作家的体力和脑力还能胜任创作的时候，作品已经没有了，其原因主要是各种苦难和折磨（包括自我折磨）。折磨毁了他的才华，毁了他的意志，作为人来说他还活着，作为作家来说却正在或已经死去。这种死亡他自己感到很痛苦，别人看了心里也很难受。快乐的死亡却很快乐，不仅他自己感到快乐，别人看来也很快乐。昨天看见他在大会上做报告，下面掌声如雷；今天又看见他参加宴会，为这为那频频举杯。昨天听见他在高朋中大发议论，语惊四座；今天又听见他在那些开不完的座谈会上重复昨天的意见。昨天看见他在北京的街头；今天又看见他飞到了广州……只是看不到或很少看到他的作品发表在哪里。

我不害怕自然的死亡，因为害怕也没用，人人不可避免。我也不太害怕痛苦的死亡，因为那时代已经过去。我最害怕的就是那快乐的死亡，毫无痛苦，十分热闹，甚至还有点轰轰烈烈。自己很难控制，即很难控制在适当的范围之内。因为我觉得喝酒不一定完全是坏事，少喝一点可以舒筋活血，据说对心血管也是有帮助的。作家不能当隐士，适当的社会活动和文学活动可以开阔眼界、活跃思想，对创作也是有帮助的。这和喝酒一样，适量饮酒可以舒筋活血，对身体有益。可是这有益的定量究竟是多少呢？怕只怕三杯下肚，豪情大发，来者不拒，饮必干杯。一顿喝不上便情绪不高，两天没有宴请便觉得门前冷落，颇有怨言，于是乎到处去找酒喝。呜呼，快乐地死去！

（摘自陆文夫的《快乐的死亡》，有删改）

问题：

(1)作者对作家的三种死法所持的态度是什么？

(2)本文“快乐的死亡”是单对作家而言的吗？对其他人有什么启迪作用？

5. 材料：

今日所讲，专为现在有职业及现在正做职业上预备的人——学生——说法，告诉他们对于自己现有的职业应采何种态度。

第一要敬业。敬字为古圣贤教人做人最简易、直接的法门，可惜被后来有些人说得太精微，倒变得不适实用了。惟有朱子解得最好，他说："主一无适便是敬。"用现在的话讲，凡做一件事，便忠于一件事，将全副精力集中到这事上头，一点不旁骛，便是敬。业有什么可敬呢？为什么该敬呢？人类一面为生活而劳动，一面也是为劳动而生活。人类既不是上帝特地制来充当消化面包的机器，自然该各人因自己的地位和才力，认定一件事去做。凡可以名为一件事的，其性质都是可敬。当大总统是一件事，拉黄包车也是一件事。事的名称，从俗人眼里看来，有高下；事的性质，从学理上解剖起来，并没有高下。只要当大总统的人，信得过我可以当大总统才去当，实实在在把总统当作一件正经事来做；拉黄包车的人，信得过我可以拉黄包车才去拉，实实在在把拉车当作一件正经事来做，便是人生合理的生活。这叫作职业的神圣。凡职业没有不是神圣的，所以凡职业没有不是可敬的。惟其如此，所以我们对于各种职业，没有什么分别拣择。总之，人生在世，是要天天劳作的。劳作便是功德，不劳作便是罪恶。至于我该做哪一种劳作呢？全看我的才能何如、境地何如。因自己的才能、境地，做一种劳作做到圆满，便是天地间第一等人。

怎样才能把一种劳作做到圆满呢？唯一的秘诀就是忠实，忠实从心理上发出来的便是敬。《庄子》记佝偻丈人承蜩的故事，说道："虽天地之大，万物之多，而惟吾蜩翼之知。"凡做一件事，便把这件事看作我的生命，无论别的什么好处，到底不肯牺牲我现做的事来和他交换。我信得过我当木匠的做成一张好桌子，和你们当政治家的建设成一个共和国家同一价值；我信得过我当挑粪的把马桶收拾得干净，和你们当军人的打胜一支压境的敌军同一价值。大家同是替社会做事，你不必羡慕我，我不必羡慕你。怕的是我这件事做得不妥当，便对不起这一天里头所吃的饭。所以我做这事的时候，丝毫不肯分心到事外。曾文正说："坐这山，望那山，一事无成。"一个人对于自己的职业不敬，从学理方面说，便亵渎职业之神圣；从事实方面说，一定把事情做糟了，结果自己害自己。所以敬业主义，于人生最为必要，又于人生最为有利。庄子说："用志不分，乃凝于神。"孔子说："素其位而行，不愿乎其外。"所说的敬业，不外这些道理。

（摘编自梁启超《敬业与乐业》，有删改）

问题：

(1)请简要概括文中“人生合理的生活”这句话所表达的意思。

(2)文章中引用《庄子》中佝偻丈人的故事，旨在说明什么？请简要分析。

6. 材料：

冰雪融化成水滴，水滴聚成了河流，一滴一滴的水珠，竟然汇成了滔滔流淌的大河，在人类生活的舞台上，大自然才是最伟大的导演。

我曾经去过青海高原，虽然未到黄河真正的发源地，但流经的河水也是幼年的黄河。那里的黄河清澈见底，甚至一直到兰州，都还算不上波澜壮阔。在宁夏虽有了波澜壮阔的味道，但是同样算不得汹涌澎湃。

实际上，黄河也有着自己的成长过程，如果说它是一条主动脉，那么，依附着它、壮大着它的，还有许许多多的支动脉或者叫做毛血管。在我们渭南的土地上，黄河就形成了一个典型的奇特景观：在那个人称“三河口”的地方，渭河和洛河几乎同时注入了黄河，从而使黄河一下子变得那么地浩渺。

很早以前，我总以为渭河和洛河在临汇入黄河时，都会因为落差，而腾起冲天的水雾，并且是波浪翻卷，发出日夜不息的水与水的冲击声。后来，我多次去过“三河口”，遗憾的是，它们似乎永远保持着一种十分友好的姿态，从未听见过哗哗的冲击声，甚至是你中有我，我中有你，共同进行了短暂的倾诉后，又一同相依相偎向东而去。

前年去山东，驱车看遍了胶东旁边的大海，我突然想到，任何东西都可能有着生命的尽头，世界上的每一条大河都会注入大海，最终也就在大海中消亡了。河流和大海的交汇，也是河流的荣耀。

回程经过山东东营市，我们竟然异口同声地要去看看黄河的入海口。真该看一看，终年冰雪的喜马拉雅，人迹罕至的青藏高原，那里冰雪融化成的一滴一滴水珠，到头来却仍然在这里融入了海洋，巍然屹立的世界屋脊，竟然以水为使者，贯穿了中国的土地，再通过海洋，和世界连为一体，飞溅起自己的声音。还应该包括我们的渭河、洛河，尽管它们在“三河口”之后就已经隐名埋姓，默默无闻地随着黄河的水流涌动，但是黄河能注入大海，它们的动力功不可没。

未到目的地之前，我又做了一次错误的判断，仍然以为黄河和渤海有着一定的落差，说不定还形成了一面宽大的瀑布，很远就可以听见惊涛拍浪般的响声。从东营市始发的路程上，我总是侧耳倾听，心里还是继续着想象，只要听见那种万马奔腾的水击声，那里就一定是黄河的入海口。

可是那样的咆哮声一直没有出现。也许是年深历久的冲刷，也许是流经万里的黄河太疲惫了，在这里，别说听见什么声音，就是黄河的流速也变得非常迟缓了。乘游艇而下，我一直企盼的声音也始终没有到来。只是水面越来越宽，两岸的芦苇荡遥远得只能望见一缕绿色。黄河入海口原来也和我们的“三河口”一样，只是像扇面儿似的铺展开来，慢慢地，慢慢地和前边的渤海衔接，走向了无边无际的浩瀚，最终也就消亡了自己。

当然，黄河入海的景观绝非我们的“三河口”可比，那样的博大更是无法想象的。当游艇的主人告诉我们，真正的黄河入海口就在那一片水域时，我们早就看不见两岸的边际，可以想见，黄河临入海时的河面有多么宽广！何以见得这片水域才是黄河和渤海的衔接处？其实，我们已经从异样的空气中得到了鉴别，一边是黄河还未经过大海洗礼的泥土气息，扭过头去，那边却是略带咸味的海风拂面了。

游艇继续驶入了大海，为了黄河的消亡，或者说为了黄河和世界的衔接，我们也该送她一程。

（选自李康美《黄河入海流》，有删改）

问题：

(1)联系上下文，请分析第七段的表达特色。

(2)请探究“黄河入海流”的生命轨迹蕴含了哪些人生启示。

7. 材料：

说来说去，做人最难的事还是对付自己。

自己不易对付，因为对付自己的道理有一个模棱性，从一方面看，一个人不可无自尊心，不可无人格。从另一方面看，他不可有妄自尊大心，不可任私心成见支配。总之，他自视不宜太小，却又不宜太大，难处就在调剂安排，恰到好处。

自己不易对付，因为不容易认识，正如有力不能自举，有目不能自视。当局者迷，旁观者清。我们对于自己是当局者而不是旁观者，不能跳开“我”来看世界，来看“我”，没有透视所必需的距离，不能取正确观照所必需的冷静的客观态度，也就要执迷，认不清自己，只任私心、成见、虚荣、幻觉种种势力支配，把自己的真实面目弄得完全颠倒错乱。我们像蚕一样，作茧自缚，而这茧就是自己对于自己所错认出来的幻象。真正有自知之明的人实在不多见。“知人则哲”，自知或许是哲以上的事。“知道你自己”一句古训所以被称为希腊人最高智慧的结晶。

“知道你自己”，谈何容易！在日常自我估计中，道理总是自己的对，文章总是自己的好，品格也总是自己的高，小的优点放得特别大，大的弱点缩得特别小。人常“阿其所好”，而所好者就莫过于自己。自视高，旁人如果看得没有那么高，我们的自尊心就遭受了大打击，心中就结下深仇大恨。这种毛病在旁人，我们就马上看出；在自己，我们就熟视无睹。

希腊神话中有一个故事。一位美少年纳西司（Narcissus）自己羡慕自己的美，常伏在井栏上俯看水里自己的影子，愈看愈爱，就跳下去拥抱那影子，因此就落到井里淹死了。我们都有几分“纳西司病”，常因爱看自己的影子堕入深井而不自知。照镜子本来是好事，我们对于不自知的人常加劝告：“你去照照镜子看！”可是这种忠告是不聪明的，他看来看去，还是他自己的影子，像纳西司一样，他愈看愈自鸣得意，他的真正面目对于他自己也就愈模糊。他的最好的镜子是世界，是和他同类的人。他认清了世界，认清了人性，自然也就会认清自己，自知之明需要很深厚的学识经验。

德尔斐神谕宣示希腊说：苏格拉底是他们中间最大的哲人。而苏格拉底自己的解释是：他本来和旁人一样无知，旁人强不知以为知，他却明白自己的确无知，他比旁人高一着，就全在这一点。苏格拉底的话老是这样浅近而深刻，诙谐而严肃。他并非说客套的谦虚话，他真正了解人类知识的限度。有了这个认识，他不但认清了自己，多少也认清了宇宙。

这种认识就是真正的谦虚。谦虚并非故意自贬身价，作客套应酬，像虚伪者所常表现的假面孔，它是起于自知之明，知道自己所已知的比起世间所可知的非常渺小，未知世界随着已知世界扩大，愈前走发现天边愈远。他发现宇宙的无边无底，对之不能不起崇高雄伟之感，反观自己渺小，就不能不起谦虚之感。谦虚必起于自我渺小的意识，是对自己所不知所不能的高不可攀的东西的一种仰望。

（节选自朱光潜《谈谦虚》，有删改）

问题：

（1）从全文看，“自己不易对付”的原因有哪些？

（2）文中第五段引纳西司的故事，阐明了哪些道理？

8. 材料：

苏轼说：“孔子圣人，其学必始于观书。”这是说，要使自己成为孔夫子那样有文化、有道德的人，做学问必须从读书开始。因为，读书能够决定一个人的命运、规划一个人的人生。

童年是一个人读书、接受启蒙教育的第一阶段。这时，在他幼小心灵深处，常会情不自禁地、不断地向外部世界发出一个个“这是什么”和“为什么这样”充满好奇的问号。而“问号是开启任何一门科学的钥匙”。由谁、用什么将他引进科学的殿堂呢？由父母、由老师引导他读书，在读书中唤醒他天生的才能，回答他心中的一个个问题。英国著名作家托马斯·哈代8岁开始在农村上学，一年后，转到郡城一所学校读拉丁文和拉丁文学。16岁离开学校，给一名建筑师当学徒。在语言学家、诗人威廉·巴恩斯影响下，他探索了文学和哲学的源泉，品尝到了文学和哲学的美妙。他自学希腊文，阅读《圣经》，阅读神学著作；法国哲学家笛卡尔8岁进入耶稣会公学，接受传统教育，除神学和经院哲学外，还学了数学和一些自然科学，但他对学校传授的中世纪学说越来越不满意，课外阅读了大量杂志，接触到一些新思想；朱熹5岁，他父亲就带他到云根书院、星溪书院读书，接受了严格的儒学启蒙教育。

读书的第二阶段，是通过广泛阅读，激发人们的兴趣和爱好，在兴趣和爱好中发现自己的未来、选择自己的未来。因为“读书可以让我们意识到自己究竟认知了什么，它既是自我提升的工具，也是自我发现的工具”。22岁那年，哈代去伦敦学习建筑。在伦敦的6年间，他除攻读专业外，还去伦敦大学皇家学院听课，从事文学、哲学和神学的研究，并尝试写作。笛卡尔从公学毕

业后，决心走出校门，用自己的理性解决科学问题。他对法学、医学、力学、数学、光学、气象学、天文学，以至音乐都有研究的兴趣，并且接触到了各方面的学者。朱熹受到的“四书”教育，也就是二程理学教育，使他认识到人应当常存敬畏，不可怠懈，提高警觉，永葆清醒境地。

读书的第三阶段，是选择自己的终身职业。“只有当科学能够渗透到整个教育中去，而且通过教育渗透到人们的人生观中，人们才有可能合理地选择科学为其终身职业。”（贝尔纳《培训科学家》）在达尔文《物种起源》、斯温伯恩诗歌和约翰·斯图亚特·穆勒《论自由》论著思想影响下，哈代对宇宙、对人生形成了自己的看法，不久即完全致力于文学创作，成为职业作家，写出深刻反映社会矛盾的《还乡》和震撼人心的长篇小说《德伯家的苔丝》，成为19世纪英国现实主义著名诗人和小说家。笛卡尔批判了经院哲学，建立了自己的认识方法和哲学体系，从此，哲学研究开始重视科学认识的方法论和认识论，笛卡尔从而成为17世纪法国著名物理学家和哲学家。朱熹则通过圣经贤传成为中国伟大的思想家和教育家。从哈代、笛卡尔、朱熹身上，我们感受到了读书规划人生的启迪，认识到了读书的重要。

（选自涂石《读书规划人生》，有删改）

问题：

（1）读书要经历哪些过程？请结合文章内容，简要概括。

（2）朱光潜小时候去姑姑家，到河边等船准备回家时钻进一片柳树林，一边看书一边等船，哪知读着读着只觉十分有趣，便把等船的事忘得一干二净。直到太阳偏西，肚子饿得直叫才猛然想起乘船的事。朱光潜的这一经历体现了读书第几阶段的特点？请结合文章，简要分析。

9. 材料：

地方性写作是一个视角，无名或隐名的写作也是一个视角。早在前几年，我们就后者进行过讨论，我们认为后者支撑起了一种“泛文学”的写作。人们早就应该注意到，随着国民教育程度的普遍提高，每个人都具有相当的写作潜能。市场经济又使得每个人获得了文学的权利，表达意识的觉醒使大众有了交流与自我表现的欲望，而技术最终使这一切得以实现。技术对这个世界的影响还没有充分地估计到，即以写作而言，正是因为技术支持下的新兴媒体才催生出新的写作形态，如博客、电子杂志、微博和微信等。在现实中，文学几乎以日常生活的样态存在着，只不过在现代发表体制看来，它们并不是文学罢了。而如今，计算机、网络、移动终端、电视互动等系列新媒体，将这些自然的、自在的、丰富多样的文学呈现出来了，将其从匿名状态中彰显出来。它们与传统的出版或发表方式虽然有着本质上的区别，但是它们所呈现的内容已经不是私人性的了，它们同样进入了与他者的交流，进入了公共领域。我们不能因为散文家们的创作散文就否定了普通人日常表达的价值。比如现在每时每刻都在出现的微信，我们不妨称那些原创的微信为“微散文”或“微文”，微信圈有大有小，但一则原创微文哪怕只感动了几个人甚至一个人，我们都不能无视它的价值。村上春树曾经叙述过日常生活中许多微小但确切的幸福，他简称为“小确幸”，文学之于人有太多这样的关系与状态，我们不能因经典带给人们巨大的感动就否认那些难登大雅之堂的文字所给予的微小而确切的幸福，这已经关系到文学的人道主义了。事实上，在我们固守的传统文体以外，文学的边缘或模糊地带已经越来越广阔，文学泛化的局面已经形成。这种局面产生的一个根本原因是美化时代的到来，美化已经成为这个社会的重要表征与生活方式，它渗透到各个领域。我们的一切文字表达无不在如何美化上努力，广告、招聘、求职、策划书、纪实报道、即时新闻，以及几乎所有的文字出版物。连同原先严格规整的人文社会学科甚至自然科学的表达都莫不如此。在当今，人们可以在更多的空间进入文学的氛围，也可以从更多的媒介和更多的文字作品中获得文学生活的满足。

但这一切又确实很少进入专业的文学研究领域，也常常不入所谓纯文学作家们的法眼。究其原因，应该是文学专业化带来的结果。应当心平气和地承认这些，而不是相反，像一些理论仍然在做的一样，或者视当今的文学现实状况于不顾，或者以自己过时的理论和立场强作解人。不可否认，古代的文人文化，现在的知识分子文化都对俗文化、对大众文化抱有成见甚至敌意。除了美学趣味上的分歧之外，可能还有对权力、地位与利益的占有欲和对这些可能失去的恐惧。约翰·凯里早就认为，自教育普及化和报刊业兴盛后，读写不再是精英的特权，特别是报刊培养出了市民趣味后，知识分子被冷落了，“大众报纸构成了一种威胁，因为它造就了一种新的文化，完全忽视知识分子，并使他们成为多余的人。”当他们不可能阻止大众文化时，只能加大写作的难度，从而将自己与大众区别开来，并运用自己在教育、制度与学术上的话语权贬低大众文化。

造成后者的自卑，以达到保存自己的脸面与利益的目的。事实上，专业与职业的文学并不只是因为其审美优势而获得地位，许多非文学的因素一直是文学的支撑力量，所谓“纯文学”就一直没有纯过，各种权力和利益一直是文学的潜在或显在的影响力。而文学也参与了社会资源的再分配。

行文到此，我表达了两层意思，一是客观地描述地方与无名或隐名状态中蓬勃的文学生态，二是对这一客观存在的文学生态长期被忽视的原因略作分析。毫无疑问，我对地方与无名或隐名状态的文学存在是抱有同情态度的。但这并不意味它们没有问题，也不意味它们无需反思。事实上，在这方面确实需要警惕民粹主义与反智倾向。也就是这些年的调查和观察，我以为地方与无名或隐名写作存在着不少令人忧虑的状况。当我们为海量的地方与无名或隐名写作所欣喜时又不得不承认它们在思想质量上的不尽如人意。我不是在所谓文学质量上来衡量他们的写作，而首先是在价值层面上表达我的遗憾。价值是客体与主体需要之间的一种关系，它关系到主客体方方面面许多要素。因为社会在变，人在变，人们的实践活动也在变，所以价值也在变。特别是社会发展迅速的时期，价值的变化也更为剧烈。如今的情形是，不管是从社会还是从个体来说，物质价值的创造与拥有在相当大的程度上压倒了精神价值的创造与实现。功利主义的价值观占据了主流。这必然导致价值与价值观的复杂和混乱，一些社会与个体发展的根本性的价值被悬置了，碎片化了，空心化了。社会的建设、连续与进步被畸形地理解和推进，大大小小不同类型的人类生命与文化共同体面临分化和解体，个体的物质与欲望被开发和放大，而精神与心灵的完善则弃之如敝屣……如此的价值失衡特别是负面价值与伪价值的生成已经近乎一场人文灾难。如果揆诸历史，民间常常守护着传统的价值，或者会提出新价值观，但在目前的中国民间，确实缺少这样的力量与动因。这在地方与无名或隐名写作中就可以看出来，一种常见的现象就是宣泄式、怨怼式甚至破坏式写作成为潮流。而事实上，隳败与沉沦不是我们生活的全部，批判、怨怼与绝望也不是我们全部的态度。我们还应该有更为积极的方式，那就是探讨或肯定理想与价值。人与社会都是自觉的生活主体，他们按照自己设定的目标来设计和规约自己的生活，并且认为只有这样的生活才是有意义和有价值的。所以，人们对生活的权衡，也必定从这些意义和价值出发。也正因为此，我们当下生活所出现的问题并不在现象与问题本身，而在于意义与价值出现了偏差。当人与社会在意义与价值这些根本性的基准出现偏差以后，个体的生活方式，人与人的关系，人与自然的关系，社会的结构与动作模式，一直到人与社会形而下的技术层面都随之发生变化。所以，不少学者与社会管理者都在呼吁重建社会，不是说社会不存在了，而是说这个社会不是原先的社会，也不是理想的或好的社会。如前所述，我之所以强调民间写作的意义就是它的功能不仅在于文学，而且在于它们可以转换成社会建设的路径，但恰恰在这方面，目前不管是地方抑或是无名或隐名写作，都还不能说能够担此重任。

（节选自汪政《文学以外的文学》，有删改）

问题：

(1)第三段中加点短语“思想质量上的不尽如人意”指的是什么？请简要概括。

(2)文章认为目前的地方与无名或隐名写作，有哪些不足？对于地方性写作，作者所期望的理想状态是怎样的？

10. 材料：

今天的中国，无论你走到哪里，几乎都能看见“奢华”这两个字。每一本时尚生活杂志都在不厌其烦地告诉你有关奢华的故事，每一个商品广告都试图让你感到它要卖的商品有多奢华。于是房子是奢华的，车子是奢华的，大衣是奢华的，手表是奢华的，皮鞋也是奢华的，就连内裤也可以很奢华，乃至于我刚刚吃过的涮羊肉也标榜自己的用料十分奢华。

本来这种东西是可以见怪不怪的，正所谓奢华见惯亦平常。可是有一天，我在杂志上看到一篇介绍英国手工定制鞋的文章，作者先是不断渲染英国绅士的低调含蓄，一两千字之后笔锋忽然一转，他还是未能免俗地要大谈这鞋子有多奢华，并将其定位为“低调的奢华”。然后把绅士等同于品位，再将品位等同于奢华。许多媒体早就在“奢华”和“品位”之间画上等号了，但现在有人进一步连“绅士”也挂了上去，这就让我觉得有些刺眼了。

我的生活奢华不起，我的言行也离绅士甚远，可我总算读过不少传说中的英国绅士写的东西，在我的印象中，绅士和奢华根本是两个完全不同的概念。且看19世纪英国绅士之间的通信，关于绅士的品位，他们是这么说的：“×××的家朴实无华，真是难得的好品位。”“他是那种老派的绅士，一件大衣穿了20年。”他们会称赞一个人的朴实和惜物，低调而不张扬，却绝对不会把看得见的奢华当作品位，尤其不会把它视为绅士的品位。

就以一双手工制作的顶级皮鞋来说吧，它是很贵，但它可以穿上一二十年，这里头的学问

不只是它自身的质量，更是你穿它、用它的态度。首先，你会珍惜它，所以走路的姿势是端正的，不会在街上看见什么都随便踢一脚。其次，你愿意花点时间和心思去护理它，平常回家脱下来不忘为它拂尘拭灰，周末则悠悠闲闲地替它抹油补色，权当一种调剂身心的休息活动（就算他有佣人，他也宁愿自己动手）。所以这双鞋能够穿得久，10年之后，它略显老态，但不腐旧，看得出是经过了不错的照料，也看得出其主人对它的爱惜。这叫作绅士。不一定喜欢昂贵的身外物，但一定不随便花钱，朝秦暮楚。他的品位不在于他买了什么，而在于他的生活风格甚至为人；他拥有的物质不能说明他，他拥有物质的方式才能道出他是个怎么样的人。

当然，一个人不能做物质的奴隶，但他的人格、性情或许可以借着物质偶尔散发出来。简单地讲，这就是教养。"教养"是一个何其古老、于今天何其陌生的词啊。这个词本来才是品位的绝配，不过，由于教养困难，奢华容易，我们今天才会把品位许给了奢华，让空洞的、无止境的消费去遮掩教养的匮乏。久而久之，甚至开始有人以为，英国的传统绅士皆以奢华为人生第一目标。

如果你觉得"教养"太过抽象，我可以为你举一些没有教养的好例子。开着一部奔驰车在街上横冲直撞，觉得行人全是活该被吓死的贱民，这是没有教养的。手上戴着伯爵表，然后借醉酒臭骂上错菜的服务员小妹妹，这也是没有教养的。教养不必来自家教，更不是贵族的专利，上进的绅士更看重后天的自我养成。然而，如今有力奢华地招摇过市之辈多如过江之鲫，甘于谦逊、力求品格善美的人却几不可闻，岂不可叹？

（选自梁文道《中华文摘》，有删改）

问题：

(1)请简要概述本文的论述层次。

(2)请结合文章，说说第五段画线句子的含义。

11. 材料：

著名的黑猩猩研究者珍妮·古多尔发现，幼小的黑猩猩常常玩这样的游戏：用手掌舀一点水，用牙齿嚼烂树叶，来汲取手掌中的水。而成年黑猩猩在干旱的季节，就是用嚼烂的树叶汲取树洞中的水解渴的。根据这样的发现，一些科学家认为，游戏行为是未来生活的排演或演习，游戏行为使得动物从小就能熟悉未来生活中要掌握的各种“技能”，例如追逐、躲藏、搏斗等等，熟悉未来动物社会中将要结成的各种关系。这对于动物将来的生存适应是非常重要的。这种假说可以称为“演习说”，基本观点是“游戏是生活的演习”。

有一些科学家不同意“演习说”。他们指出，游戏行为并不限于幼小动物，成年动物也同样需要。他们举出不少成年动物游戏的例子。对于成年动物来说，不存在用游戏来演习生活的需要。他们还指出，有些动物的游戏与生存适应毫无关系，例如河马喜欢玩从水下吹起浮在水面上的树叶的游戏，渡鸦喜欢玩从雪坡上滑梯的游戏等。这些科学家认为，动物游戏是为了“自我娱乐”，而“自我娱乐”是动物天性的表现，正像捕食、逃避敌害、繁殖行为等是动物的天性一样。越是进化程度高、智力发达的动物，这种“自我娱乐”的天性越强。游戏正是这种自我娱乐的集中表现。通过自得其乐的游戏，使动物紧张的自然竞争生活得到某种调制和补偿，使它们在生理上、心理上容易保持平衡，从而得到一定的自我安抚和自我保护。因而，不仅幼小动物，成年动物也需要游戏。以上假说可以称为“自娱说”。

不久前，美国加州大学神经生理学家汉斯·特贝、哈佛大学社会生物学家斯塔·阿特曼等人提出一种引人注目的新假说——“学习说”。他们认为，游戏是一种实践性很强的学习行为。特贝曾经在卡那里群岛上研究黑猩猩的学习行为。他发现，如果给黑猩猩一根棍子，它们就会用棍子做出各种游戏行为：会用棍子互相赶来赶去，像人们赶鸭子似的；也会用棍子去取挂着的食物。经历过这种游戏的黑猩猩，在今后生活中容易学会使用棍子。同样，“捉迷藏”和追逐游戏，也使动物学会利用有利地形保护自己的本领。游戏的实践性强，能产生直接的效果反馈，对锻炼动物的速度、敏捷、隐蔽、争斗、利用环境等能力很有效。游戏向动物提供了大量机会，使它们能把自身的各种天赋技能和复杂的自然环境、社会环境巧妙地结合起来，因而无论对幼小动物还是成年动物，游戏都是一种十分重要的学习行为。

美国爱达荷大学的约翰·贝叶和加拿大动物学家保尔·赖特认为，游戏不仅是学习，而且是“锻炼”。贝叶注意到，西伯利亚羱羊的游戏带有明显的锻炼倾向：它们选择游戏场地时，似乎总是从“实战”出发，选择在坎坷的斜坡上奔跑追逐，在陡峭的悬崖上跳跃，好像是在锻炼它们逃避敌害的能力。赖特发现，哈得逊湾的北极熊冬季生活艰难，要花很大力气去捕捉海豹、鱼类，过着紧张的流浪生活。到了夏季，冰雪消融了，北极熊转移到陆上生活，这时，食物来源丰富了，北极熊不必为猎食而整天奔波。它们吃饱喝足了，就进行各种游戏，如摔跤、奔跑、追逐、滑坡等。

夏季游戏好像体育运动，使北极熊在食物丰富的季节保持了身体的灵活和力量，这对于它们冬季捕食显然大有好处。因此，这两位学者提出“锻炼说”来补充“学习说”。

（节选自周立明《动物游戏之谜》，有删改）

问题：

（1）第二段中举河马和渡鸦游戏的例子，有何作用？请简要概括。

（2）请结合材料简要分析本文是如何体现科普文的艺术性的。

12. 材料：

中国古话说：“长江后浪推前浪，世上新人换旧人。”

人类社会的进步，有如运动场上的接力赛。老年人跑第一棒，中年人跑第二棒，青年人跑第三棒。各有各的长度，各有各的任务，互相协调，共同努力，以期获得最后胜利。这里面并没有高低之分，而只有前后之别。老年人先走，青年人也会变老。如此循环往复，流转不息。这是宇宙和人世间的永恒规律，谁也改变不了一丝一毫。所谓社会的进步，就寓于其中。这一番道理，虽然老生常谈，然而却是真理。

人世间的真理都是明白易懂的。可是，芸芸众生，花花世界，浑浑噩噩者居多，而明明白白者实少。你们青年人感觉敏锐，英气蓬勃，首先应该认识这个真理。要想树立正确的人生观和价值观，也必须从这里开始。换句话说就是，要认清自己在人类社会进化的漫漫长河中的地位。人类的前途要由你们来决定，祖国的前途要由你们来创造。这就是你们青年人的责任。千万不要把人生观和价值观当作一个哲学命题来讨论，徒托空谈，无补实际。一切人生观和价值观，离开了这个责任感，都是空谈。

那么，我作为一个过来人，我不想说些空话、废话、假话、大话，更是一无灵丹妙药，二无锦囊妙计。我只有一点明白易懂、简单朴素，又确实是真理的道理。我引宋代大儒朱子的一首诗：

少年易老学难成，一寸光阴不可轻。

未觉池塘春草梦，阶前梧叶已秋声。

这首诗的关键有二：一是要学习。比如你们对浩如烟海的中华经典必须有深刻的了解。最好能背诵几百首旧诗词和几十篇古文，让它们随时含蕴于你们心中，低吟于你们口头。这对于你们人文素质的提高，都会有极大的好处。二是要惜寸阴。光阴，对青年和老年，都是转瞬即逝，必须爱惜。“一寸光阴一寸金，寸金难买寸光阴”，这是古人留给我们的两句意义深刻的话。

对此，你们青年人不仅要心里明白，还要真正能实行，才能接好前人的接力棒，才不会虚度此生。以上都是我的肺腑之谈。

青年们，好自为之。世界是你们的。

（选编自季羡林《我的人生感悟》，有删改）

问题：

(1)文中加点的词语“青年人的责任”在作者眼中指的是什么？

(2)文章认为肩负着希望的青年人应该如何“好自为之”呢？请结合文本简要分析。

13. 材料：

冯友兰先生有一个提法："照着讲"和"接着讲"。冯先生说，哲学史家是"照着讲"，例如康德是怎样讲的，朱熹是怎样讲的，你就照着讲，把康德、朱熹介绍给大家。但是哲学家不同。哲学家不能仅限于"照着讲"，他要反映新的时代精神，要有所发展、有所创新，冯先生叫作"接着讲"。例如，康德讲到哪里，后面的人要接下去讲；朱熹讲到哪里，后面的人要接下去讲。

人文学科的新的创造必须尊重古今中外思想文化的经典创造和学术积累，必须从经典思想家"接着讲"。

"接着讲"，从最近的继承关系来说，就是要站在21世纪文化发展的高度，吸取20世纪中国学术积累的成果，吸收蔡元培、朱光潜、宗白华、冯友兰、熊十力等学者的学术成果，其中特别要重视朱光潜先生留下的大量的学术成果。对中国美学来说，尤其要从朱光潜接着讲。之所以特别强调朱先生，主要是因为他更加重视基础性的理论工作，重视美学与人生的联系。朱先生突出了对"意象"的研究。这些对把握未来中国美学的宏观方向都很有意义。宗白华先生同样重视"意象"的研究，重视心灵的创造作用。他从文化比较的高度阐释中国传统美学的精髓，帮助我们捕捉到中国美学思想的核心和亮点。他的许多深刻的思想可以源源不断地启发今后的美学史、美学理论的研究。

学术研究的目的不能仅仅限于搜集和考证资料，而是要从中提炼出具有强大包容性的核心概念、命题，思考最基本、最前沿的理论问题。从朱光潜"接着讲"也不是专注于研究朱光潜本人的思想，而是沿着他开创的学术道路，在新的时代条件、时代课题面前做出新的探索。每一个时代都有自己的学术焦点，这形成了每一个时代在学术研究当中的烙印。"接着讲"的目的是要回应我们时代的要求，反映新的时代精神，这必然推动我们对前辈学者的超越。

（摘编自叶朗《意象照亮人生》，有删改）

问题：

（1）请结合文本简要概述"照着讲"的意思。

（2）结合文本，简要分析当代中国的人文学科应怎样"接着讲"。

14. 材料：

教育和文化的目标，在于发展知识上的鉴别力。一个理想的受过教育者，不一定要学富五车，而只须明辨善恶；能够辨别何者是可爱，何者是可憎的，即是在知识上能鉴别。最令人难受的，莫过于遇着一个胸中满装着历史上的事实人物，并且对时事极为熟悉，但见解和态度则是完全错误的人。我曾遇见过这一类的人，他们在谈话时，无论什么题目，总有一些材料要发表出来，但是他们的见地，则完全是可笑可怜的。他们的学问是广博的，但毫无鉴别能力。博学不过是将许多学问或事实填塞进去，而鉴别力则是艺术的判别问题。一个满腹学问的人，或许很易于写成一部历史；但在论人和论事时，或竟是只知依人门户，并无卓识的。这种人就属于我们所谓缺乏知识上的鉴别力。

所以一个真有学问的人，其实就是一个善于辨别是非者。这就是所谓鉴别力。但一个人若想有鉴别力，他必须先有独立的判断力，不为一切社会的、政治的、文学的、艺术的或学院式的诱惑所动。一个人在成人时，他的四周必有无数各种各样的诱惑，如名利诱惑、爱国诱惑、政治诱惑、宗教诱惑，和惑人的诗人、惑人的艺术家、惑人的独裁者，与惑人的心理学家。当一个心理分析家告诉我们，便秘症引起暴躁的性情时，凡有识力者对之只可付诸一笑。当一个人错误时，不必因震于他的大名，或震于他的高深学问，而对他有所畏惧。

因此识和胆是相关联的，中国人每以胆识并列。凡是后来有所成就的思想家和作家，他们大多在青年时即显露出知识上的胆力。这种人决不肯盲捧一个名震一时的诗人。他如真心钦佩一个诗人时，他必会说出他钦佩的理由。这就是依赖着他的内心判别而来的；他也决不肯盲捧一个风行一时的画派，决不肯盲从一个流行的哲理，或一个时髦的学说，不论他们有着何等样的大名做后盾。他除了内心信服之外，决不肯昧昧然信服一个作家，这就是知识上的鉴别力。这无疑是需要某种对于自己的天真坦白的信心的，而这种自我便是一个人所有的最可靠的东西，一个学者一旦放弃了这种自我判断的权利，他便随时可受人生的各种欺蒙了。

孔子说：“学而不思则罔，思而不学则殆。”这个警告其实也是现代的学校所极为需要的。大家都知道现代一般的学校制度倾向于割舍了鉴别力以求学问，以一种堆塞的方法，以为有了一大堆知识便算是造就了一个有识之士，而把愉快的求知扭曲为一种机械的，有一定分量的，呆板与被动的知识的堆塞。但是我们为什么要把知识置于思想之前？我们为什么愿意称呼一个仅是读足了学分的大学毕业生为学成之士？这种学分和文凭何以会取代了教育的真正目的？

因为我们是在将民众整批地教育，如在工厂里边一般。而危险在于这种制度一经订立，我们即易于忘却教育的真正理想目标，即我所说的知识上鉴别力的发展。所以孔子说：“多见而识之，知之次也。”世上实在无所谓必修科目，无必读之书，甚至莎士比亚剧本也是如此。我曾

受过相当的教育，但我至今弄不清楚西班牙京城叫什么名字，并且有一个时期还以为哈瓦那是一个邻近古巴的海岛呢。

（选自林语堂《知识上的鉴别力》，有删改）

问题：

(1)拥有鉴别力，需要哪些条件？依据文章二、三两段，简要回答。

(2)现代的学校教育存在哪些弊端？请简要概括。

15. **材料：**

在北欧，尤其是奥斯陆的大街上，你会感到城市有一种非常舒服的整体性。它没有历史与现代的断裂与分离，而是和谐地浑然一体。这不仅是建筑外部，连建筑内部乃至家具风格也是一样。

今天的他们依旧喜欢用原木把屋顶装饰得像昔时的农舍，喜欢没有花纹雕饰的桌椅，喜欢用光洁的木板组合起来的衣柜与书架；他们已经成功地将自己即北欧传统审美的简朴转化为现代审美的简约，已经完成了自己的现代文化。

北欧人这种审美转型，是有历史文化优势的。北欧历史较为单纯，地处较远，距离几个重要的欧洲文化中心如佛罗伦萨、巴黎、法兰克福等都较远，源自这些中心的一些重大的文化思潮，如同发生地震的震中，到了北欧影响就大大减弱。比如崛起于17世纪意大利的巴洛克文化，那种跃动的曲线、华丽的图案以及流光溢彩，在巴黎和维也纳几乎沉迷了二百年，但对北欧的文化及其审美影响却甚微。

比较起来，中国就麻烦多了。自汉唐以来，中原汉文化的审美似乎一贯而下。明代的审美雍容大气、敦厚沉静，从中可以清晰地看到汉之博大与唐之沉雄。然而到了清代，满族皇帝们奢华的欲求，驱使整个社会的审美发生变异。清中期之后，国力的衰败便使这种追求无法企及而日渐粗鄙，审美能力和审美标准遭到破坏。此后则是外来文化的冲击，国民的美育和审美品格已不被提倡。当整个社会由传统的农耕社会转向现代的工业社会时，我们已经无所依据和无所凭借。社会审美像没头苍蝇乱撞。如何在审美上从传统向现代过渡，成了当代文化的大难题之一。

北欧人从传统到现代的审美过渡，来自两方面。一方面是经过知识界长期的创造性的努力与探索。瑞典是崇尚发明和设计的国家。他们在使用自己的传统元素时，要做认真的考察和研究。另一方面是公众的认可。没有公众认可，就不会成为集体审美。只有成为集体审美，才是一种时代的文化特质。

然而，这公众的认可需要整个社会具有较高的审美素质与文化水准，这就必须要有美育教育。知识界的努力是重要的关键。如果我们只去克隆舶来的“现代”，或者在传统中找卖点，我们自己的现代审美则无法建立起来。奥运会中的中国印、祥云和开幕式中“画卷”的设计，是一种积极和精心的努力。但还只是在设计范畴的个别成功的范例，更大的文化问题是我们的现代审美。而这种时代审美是不会自动转换与完成的。如果现代文化建立不起来，留下的空白一定会被商业文化所占据，就像当前充斥我们社会的粗鄙又浮躁的“暴发户审美”。

在这一点上，北欧人会不会给我们一些启示呢？

（选自冯骥才《从简朴到简约》，有删改）

问题：

(1)文中列举“巴洛克文化”的目的是什么？为什么说中国“社会审美像没头苍蝇乱撞”、当前充斥我们社会的是“暴发户审美”？

(2)文末说“北欧人会不会给我们一些启示呢”，请结合全文，概括北欧人从传统审美到现代审美的成功转型给我们的启示。

16. 材料：

人们常说，城里是农村人的梦想，农村是城里人的精神家园。可是，我的家乡就像我们的乡亲一样，年复一年地老去。

山还是那座山，河还是那条河，田野依旧平静，炊烟依旧袅绕。除了平坦的乡村道路延伸着一些希望，其他的都早已定格在记忆里。

我的故乡在湖北黄冈，坐落在倒水河畔，是著名的老区。那里远离都市，是一个被现代文明遗忘的角落。群山环绕的故乡被高速公路、铁路抛在一边，更不用说机场了。千百年来，人们或吃田地的出产，或靠一门手艺走村串户，或从事服务业，或在小型企业做手工活，养活着穷二代、穷三代。

老家有百多户人家，胡同连通，鸡犬串户。老屋的一条巷子十二户屋连屋，脊连脊。当年，人们吃饭的时候聚在某一家门前，尝“百家菜”；哪家有红白喜事，大家纷纷自愿帮忙，那叫一个壮观。月儿升起了，竹床、藤椅、小凳搬到一块。劣质烟点燃了，一壶茶，几瓶水，天南海北地唠，小孩们捉迷藏，从第一家一直藏到最后一家。月儿西斜，在大人此起彼伏的吆喝声里，不知疲倦的孩子们才依依不舍地散了。

如今，这条巷子只住着一个独身老人，今年七十多了。其余的都搬家做了城里人。有两间屋子因年久失修、雨水冲刷倒塌，其余的被铁锁封存。走在巷子中，满眼残破、衰败，连鸡犬猫都不见踪影。

新房子很少，穷二代、三代们把从城里挣的钱还给了城市。

村里少见青壮年，他们纷纷到城里打工去了，家里有大事才回来。女孩子开了眼界，宁可嫁给老头、多婚头、残疾人，也要保留城里人的身份。只有老人、妇女和孩子，留守着祖传的家业。晚辈给年迈多病的老父老母雇来保姆，给田地请来小工。一句话，不差钱，缺的是宝贵时间。农村的扶贫款项很多，合作医疗也很完备，但是老人缺的是在身边尽孝心的孩子。

小学荒废了。断壁残垣，荒草藤蔓，紧锁的木门。也不知道没有玻璃的窗户里，除了藏着我儿时的回忆之外，还有什么宝贝物件。随着孩子自然和非自然的递减，农村学校大都被并到乡镇里了。孩子在家门前上学的时代就这样远去。

村子旁有一个工厂，曾经机声隆隆。这里加工的半成品源源不断地送往武钢。能够到厂里做工是青年人的梦想。他们能够拿一份不错的薪水，每年还有几次去武汉的机会，的确让人眼馋。现在，这里已经办成了榨坊，虽然仍有机器声，但没有当年旺盛的人气。

走近田野，澄澈依旧、碧绿依旧。虽然种植的面积与重点有些不同，但不外乎还是那些品种。欠缺和遗憾却太多了。水间鹭鸶呢？田埂上的王八、水蛇呢？塘埂上的桑葚、梧桐籽呢？望着绿得有些沉寂的田野，我怅然若失。

乡间还有保留了数十年的行当，那就是货郎、赤脚医生（兽医）。自行车是主要的代步工具。只有在年关，摩托、各种小汽车才会多起来。

在跟村支书的聊天中得知，虽然党的富民政策好，但青年人习惯了做城乡之间的候鸟，不愿意在老家生活。可喜的是，本村有一个叫二狗的青年，在外打工十多年，积累了千万身家，近来准备回乡投资创办绿色家园公司。他计划承包部分的山和坡，逐年改良山林品种，以山茶和意杨林为主。扩建山间公路，增挖鱼塘鱼池。并新建休闲餐厅、宾馆和体育娱乐场馆。二狗的计划提起了我的兴趣。也许，像这样的有志青年才是农村的希望，他们的投资能够给家乡注入活力，使古老的乡村焕发出无限生机。

（选自牧云《慢慢老去的故乡》，有改动）

问题：

（1）文章第六段“新房子很少，穷二代、三代们把从城里挣的钱还给了城市”，这句话是什么意思？请结合文本，简要概括。

（2）结合全文，分析作者为什么说故乡在“年复一年地老去”？

17.材料：

本来，曹禺从南开转学到清华，一半是冲着王文显。他早就听说，这位外国语文学系主任，对戏剧颇有研究。

但听课后，他竟有些失望。从头至尾，王文显都在念英文讲义，而且年年如此，从不增删。难怪教《近代诗歌》的温源宁教授说，那情形“好似一个长老会的牧师正在主持葬礼”。

即便在课下，他也枯燥无味。据说，学生登门拜访，大多是谈正事，说完便走，“没有人逗留，也没有人希望延长约会时间”。

他不苟言笑，瘦长白净的脸上，嘴角略微向下撇。1936年外国语文学会的合影里，他穿件

深色的西服，搭配斜纹领带，背着手，和吴宓一左一右立在中央，满脸严肃。自1915年伦敦大学毕业，王文显便在清华教书，直至1937年学校南迁。其间，他历任教务主任、代理校长和外文系主任。

不同于为人的刻板，他写出的剧本却别有一番幽默，“没有丝毫沉闷无味之处”。

在暗讽袁世凯称帝的喜剧《梦里京华》中，他写下一幕大小老婆争当皇后的闹剧：“大太太喘气喘得活像夏天的狗。她旋转得眼花缭乱。一姨太太一个箭步跳到她身后，伸手要抓她的头发。她没有抓住头发，仅仅撕下她的领子。”

他的另一部英文喜剧《委曲求全》，写的则是教授钩心斗角的丑态。男主角是一位大学校长，一出场，便抱着哈巴狗，大言不惭地对下人说：“我要不耍一点儿手腕，你想我能维持五分钟之久吗？”

这是这位代理校长的切身感受吗？人们不得而知，至少，在现实中不大看得出来。在会议上，他不慌不忙，不东拉西扯；做事方面，他一丝不苟，“各个方面无疵可求”。甚至，他永远一个样儿，抽烟斗，打网球，夏天穿短装，冬天换长袍。

温源宁说他“像个固定的设备毫无改变”，调侃他为清华的“不倒翁”和“定影液”：“没有他，清华就不是清华；有了他，不管清华还会再有多少变革，也依旧是清华。”

与学生曹禺的悲剧不同，王文显的作品是喜剧，充满了嘲讽，令人捧腹大笑后若有所思。《委曲求全》在耶鲁大学演出时，《波士顿报》一位记者评价：“柔和的、恶嘲的微笑……实在是中国人对于喜剧的一种贡献。”

“（他的作品）是那种坐在小剧场里，一边喝着咖啡和茶，一边细细品味的话剧。”中国艺术研究院话剧研究所副研究员张耀杰说。

1990年，正读研究生的张耀杰在资料室无意中发现一本二三十年代的杂志。上面布满灰尘，旧得“翻几下就会烂掉”，其中介绍了王文显。不同于那个年代常有的慷慨激昂，他的剧作文字温文尔雅，很有情趣。

“这种情趣充满了文人式幽默，没有火药味，温厚中带着一丝人文关怀。”张耀杰说，“我们现在很少还有这种幽默。”

只是这种情趣“缺乏战斗性”，这些文字也在以往的戏剧史研究中被忽略。出版于上世纪80年代、被称为中国戏剧史权威著作的《中国现代戏剧史稿》一书，732页里对他的介绍只有薄薄4页。“剧中所表现的民主主义和爱国主义精神以及基于这种精神对当时中国黑暗现实的批判，是在历史上起了进步作用的。”书中写道。

清华大学图书馆东北角不远处，曾是王文显居住的北院住宅区。梁启超、朱自清等学者也一度在这里居住。

而如今,这里则是一大片草坪,稀稀拉拉种着柳树和杨树,有学生在看书,也有老人推着童车,早已不复是"点点翠竹千般绿,几条小路尽文人"的景象了。

(选自杨芳《那一种遥远的幽默》)

问题:

(1)文章已有"《梦里京华》"一例,为何还要列举"《委曲求全》"? 请简要分析。

(2)请根据文本,简要分析"没有他,清华就不是清华;有了他,不管清华还会再有多少变革,也依旧是清华"这句话的内涵。

18. 材料:

窗子里的人喜欢往窗外看,看外面的景物随四季而变化,看春天花开,看冬日雪落,看风乍起,吹皱一池秋水,看雨飘落,路上的行人在夏雨中匆匆走过……

人确实需要向外看的勇气,不能囿于一室之中,泯灭突破樊篱的渴望。人在屋里憋闷得久了,倦了,懈怠了,视角就凝固了:这不是体力上的疲惫,而是心智上的衰竭。这时就需要窗子里的人走到窗前,适时放飞一下郁闷的心情,放到太阳底下晒一晒,思想就不会霉掉。人只有在天地间才会多些悟的灵感和做的创意,从容淡定之中,情感才能归于平和,真知方可还原朴素。生活在高楼大厦中,被钢筋水泥日益挤压的人群不应只有伏案工作这一种姿势,人的生命也不应只有勤奋这一种底色,人的视野更不该只有室内这一种视角!什么时候能表现出那临窗极目的舒昂,这不仅是一时的心情,更是一种人生的气度。

唐人的窗外别有一番天地,"窗含西岭千秋雪,门泊东吴万里船。"门窗俱开的气势也只有唐人做得出。"吴楚东南坼,乾坤日夜浮。"凭高远望,极目江河湖泊,才能看懂化外之境,天地间凝结的浩然之气被唐人尽收眼底,一览无余。这不仅仅是一个视角的诗化,一种眼光的睿智,更是一种胸襟的开放,一个时代精神风貌的缩影。那种昂扬向上、奋发有为的人生价值观,传承为史书中的一脉奇香,引领后来人书写自己的人生。唐人的诗性内含风骨,高蹈得让那些只会追逐利益的后人满面含羞。

宋人的天地似乎是小了些。“半亩方塘一鉴开,天光云影共徘徊。”天空从方塘中赏鉴。“墙里秋千墙外道。墙外行人,墙里佳人笑。”情感交流也要隔着墙,已然没有了穿行天地间的大气,仅剩下移花接木的才气,收回可极八表的目光,定格成“庭院深深深几许”的偷闲。从此,大宋庭院的天空悬挂上一颗颗敏感的心,从“西北望,射天狼”的豪放与自信,演变成“倚门回首”的秀气与精致,目光不再远行,直把雕塑雕成了饰物,放在手中把玩,舒缓自己难以排解的感时伤情。即便宋人有将山水缩龙成寸的智慧,可这窗外庭院的视角也是狭隘多了。

清人是背着一肩负担看窗外的,平添了许多无奈,把凭窗的浩叹写进小说,借形象的虚拟隐晦地传达自己对这个世界的冷眼旁观。蒲松龄的聊斋算是打开了一个与普通人对话的轩窗,让山野之人进来,让渔夫樵子进来,让他们身上的清新之气驱散狭小空间封闭了太久的腐气、晦气、浊气……可这种胸襟只体现在落第举子的身上,是清代学子的悲哀。曹雪芹来得更加率性,径直走到外面,从广阔的天地中反观自己的书斋,悟通了人世间的百态人生,“世事洞明皆学问”——他饿着肚子依然能行走在大天大地里,用历经风雨饱蘸沧桑的笔触写出了惊世骇俗的文字,这是行走在天地间高傲的灵魂,是真正的读书人最后的尊严。在这本可窥一个王朝背影的大书中,让人看到了从兴盛到末路的历史,他开的是封建社会的天窗,容尽了世间的沧海桑田、风花雪月。

凭着这一扇扇历史中的大窗,我们仿佛看到一个个鲜活的生命从史册的书香中向我们走来,用生命奏出金石般的声响,叩开我们日益紧闭的心扉。时代发展到今天,我们不能埋头做“两耳不闻窗外事,一心只读圣贤书”的窗下囚徒,要从窗内的局促中走出来,任目游万仞,让思想远行。

(选自王呈伟《窗外人生》)

问题:

(1)文章的第一段为什么从“窗子里的人喜欢往窗外看”写起?有什么作用?

(2)结合第五段的信息,谈一谈对“他开的是封建社会的天窗,容尽了世间的沧海桑田、风花雪月。”这句话的理解。

19. 材料：

窗前有好几株梧桐树。这些都是邻家院子里的东西。但好像是专门种给我看的。自初夏至今，这几株梧桐树在我面前浓妆淡抹，显出了种种的容貌。

当春尽夏初，那些嫩黄的小叶子一簇簇地顶在秃枝头上，好像一堂树灯，又好像小学生的剪贴图案，布置均匀而带幼稚气。植物的生叶，也有种种技巧：有的新陈代谢，瞒过了人的眼睛而在暗中偷换青黄。有的微乎其微，渐乎其渐，使人不觉察其由秃枝变成绿叶。只有梧桐树的生叶，技巧最为拙劣，但态度最为坦白。它们的枝头疏而粗，它们的叶子平而大。叶子一生，全树显然变容。

在夏天，那些团扇大的叶片，长得密密层层，望去不留一线空隙，好像一个大绿嶂，又好像图案画中的一座青山。在我所常见的庭院植物中，叶子之大，除了芭蕉以外，恐怕无过于梧桐了。芭蕉叶形状虽大，但数目不多，那丁香结要过好几天才展开一张叶子来，全树的叶子寥寥可数。梧桐叶虽不及它大，可是数目繁多。那猪耳朵一般的东西，重重叠叠地挂着，一直从低枝上挂到树顶。窗前摆了几枝梧桐，绿叶成荫，我觉得绿意实在太多了。

一个月以来，叶子由最初的绿色黑暗起来，变成墨绿；后来又由墨绿转成焦黄；北风一起，它们大惊小怪地闹将起来，大大的黄叶便开始辞枝——起初突然地落脱一两张来，后来成群地飞下一大批来，好像谁从高楼上丢下来的东西。枝头渐渐地虚空了，露出树后面的房屋来，终于只剩几根枝条，回复了春初的面目。这几天它们空手站在我的窗前，好像曾经娶妻生子而家破人亡了的光棍，样子怪可怜的！我想起了古人的诗："高高山头树，风吹叶落去。一去数千里，何当还故处？"现在倘要搜集它们的一切落叶来，使它们一齐变绿，重还故枝，回复夏日的光景，即使仗了世间一切支配者的势力，尽了世间一切机械的效能，也是不可能的事了！回黄转绿世间多，但象征悲哀的莫如落叶，尤其是梧桐的落叶。落花也曾令人悲哀。但花的寿命短促，犹如婴儿初生即死，我们虽也怜惜他，但因对他关系未久，回忆不多，因之悲哀也不深。叶的寿命比花长得多，尤其是梧桐的叶，自初生至落尽，占有大半年之久，况且这般繁茂，这般盛大！眼前高厚浓重的几堆大绿，一朝化为乌有。世间的"无常"，莫大于此了！

但它们的主人，恐怕没有感到这种悲哀。因为他们虽然种植了它们，占有了它们，但都没能体验到上述的种种变化。他们只是坐在窗下瞧瞧它们的根干，站在阶前仰望它们的枝叶，为它们扫扫落叶而已。何从看见它们的容貌呢？何从感受到它们的象征呢？可知自然是不能被占有的。可知艺术也是不能被占有的。

（选自丰子恺《梧桐树》，有删改）

问题：

(1)文章说"自初夏至今，这几株梧桐树在我面前浓妆淡抹，显出了种种的容貌"。请结合文本，简要概括梧桐树的几种"容貌"。

(2)结合文本,简要分析"可知自然是不能被占有的。可知艺术也是不能被占有的"这句话所表达的意思。

20. 材料:

建筑之始,本无所谓一定形式,更无所谓派别。所谓某系或某派建筑,其先盖完全由于当时彼地的人情风俗、政治情况之情形,气候及物产材料之供给,和匠人对于力学知识、技术巧拙之了解等复杂情况总影响所产生。一系建筑之个性,犹如一个人格,莫不是同时受父母先天的遗传和朋友师长的教益而形成的。中国的建筑,在中国整个环境总影响之下,虽各个时代各有其特征,其基本的方法及原则,却始终一贯。数千年来的匠师们,在他们自己的潮流内顺流而下,如同欧洲中世纪的匠师们一样,对于他们自己及他们的作品都没有一种自觉。

19世纪末叶及20世纪初年,中国文化屡次屈辱于西方坚船利炮之下以后,中国却忽然到了"凡是西方的都是好的"的段落,又因其先已有帝王骄奢好奇的游戏,如郎世宁辈在圆明园建造西洋楼等事为先驱,于是"洋式楼房""洋式门面",如雨后春笋,酝酿出光宣以来建筑界的大混乱。正在这个时期,有少数真正或略受过建筑训练的外国建筑家,在香港、上海、天津……乃至许多内地都邑里,将他们的希腊、罗马、哥特等式样,似是而非地移植过来,同时还有早期的留学生,敬佩西洋城市间的高楼霄汉,帮助他们移植这种艺术。这可说是中国建筑术由匠人手中升到"士大夫"手中之始;但是这几位先辈留学建筑师,多数却对于中国式建筑根本鄙视。近来虽然有人对于中国建筑有相当兴趣,但也不过取一种神秘态度,或含糊地骄傲地用些抽象字句来对外人颂扬它;至于其结构上的美德及真正的艺术上的成功,则仍非常缺乏了解。现在中国各处"洋化"过的中国旧房子,竟有许多将洋式的短处来替代中国式的长处,成了兼二者之短的"低能儿",这些亦正可以表示出他们对于中国建筑的不了解态度了。

欧洲大战以后,艺潮汹涌,近来风行欧美的"国际式"新建筑,承认机械及新材料在我们生活中已占据了主要地位。这些“国际式”建筑，名目虽然笼统，其精神观念，却是极诚实的。这种建筑现在已传至中国各通商口岸，许多建筑师又全在抄袭或模仿那种形式。但是对于新建筑有真正认识的人，都应知道现代最新的构架法，与中国固有建筑的构架法，所用材料不同，基本原则却一样——都是先立骨架，次加墙壁的。这并不是他们故意抄袭我们的形式，乃因结构使然。我们若是回顾到我们古代遗物，它们的每个部分莫不是内部结构坦率的表现，正合乎今日建筑设计人所崇尚的途径。这样两种不同时代不同文化的艺术，竟融洽相类似，在文化史中确是有趣的现象。

我们这个时期，正该是中国建筑因新科学、材料、结构而又强旺更生的时期，也是中国新建筑师产生的时期。他们自己在文化上的地位是他们自己所知道的；他们对于他们的工作是依其意向而设计的；他们并不像古代的匠师，盲目地在海中漂泊，他们自己把定了舵，向着一定的目标走。我认为，他们是最有希望的。

（选自梁思成《中国建筑的希望》，有删改）

问题：

(1)请结合文本，简要概括“兼二者之短的‘低能儿’”出现的原因。

(2)中国建筑的希望体现在哪些方面？请结合文本，简要分析。

专题四　写作能力

链接答案本 P417

写作题（每小题50分，参考时限40分钟。共13小题）

1.阅读下面的材料，按要求写作。

乡间有谚语："丝瓜藤，肉豆须，分不清。"意思是丝瓜的藤蔓与肉豆的茎须一旦纠缠在一起，是很难分辨的。有个小孩想分辨两者的不同，结果把自家庭院里丝瓜和肉豆的那些纠结错综的茎叶都扯断了。父亲看了好笑，就说："种它们是用来吃的，不是用来分辨的呀！你只要照顾它们长大，摘下瓜和豆来吃就好了。"

综合上述材料所引发的思考与感悟，写一篇论说文。

要求：用规范的现代汉语写作；题目自拟，立意自定，不限文体；不少于800字。

2. 阅读下面的文字,按要求作文。

微博上流传着一个段子:一部高档手机,70%的功能都是没用的;一辆高档轿车,70%的速度都是多余的;一栋豪华别墅,70%的房间都是空闲的。你是否会恍然大悟:哦,是这么回事!审视一下自己,你那高配置的生活里,有多少资源放在角落里被闲置着,浪费着。也许,是时候把我们的身段放低一点儿,把我们的要求降低一点儿了。

综合上述材料所引发的思考与感悟,写一篇论说文。

要求:用规范的现代汉语写作;题目自拟,立意自定,文体自选;不少于800字。

3. 阅读下面的材料,按要求作文。

师旷是我国古代著名的音乐家。一天,师旷正为晋平公演奏,忽然听到晋平公叹气说:“有很多东西我还不知道,可我现在已70多岁,再想学也太迟了吧!”师旷笑着答道:“那您就赶紧点蜡烛啊。”晋平公有些不高兴:“你这话什么意思?求知与点蜡烛有什么关系?答非所问!你不是故意戏弄我吧?”师旷赶紧解释:“我怎敢戏弄大王您啊!只是我听人说,年少时学习,就像走在朝阳下;壮年时学习,犹如在正午的阳光下行走;老年时学习,那便是在夜间点起蜡烛小心前行。烛光虽然微弱,比不上阳光,但总比摸黑强吧。”晋平公听了,点头称是。

综合上述材料所引发的思考和感悟,写一篇论说文。

要求:用规范的现代汉语写作;题目自拟,立意自定,角度自选;不少于800字。

4. 阅读下面的材料，按要求作文。

某日，杨绛先生的同事问她："您一天能翻译多少字？"杨绛回答："我想平均起来也就不过五百字左右吧。"面对众人的不解，她补充道："我翻译其实是很慢的，我首先要把每段话的原意弄清楚，然后把每个原文句子通通拆解，再按照我们汉语的语言习惯重新组成句子，把整段话的原意表达出来。"正因为如此她才翻译出了一部部脍炙人口的著作。

综合上述材料所引发的思考和感悟，写一篇论说文。

要求：用规范的现代汉语写作，角度自选，立意自定，标题自拟，不少于800字。

5. 阅读下面的材料,按要求作文。

有这样一则笑话:某电视剧拍摄现场,西施弹奏《思乡曲》实在动人,连吴王夫差听后都不由自主地赞叹道:“此曲只应天上有,人间能得几回闻?”一旁有人说:“这话似乎有点像杜甫的诗句。”导演说:“管他呢,也许吴王夫差读过杜甫的诗吧。要不然,编剧怎么会这么写呢?”联想到平时报纸、电视、名人出书的现状,无错不成报,无错不成书,似乎习以为常。假如大家都负起责任……

综合上述材料所引发的联想和感悟,写一篇论说文。

要求:用规范的现代汉语写作;角度自选,立意自定,标题自拟;不少于800字。

6. 阅读下面的文字，按要求作文。

醉心于古文化研究的英国历史学家汤因比曾经说过，如果可以选择出生的时代与地点，他愿意出生在公元一世纪的中国新疆，因为当时那里处于佛教文化、印度文化、希腊文化、波斯文化和中国文化等多种文化的交汇地带。

居里夫人在写给外甥女涵娜的信上说："你写信对我说，你愿意生在一世纪以前……伊雷娜则对我肯定地说过，她宁可生得晚些，生在未来的世纪里。我以为，人们在每一个时期都可以过有趣而且有用的生活。"

综合上述材料所引发的思考和感悟，写一篇文章。

要求：用规范的现代汉语；文体自选，立意自定，标题自拟；不少于800字。

7. 阅读下面的材料，按要求作文。

习近平总书记曾指出，家庭是人生的第一所学校，父母是孩子的第一任老师。强调家长要时时、处处给孩子做榜样，要用正确的行动、正确的思想、正确的方法引导孩子。

2019年，全国妇联、教育部等九个部门印发的《全国家庭教育指导大纲(修订)》在家庭教育指导工作应该坚持的四项基本原则中，增加了“科学性原则”，对家庭教育指导工作进行了科学定位，要求家庭教育指导工作“遵循家庭教育规律，为家长提供科学化、专业化、规范化的指导服务”。

综合上述材料所引发的联想和感悟，写一篇论说文。

要求：用规范的现代汉语写作；角度自选，立意自定，标题自拟；不少于800字。

8. 阅读下面的材料，按要求作文。

近年来，素有“语林啄木鸟”之称的《咬文嚼字》开设专栏，为当代著名作家的作品挑错，发现其中确有一些语言文字和文史知识差错。对此，这些作家纷纷表示理解，并积极回应。中国作协主席铁凝诚恳地感谢读者对她的作品“咬文嚼字”；莫言在被“咬”之后，也表达了自己的谢意，他表示，请别人挑错，可能是消除谬误的好办法。

综合上述材料所引发的思考和感悟，写一篇论说文。

要求：用规范的现代汉语；角度自选，立意自定，标题自拟；不少于800字。

9. 阅读下面的材料，按要求作文。

许多植物自身都有对自然界灵敏的反应，并且不断调整自身的生存状态，如干旱让植物的根深扎于泥土中，风力大的地区的植物长得更牢固。肥沃的土地上生长快的植物往往材质松软，贫瘠的土地上生长慢的植物常常材质坚硬，植物如此，人也一样。

综合上述材料所引发的思考和感悟，写一篇论说文。

要求：用规范的现代汉语写作；题目自拟，立意自定，角度自选；不少于800字。

10. 阅读下面的材料，按要求作文。

走进书店，最畅销的全是一些“有用”的书，考试类啊，健康类啊，营销类啊……读它可以直接帮你升学、谋生、获利。其实读一些“无用”的书，做一些“无用”的事，花一些“无用”的时间，都是为了在已知之外，保留一个超越自己的机会。人生中一些很了不起的变化，就是来自这样的机会。不仅读书是这样，世上很多事情又何尝不是如此？

综合上述文字所引发的思考和感悟，写一篇论说文。

要求：用规范的现代汉语；角度自选，立意自定，标题自拟；不少于800字。

11. 阅读下面的材料,按要求作文。

书画鉴赏大家张伯驹的女儿在《忆父亲二三事》中写道:“父亲从小就接受中国传统文化的熏陶。他看的书很多:少年时就熟读《古文观止》;三千多卷的《二十四史》,二十多岁时便已读完了两遍;《资治通鉴》也如数家珍;唐诗宋词读记得就更多了。”这就是底子吧。从前的人,不管是写文章的、作书画的、唱戏的,都非常重视打好底子,所以他们的文章、书画、戏,才都样样到家,味道十足,很有面子。

综合上述材料所引发的思考和感悟,写一篇论说文。

要求:用规范的现代汉语;角度自选,立意自定,标题自拟;不少于800字。

12. 阅读下面的材料,按要求作文。

应对新冠病毒,最根本的还是提高人的免疫力。免疫力是指机体抵御外来侵袭,维护体内环境稳定性的能力,我们常用它来指个人或组织对社会生活中不健康因素的自我抵制能力。机体失去免疫力,生命就没有了保障;头脑失去免疫力,精神大厦就会坍塌……

综合上述材料所引发的思考和感悟,写一篇论说文。

要求:用规范的现代汉语写作;题目自拟,立意自定,角度自选;不少于800字。

13. 阅读下面的材料,按要求作文。

材料一:汉朝董遇云:“当以‘三余’。”或问“三余”之意。遇言:“冬者岁之余,夜者日之余,阴雨者时之余也。”意思是“冬天是一年的多余时间,夜晚是一天中的多余时间,下雨的日子是平时的多余时间”。这些时间正好可以用来读书。

材料二:画家齐白石曾以“余”“鱼”同音作《三余图》并题识:三余者,皆人故事,余字不能画,借鱼之形,取其音。白石有三余,曰:画者工之余,诗者睡之余,寿者劫之余。

综合上述材料所引发的联想和感悟,写一篇论说文。

要求:用规范的现代汉语写作,角度自选,立意自定,标题自拟;不少于800字。

下篇　全真模考

国家教师资格考试全真模拟试卷(一)

链接答案本 P431

综合素质(小学)

注意事项:

1. 考试时间为120分钟,满分为150分。

2. 请按规定在答题卡上填涂、作答,在试卷上作答无效,不予评分。

一、单项选择题(本大题共29小题,每小题2分,共58分)

在每小题列出的四个备选项中只有一个是符合题目要求的,请用2B铅笔把答题卡上对应题目的答案字母按要求涂黑。错选、多选或未选均无分。

1. 某学校多年来一直重视学生的素质教育,把创新教育作为研究性学习的重点实验课题,先后有近万名学生接受了创新教育培训,目前已有106名学生拿到了国家发明专利证书,另有19人在全国各类创新大赛中获奖。这体现了实施素质教育要求(　　)

A. 着眼于学生的终身可持续发展

B. 促进学生全面发展

C. 促进学生创新精神和实践能力的培养

D. 发展学生的主动精神,促进学生个性健康发展

2. 某小学康老师跟同事抱怨:“有的学生学习习惯差,不论怎样也学不好,他们到了初中肯定跟不上。”康老师的这种说法(　　)

A. 忽视了学生发展的整体性　　B. 忽视了学生发展的不可逆性

C. 忽视了学生发展的阶段性　　D. 忽视了学生发展的未完成性

3. 某校在六年级实行两张课程表,一张公开的应对检查,一张不公开的实际执行,以提高升学率。对于该校做法,下列说法正确的是(　　)

A. 遵循了学科教学的基本规则　　B. 降低了学生学习的效率

C. 体现了学校办学的特色　　D. 漠视了学生全面发展的需要

4. 王老师讲完新课，询问同学们是否学会，班级里鸦雀无声，王老师环视教室，这时小明回答："会了。"王老师说："好的。"于是王老师进行了接下来的教学任务，王老师的行为(　　)

A. 正确，与小明的互动体现了因材施教　　B. 正确，关注学生的课堂感受

C. 错误，未能践行以学习者为中心的理念　　D. 错误，只关注学科知识的学习

5. 张老师责令考试成绩不及格的小强停课半天写检查，张老师的做法(　　)

A. 合法，有助于警示其他学生　　B. 合法，教师有管理学生的权利

C. 不合法，侵犯了小强的人格权　　D. 不合法，侵犯了小强的受教育权

6. 教师王某曾因故意伤害罪被判处有期徒刑三年。刑满释放后，他向多个学校投过简历(简历中附有刑罚前所取得的教师资格证)，希望继续从事教师事业。下列说法正确的是(　　)

A. 学校应录用王某，王某的教师资格继续有效

B. 学校应录用王某，但王某的教师资格已经丧失

C. 学校不能录用王某，且王某的教师资格已经丧失

D. 学校不应录用王某，但王某的教师资格继续有效

7. 根据《中华人民共和国未成年人保护法》的规定，任何组织或者个人不得披露未成年人的个人隐私。上述内容是对未成年人实施(　　)

A. 家庭保护　　B. 社会保护　　C. 司法保护　　D. 学校保护

8. 张某为了找工作，购买了假冒硕士研究生毕业证书，构成了违反治安管理行为。依据《中华人民共和国教育法》，公安机关应对张某(　　)

A. 追究民事责任　　B. 予以治安管理处罚　　C. 追究刑事责任　　D. 予以教育行政处分

9. 某学校向学生推荐一种学习专用文具并鼓励学生购买，学校从中获利，这违反了(　　)

A.《中华人民共和国义务教育法》　　B.《中华人民共和国教师法》

C.《中华人民共和国教育法》　　D.《中华人民共和国未成年人保护法》

10. 吴某在距某小学不足一百米处，开了一家营业性电子游戏厅，允许该校学生出入。吴某的做法(　　)

A. 正确，吴某具有自主经营的权利

B. 正确，吴某并未强迫学生玩游戏

C. 错误，违反了《中华人民共和国义务教育法》

D. 错误，违反了《中华人民共和国未成年人保护法》

11. 某小学教室的天花板因地震脱落，学生小林被吓得不敢动弹，刘老师见状急忙冲上前去保护小林，自己被砸伤，班上的另外两名同学也受轻伤。对于这起事故，下列选项中正确的是(　　)

A. 学校应承担过错赔偿责任　　B. 学校应对教师给予适当补偿

C. 小林的监护人应承担赔偿责任　　D. 学校主管人员应承担刑事责任

12. 面对一张张充满期待的面孔,新来的班主任说:“新学年到来了,你们的人生也翻开了新的篇章。以前的你们是怎样的,我不想知道,老师只想看到现在的你们有多棒!”这表明班主任(　　)

A. 关爱全体学生　　B. 未能严慈相济

C. 保护学生隐私　　D. 未能因材施教

13. 斯霞老师曾经谈道:凡是要学生做到的,教师必须先做到;凡是要学生不做的,教师自己也一定不要做。教师的工作作风、学习态度、劳动习惯、待人接物等都会带给学生一定影响,甚至教师的板书、服饰、发型、言语、举止,学生都爱模仿。斯霞老师的这一主张,集中体现了师德规范的(　　)

A. 爱岗敬业　　B. 关爱学生　　C. 教书育人　　D. 为人师表

14. 李丽同学的爸爸跟学校校长是好朋友。班主任知道后,主动给李丽调整了座位,在课堂教学中给李丽更多的机会回答问题,并让其担任班长。班主任的行为(　　)

A. 有利于促进家校合作　　B. 履行了班主任职责

C. 影响了其他学生的成长　　D. 影响了校长的廉洁从教

15. 面对捣乱的学生,个别老师采取体罚的办法,但叶老师没有这样做,而是耐心地与学生交流,帮助他们改正缺点。这说明叶老师能够做到(　　)

A. 依法执教　　B. 团结协作　　C. 尊重同事　　D. 终身学习

16. 刚参加完培训的张老师将自己的心得在小组会议上与同事分享。这说明张老师(　　)

A. 富有团结协作的精神　　B. 注重业务能力的提高

C. 具有循循善诱的品德　　D. 重视专业素质的提升

17. 太阳系中的一些行星在中国古代有独特的名称,这些名称反映了古人对其特征的认识。其中公转周期接近12年,因用以纪年而被称为“岁星”的是(　　)

A. 土星　　B. 木星　　C. 金星　　D. 水星

18. 细菌是单细胞的微小原核生物,属于微生物的一大类,遍布土壤、空气、水、有机物质中及生物体内和体表,对自然界物质循环和全球生物平衡起着巨大作用。有些细菌能引起人和植物的病害,下列病害中,不属于由细菌引起的是(　　)

A. 鼠疫　　B. 麻疹　　C. 败血症　　D. 破伤风

19. 古人有称名、称字、称官职、称籍贯以及称谥号等习惯。有些诗文中称岳飞为“岳武穆”,“武穆”是(　　)

A. 籍贯　　B. 表字　　C. 谥号　　D. 官职

20. 文艺复兴时期,涌现出了许多杰出人物。下列不属于“美术三杰”的是(　　)

A. 达·芬奇　　B. 米开朗琪罗

C. 拉斐尔　　D. 莎士比亚

21. 下列科学家中,否定了“燃素说”,提出并阐明了燃烧作用的氧化学说的是(　　)

A. 拉瓦锡　　B. 波义耳

C. 普朗克　　D. 门捷列夫

22. 微积分学的创立,极大地推动了数学的发展,过去很多初等数学束手无策的问题,运用微积分,往往能迎刃而解。下列科学家中,与微积分理论创立和发展没有重大关系的是(　　)

A. 牛顿　　B. 柯西

C. 爱因斯坦　　D. 莱布尼茨

23. 欧洲文学史上出现过很多伟大的作家与经典著作,下列选项中,作家与作品对应不正确的是(　　)

A. 薄伽丘——《歌集》　　B. 莫里哀——《伪君子》

C. 狄德罗——《修女》　　D. 席勒——《阴谋与爱情》

24. 世界各地海洋盐分含量并不完全相同,有的海域盐分很高,有的海域盐分很低,浓淡之差可达130多倍。世界上最咸的海与最淡的海分别是(　　)

A. 黑海,波罗的海　　B. 红海,加勒比海

C. 红海,波罗的海　　D. 黑海,加勒比海

25. 中国古代有一种被称为诗余、长短句、曲子等的文学样式,其特点是:调有定格、句有定数、字有定声。这种文学样式的名称是(　　)

A. 诗　　B. 词　　C. 曲　　D. 赋

26. 在Excel中,要通过扇形面积反映每个对象的一个属性值在总值当中所占比例大小,应该选择的图表类型是(　　)

A. 柱形图　　B. 折线图　　C. 饼图　　D. XY散点图

27. 在Word的编辑状态下,选择整个表格,执行“表格”菜单中的“删除行”命令,对其结果表述正确的是(　　)

A. 表格中一行被删除　　B. 整个表格被删除

C. 表格中一列被删除　　D. 表格没有被删除

28. 下列选项中,与“教师”和“戏剧爱好者”两概念的关系一致的是(　　)

A. “军人”和“军医”　　B. “杨树”和“柳树”

C. “蛋糕”和“面包”　　D. “作家”和“画家”

29. 从所给四个选项中,选择最合适的一个填入问号处,使之呈现一定规律性(　　)

二、材料分析题(本大题共3小题,每小题14分,共42分)阅读材料,并回答问题。

30. 材料:

任教六年的李老师回忆道:读初二时,新来的语文老师以“春游”为题,让我们写一篇作文,我写了一次与爸爸上山采杨梅的经历,由于是自己的亲身经历,所以写得有声有色。这个语文老师对班上的情况不了解,并不知道我是班里最差的学生,在批改完作文后,我的作文成了班上唯一优秀的范文,老师拿着我的作文本声情并茂地大声朗读着,我一听是自己的作文,心狂跳起来。语文老师读完了以后,就对全班同学说:“请写这篇作文的同学站起来。”我在后排怯生生地站了起来,全班同学以惊奇的目光注视着我,我感到了一种从未有过的自豪。老师在读完了我的作文后,还分析了作文好在什么地方,并给了我几张空白稿纸让我再誊写一遍,然后在班里墙壁上开辟了一个作文园地。我的作文就是作文园地里的第一篇范文。由此,我找到了自信,发现自己原来并不一无是处,我也有很多闪光点。从那以后我开始要求自己坚持写周记和日记,并送给老师批改。老师在看完之后要么写一句评语,要么盖上一个“优秀”字样的图案,我感到非常满足。写日记这个习惯从初二开始一直保留至今,现在我的日记本已达五十多本了。

问题:请结合材料,从学生观的角度,评析语文老师的教育行为。(14分)

31. 材料：

李老师规定学生作业不工整罚款一元，上课迟到一次罚款两元，并把这些罚款买成文具奖励考试成绩靠前的同学，还利用假日时间为基础差的学生免费补课。他对自己要求也非常严格，积极参加各种学术进修，不断钻研新的教学方法，认真备课上课，甚至有时候会拖堂。

问题：请结合材料，从教师职业道德规范的角度，评析李老师的教育行为。（14分）

32. 材料：

“礼”，这个笔画简单的字眼，解释起来却有些复杂。

这世上本来没有“礼”，只是因为集体生存、社会发展的需要，才产生了“礼”的仪式，造出了“礼”的汉字。因此，“礼”也是社会生态的描摹。“礼”字的繁体是“禮”，本字为“豊”，一看便知与祭祀有关。在甲骨文中，“豊”的顶部就像两串美玉，底部就像有支架的建鼓。合起来会意，就是击鼓奏乐，用美玉敬奉祖先和神灵。上升到定义，就是敬神祈福的仪式。这托盘状的“豆”，后来也被视作食器或祭器。在人类文明早期，食器和祭器可不是普通物件，而是很重要的符号。食器象征基本的物质寄托，祭器象征虔敬的精神寄托，融汇起来恰巧与“民以食为天”的理念相吻合。

《礼记》有云：“经礼三百，曲礼三千”，大的礼仪准则有三百，小的礼仪规范有三千，可见礼仪数量之多。于是有人说，怪不得中国人太累，是被“礼”压的。其实，这么多“礼”是根据时间、场合和对象制订的，并不需要时时、处处、人人都去掌握，你只要知道什么场合注意什么问题就可以了。外交上有个术语叫“国际惯例”，社交场合的“礼”也是约定俗成的惯例，大家都按惯例行事，就习以为常了。庄重的场合需要彬彬有礼，宽松的场合可以不拘礼数。

在今人字典里，“礼”也分虚实两类，虚的如礼节、礼仪，礼貌、礼俗等，实的如礼品、礼金、礼服、礼花等。还包括与“礼”相关的人事和行为，如礼宾、礼遇、礼聘、礼让等。先贤把夫妻同房看

作人伦之大常,文称“敦伦”,戏称“周公之礼”。委婉含蓄之至,诙谐幽默之至。由此可见,大到国家和社团,小到街邻和家庭,“礼”无处不在,所以有“礼尚往来”,所以说“来而不往非礼也”。单“礼多人不怪”这句俗语,只能用在中国人身上,若用在外国人特别是西方人身上,他们会感到莫名其妙。满桌子美味佳肴,却说“略备薄馔,不成礼敬”,外国人怎能不奇怪呢?钱穆先生在会见美国学者邓尔麟时曾说:中国文化的特质是“礼”,“西方语言中没有‘礼’的同义词;它是整个中国人世界里一切习俗行为的准则,标志着中国的特殊性”。我们常说,中国是文明礼仪之邦,因为礼仪与文明是相统一的,礼仪是文明的载体,文明是礼仪的内涵,没有了礼仪,文明也就无所依附。总之,现代的“礼”,主要体现在外交与社交领域。

与现代有所不同的是,“礼”在古代还被看作是核心价值观,用来调整社会关系,具有制度属性和法律属性,是社会的典章制度和道德规范,即所谓“礼法”。“礼”的本意是“别尊卑,等贵贱”,其本质是对奴隶主中不同等级的人所享有不同礼遇的规定。先秦诸子都强调“礼”的作用在于维持建立在等级制度和亲属关系基础上的社会差异,这也正是“礼”的本质内涵。荀子说:“人道莫不有辨,辨莫大于分,分莫大于礼。”每个人都要按照自己的社会地位去选择合乎身份的“礼”,否则就是非“礼”。在《论语》中,颜渊问孔子什么是仁。子曰:“克己复礼为仁。一日克己复礼,天下归仁焉。为仁由己,而由人乎哉?”颜渊曰:“请问其目。”子曰:“非礼勿视,非礼勿听,非礼勿言,非礼勿动。”春秋时,鲁季氏以卿的身份行天子之礼,孔子愤慨地说:“是可忍也,孰不可忍也?”

鲁迅有个著名的立论叫“礼教吃人”。他所抨击的“礼教”,兴起于封建社会,其实质是封建礼法。有人把“礼教吃人”与孔子联系起来,其实记错了账。孔子曰:“敦礼教,远罪疾,则民寿矣。”孔子倡导的“礼教”与封建“礼法”有着本质的区别。封建卫道士从孔子那里取火,不是去爱人而是害人,这关孔子什么事?

“礼”经夏、殷、周三代沿革,到周公的时代已经比较完善。因此孔子说,“郁郁乎文哉,吾从周”。孔子遵从的就是周朝的典章礼制,这是他的政治理想。从某种意义上说,孔子是为“礼”而生并为“礼”奋斗了一生。孔子为何给儿子取名孔鲤,“鲤”者,礼也。他让儿子自小就要学诗、学礼,并说:“不学诗,无以言。”“不学礼,无以立。”“诗”和“礼”是古人教育后代最基本的功课,所以有“诗礼传家”之说,这是中国独有的历史文化传统。有的学者把文化分成观念形态、制度形态和物质形态,而在中国传统文化中,礼是把价值观念、制度设计、物质载体统合在一起,并且包含了风俗习惯的文化形态。邹昌林先生认为,文明产生在国家之前,礼仪产生在文字之前,文化的传承不仅依靠语言、文字,还依靠礼仪。中国文化作为唯一没有间断的原生文化,是以“礼”为标志和根源的。

(摘编自王兆贵《言之有“礼”》)

问题：

(1)文章为什么说在我国“礼仪是文明的载体”？请简要概括。(4分)

(2)请根据文章简要分析，“礼”的发展进程及其存在的意义。(10分)

三、写作题(本大题1小题，50分)

33. 阅读下面的材料，按要求作文。

有人说，我们所做的事情，无论好事还是坏事，99%都是习惯的杰作。在一个迅速变化的时代，旧习惯和新规则同时并存。在新变化和新规则面前，有的人或无动于衷，或手足无措；而有的人却能与时俱进，驾轻就熟。

综合上述材料所引发的思考和感悟，写一篇论说文。

要求：用规范的现代汉语；角度自选，立意自定，标题自拟。不少于800字。

国家教师资格考试全真模拟试卷(二)

链接答案本 P437

综合素质(小学)

注意事项:

1. 考试时间为120分钟,满分为150分。

2. 请按规定在答题卡上填涂、作答,在试卷上作答无效,不予评分。

一、单项选择题(本大题共29小题,每小题2分,共58分)

在每小题列出的四个备选项中只有一个是符合题目要求的,请用2B铅笔把答题卡上对应题目的答案字母按要求涂黑。错选、多选或未选均无分。

1. 白老师认为听话、成绩好的学生应该优先享用教学资源,所以总是格外关心、照顾班级前几名的学生。白老师的这种做法忽视的是( )

A. 学生的学习性　　B. 学生的个体性

C. 学生的发展性　　D. 学生的独立性

2. 刘老师针对目前课堂教学方法单一的问题,提出并在课堂中实践发现法、游戏法、参观法等教学方法,取得了良好的教学成效。这体现了刘老师( )

A. 勇于探索创新　　B. 具有奉献精神

C. 学科知识扎实　　D. 关心爱护学生

3. 在教学研讨会上,作为教研组组长的周老师多次强调:“作为老师,我们要寻找、研究一种适合学生的教育,而不是挑选适合教育的学生。”周老师的这一观点体现了( )

A. 素质教育以提高国民素质为根本宗旨　　B. 素质教育是面向全体学生的教育

C. 素质教育是促进学生全面发展的教育　　D. 素质教育是促进学生个性发展的教育

4. 孙老师常常鼓励班里的学生:“你的书法很漂亮,将来能成为一个书法家!”“你的歌唱得很动听!”“你的创新能力很强!”等等。孙老师的做法体现了( )

A. 教学相长　　B. 因材施教

C. 诲人不倦　　D. 恒于研究

5. 为防止学生受到网络伤害,班主任李老师要求班上所有学生将手机上交,并检查他们的信息和通讯录,以便及时了解情况。李老师的这种做法(　　)

A. 合法,班主任对学生有管教权　　B. 合法,班主任对学生有监护权

C. 不合法,侵犯了学生的隐私权　　D. 不合法,侵犯了学生的财产权

6. 根据《中华人民共和国宪法》规定,关于公民权利,下列选项正确的是(　　)

A. 劳动、受教育和依法服兵役既是公民的基本权利又是公民的基本义务

B. 受教育权是一部分公民的权利

C. 公民在年老、疾病或者未丧失劳动能力的情况下,有从国家和社会获得物质帮助的权利

D. 国家尊重和保障人权

7. 李某想举办一所学校以践行自己的教学理念,根据《中华人民共和国教育法》的规定,下列选项中属于举办学校应当具备的基本条件的是(　　)

A. 有稳定的财政投入　　B. 有固定的办学场所

C. 有合格的教师　　D. 有充足的生源

8. 国培计划又开始了,小张老师非常想去参加培训,但是教导主任却告诉他,现阶段是学校的成长壮大时期,急需张老师这样的教学骨干,让他以学校大局为重,不许他参加这次培训,让他过几年再去参加培训。下列说法正确的是(　　)

A. 小张老师应以学校大局为重,放弃培训　　B. 小张老师业务精良,不需要培训

C. 学校的做法侵犯了小张老师的参与管理权　　D. 学校的做法侵犯了小张老师的进修培训权

9. 派出所的两位警察来到一所小学,要求找该小学10岁的小华了解情况。得知警察没有联系小华的父母,班主任拒绝了他们当面询问小华的要求。该班主任的做法(　　)

A. 正确,依法履行了保护未成年人的职责　　B. 正确,依法保护了小华的人格尊严权利

C. 不正确,公民有配合公安机关办案的义务　　D. 不正确,干扰了公安机关的行政执法

10. 某校六年级学生小满放学后打架斗殴,不慎将其同学的鼻梁打断。根据《学生伤害事故处理办法》,应该对该事故承担赔偿责任的是(　　)

A. 学校　　B. 班主任

C. 小满本人　　D. 小满的监护人

11. 王某是一名国家机关工作人员,但是他嫌工资低,私下里偷偷参与了教科书的编写工作来赚取外快。根据相关法律,王某的做法(　　)

A. 能增加经济收入,合情合理　　B. 能解决自己的困难,情有可原

C. 违反法律法规,应给予行政处分　　D. 违反法律法规,但可免予处理

12. 小明是一名十二岁的学生,他父母早年离异,现在跟着父亲一起生活。小明经常旷课,有时还会在小卖部买烟。对此下列说法正确的是(　　)

A. 学校无需向小明的父亲反映小明经常旷课这一情况

B. 小卖部向小明出售香烟并不违法

C. 小明的父母对小明有教育的义务

D. 学校可以开除小明,并向小明的父亲收取罚款

13. 某小学教师因学生不写作业,就掐其脖子、打其脑袋、扔其书包并让学生滚,该教师的做法违反了教师职业道德规范的(　　)

A. 严谨治学　　B. 诚实守信　　C. 终身学习　　D. 关爱学生

14. 体育课上,苏老师发现张刚坐在操场边发呆,便询问情况,张刚说:“我最好的朋友走了,我很难过!”苏老师从此注意观察张刚,跟他聊天。有一天,张刚哭着告诉苏老师:“我最好的朋友就是我爸爸,他出车祸去世了!”于是,苏老师经常开导他,帮助他从悲伤中走了出来。对于苏老师的行为,下列说法正确的是(　　)

A. 偏爱张刚,未能关注其他同学　　B. 专心教学,不必承担其他责任

C. 细心观察,适时捕捉教育契机　　D. 侵犯隐私,干扰学生私人生活

15. 学校派骨干教师王老师外出参加培训。王老师说:“我经常给别人开讲座,哪里还需要去接受培训? 还是让刚参加工作的年轻人去吧!”下列关于此事的说法中,正确的是(　　)

A. 王老师具有团队协作的意识　　B. 王老师具有专业发展的意识

C. 王老师缺乏终身学习的意识　　D. 王老师缺乏课程建设的意识

16. 段老师为人热心,在教学、文体活动、班级管理等方面给新教师许多帮助,得到大家的好评。这表明段老师具有(　　)

A. 因材施教能力　　B. 团结协作精神

C. 严谨治学意识　　D. 课堂教学素养

17. 1945年秋,国共两党重庆谈判的主要成果是(　　)

A. 签署了《双十协定》　　B. 通过了《和平建国纲领》

C. 通过了《共同纲领》　　D. 制定了《中国土地法大纲》

18. 地理大发现也称大航海时代,是15到17世纪,欧洲航海者开辟东西方新航路和发现新大陆的航海活动的总称。下列航海家中,发现美洲的是(　　)

A. 迪亚士　　B. 麦哲伦　　C. 达·伽马　　D. 哥伦布

19. 始建于两千多年前春秋战国时期的中国(　　)是人类文明史上最伟大的建筑工程之一。

A. 北京故宫　　B. 长城　　C. 布达拉宫　　D. 莫高窟

20. 17世纪西方对东方进行商业垄断贸易和殖民扩张中，一些国家纷纷建立“东印度公司”，其中英国的“东印度公司”最为人熟知。下列国家中，也建立“东印度公司”的是（　　）

A. 德国　　B. 荷兰　　C. 西班牙　　D. 葡萄牙

21. “老当益壮，宁移白首之心；穷且益坚，不坠青云之志。”出自（　　）

A. 范仲淹《岳阳楼记》　　B. 王勃《滕王阁序》

C. 庾信《哀江南赋》　　D. 陶渊明《归去来兮辞》

22. 托尔斯泰被誉为“俄国革命的镜子”，是具有“最清醒的现实主义”的“天才艺术家”。下列不属于列夫·托尔斯泰创作的作品的是（　　）

A.《战争与和平》　　B.《复活》

C.《安娜·卡列尼娜》　　D.《罪与罚》

23. 下图的人像雕塑出自组雕《地狱之门》，原是法国雕塑家奥古斯特·罗丹为巴黎装饰艺术博物馆大门而作的雕塑。此雕塑后来被放大三倍复制，成为独立作品，作品的名称是（　　）

A. 巴尔扎克　　B. 守门人　　C. 望　　D. 思想者

24. 信息系统的安全关系到国家机关的运行、企业的经营和人们的日常生活。如果对信息系统安全掉以轻心，对安全风险置之不理，就可能给个人、企业、国家带来难以估量的损失甚至灾难。下列操作中，可能泄露个人信息的是（　　）

A. 在公共区域中关闭免费WiFi的自动连接

B. 包含个人信息或隐私内容的文件加密发送

C. 在电子邮件客户端直接打开附件文件查看

D. 不轻易更改防火墙的入站规则和出站规则

25. 人的血液成分中，主要功能为吞噬异物和产生抗体，以帮助机体防御感染的是（　　）

A. 白细胞　　B. 红细胞　　C. 血小板　　D. 蛋白质

26. 要使用Excel中的筛选功能，需要选择的选项卡是（　　）

A. 插入　　B. 数据　　C. 公式　　D. 审阅

27. 在Word编辑状态中,要输入特殊符号(如“℃”或“☆”),下列选项中可实现此功能的是( )

A. 编辑　　B. 插入　　C. 格式　　D. 视图

28. “并非一切糕点都是甜味的。”这句话的意思是( )

A. 至少有一种糕点不是甜的　　B. 没有一种糕点是甜的

C. 至少有一种糕点是甜的　　D. 没有一种糕点不甜

29. 找规律填数字是一项很有趣的游戏,特别锻炼观察和思考能力。按照“4+2→28”“6+3→218”“8+4→232”“9+3→327”的规律,下列选项中正确的是( )

A. 10+2→820　　B. 10+2→512　　C. 10+2→520　　D. 10+2→805

二、材料分析题(本大题共3小题,每小题14分,共42分)阅读材料,并回答问题。

30. 材料:

三年级一班的苗苗回家后跟妈妈说,谢老师根据课堂中回答出问题的数量多少来给他们安排座位,那天她一个问题都没有回答上来,就被安排在班里最后一排坐一个月。她特别不喜欢坐最后一排,感觉其他学生都在嘲笑她,老师也不理她。妈妈听后,第二天到学校跟谢老师探讨了关于排座的问题,谢老师丝毫没有反思之意,坚持认为自己的做法是正确的。

问题:请结合材料,从职业理念的角度,评析谢老师的教育行为。(14分)

31. 材料:

一位语文教师在作文评讲课上朗读一位学生的作文时,将文中的“神荼郁垒”(分别是两个降伏恶魔的神)的“荼”读成“图”,并严正板书,强调不能与“茶”混淆。该学生当即指正,说不该读“图”,应读“shū”,与“如火如荼”的“荼”读法不同,并说是爷爷教自己的。这位老师脸上一阵发烧,装出若无其事的样子说:“不可能有这种读法。”另一学生连忙查新华字典,说上面并无shū的读音,为老师解了围。后来这位老师在电视节目中看到了这四个字的正确读法,应是“shēn shū yù lǜ”,四个字自己竟然读错了三个,受到强烈震动。第二天就在全班学生面前做了慎重订正,并坦诚叙述了自己从不知到知的经过,检讨了怕“输面子”的内心活动。学生对此报以热烈的掌声。事后好几位学生对教师说:“我们知道您读错了音,但就是不敢向您讲。”这位老师深有感慨,并就此公开发表了题为《为教戒装》的体会文章。

问题:请从教师职业道德的角度,评析材料中语文教师的教育行为。(14分)

32. 材料:

“苦难是人生的一笔财富。”这是人们常说的一句激励、奋进的话,但学会正确对待苦难更有现实的意义。毕竟,苦难不是幸事,也不是每个人都能承受得起的。

在一次聚会上,那些堪称成功的实业家、明星谈笑风生,其中就有著名的汽车商约翰·艾顿。艾顿向他的朋友、后来成为英国首相的丘吉尔回忆起他的过去——他出生在一个偏远小镇,父母早逝,是姐姐帮人洗衣服、干家务,辛苦挣钱将他抚育成人的。但姐姐出嫁后,姐夫将他撵到了舅舅家,舅妈更是刻薄,在他读书时,规定每天只能吃一顿饭,还得收拾马厩和剪草坪。刚工作当学徒时,他根本租不起房子,有将近一年多时间是躲在郊外一处废旧的仓库里睡觉……

丘吉尔惊讶地问:“以前怎么没有听你说过这些?”艾顿笑道:“有什么好说的呢? 正在受苦或者正在摆脱受苦的人是没有权利诉苦的。”这位曾经在生活中失意、痛苦了很久的汽车商又说:“苦难变成财富是有条件的,这个条件就是,你战胜了苦难并远离苦难不再受苦。只有在这里,苦难才是你值得骄傲的一笔人生财富。别人听你的苦难时,也不觉得你是在念苦经,只会觉得你意志坚强,值得敬重。但如果你还在苦难中或者没有摆脱苦难的纠缠,你能说什么呢? 在别人听来,无异于就是请求廉价的怜悯甚至乞讨……这个时候你能说你正在享受苦难,在苦难中锻炼了品质、学会了坚韧? 别人只会觉得你是在玩精神胜利、自我麻醉。”

艾顿的一席话,使丘吉尔重新修订他“热爱苦难”的信条。他在自传中这样写道——苦难,是财富还是屈辱? 当你战胜了苦难时,它就是你的财富;可当苦难战胜了你时,它就是你的屈辱。

那么,让苦难不再成为屈辱的前提是:坚强面对,不屈不挠,勇于奋斗,最终战胜苦难,而让它成为你人生中真正值得汲取的财富!

(摘编自《课外阅读》2007.9)

问题:

(1)让苦难不再成为屈辱的前提是什么? 请结合本文,简要概括。(4分)

(2)每个人都有表达、自诉的权利,艾顿却说“还在受苦或者正在摆脱受苦的人是没有权利诉苦的”。结合文本谈谈你的理解。(10分)

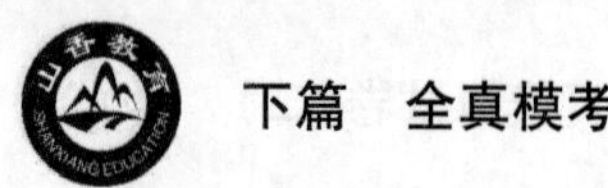

三、写作题(本大题1小题,50分)

33. 阅读下面的材料,按要求作文。

美国心理学家罗森塔尔和他的助手们来到一所小学,罗森塔尔以赞许的口吻将一份“最有发展前途者”的名单交给了校长和相关老师,并叮嘱他们务必要保密,以免影响实验的正确性。8个月后,罗森塔尔和助手们对那份名单中的学生进行复试,结果奇迹出现了:凡是上了名单的学生,个个成绩有了较大的进步,且性格活泼开朗,自信心强,求知欲旺盛,更乐于和别人打交道。

综合材料所引发的思考和感悟,写一篇论说文。

要求:用规范的现代汉语,角度自选,立意自定,标题自拟,不少于800字。

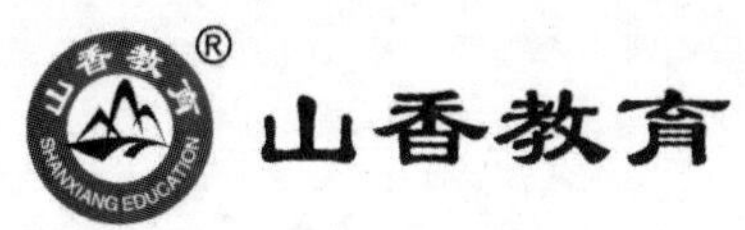

国家教师资格考试

高分过关题库

综合素质·小学

|答案|

山香教师资格考试命题研究中心　主编

目　录

上篇　过关快刷

下篇　全真模考

上篇　过关快刷

第一章　职业理念

①面向全体学生	⑦独特	⑬社区型开放
②学生全面发展	⑧具有独立意义	⑭尊重、赞赏
③学生个性发展	⑨学生学习的促进者	⑮帮助、引导
④创新精神	⑩教育教学的研究者	⑯反思
⑤实践能力	⑪开发者	⑰合作
⑥发展	⑫建设者	

一、单项选择题

答案速查

1～5	CDBCC	6～10	BADAD	11～15	DBBAA	16～20	BCDDD
21～25	CBAAD			26～32	ABAADDD		

1. C　【解析】本题考查教师观的相关内容。教师知识素养包括政治理论知识、精深的学科专业知识、广博的科学文化知识、必备的教育科学知识和丰富的实践知识。陈老师主动阅读专业书籍，说明陈老师注重提升自身素质，具有专业发展意识。A、D项说法正确。陈老师布置“师生共读书吧”，常常利用课余时间和学生共读一本书，有助于学生养成热爱阅读的良好习惯。B项说法正确。发扬教学民主包括建立平等的师生关系和生生关系，创造民主和谐的教学气氛，鼓励学生发表不同见解，允许学生向教师质疑等。题干未体现陈老师充分发扬教学民主。本题为选非题，故答案选C。

2. D　【解析】本题考查教师劳动特点。示范性指教师的言行举止等都会成为学生学习的对象。题干中多多在家里经常模仿老师的样子，体现了教师劳动的示范性特点。

A项，“学如不及，犹恐失之”的意思是：“学习(就像追赶什么似的)生怕赶不上，学到了还唯恐会丢失。”这里，孔子讲的是有关学习态度的问题。他觉得真正有志于学的人应当有着唯恐学不到、唯恐学不会的紧迫感。

B项，出自《论语》：“弟子入则孝，出则悌，谨而信，泛爱众，而亲仁。行有余力，则以学文。”意思是：小孩子在父母跟前要孝顺，出外要敬爱师长，说话要谨慎，言而有信，和所有人都友爱相处，亲近那些具有仁爱之心的人。做好了这些，如果还有余力，就应当学习诗书礼乐等知识。这句话强调学生应先致力于道德学习，其次才是知识学习。

C项，“信近于义，言可复也”的意思是：讲信用要合乎道义，合乎道义的诺言才能兑现。这句话强调要践行合乎道义的诺言。

D项，“桃李不言，下自成蹊”原意是：桃树、李树虽然不能说话，但是它们的花和果实，却吸引人走向它们，于是便在树下踏出了路。这句话引申到教育领域中，强调广大教师要以身作则，才会收到上行下效的效果，体现了教师劳动的示范性，与题干所述一致。故本题答案选D。

3. B　**【解析】**本题考查素质教育的内涵。素质教育是促进学生全面发展的教育，实施素质教育必须坚持德育、智育、体育、美育和劳动技术教育并举，促进学生生动活泼地发展。这就要求教师不能只注重学生智育方面的发展，也要关注学生其他方面的发展。题干中何老师要求学困生在课间操时间到办公室补课，剥夺了学生锻炼身体的时间，不利于学生的身体健康发展，违背了促进学生全面发展的要求，是不恰当的，故答案选B项。

4. C　**【解析】**本题考查学生发展的能动性。学生是具有能动性的人，他们对生活和外部世界充满好奇，这些都内在地驱动他们爱提问、好探究。教师的教应当抓住学生的好奇心与求知欲，因势利导，使他们对观察、思考、探究等理智活动感兴趣，对掌握知识、提高技能与发展自我感兴趣，这样他们的知识、能力与各方面素质才会逐步获得提高。正如杜威指出的那样：教学应“以儿童自己的冲动为起点，以达到更高水平为目的”。故答案选C项。

5. C　**【解析】**本题考查教师角色。题干中教师们积极参与“教研沙龙”活动，讨论教学中的热点和难点问题，体现了“研究者”和“学习者”角色，A、D项表述恰当。教师们在“教研沙龙”中互相启发，不断寻找新的教研生长点，体现了“合作者”角色，B项表述恰当。教师是学校教育教学活动的组织者和管理者，肩负着教育教学管理的职责。教师对班级的日常管理工作包括确定班级目标、建立良好的班集体、制定班级规章制度、维持班级纪律、组织班级活动、协调人际关系等，还需要对教育教学活动进行控制、检查和评价。题干案例未体现教师的管理者角色，本题为选非题，故答案选C项。

6. B　**【解析】**本题考查“以人为本”的学生观。学生在学习活动中是认识的主体、实践的主体和发展的主体，是学习的主人。题干中，东东在课堂上提问，马老师不但没有耐心解答，还说东东打岔、不礼貌，这表明马老师没有把东东当成学习的主人，忽视了学生的自主性。

7. A　**【解析】**本题考查素质教育观。题干中，王老师鼓励学生参与调查报告的撰写和评分规则制定，有利于调动学生的主观能动性，学生在思考的过程中能够激发其创造性思维，也体现了教师尊重学生的自主性。题干没有体现王老师注重学生的差别性。

8. D 【解析】本题考查“以人为本”的学生观。学生是发展的人,具有巨大的发展潜能。教师应坚信每个学生都是有培养前途的,是追求进步和完善的,是可以获得成功的,因而对教育好每一个学生应充满信心。题干中李老师把作业从难到易分成三类,说明李老师看到了学生的差异性,但是不允许学生“跳级”做作业,说明李老师没有看到中等生、学困生的学习潜力。

9. A 【解析】本题考查学生观。“以人为本”的学生观包括:(1)学生是发展的人;(2)学生是独特的人,每个学生都有自身的独特性;(3)学生是具有独立意义的人。学生在学习活动中是认识的主体、实践的主体和发展的主体,是学习的主人。①③④体现了“以人为本”的学生观的内涵。②⑤⑥表达正确,但不属于学生观,故不选。

10. D 【解析】本题考查教师劳动的特点。教师劳动特点主要有:(1)复杂性;(2)创造性;(3)主体性和示范性;(4)延续性和广延性;(5)长期性和间接性。其中,教师劳动的创造性要求教师的教学方法要不断更新。题干中张老师设计“童话故事大比拼”“故事续写”等活动激发学生的创造性,展现学生个性,体现了教师劳动的创造性。

11. D 【解析】本题考查教育观。素质教育是面向全体学生的教育,强调在教育中每个人都得到发展,而不是只注重一部分人,更不是只注重少数人的发展。题干中,教师的说法明显倾向于成绩比较好的安安,忽视了晓军的感受,未做到公平待生,未做到面向全体学生。ABC三项均未体现。

12. B 【解析】本题考查教师观。题干中,薛老师在教学中不停地讲解,而不考虑学生是否明白其所讲内容,这强调了教师的主导地位,但忽视了学生是学习的主体,B当选,D排除。教学是教师的教和学生的学构成的双边活动,薛老师的做法忽视了教学的本质,A排除。教师在课堂上的教学目标不仅仅是将知识讲完,更重要的是让学生理解、掌握教师所讲知识,而薛老师未考虑学生是否掌握知识,忽视了教学的目标,C排除。本题选B。

13. B 【解析】本题考查教师职业理念中的学生观。个体身心发展的个别差异性要求教育要因材施教。题干中,吴老师根据学生的知识基础、生活经验以及学习特点,有针对性地进行分层教学,因材施教,这体现了吴老师关注学生发展的个别差异性。

易混辨析:考生注意辨别区分不同规律的教育要求。

规律	教育要求
顺序性	遵循身心发展的客观规律,循序渐进施教,不能“揠苗助长”
阶段性	根据不同年龄阶段特点有针对性地施教
不平衡性	抓住学生发展的关键期,适时而教
互补性	长善救失,扬长避短
个别差异性	因材施教
整体性	着眼于学生的整体性,促进学生的一般发展

14. A 【解析】本题考查教师职业理念中的教育观。素质教育是促进学生全面发展的教育。实施素质教育必须坚持德育、智育、体育、美育和劳动技术教育并举，促进学生生动活泼地发展。题干中，于老师认为小学没必要开设综合实践活动课，而是要多上语文、数学课，这表明他过分注重智育，忽视了学生其他方面的发展，违背了素质教育要求学生全面发展的理念。

15. A 【解析】本题考查教师职业理念中的教师观。教师应当让自己成为一个学习者、成为学习共同体的一员，通过不断的自主学习、自我监控、实践反思、探究和研修，实现自我的更新与发展。题干中，杨老师拒绝参加集体学习与培训，认为年纪大了没必要再学习，这表明杨老师缺乏终身学习和专业发展的意识。题干并未体现杨老师的专业发展能力不足，本题A项最符合题意。

16. B 【解析】本题考查教师职业理念中的教育观。图片中教师只重视分数，过于关注智育，而忽视了德、体、美、劳等方面的培养，违背了学生全面发展的要求，是不恰当的。

易错提示：部分综合素质试题会结合图片进行考查，针对此类试题，考生要学会抓住图片中的关键信息，理解图片所要传达的意思。本题中，由图片和题干可引申出，大人即是教师，五个孩子则分别代表了素质教育倡导的五个方面，“分”得到了关注和照顾，“德”“体”“美”“劳”被忽视，说明教师只关注学生的分数而不关注其他方面的发展，即违背了全面发展的内涵。

17. C 【解析】本题考查教师职业理念中的学生观。题干中王老师让同学们互相批改作文并进行评价，调动了学生的主观能动性，体现了学生是学习的主体，培养了学生的独立性。

18. D 【解析】本题考查教师职业理念中的教师观。黄老师善于利用学校现有的资源进行教学，体现出黄老师是课程资源的开发者。

方法技巧：在现代教师角色转变中，“教师是课程资源的开发者与建设者”是常考点。教师积极主动地开发、编撰各类学习课程或书册、将生活经验引入课堂教学，利用校内外或自然生活中的各种资源进行教学等，都是教师具有良好的课程资源开发意识与能力的体现。

19. D 【解析】本题考查教师职业理念中的学生观。题干中，“不是每个学生都能考上大学”说明了个体与个体之间存在差异，C项不选。“学习上暂时落后并不代表永远落后”说明陈老师明白个体身心发展存在不平衡性和阶段性，有人“早慧”，发展得快，在学习方面占有优势；有人则大器晚成，发展较为滞后，在学习上暂时落后于他人。A、B项不选。题干中的话并未体现出陈老师重视学生发展的顺序性，故本题选D。

20. D 【解析】本题考查教师职业理念中的教师观。A项的做法不利于良好班级氛围的建设；B项做法可能会对班长的心理造成伤害，且教师不知道事情具体情况就让班长反省的做法也不恰当；C项批评全班学生的做法可能会引起学生的抵触情绪，不能起到很好的教育效果，也不利于之后课堂教学的进行。面对偶发事件，教师不应急于表态、下结论，而是弄清来龙去脉后再做

处理。所以方老师可以擦掉字先上课，课后再调查了解事情缘由，采取合理措施化解学生之间的矛盾，解决问题。D项做法恰当。

21. C 【解析】本题考查教师职业理念中的学生观。学生在学习活动中是认识的主体、实践的主体和发展的主体，是学习的主人。题干中陈老师若是将学生的提问布置成课外探究作业，不仅肯定了学生的课堂发问行为，促进了学生主体性的发展，还有利于学生自主学习、合作学习和探究学习。A项做法不恰当，会损害学生学习的积极性；B项做法不恰当，学生并未分心，只是在课堂教学中提出了自己的疑问，针对这种情况，教师可以通过恰当的方式引导学生思考；D项做法不恰当，这种做法说明教师没有做到严谨治学，是敷衍塞责的表现。

22. B 【解析】本题考查教师职业理念中的教师观。王老师想提高教学水平，主动向老教师学习，说明他重视专业发展和学习，B项分析不恰当。依据题干可知，王老师没有认真分析自己班级学生的学习情况，因材施教，而是在课堂教学中照搬李老师的教学方式，一味模仿他人，没有形成适合自己的教学模式，这是导致他教学效果不好的主要原因。A、C、D三项分析恰当，不选，故本题选B。

23. A 【解析】本题考查教师职业理念中的教育观。实施素质教育应当贯穿于幼儿教育、中小学教育、职业教育、成人教育、高等教育等各级各类教育，应当贯穿于学校教育、家庭教育和社会教育等各个方面。开展多种形式的社会实践活动，是实施素质教育的重要方法。

24. A 【解析】本题考查教师职业理念中的学生观。学生是学习的主体。学生在学习活动中是认识的主体、实践的主体和发展的主体，是学习的主人。林老师要求学生都用老师喜欢的一种方式解题，忽视了学生学习的自主性和个性发展需求，不利于培养学生的自主精神和独立思考能力。

25. D 【解析】本题考查教师职业理念中的教育观。素质教育要求促进学生全面发展。因此，教师应根据小峰的特点，寻找恰当教育时机，了解原因，从而找到合适的教学方法，树立小峰学习的信心。A、B、C三项做法恰当。D项做法忽视了智育的培养，不利于学生的全面发展，D项做法不恰当，本题选D。

26. A 【解析】本题考查教师职业理念中的学生观。学生在学习活动中是认识的主体、实践的主体和发展的主体，是学习的主人。教育的根本目的在于促进学生主体性的发展。针对学生的疑问，张老师可以让学生自己寻找问题产生的原因，培养学生的质疑精神和解决问题能力，提高学生学习的积极性和主动性。A项做法恰当。

27. B 【解析】本题考查教师职业理念中的教育观。题干庄老师根据不同学生的特点，鼓励其发展特长，表明庄老师能注重学生的个性差异，因材施教，而且通过鼓励激发了学生的自信，但题干未表现出庄老师注重学生的全面发展。

28. A 【解析】本题考查教师职业理念中的教师观。新课改要求教师根据具体情况创造性地进行教学工作,充分发挥自己的才能和奇思妙想,创造出富有个性的课程,由课程的“守成者”变成“开发者”。题干中曾老师能将日常生活中的事物与课堂教学的内容联系起来,巧妙地借用自然事物进行演示教学,表明曾老师具有课程资源开发的意识与能力。

29. A 【解析】本题考查教师职业理念中的教师观。新课程倡导民主、开放、科学的课程理念,这就要求教师必须在课程改革中发挥主体作用。教师不仅是课程实施的执行者,更应成为课程的开发者和建设者。教具、学具属于教学资源的一部分,沈老师将废旧材料“变废为宝”,表明其具有教学资源开发的能力。

30. D 【解析】本题考查教师职业理念中的教师观。教师的知识素养包括政治理论知识、学科专业知识、科学文化知识、教育科学知识和实践知识等。A项,政治理论知识一般包括马列主义、毛泽东思想和中国特色社会主义理论体系。A项不选。B项,文化基础知识指教师应具备的一般的人文知识、社会科学和自然科学知识等。B项不选。C项,学科专业知识即本体性知识,是教师所具有的任教学科的知识。C项不选。D项,教育科学知识即条件性知识,指教师必须具备的教育学、心理学、教育管理的知识。本题选D。

31. D 【解析】本题考查教师职业理念中的教育观。素质教育是促进学生个性发展的教育。每一位学生都有其个别性,教育要尊重并充分发展学生的个性。该小学改变了单一的评价制度,从学生的个性特长出发,增加了新的不同的评价标准并设置各项荣誉称号,有利于学生的个性发展。

32. D 【解析】本题考查教师职业理念中的学生观。学生是独特的人。教师要正视学生的个别差异,根据学生各个方面的情况因材施教。蒋老师在充分了解学情的前提下,对学生进行分层教学,尊重了学生的个性差异和不同特点,发挥了每一个学生的潜能,做到了因材施教。

二、材料分析题(参考答案)

1. 材料中,李老师的教育行为是不恰当的,违背了素质教育观的相关要求,我们应引以为戒。

(1)素质教育是促进学生个性发展的教育。每一位学生都有其个别性,教育要尊重并充分发展学生的个性。材料中,李老师对晓宇“画咖啡色月季花”的想法进行否定,在其拿出咖啡色月季花后直接否定他画画的天赋,扼杀了晓宇对画画的积极性,不利于其个性健康发展。

(2)素质教育是以培养学生的创新精神和实践能力为重点的教育。这要求教师在教学中应该激发学生创新意识,培养学生创新能力。材料中,李老师固守传统思维,多次否定晓宇画咖啡色月季的创新想法,扼杀了学生的想象力和创造性。

(3)素质教育要促进学生生动、活泼、主动地发展。材料中,晓宇将月季花涂成咖啡色,遭到老师批评后还带了一束纸折的咖啡色月季花向老师证明,李老师却不听晓宇的想法,而是认为晓宇没有画画的天赋,打压了学生的主动性和积极性,没有遵循素质教育的要求。

(4)素质教育要求教学要从“关注学科”转向“关注人”。教师在教学过程中不仅需要传授本学科的知识,更需要关注学生在课程中的情感体验。材料中,李老师多次否定晓宇“画咖啡色月季花”的想法,毫不顾忌学生在这一过程中的体会和感受,忽视了学生是一个“完整”的人。

综上所述,作为一名新时代教师,我们应积极践行素质教育观的相关要求,促进学生更好发展。

2. 材料中“我”的做法符合“以人为本”的学生观的要求,值得学习。

(1)“以人为本”的学生观认为学生是发展的人。学生具有巨大的发展潜能,教师应当用发展的眼光看待学生。材料中,“我”在面对上课注意力不集中、有各种小问题的小文时,并没有放弃他,而是看到了他身上发展的可能性,从谈话、表扬、交流等方式入手,帮助小文学会控制自己的情绪,约束自己的行为,说明“我”认识到了学生是发展的人。

(2)“以人为本”的学生观认为学生是独特的人。每个学生都有自身的独特性,教师应该根据学生不同的特点因材施教。材料中,“我”看到了小文身上有热爱阅读、专注、认错态度良好和信守承诺的闪光点,并从其闪光点入手帮助其改正缺点,说明“我”认识到了学生是独特的人。

(3)“以人为本”的学生观认为学生是具有独立意义的人。每个学生都是独立于教师的头脑之外,不以教师的意志为转移的客观存在。教师要把学生当作具有个体独立性的人来看待,因势利导地去施加教育,推动学生个体的健康成长。材料中,“我”知晓小文被一本书迷住后,抓住教育契机,因势利导地施加教育,让小文明白自己拥有许多优点,还常和小文一起读书、讨论,使小文通过阅读改正了缺点。这说明“我”尊重学生的独立性和主体性。

综上所述,教师在教学中应当遵循“以人为本”的学生观的要求,引导学生积极、主动地学习。

3. 材料中张老师的教学行为是正确的,践行了新课改下的教师观,值得学习。

(1)教师要从知识的传授者转变为学生学习的引导者和学生发展的促进者。材料中张老师在科学课上,开展“将杯子放入水中而纸不湿”的实验活动,充分调动学生的积极性和创造力,引导学生积极探究,培养了学生善于思考和动手实践的能力,促进了学生的全面发展。

(2)教师是教育教学的研究者和反思的实践者。材料中张老师在教育教学中善于研究,设计有趣的科学实验,在课后又认真反思总结,提高了自己的教学能力和水平,也培养了学生思考质疑和探究科学的品质。

(3)从教师教学行为上来看,新课程要求教师在对待师生关系上,强调尊重、赞赏。在对待教学上,强调帮助、引导。材料中张老师及时肯定和鼓励学生的发现,并适时地引导、启发学生,使得学生快乐地完成了本节课的学习任务,体验到了科学实验的乐趣。

综上所述,张老师的教学行为符合新课改下教师观的要求,促进了学生发展,值得肯定。

专题一 教育观

一、单项选择题

答案速查

1～5	ACCDB	6～10	BDBAD	11～15	DBDAB	16～20	BDCBD
21～25	CCBAA	26～30	DAADA	31～34	CBAB		

1. A 【解析】素质教育要求面向全体、全面发展、个性发展、培养学生的创新精神和实践能力，A项过于看重分数，不符合当前素质教育的要求。故A项理解错误，B项正确。素质教育是教育的核心，素质教育不是对特定阶段、特定学校提出的要求，而是对各级各类学校提出的要求。各级各类学校都应当发展素质教育，故C项正确。实施素质教育，必须把德育、智育、体育、美育、劳动技术教育等有机地统一在教育活动的各个环节中。关注学生学业的同时也应当注重德育、体育、美育、劳动技术教育等方面的发展，故D项正确。

2. C 【解析】素质教育是以提高国民素质为根本宗旨的教育，A项正确。素质教育是面向全体学生的教育，是促进学生全面发展、个性发展的教育，B项正确，C项错误。素质教育是以培养创新精神和实践能力为重点的教育，D项正确。

3. C 【解析】素质教育是促进学生个性发展的教育。有助于每一个学生在某一方面形成优势、学有所长。所以，鼓励学生发展特长体现了素质教育是促进学生个性发展的教育。

4. D 【解析】在能力的培养上，应试教育只重视技能训练，忽视能力的培养；而素质教育注重各种能力的培养。D项说法错误。

5. B 【解析】素质教育是促进学生全面发展的教育。实施素质教育必须坚持德育、智育、体育、美育和劳动技术教育并举，促进学生生动活泼地发展。题干中，班主任没有针对明明体育好这一特点因势利导，采取合理的措施引导其均衡发展，反而让明明把心思都放在学习上，不要贪玩，说明该班主任只关注学生的知识学习，不重视学生其他方面的发展，这一做法不符合素质教育理念，是错误的。本题选B。

6. B 【解析】素质教育是促进学生全面发展的教育。实施素质教育必须坚持德育、智育、体育、美育和劳动技术教育并举，促进学生生动活泼地发展。题干中孙老师的说法表明他只注重学生智育方面的发展，忽视了学生的全面发展。

7. D 【解析】素质教育是促进学生全面发展的教育，倡导的是在教育中使每个学生都得到充分的、

全面的发展。题干中小学将70%的课程安排为音乐、美术、舞蹈等内容，忽视了学生德育、智育、体育、劳动技术教育等方面的发展，故做法不正确，本题选D。

8. B　**【解析】**素质教育是面向全体学生的教育，应使每一位学生都得到发展。题目中的老师并没有因为陈涛总是不会还爱举手回答问题就训斥他，而是在课后积极帮助、鼓励他，说明老师不放弃任何一位学生。

9. A　**【解析】**素质教育是促进学生全面发展的教育。题干中，彭老师告诉家长不要太在意学生的成绩，而是应该全面地看待学生，体现了彭老师具有素质教育的理念。故本题选A。

10. D　**【解析】**全面发展的教育由德育、智育、体育、美育和劳动技术教育构成。它们相互依存、相互促进、相互制约，构成一个有机整体，共同促进人的全面发展。题干中，陈老师希望小安在练好体育之外也要学好文化知识，注重其智育的发展，这体现了陈老师关注学生的全面发展，其做法是对的，符合素质教育的理念。

11. D　**【解析】**素质教育要求学生全面发展。学校教育不仅要抓好智育，更要重视德育，还要加强体育、美育、劳动技术教育和社会实践，使诸方面的教育相互渗透、协调发展，促进学生的全面发展和健康成长。题干中，张老师的做法忽视了学生体育的发展，不符合素质教育的全面发展的要求。全面发展不意味着平均发展，C项说法错误。本题选D。

12. B　**【解析】**题干中学校针对学生的不同兴趣爱好，开设不同的兴趣小组，目的是针对学生的爱好因材施教，促进学生的个性发展。

13. D　**【解析】**素质教育的内涵包括：(1)素质教育是以提高国民素质为根本宗旨的教育；(2)素质教育是面向全体学生的教育；(3)素质教育是促进学生全面发展的教育；(4)素质教育是促进学生个性发展的教育；(5)素质教育是以培养创新精神和实践能力为重点的教育。故D项说法错误。

方法技巧：关于素质教育的内涵，考生可通过“国民两全一个一重点”来记忆：(1)“国民”：根本宗旨是提高国民素质；(2)“两全”面向全体学生和促进学生全面发展；(3)“一个”促进学生个性发展；(4)“一重点”以创新精神和实践能力为重点。

14. A　**【解析】**语文老师面对学生乙说“河里的水很活泼”这一情形，没有敏锐地捕捉到教育细节，探究乙为何如此造句，而是下定论点评乙的造句不贴切，在一定程度上遏制了学生的创新精神和意识，限制了学生想象力的发展，故①②③评价正确。这位老师的点评没有开拓学生的视野，故应将④排除，答案选A。

15. B　**【解析】**(1)是对素质教育面向全体学生这一内涵的误解。(3)是对素质教育形式化的误解，素质教育的主渠道是教学，主阵地是课堂，并非多开展课外活动、多上体育课就是实施素质教育。素质教育概念是在长期教育实践中，针对我国基础教育多为“应试教育”及种种弊端，根据现代科学技术、社会经济和人类自身发展对人才与教育的要求提出来的,是提高国民素质、更好地为社会主义现代化建设服务,以实现教育自身改革和发展的一项战略举措。故(1)和(3)都属于在实施素质教育中出现的误区,(2)的表述是正确的。因此,正确的有1个。

16. B 【解析】素质教育是以培养创新精神和实践能力为重点的教育。题干中的学生善于思考,敢于质疑,指出了老师教学上的错误,杨老师则肯定了该生勇于质疑的行为,这种做法有利于培养学生的发散思维、创新能力和反思能力。B项题干中没有体现,本题选B。

17. D 【解析】该班级的这一规定不正确。素质教育是面向全体学生的教育。素质教育倡导人人有受教育的权利,强调在教育中每个人都得到发展,而不是只注重一部分人,更不是只注重少数人的发展。每一位学生都能得到发展,是每一位学生的基本权利。题干中成绩排名前十的学生可以自由选座位,后十名的学生只能坐在最后一排,说明教师没有做到平等对待全体学生,违背了"素质教育是面向全体学生的教育"这一内涵。

18. C 【解析】素质教育是促进学生全面发展的教育。题干中的王老师过于看重小刚的学习成绩,虽然重视了小刚智育的发展,却忽视了其体育方面的发展。因此,王老师的做法不恰当,没有关注学生的全面发展。

19. B 【解析】素质教育是面向全体学生的教育。题干中,王老师每次都让小浩在话剧表演中扮演主角,忽视了其他学生,没有做到促进全体学生的发展,本题选B。

20. D 【解析】老师应该保护学生的好奇心,鼓励学生主动质疑、积极思考,培养学生的创造性思维。而王老师的做法欠妥,扼杀了学生的创造性思维。

21. C 【解析】素质教育的基本任务包括培养学生的身体素质、培养学生的心理素质、培养学生的社会素质。

22. C 【解析】作为国力竞争基础工程的教育,必须培养具有创新精神和实践能力的新一代人才,这是素质教育的时代特征。

易错提示:"培养创新精神和实践能力"既是素质教育的时代特征,也是素质教育的重点。创新教育则是素质教育的核心。

23. B 【解析】素质教育是以培养创新精神和实践能力为重点的教育。刘老师的做法得当,能够激发学生的创新精神,有利于培养学生的创新意识。从马老师的言语中可以看出,马老师重视考试,禁锢了学生的创造性。

24. A 【解析】素质教育的内涵包括:(1)素质教育是以提高国民素质为根本宗旨的教育;(2)素质教育是面向全体学生的教育;(3)素质教育是促进学生全面发展的教育;(4)素质教育是促进学生个性发展的教育;(5)素质教育是以培养学生的创新精神和实践能力为重点的教育。故A项不符合素质教育理论的观点。

25. A　【解析】素质教育坚持“两全”方针：面向全体、全面发展。素质教育倡导人人有受教育的权利，强调在教育中每个人都得到发展，而不是只注重一部分人，更不是只注重少数人的发展。每一位学生都能得到发展，是每一位学生的基本权利。所有人应该尊重这种权利，保护这种权利，创造条件实现这种权利。也就是说，素质教育不允许以任何形式或手段，对入学儿童按照种族、民族、性别、肤色、宗教、语言、经济地位等标准进行筛选，当然也包括纯粹以分数进行非正常的淘汰。故选A。

26. D　【解析】A项将课内活动改为课外活动，多上文体课，是对素质教育形式化的误解。素质教育的主渠道是教学，主阵地是课堂。B项不应给学生布置课后作业，是对素质教育使学生生动、主动和愉快发展的误解。学生真正的愉快来自通过刻苦的努力而获得成功之后的快乐，学生真正的负担是不情愿的学习任务。素质教育要学生刻苦学习，因为只有刻苦学习，才能真正体会到努力与成功的关系，才能形成日后所需要的克服困难的勇气、信心和毅力。C项，全面实施素质教育要求大力推进新课程改革。新课改中，从师生关系看教师角色转变，教师由控制者变为合作者；从课程运作看教师角色转变，教师由执行者变为决策者。故教师应成为课程运作的决策者而不是学生的决策者。D项教师应关注每一个学生，符合素质教育面向全体学生的内涵。因此，D项符合题意。

27. A　【解析】素质教育是促进学生全面发展的教育。实施素质教育必须坚持德育、智育、体育、美育和劳动技术教育并举，促进学生生动活泼地发展。题干中刘老师的做法只注重了学生的成绩，忽视了学生其他方面的发展，不利于学生综合素质的形成。故答案选A。

28. A　【解析】素质教育是促进学生个性发展的教育。每一位学生都有其个性，教师在教学中要尊重并充分发展学生的个性。题干中班主任吴老师对学习成绩一般但是舞蹈较出色的学生进行表扬，说明吴老师在教育过程中充分考虑学生的个体差异，关注学生的个性发展，而不是只关注学生的学习成绩，符合素质教育的要求。C项与题意不符，B、D两项在题干中未体现，故本题选A。

29. D　【解析】素质教育是以培养创新精神和实践能力为重点的教育。题干中，陈老师在教学中经常鼓励学生从多角度思考问题，说明其注重培养学生的创新精神和发散思维。

30. A　【解析】素质教育是促进学生全面发展和个性发展的教育，它倡导教育要促进学生生动、活泼、主动地学习，减轻学生学业负担。但是，减负、课外活动等仅是实现素质教育的突破口，而不是素质教育的全部，题干中校长的说法是对素质教育的片面理解，是错误的，本题选A。

31. C　【解析】素质教育是促进学生个性发展的教育。它要求教育工作者要充分尊重并发展学生的个性。题干中余老师的观点属于典型的“唯分数论”，即过分注重学生的成绩而忽视了学生的情感、人格的培养和特长的发展。这样的做法可能会提高学生一时的成绩，却不利于学生的个性化发展，不利于学生的长期发展。故本题选C。

32. B 【解析】素质教育的内涵包括:(1)素质教育是以提高国民素质为根本宗旨的教育;(2)素质教育是面向全体学生的教育;(3)素质教育是促进学生全面发展的教育;(4)素质教育是促进学生个性发展的教育;(5)素质教育是以培养创新精神和实践能力为重点的教育。素质教育认为,人的全面发展与个性发展是辩证统一的,人的个性发展总是和全面发展联系在一起的。没有全面和谐的发展,不会显示出完美的个性,个性也不会有很好的发展。题干中王老师的观点符合素质教育理念,故本题答案选B项。

33. A 【解析】素质教育是促进学生全面发展的教育。实施素质教育必须坚持德育、智育、体育、美育和劳动技术教育并举,促进学生生动活泼地发展。题干中陈老师认为音、体、美这些学科是大学时才该学的内容,这样的说法是错误的,不利于学生的全面发展。故本题选A。

34. B 【解析】素质教育是促进学生个性发展的教育。它要求教育工作者要充分尊重并发展学生的个性,重视每一位学生的个别差异,做到因材施教,有的放矢,发挥每个人的潜能和积极因素,弥补短处和不足,从而使学生的个性得以发展。题干中,班主任认为学习才是"正事",文艺是"旁门左道",其说法严重伤害了小周的自尊心和自信心;班主任要求小周成绩提高后才能参加文艺活动,其做法忽视了小周在文艺方面的发展。故本题选B。

二、材料分析题(参考答案)

1. 材料中蒋老师的教育行为,体现了素质教育的理念,值得肯定。

(1)素质教育是面向全体学生的教育。材料中,蒋老师制定的标准考虑到了不同水平的学生,并使所有学生尤其是基础较差的学生得到了较好的发展。

(2)素质教育是促进学生个性发展的教育。材料中,蒋老师制定的标准注重学生个性的培养,充分挖掘每个人的优点和特长。

(3)素质教育是促进学生全面发展的教育。材料中,蒋老师制定的评价标准在注重培养学生的特长的同时也鼓励学生对基础学科的学习,调动了学生的学习积极性,有助于学生提高兴趣、增强自信,促进学生的全面发展。

(4)素质教育是以培养创新精神和实践能力为重点的教育。材料中,蒋老师将"基础科良好,有所发明创造的"学生认定是优秀等级,这体现了蒋老师注重培养学生的创新精神与能力,有利于学生创新精神和实践能力的发展。

总之,材料中蒋老师通过制定不同的标准,激发了全体学生学习的积极性,既促进了学生的全面发展,也促进了学生的个性发展,体现了素质教育的理念,是值得称赞和学习的。

2. 材料中李老师的做法很好地践行了素质教育理念,值得肯定。

(1)素质教育是促进学生全面发展的教育。素质教育倡导的是在教育中使每个学生都得到充分的、全面的发展。材料中,李老师认为美术课堂不仅要教会学生画画,还应该培养学生更多的能

力，并且在教学实践中通过创意大赛、听音乐作画、古诗词意境配画、写生、参观美术展览等活动培养学生的综合能力，这表明李老师具有全面发展的理念。

(2)素质教育是促进学生个性发展的教育。每一个学生都有其个别性，有不同的欲望需求、不同的兴趣爱好、不同的创造潜能，这些不同点铸造了一个个千差万别、个性独特的学生。材料中，有的学生将旧衣服改成符合时尚潮流又具有独特魅力的新衣服；有的学生将旧衣物裁剪成布条、布块，制作成灯笼、布娃娃等布艺饰品……体现了学生不同的个性和潜能，李老师的教育方式促进了学生的个性发展。

(3)素质教育是以培养创新精神和实践能力为重点的教育。材料中，李老师通过"变旧为新"创意大赛、听音乐作画、古诗词意境配画、写生等活动培养了学生的创新精神和实践能力。

(4)素质教育倡导教师要具备开放与生成的教学观，教学不只是课程传递和执行的过程，更是课程创生与开发的过程。课程不只是"文本课程"(教学计划、教学大纲、教科书等文件)，更是"体验课程"(被教师与学生实实在在地体验到、感受到、领悟到、思考到的课程)。材料中，李老师带学生去郊外写生、参观美术展览，注重课程与自然、生活相结合，丰富学生的课程体验。李老师的行为充分体现了素质教育背景下新的教学观。

综上所述，李老师践行了素质教育理念，激发了学生的创新意识和实践能力，促进了学生全面和谐的发展。

3. 崔老师的部分教育理念虽然值得借鉴，但他的做法不符合素质教育的相关要求。具体分析如下：

(1)素质教育强调教师应面向全体学生。素质教育倡导人人有受教育的权利，强调在教育中每个人都得到发展，而不是只注重一部分人，更不是只注重少数人的发展。材料中崔老师喜欢找学习好的学生谈话，而对于成绩不太好的学生却不加干预，说明崔老师只注重个别学生的发展，违背了素质教育面向全体学生的要求。

(2)素质教育应促进学生的全面发展。素质教育倡导的是在教育中使每个学生都得到充分的、全面的发展。实施素质教育必须坚持德育、智育、体育、美育和劳动技术教育并举，促进学生生动活泼地发展。材料中崔老师对偏科的学生以及不喜欢体育锻炼的学生过分"宽容"，不利于学生综合素质的提高，违背了素质教育促进学生全面发展的要求。

(3)素质教育应促进学生的个性发展。每个人由于先天禀赋、环境影响、接受教育的内化过程等方面存在诸多差异，因此要求教师对学生进行差异性教育，做到因材施教。材料中崔老师虽然意识到学生之间存在差异，但并没有针对学生的差异进行针对性教学，过于消极，没有促进学生的个性发展。

(4)实施素质教育应当注重学校与家庭、社区教育的结合。家庭教育对学生的思想品德、心理素质、审美素质等起着启蒙和培养的作用,它的教育功能是学校以及社会其他群体所无法替代的。材料中,崔老师认为教育学生是老师的责任,没必要教促学生家长支持学校工作,这种观念忽视了家庭教育的作用,不利于促进家校合作,形成教育合力。

综上所述,崔老师没有正确落实素质教育理念,没能促进全体学生的全面发展和个性发展,作为老师我们应引以为戒。

4. 李老师的教育行为符合新课改背景下的教育观,值得肯定。

(1)素质教育是促进学生全面发展的教育。素质教育倡导的是在教育中使每个学生都得到充分的、全面的发展。材料中,李老师在教授学生科学课的同时,还积极组织课前小演讲活动,培养学生的语言表达能力和对知识的理解能力,促进了学生的全面发展。

(2)素质教育是促进学生个性发展的教育。每一位学生都有其个性,教育要尊重并充分发展学生的个性。材料中,李老师在教学中设置问题情境,鼓励学生独立发现问题,提出问题,发表自己的见解,有利于学生展示个性,满足了学生个性发展的需求。

(3)素质教育是以培养创新精神和实践能力为重点的教育。创新能力的培养是素质教育的核心。材料中,李老师在教学中让学生自己寻找答案,并鼓励学生一题多解,培养了学生的创新意识。

(4)教学重结论更要重过程、关注学科更要关注人。材料中,李老师通过课前小演讲、创设问题情境等方式,让学生在了解名人故事和问题解决过程中获得知识、发展能力,并在教学中给予学生一定启发,对学生加以引导和培训,使学生的思维品质更加完善。这说明李老师在课堂教学中注重过程、以学生为中心。

作为一名教师,我们应当践行素质教育理念,实现学生全面发展与个性发展的统一,培养学生的创新精神。

专题二 学生观

一、单项选择题

答案速查

1~5	DDBBD	6~10	CDBCC	11~15	DAACA	16~20	CBDDB
21~25	CBDDA	26~30	CBBAD	31~35	CBCDA	36~40	BCBBA

1. D 【解析】在学校教育活动中,“以人为本”是以所有学生的发展为本,或者说以每一个学生的发展为本,它必须遵循“教育公正”原则。教育公正在教育活动中的体现,就是所有的学生都能获得同样的教育机会,或者说教育机会对所有的学生来说是均等的。该教师只让写作能力强的学

生寄信的做法没有做到公平、公正地对待所有学生。

2. D 【解析】新课程标准强调以人为本，关注人是新课程标准的核心理念。坚持以人为本，必须以学生作为教育活动的出发点。D项所述属于传统的教学观念，不符合当代学生观所提倡的“以人为本”（即以学生为本）的教育理念。

3. B 【解析】每一个学生都有其个别性，有不同的欲望需求、不同的兴趣爱好、不同的创造潜能，教师要尊重学生的个性差异。在组织书法兴趣小组时，马老师规定每个同学都必须参加，这种做法忽视了学生的个性差异。

4. B 【解析】题干中刘老师怕两个学生影响自己评选先进教师，而对学生恶语相向，并不是引导学生努力学习，D项错误。同时，刘老师认为两位学生学习不刻苦、成绩差，没有继续学习的必要，表明刘老师没有认识到学生拥有巨大的发展潜能，没有看到学生是发展的人。B项最贴合题意，排除A、C两项，本题最佳选项为B项。

5. D 【解析】曾老师坚持让学生采用多种方法记录学习过程这个措施有利于学生学习和成长，因此A、B两项排除；曾老师在过程中指导学生不断优化记录方法的教学行为充分体现了对学生自主性的尊重，因此D项当选，C项在题干中没有体现。

6. C 【解析】每个学生都有自身的独特性，独特性也意味着差异性，教师不仅要认识到学生的差异性，而且要尊重学生的差异。马老师根据学生不同的学习基础设计课堂提问和练习，说明马老师很关注学生的个体差异，这样才能更好地促进全体学生的发展。本题选C。

A项，循序渐进强调要按照知识逻辑顺序和学生认知发展顺序进行教学，教学相长强调教与学相辅相成。题干未体现教学相长，排除。

B项，分层教学是指根据全班学生的知识基础和认知水平等，将他们分成几个不同层次。在此基础上，教师有针对性地进行分层备课、分层授课、分层指导，使学生进行分层练习，让不同层次的学生最终达成不同的教学目标。均衡发展注重学生的整体发展水平。马老师并未把学生分成不同层次进行提问和练习，排除。

D项，全面发展强调德智体美劳各方面和谐发展，题干未体现马老师实现了学生的全面发展。

7. D 【解析】“以人为本”的学生观认为，学生的身心发展是有规律的。个体身心发展的阶段性规律是指个体在不同的年龄阶段表现出身心发展不同的总体特征及主要矛盾，面临着不同的发展任务。因此教育工作要根据不同年龄阶段的特点分阶段进行。题干中的老师认为一年级的孩子学习奥数为时过早，说明该老师能看到学生发展的阶段性差异，明白教育要根据学生的身心发展特点选择合适的教育内容。本题选D。

8. B 【解析】学生是发展的人，具有巨大的发展潜能。题干中，陶行知的话语说明学生是具有发展潜能的人，是有培养前途的，教师应该用发展的眼光去看待学生。

9. C 【解析】"以人为本"的学生观强调学生是发展的人,学生是独特的人,学生是具有独立意义的人。当学生学习上出现问题时,教师应该耐心教导,不能因为暂时的成绩落后就否定学生的未来。对学生冷嘲热讽甚至否定学生的努力,认为智商低是遗传的,不予理睬等行为都是错误的。

10. C 【解析】学生是完整的人,学生并不是单纯的抽象的学习者,而是有着丰富个性的完整的人。这要求教师在教育活动中要把学生作为完整的人来对待,反对那种割裂人的完整性的做法,还学生完整的生活世界,丰富学生的精神生活,给予学生全面展现个性力量的时间和空间。题干中范老师撤销晓月班干部职务的做法忽视了学生发展的完整性。故本题选C。

11. D 【解析】根据不同学生的认知水平、学习能力以及自身素质,教师应当因材施教,在教学中选择适合每个学生特点的教学方式。对于小明,教师应该表扬其勇于发言的行为,不能因其答错而指责,而是应进一步启发其多思考,达到掌握知识的目的;对于小强,教师要鼓励其多举手发言。

12. A 【解析】"以人为本"的学生观强调学生是发展的人,有巨大的发展潜能。题干中学校鼓励学生积极参与活动,对学生充满信心,促进了学生的发展。

13. A 【解析】每个学生都有自身的独特性,教师要在教育过程中贯彻因材施教的教学原则,做到"一把钥匙开一把锁"。题干中,韩老师在了解班级每个学生的情况后,为每位学生制订了合适的个人发展规划,这说明韩老师关注学生个体发展的差异性,能够因材施教,本题选A。

14. C 【解析】"道而弗牵,强而弗抑,开而弗达"的意思是:(对学生)引导而不牵拉;劝勉而不压抑;指导学习的门径,而不把答案直接告诉学生。这句话蕴含把学生当作学习的主体,在教学中引导学生,让学生自主发展的思想。C项不符合题意。

15. A 【解析】"以人为本"的学生观强调教师应该尊重学生,不挖苦、嘲笑学生,不能因为学生的小错误,将学生完全否定,而是要看到学生的闪光点,采取合理的措施帮助学生更好地进行发展。而题干中吴老师对学生进行讽刺、挖苦,显然违背了"以人为本"的学生观。

16. C 【解析】A项,只有成绩优良的学生才是好学生,这句话违背了素质教育理念。B项,学生在教学中处于从属地位,违背了新课改下学生是学习主体的理念。学生是发展的人,具有巨大的发展潜能。C项所述看到了学生的发展潜能,符合"以人为本"的学生观,D项则违背了这一理念。C项正确,D项错误。

17. B 【解析】学生是发展的人,有着巨大的发展潜能。题干中,班主任从李岩现在数学学习上的表现推断其以后物理、化学也学不好,否定了学生的发展潜能,忽视了学生是处于发展过程中的人,没有用发展的观点认识学生。

18. D 【解析】个体身心发展的个别差异性要求教师在教育教学中贯彻因材施教的原则。陶行知

先生所说的“不能勉强都长得一样高”启示教师要深入了解学生的个别差异性，因材施教，使每个学生都能发挥所长，得到应有的发展，而不能强求所有学生都发展得一模一样。

19. D 【解析】新课程提倡的学生观主要包括：(1)学生是发展的人，要用发展的观点认识学生；(2)学生是独特的人，要尊重个性，承认差异，因材施教；(3)学生是具有独立意义的主体，不以教师的意志为转移。

20. B 【解析】“以人为本”的学生观认为，学生是独特的人，学生与成人之间存在着巨大的差别，学生的观察、思考、选择和体验，都和成人有明显不同。题干中，罗老师认为应当“把孩子看作孩子”，就是认识到学生有自己的独特性，与成人不同，教学要以学生为本，促进学生的发展。本题选B。

21. C 【解析】学生是具有主体性的人。所谓主体性，就是指学生在教学中的主观能动性，具体表现在五个方面：(1)独立性。每个学生都是一个自组织系统，一个独立的物质实体。(2)选择性。它是指学生在教育过程中可以在多种目标、多种活动中进行抉择的特点。(3)调控性。学生可以对自己的学习活动进行有目的地调整和控制，如学习困难时，激励自己；取得好成绩时，告诫自己不要骄傲；学习目标不恰当时，及时调整修正；对学习过程进行自我监控等。(4)创造性。它是指学生在教育活动中可以超越教师的认识，超越时代的认识与实践局限，科学地提出不同的观点、看法，并创造具有成效的学习方法。(5)自我意识性。即学生作为主体对自己的状态及在教育中的地位、作用、情感、态度、行为等的自我认知。根据题意可知C项正确。

22. B 【解析】“以人为本”的学生观强调学生是具有独立意义的人。这意味着：(1)每个学生都是独立于教师的头脑之外，不以教师的意志为转移的客观存在。教师必须尊重学生的个体独立性，不能把自己的个人意志强加于学生的思想之上，要客观地看待学生的成长与成才，把学生当作不以自己的意志为转移的客观存在，当作是具有个体独立性的人来看待，因势利导地去施加教育，推动学生个体的健康成长。(2)学生是学习的主体。学生在学习活动中是认识的主体、实践的主体和发展的主体，是学习的主人。(3)学生是责权的主体。题干中李老师强调教师权威，体现了教师的绝对主导，不允许任何学生质疑课本体现了以教材为中心，违背了“以人为本”的学生观，故AD项排除，B项当选。C项在题干中未体现。

23. D 【解析】“以人为本”的学生观的核心是“一切为了每一位学生的发展”。ABC三项均体现了对学生的关注，均是为了学生的发展，均符合题意。D项体现的是教师的发展，没有体现“以人为本”的学生观的理念。

24. D 【解析】现代学生观强调：(1)学生是发展的人，要用发展的观点认识学生；(2)学生是独特的人；(3)学生是具有独立意义的人。

25. A 【解析】现代学生观的内容之一是学生是发展的人，要用发展的观点认识学生。作为发展中的人，就意味着学生还是不成熟的人，是一个正在成长的人。没有缺陷，就没有发展的动力和方向。把学生作为发展的人来对待，就要理解学生身上存在的不足，就要允许学生犯错误。当然，更重要的是要帮助学生解决问题，改正错误，从而不断促进学生的进步和发展。题干中的张老师没有一味地批评存在不足的李鹏，而是鼓励他继续努力，相信李鹏能取得更大的进步，说明张老师把李鹏当作发展的人来看待。

26. C　**【解析】**新课改倡导的学生观强调每个学生都是独立于教师的头脑之外，不以教师的意志为转移的客观存在，教师不可以对其随意支配，或任意捏塑，要尊重学生的主观能动性，但并不是说教师无法对学生产生影响。故C项错误。

27. B　**【解析】**学生是发展的人，教师应坚信每个学生都是可以积极成长的，是有培养前途的，是追求进步和完善的，是可以获得成功的，因而对教育好每一个学生应充满信心。教师不能因为学生的小错误，将学生完全否定，要看到学生未来的发展潜力，要帮助学生更好地发展。因此，题干数学老师违背了学生是发展的人的学生观。

28. B　**【解析】**在学校教育活动中，必须遵循“教育公正”原则。题干中，赵老师根据学生的考试成绩高低安排座位，没有做到公平公正，一视同仁，这种做法是错误的。本题选B。

29. A　**【解析】**李老师并没有以小明的现状为结论，而是根据小明的具体情况，采取一系列补救措施，说明她认识到学生是发展的人，是有可能在教师的指导、教育下积极成长的。

30. D　**【解析】**学生是发展的人，具有巨大的发展潜能，教师不能因为学生的某些问题，将学生完全否定，而要看到学生未来的发展潜力，要帮助学生更好地发展。军军的老师因为军军以前考试不及格就认为他这次也不可能及格，怀疑军军的好成绩是抄来的，这是忽视学生发展的可能性的表现。

31. C　**【解析】**学生是发展的人，要用发展的观点认识学生。学生具有巨大的发展潜能。学生是处于发展过程中的人。作为发展的人，意味着学生还是不成熟的人，是一个正在成长的人。把学生作为发展的人来对待，就要理解学生身上存在的不足，就要允许学生犯错误。当然，更重要的是要帮助学生解决问题，改正错误，从而不断促进学生的进步和发展。题干中的老师因为学生学不会某个公式便抱怨学生“笨死了”，没有意识到学生是发展的人，行为不合理。

32. B　**【解析】**“以人为本”的学生观认为，学生是独特的人，教师不仅要将学生作为一个整体来全面看待，而且要关注学生的个体差异和个性化成长。这就要求教师在教育过程中贯彻因材施教原则，讲求因时制宜、因人而异，为学生创设良好的成才条件，从个性化的角度入手，力求使每一个学生在不同领域内有所专长、有所成就。题干中，不同学生具有不同的特点，教师在开展教学时应把学生看作独特的人，关注学生的个性化成长，因材施教。故本题选B。

33. C　**【解析】**教育公正在教育活动中的体现，就是所有的学生都能够获得同样的教育机会，或者

说教育机会对所有的学生来说是均等的。快慢班把学生分成三六九等，违背了“教育公正”原则，不利于教育公平。

34. D 【解析】现代“以人为本”的学生观认为，学生是具有独立意义的人。每个学生都是独立于教师的头脑之外，不以教师的意志为转移的客观存在；学生是学习的主体。所以不能把学生看作被动的客体。故本题选D。

35. A 【解析】“校园小舞台”为学生提供了一个展示兴趣爱好和特长的机会，这个活动深受学生、老师和家长的欢迎，说明学校通过这一形式，挖掘了学生的独特才能，使得学生的个性得到充分发展。B、C项都不是从学生观的角度分析，D项在题干中未体现。故本题选A。

36. B 【解析】“以人为本”的学生观强调学生是具有独立意义的人。学生是学习的主体，教师要尊重学生的主体地位，调动他们的主观能动性。题干中，李老师讲课时按照教师用书逐字讲授，不重视学生的反馈和主体需要，这表明李老师没注意到学生在学习中的主体地位，是忽视学生主体性的表现。故本题选B。

37. C 【解析】“以人为本”的学生观强调学生是具有独立意义的人。每个学生都是独立于教师的头脑之外，不以教师的意志为转移的客观存在。教师必须尊重学生的个体独立性，不能把自己的个人意志强加于学生的思想之上，要客观地看待学生的成长与成才，把学生当作不以自己的意志为转移的客观存在，当作是具有个体独立性的人来看待，因势利导施加教育，推动学生个体的健康成长。题干中李老师告诉芳芳老师要严厉对待学生，让学生言听计从，没有考虑到学生是具有独立意义的人，故本题选择C。

38. B 【解析】“以人为本”的学生观强调学生是具有独立意义的人，每个学生都是独立于教师的头脑之外，不以教师的意志为转移的客观存在。题干中老师看到小李用不同于自己的方法得出同样答案后大发雷霆，表明老师没有意识到学生是具有独立意义的人，这样的行为不但不能达到预期的教学效果，反而会扼杀学生的发散思维，伤害学生的心灵。

39. B 【解析】学生是发展的人，学生的身心发展是有规律的。个体身心发展的一般规律有顺序性、阶段性、不平衡性、互补性、个别差异性和整体性。

A项，顺序性是指个体身心发展是一个由低级到高级、由简单到复杂、由量变到质变的连续不断的发展过程，题干未体现，故排除A。

B项，阶段性是指个体在不同的年龄阶段表现出身心发展不同的总体特征及主要矛盾，面临着不同的发展任务。教育者要根据不同年龄阶段的特点进行教育教学。题干中父母在孩子不同的年龄阶段进行不同的教育，体现了阶段性。故B项当选。

C项，学生具有巨大的发展潜能，教师应坚信每个学生都是可以积极成长的，因而对教育好每一个学生应充满信心，不能因为学生的小错误，将学生完全否定，题干未体现，故排除C。

D项，学生具有自身的独特性，这要求教师要正视学生的个别差异，根据学生各个方面的情况因材施教，题干未体现，故排除D。

40. A　【解析】A项，学生是发展的人，具体表现在学生的身心发展是有规律的，学生具有巨大的发展潜能，学生是处于发展过程中的人。“士别三日，即更刮目相待”意思是多日不见后不能再用老眼光去看人。这句话体现了学生是发展的人。故本题选A。

B项，学生是具有独立意义的人，具体体现在每个学生都是独立于教师的头脑之外，不以教师的意志为转移的客观存在，学生是学习的主体，学生是责权的主体。题干未体现，故排除B。

C项，学生是独特的人，具体体现在学生是完整的人，每个学生都有自身的独特性，题干未体现，故排除C。

D项，学生是责权主体，是指学生在享有一定权利的同时也必须承担着一定的责任。题干未体现，故排除D。

二、材料分析题（参考答案）

1. 材料中李老师的做法不正确，违背了“以人为本”的学生观的理念，李老师需要反思并改正自己的教学行为。

(1)学生是发展的人，有着巨大的发展潜能，教师要以发展的眼光看待学生。材料中，李老师为了不影响公开课的教学效果，让英语“差生”坐在最后一排，导致这些学生无精打采，不认真听课，李老师的做法表明他没有认识到学生是处于发展过程中的人。李老师应当认识到，学生一时的落后并不意味着永远落后，教师应当尊重、赞赏学生，积极正确地引导、帮助学生成长。

(2)学生是独特的、完整的人，每个学生都有自身的独特性。材料中，李老师在公开课上对英语“差生”缺乏关注，没有因材施教，引导他们积极参与到课堂中来，这不利于学生的个性健康发展。在教学中，李老师应当帮助和引导这些学生，布置一些适合这些学生能力的学习任务，做到因材施教，促进学生发展。

(3)学生是学习的主体。材料中，李老师在公开课前安排英语“差生”坐到教室后面，并且课后对他人提出的建议不认可，这表明李老师没有认识到学生是学习的主体。李老师应当合理安排和设计教学，在教学中注重发挥学生的主体作用，充分发挥学生的主观能动性，帮助学生进步。

综上所述，李老师应当树立“以人为本”的学生观，积极反思并改正自己的教学行为。

2. 材料中，“我”的做法是不恰当的，违背了“以人为本”的学生观。

(1)学生是处于发展过程中的人。作为发展的人，也就意味着学生还是一个不成熟的人，教师要允许学生犯错误，并采用正确的方式引导、教育学生，帮助学生更好地发展。材料中，“我”没有看到学生未来的发展潜力，当学生犯错误时，采用“杀一儆百”的方式教育学生，没有考虑到学生是发展的人。

(2)学生是独特的人。教师要正视学生的个体差异,做到因材施教。材料中,“我”没有正视学生的个别差异,没有根据齐齐个人的不足进行引导和教育,损害了齐齐的自尊心,不利于学生的个性发展。

(3)学生是具有独立意义的人。学生是责权的主体,教师要保护学生的合法权利。材料中,“我”惩罚齐齐写2000字检查,并让其他同学当众指出错误,这种做法侵犯了齐齐的人格尊严权,也不利于学生之间团结协作。

因此,作为教师,我们要践行“以人为本”的学生观,尊重学生的人格尊严,采取合理的教学方法教育学生,促进学生积极发展,健康成长。

3. 材料中马老师的教育行为是正确的,符合学生观的要求。

(1)学生是发展的人,要用发展的观点认识学生。学生的身心发展是有规律的,教师应依据学生身心发展的规律和特点来开展教育活动。马老师根据学生的特点,给予学生鼓励、期待,对症下药,使学生的性格得到了完善,成绩获得了提升,促进了学生的发展。

(2)学生是独特的人,每个学生都有自身的独特性。高虎因家庭情况不敢与人交流,很自卑、孤僻,马老师注意到了这位特殊的学生,经常给予他关心、帮助,鼓励他积极向上,最终使高虎取得进步,这表明马老师尊重了学生的独特性。

(3)学生是具有独立意义的人,是学习的主体。马老师在课余时间辅导高虎的学习,鼓励高虎发奋努力,相信自己,高虎也通过自己的努力与进步回应了马老师的期待。这说明马老师认识到了学生在教学中的主体地位,促进了学生主体性的发展。

因此,我们要向马老师学习,在教学过程中因材施教,使学生不断成长。

4. 材料中张老师的教育行为是正确的,体现了“以人为本”的学生观的要求,值得肯定。

(1)学生是发展的人。作为发展中的人,也就意味着学生还是一个不成熟的人,是一个正在成长的人。学生具有巨大的发展潜能,教师应坚信每个学生都是可以积极成长的,是有培养前途的,要看到学生未来的发展潜力,要帮助学生更好地发展。材料中,晓华学习成绩差,很多老师认为他在学业上无可救药,但张老师没有放弃晓华,而是将晓华写的一些文字加工成一首诗,鼓励晓华坚定梦想,不与零分为伍。晓华得到张老师的鼓励后努力学习,取得很大进步。这表明张老师能用发展的眼光看待学生。

(2)学生是独特的人。学生是完整的人,每个学生都有自身的独特性,教师要根据学生的特点因材施教。材料中,张老师针对晓华写作上的特点因材施教,帮助晓华修改、完善了作品,并表扬晓华的作品写得很好,赞扬晓华是个有志向的人。这说明张老师看到了晓华的独特性,做到了因材施教。

(3)学生是具有独立意义的人,学生是学习的主体。教师要充分尊重学生的主体地位,促进学生主体性的发展。材料中，张老师对晓华的作品予以表扬，引导晓华坚定志向，树立并追寻自己的梦想，帮助晓华建立了自信心，进而调动了晓华学习的积极性、主动性，这说明张老师尊重了学生的主体地位。

综上所述，张老师的行为帮助晓华建立了自信心，促进了晓华的积极发展，值得广大教师学习。

5. 材料中张老师的做法是错误的，他应当反思并改正自己的行为。

(1)学生是独特的人，是完整的人。教师要把学生当作完整的人来对待，充分尊重学生。材料中，张老师发现莎莎的耳朵脏，就叫莎莎站起来给大家看，把她作为反面事例，伤害了莎莎的自尊心和自信心。这说明张老师没有尊重学生人格，没有考虑到学生的心理感受。

(2)学生是处于发展过程中的人。作为发展的人，意味着学生还是不成熟的人，教师要理解学生身上存在的不足，要允许学生犯错误。当然，更重要的是要帮助学生解决问题，改正错误，从而不断促进学生的进步和发展。材料中，张老师把莎莎数学成绩差的原因归结于其上课不认真，没能集中注意力去听课。这说明张老师没有深入了解莎莎数学成绩差的根本原因，没有把学生作为发展中的人来看待，没有做到主动帮助学生解决问题，改进不足。

综上所述，张老师的教育行为存在不妥之处，他需要反思并改正自己的错误。作为教师，我们不能向张老师学习，而是要树立“以人为本”的学生观，促进学生发展，帮助学生健康成长。

6. 材料中张老师的教育行为很好地践行了“以人为本”的学生观。

(1)学生是发展的人，具有巨大的发展潜能，教师要用发展的眼光看待学生。材料中，张老师并没有因为王红的数学成绩差就放弃她，而是从习得学习方法、消除畏惧感等方面帮助王红，提高了王红学习数学的积极性。

(2)学生是独特的人。每个学生都有自身的独特性，教师要针对每个学生的不同特点因材施教，这样才能产生更好的教学效果。材料中，张老师与王红一同总结归纳语文、英语学习方法中的相通之处并将这些通用方法应用到数学学习中；提问王红时将复杂问题分解成一个个小问题并适当进行启发；在操作性学习活动中教给王红具体的操作方法并鼓励她大胆操作；对难度较大的作业给王红搭建“脚手架”，并采取面批的形式批改王红的作业等。这些措施说明张老师做到了因材施教。

(3)学生是具有独立意义的人。学生是学习的主体，作为教师要调动学生学习的积极性和主动性。材料中，张老师通过方法的引导和自信心的树立，激发起王红学习数学的兴趣，引导王红主动学习，从而使王红的数学成绩得到了大幅度提高。

因此，作为教师，在学生“偏科”的情况下，要树立“以人为本”的学生观，积极地促进学生的全面发展。

7. 材料中陈老师的做法遵循了“以人为本”的学生观，是值得赞扬的。

(1)学生是发展的人，要用发展的观点认识学生。材料中的陈老师在王春回答不出来问题时，没有批评他，反而鼓励他，最后王春克服胆怯能上台发言，促进了学生的发展。

(2)学生是独特的人。每个学生都是不一样的个体，具有自身的独特性。材料中的陈老师针对王春胆怯的特点，鼓励他发言，体现了因材施教，从而体现了学生是独特的人。

(3)学生是具有独立意义的人，是学习的主体。材料中的陈老师在提出问题后，先让学生组内讨论，并且还给学生推荐很多书目等做法，提高了学生学习的积极性和主动性，体现了学生是具有独立意义的人。

综上所述，陈老师践行了“以人为本”的学生观，促进了学生的发展。

8. 刘老师的教学行为符合“以人为本”的学生观，具体分析如下：

(1)学生是处于发展过程中的人。作为发展的人，意味着学生还是不成熟的人，是一个正在成长的人。把学生作为发展的人来对待，就要理解学生身上存在的不足，就要允许学生犯错误。当然，更重要的是要帮助学生解决问题，改正错误，从而不断促进学生的进步和发展。材料中，刘老师在发现小月同学有些自卑后，决定召开主题班会帮助小月克服自卑心理，说明刘老师认识到了学生是发展的人，重视学生心理问题的解决。

(2)学生是独特的人，学生并不是单纯的、抽象的学习者，而是有着丰富个性的、完整的人，每个学生都有自身的独特性。材料中，刘老师让同学们互相写出别人的优点，帮助同学们发现自己的优点，培养他们的自信心，正是因为关注到了每个学生的独特性。

(3)学生是具有独立意义的人。学生在学习活动中是认识的主体、实践的主体和发展的主体，是学习的主人。教育的根本目的在于促进学生主体性的发展。材料中，刘老师通过主题班会引导小月发现自己的优点，进而克服自卑心理，而不是直接进行说教，说明刘老师把学生当成具有独立意义的人，尊重了学生的主体地位。

综上所述，该教师以实际行动践行了以学生为本、尊重学生、关爱学生的教学理念，值得我们学习。

专题三　教师观

一、单项选择题

答案速查

1~5	BDDAC	6~10	BADCB	11~15	CACAA	16~20	ABDBB
21~25	CCABD	26~30	DCBCB	31~35	DDBDD	36~41	CBBDBC

1. B　【解析】长期性指人才培养的周期比较长，教育的影响具有迟效性。教师劳动的成效并不是

一时就可以检验出来的，而是需要教师付出长期的大量的劳动才能看到结果、得到验证，教师的某些影响对学生终身都会发生作用。题干中教师对学生的影响可以持续6年甚至60年的表述，体现了教师劳动的长期性。

2. D 【解析】新课程改革提倡教师在对待与其他教育者的关系上应当注重合作、互助。两位老师为了竞争而暗暗较劲，毫无交流，违背了教师间的合作理念。

3. D 【解析】新课程改革背景下的教师观要求在对待教学关系上，教师应帮助、引导学生。教师应帮助学生设计恰当的学习活动并形成有效的学习方式，引导学生学习方法和思维等。题干中老师让学生记住知识而没有教给学生好的方法，说明该教师关注知识传授而非教会学生学习。

4. A 【解析】新课程倡导的教师角色之一是教育教学的研究者。教师即研究者，意味着教师在教学过程中要以研究者的心态置身于教学情境之中，以研究者的眼光审视和分析教学理论与教学实践中的各种问题，对自身的行为进行反思，对出现的问题进行探究，对积累的经验进行总结，最终形成规律性的认识。因此，A项符合题意。

5. C 【解析】新课程改革中教师教学行为的变化表现在：(1)在对待师生关系上，新课改强调尊重、赞赏；(2)在对待教学关系上，新课改强调帮助、引导；(3)在对待自我上，新课改强调反思；(4)在对待与其他教育者的关系上，新课改强调合作。C项表述正确。

6. B 【解析】从教学与课程的关系看，教师是课程的开发者和建设者。题干中，张老师根据自己班级的情况，自主开发了“和谐人际”的班级课程，这表明张老师具有良好的课程开发意识和能力。本题选B。

7. A 【解析】新课改强调教师在对待师生关系上，要尊重、赞赏学生。教师必须尊重每一位学生做人的尊严和价值，尤其要尊重有缺点的学生、被孤立和拒绝的学生。题干中，小丽做事很慢，和同学们玩不到一起，班主任胡老师却发现了她的闪光点，经常在班上表扬她，班主任的这种做法能增强小丽的自信心，有利于学生的发展，是正确的。本题选A。

8. D 【解析】“教育机智”需要教师能根据学生新的特别是意外的情况，迅速而正确地做出判断，随机应变地采取及时、恰当而有效的教育措施解决问题。题干中刘老师在处理学生恶作剧的突发状况时缺乏“教育机智”，没有积极引导学生，而是对学生不闻不问，这样会对学生造成伤害，因此这种惩罚不恰当。

9. C 【解析】老师严厉地批评或者露出羞涩的神情，都会有损其在学生心目中的形象，对教学工作有很大的影响。选项C中老师本着以人为本的理念，巧妙地处理偶发事件，既是对学生的宽容和教化，又能提升自己的形象，对教学很有帮助。

10. B 【解析】B项的做法最恰当。“肯定琳琳勇于指出老师错误的行为”有利于维护学生发现问题、指出问题的积极性；“跟琳琳解释为什么没有错”一方面解决了学生的问题，另一方面还促进了学生知识的巩固。

11. C 【解析】经常与学生交流学习，主动与同事分享经验和资源，鼓励家长参与学校的各种活动，这些都表明黄老师具有沟通与合作的能力。

12. A 【解析】面对学生提出的与课堂无关却又有讨论价值的问题，李老师应当肯定、鼓励学生勇于发问的行为，同时告诉学生可在课下进行研究、讨论，这样做既尊重了学生学习的主体性，又不影响教学任务的完成，故本题选A。B、C、D三项都不合适，容易打击学生的积极性。

13. C 【解析】教学反思是教师以自己的教学活动过程为思考对象，对自己所做出的行为、决策以及由此所产生的结果进行审视和分析的过程，是一种通过提高参与者的自我觉察水平来促进能力发展的途径。反思是教师成长和发展的核心能力之一。题干中，冯老师讲了多遍的题目学生还是不会做，这说明学生可能没有真正理解知识或掌握答题方法、技能，但冯老师不仅没有反思自己的教学方式方法是否适合所有学生，反而一味地埋怨学生，这表明冯老师缺乏教学反思能力。

14. A 【解析】教学反思被认为是“教师专业发展和自我成长的核心因素”。新课改非常强调教师的教学反思。教学反思有助于教师形成和培养自我反思的意识与自我监控的能力。邱老师在工作日志中总结教研会上的问题，并且决心把这个问题弄清楚，这说明邱老师有问题意识，能够自我反思。

15. A 【解析】教师即研究者，意味着教师在教学过程中要以研究者的心态置身于教学情境之中，以研究者的眼光审视和分析教学理论与教学实践中的各种问题，对自身的行为进行反思，对出现的问题进行探究，对积累的经验进行总结，最终形成规律性的认识。题干中的李老师经常梳理工作中遇到的问题，并运用所学知识分析问题的成因及寻找解决策略，体现了教师的研究者角色。

16. A 【解析】新课程倡导的教师观提出，教师是学生学习的促进者。教师在对待教学关系上，要帮助、引导学生。题干中，李老师在授课过程中始终坐在讲台上并且其授课方式仅仅是操作多媒体展示提前准备好的课件，忽视了学生的主体性，没有发挥教师的创造性对学生因材施教，其教学方式也不利于课堂教学效果的提升，故BCD三项说法正确。题干并未涉及学习习惯培养，故本题选A。

易错提示：本题做错一般是审题不认真导致的。考生做题时一定要认真阅读题干问题，确认题干要求选择说法、评价、做法、判断“正确”还是“不正确”的，即确认是“选对题”还是“选非题”，必要时可在关键词语下加曲线或着重符号以提醒自己。

17. B 【解析】新课程改革要求教师应该是社区型的开放教师。教师不仅仅是学校的一员，还是社区的一员，是整个社区教育、科学、文化事业的共建者。题干中，李老师投身于乡村和社区的教育、文化事业建设中去，说明李老师具有较强的社区服务意识。

18. D 【解析】教师应树立正确的职业理念，履行教书育人的职责，与班主任共同合作促进学生的全面发展。题干中的肖老师没有树立正确的教师职业理念，对学生放任不管，未能正确地教育、引导学生，其做法是错误的。

19. B 【解析】新课程要求教师是课程的开发者和建设者。题干中，黄老师将地方戏曲引入自己的音乐课教学中，这是黄老师具有开发新课程的意识的体现。

20. B 【解析】同伴互助的实质是教师作为专业人员之间的交往、互动与合作。题干中同一学科教师通过观摩教学、集体研讨来完善教学，这是同伴互助的表现。

21. C 【解析】批评学生并强制学生讨论课堂主题易激起学生的逆反心理，不加干涉任由学生自由讨论则偏离了课堂教学任务，A、B两项的做法不妥当。

教师是教学活动的引导者，当学生偏离课堂主题时，教师应该采取正确的方式引导学生回归课堂主题。刘老师在山村学校支教，当场答应带学生去山里游玩的做法不妥。一方面，教师应当在确定出游安全、可行的前提下，做好活动计划、学生安全教育及应急预案等再组织学生外出游玩；另一方面，当场答应学生的要求可能使全班学生激动、兴奋起来，注意力集中到游玩的讨论中而非课堂主题的讨论，从而使课堂教学失去控制。故D项做法存在不妥之处，本题最佳选项为C项。

22. C 【解析】新课程倡导的教师观认为，教师在对待与其他教育者的关系上，应注重合作。课程的综合化趋势特别需要教师之间的合作，不同年级、不同学科的教师要相互配合，齐心协力地培养学生。题干所述内容体现了白老师缺乏教师间的合作，因此，C项说法正确。

23. A 【解析】从教师与学生的关系看，新课程倡导教师是学生学习的促进者。一方面，教师是学生学习能力的培养者，不仅传授知识，还应成为学生学习的激发者，各种能力和积极个性的培养者。另一方面，教师是学生人生的引路人，要引导学生沿着正确的道路前进，并不断在他们成长的道路上设置不同的路标，成为学生健康心理和健康品德形成的促进者、催化剂，引导学生学会自我调适、自我选择，向更高的目标前进。题干强调教师要帮助、引导学生，属于对师生关系的描述，即教师要成为学生学习的促进者，A项符合题意。B、D两项说法错误，C项是教师在教学与研究关系中应当成为的角色，排除B、C、D项。

24. B 【解析】“学为人师，行为世范”的意思是：所学要为世人之师，所行应为世人之范。体现了教师工作的主体性和示范性。

25. D 【解析】教师劳动的创造性表现之一是教师需要“教育机智”。教育机智是教师在教育教学过程中的一种特殊定向能力，是指教师能根据学生新的特别是意外的情况，迅速而正确地做出判断，随机应变地采取及时、恰当而有效的教育措施解决问题的能力。题干所述表明，教师需要对教学中的意外情况迅速而果断地做出抉择，也即需要教师发挥教育机智，这体现了教师劳动的创造性。

易混辨析:教师劳动的复杂性主要表现在劳动性质专业、劳动对象千差万别、劳动任务是促进学生全面发展、劳动过程长、劳动手段的组合复杂且多样等方面。教师劳动的创造性主要表现在因材施教、不断更新教学方法、具备教育机智解决突发情况等方面。

26. D 【解析】新课程倡导的教师观提出,从学校与社区的关系看,教师是社区型开放的教师。新课程特别强调学校与社区的互动,重视挖掘社区的教育资源。在这种情况下,教师的角色也要求变革。教师不仅仅是学校的一员,还是社区的一员,是整个社区教育、科学、文化事业的共建者。因此,教师角色是开放的,是"社区型"教师。D项表述错误。

27. C 【解析】教师的言谈举止、品德性格和为人处世的态度,对学生起着潜移默化的作用。学生"听其言,观其行",教师在教育过程中时时处处事事都应以高度负责的态度来规范自己的言行,做到以身立教、言传身教,成为学生的表率与楷模。"打铁必须自身硬"体现在教师劳动中,即教师劳动的示范性特点。

28. B 【解析】教师的知识素养包括:政治理论知识、精深的学科专业知识(本体性知识)、广博的科学文化知识、必备的教育科学知识(条件性知识)、丰富的实践知识。题干中,教师除了要精通本门学科知识外,还应具备一般的人文知识、社会科学和自然科学知识等,强调的是广博的科学文化知识的重要性。

29. C 【解析】从教师与学生的关系看,新课程倡导教师是学生学习的促进者,其内涵主要包括两个方面:(1)教师是学生学习能力的培养者;(2)教师是学生人生的引路人。故题干强调教师在课堂上积极引导学生自主思考,培养学生自主学习的能力,这说明教师扮演着学生学习促进者的角色。

30. B 【解析】新课程倡导教师在对待师生关系上,应当尊重、赞赏学生。尊重学生同时意味着不伤害学生的自尊心,不辱骂学生,不羞辱、嘲笑学生。题干中,董老师教育学生的方式欠妥,忽视了学生的人格尊严。本题选B。

教学语言的准确严谨是指正确地引用科学术语来表达事物的现象和本质,杜绝含糊不清的概念和模棱两可的表述。教师在教学过程中必须做到确切地使用概念,科学地进行判断,严密地进行推理,用语准确,用词严谨。A项排除。

严而有格是指教育学生严格但要有法度、标准,董老师的批评伤害了李莉的自尊心,没有做到严而有格,C项排除。

董老师的行为并未体现对李莉的关爱,没有做到严慈相济,D项排除。

31. D 【解析】教师是学生人生的引路人,这要求教师不仅要向学生传播知识,更要引导学生沿着正确的道路前进,并不断在他们成长的道路上设置不同的路标,成为学生健康心理和健康品德形成的促进者、催化剂,引导学生学会自我调适、自我选择,引导学生向更高的目标前进。题干中，班主任孙老师在班会上对大操大办生日会的风气进行了批评，要求厉行节俭。这体现了班主任孙老师对学生品行的引导。

32. D 【解析】教师的知识素养包括政治理论知识、精深的学科专业知识、广博的科学文化知识、必备的教育科学知识、丰富的实践知识。其中，教育科学知识即条件性知识，指教师必须具备的教育学、心理学、教育管理的知识。题干中，当学生问老师怎样解决自己考试紧张的问题时，老师却说该生是因为没有复习好才紧张的。这说明该老师缺乏心理学知识，不能从心理学的角度帮助学生解决考试紧张问题。

33. B 【解析】示范者角色（榜样）是指，教师的言行是学生学习和模仿的榜样。夸美纽斯曾说过，教师的职务是用自己做榜样教育学生。学生具有可塑性和向师性的特点，教师的言谈举止、行为方式、为人处世的态度等都会对学生产生耳濡目染、潜移默化的影响，因此教师是学生学习的最直接榜样。题干中的周老师虽然在班会课上一再强调学生上课不能迟到，不能吸烟，对待同学要有礼貌。但是周老师自己经常在打完上课铃很久之后才到教室上课，在校园里随处吸烟，而且经常用脏话骂学生，并没有做好学生的榜样。

34. D 【解析】从教师与学生的关系看，新课改要求教师应是学生学习的引导者和学生发展的促进者。在教学过程中，教师要注重培养学生的发现能力、探究能力及实践能力，激发学生的创造潜能，引导学生学会学习、学会合作、学会做事、学会做人。题干中，王老师在课堂教学中指导学生学会学习，体现了其担任的角色是学生学习的引导者。故本题选D。

35. D 【解析】题干中王老师欣然接受了培训计划，说明王老师具备提高业务能力的意识，只是表达观点的方式欠妥，缺乏合作意识，因此D项说法不正确。王老师不认可培训师的讲解应采取合理的方式表达，拒绝与同事讨论的做法是缺乏合作意识的表现，在培训过程中对其他老师所提的意见并没有理性分析反而振振有词地辩驳、公开表达对培训的不满等是不尊重同事的表现，因此ABC项说法正确。故本题选D。

36. C 【解析】新课改在对待师生关系上，强调尊重、赞赏。当学生遇到困难时，教师要耐心点拨，鼓励学生积极思考，而不能冷言冷语，甚至讽刺挖苦学生。故本题选C。A项说法会严重伤害学生的自尊心。BD项说法容易挫伤学生的自信心，不利于学生的发展。

37. B 【解析】题干中秦老师虽然每天勤勤恳恳，早来晚走，但只是机械地采用延长学习时间、灌输式的教学方法，没有想办法引起学生的兴趣，按照学生的发展特征进行教学，导致没能取得好的教学效果，所以秦老师需要反思的是教学方法。故本题选B。

38. B 【解析】新课程倡导反思性教学，教师在教学实践中反思，不仅能提高教师的理论水平，而且也可以提高教师的实践能力，反思性教学是新课程实施中教师专业发展的有效途径。故本题选B。

39. D 【解析】教师即研究者，意味着教师在教学过程中要以研究者的心态置身于教学情境之中，

以研究者的眼光审视和分析教学理论与教学实践中的各种问题，对自身的行为进行反思，对出现的问题进行探究，对积累的经验进行总结，最终形成规律性的认识。题干中教师对自己的教学进行自我观察和改进，体现了教师是教育教学的反思者和研究者。

40. B 【解析】布鲁巴奇等人提出四种教师反思的方法：(1)反思日记；(2)详细描述；(3)交流讨论；(4)行动研究。反思日记指在一天教学工作结束后，要求教师写下自己的经验，并与指导教师共同分析。详细描述指教师相互观摩彼此的教学，详细描述所看到的情境，并对此进行讨论分析。交流讨论指来自不同学校的教师聚集在一起，首先提出课堂上产生的问题，然后共同讨论解决的办法，最后得到的方案为所有教师共享。行动研究指为弄清课堂上遇到的问题的实质，探索用以改进教学的行动方案，教师以及研究者可以进行调查和实验研究。故本题答案选B。

41. C 【解析】福勒和布朗根据教师的需要和不同时期所关注的焦点问题，把教师的成长划分为关注生存、关注情境和关注学生三个阶段。其中，处于关注情境阶段的教师关心的是如何教好每一堂课，以及班级大小、时间压力和备课材料是否充分等与教学情境有关的问题，如"内容是否充分得当""如何呈现教学信息""如何掌握教学时间"等。根据题干描述可知林老师处于关注情境阶段。

二、材料分析题(参考答案)

1. 陈老师的做法是合理的，符合新课程理念下的教师观的要求，值得学习。

(1)从教师与学生的关系看，教师是学生学习的促进者。新课程提倡教师应成为学生学习的激发者，各种能力和积极个性的培养者。材料中，陈老师面对有很多小毛病的小浩同学，并没有放弃、讽刺他，而是鼓励他发现自身优点，树立远大理想，这增强了小浩同学的自信心，引导他向更高的目标前进，突出体现了陈老师是学生学习的促进者。

(2)新课程倡导在对待师生关系上，教师应注重尊重、赞赏学生。教师不仅要尊重每一位学生，还要学会发现学生的闪光点，学会赞赏每一位学生。材料中，陈老师要求小浩同学找出自己的优点并进行点评，肯定、赞扬了小浩同学的优秀之处，做到了尊重、赞赏学生，有利于和谐师生关系的培养。

(3)新课程倡导在对待教学关系上，教师应注重帮助、引导学生。教师要帮助学生检视和反思自我，帮助学生寻找个人意义和社会价值，启迪、激励学生。材料中，陈老师引导小浩同学发现自身优点，肯定其想要当兵的理想，并教育他要学好科学文化知识，做个有真才实学的人，做到了教育、引导学生。

综上所述，陈老师践行了新课程倡导的教师观的具体要求，促进了学生的发展，值得广大教师学习。

2. 材料中，董老师的教育行为体现了新课程倡导的教师观，值得肯定。

(1)从教师与学生的关系看，教师是学生学习的促进者。这要求教师不仅要向学生传播知识，更要引导学生沿着正确的道路前进,引导学生学会自我调适、自我选择,向更高的目标前进。材料中董老师采用不同颜色的纸片有针对性地帮助学生解决学习中遇到的各种问题,有利于学生知识的拓展和能力的提升,真正体现了教师是学生学习的促进者。

(2)从教学与研究的关系看,教师是教育教学的研究者。教师即研究者,意味着教师在教学过程中要以研究者的心态置身于教学情境之中,以研究者的眼光审视和分析教学理论与教学实践中的各种问题,对自身的行为进行反思,对出现的问题进行探究,对积累的经验进行总结,最终形成规律性的认识。材料中,董老师在分析学生认知规律和学习特点的基础上研究出用不同颜色的纸片来提升教学针对性,提高教学效果,体现了董老师是教育教学的研究者。

(3)在对待自我上,强调反思。新课程非常强调教师的教学反思,教学反思有助于教师形成和培养自我反思的意识和自我监控的能力。材料中董老师采用不同颜色纸片辅助教学的方法,正是其在教学过程中不断观察、反思与总结经验的基础上得来的,是新课程强调教学反思的体现。

(4)在对待与其他教育者的关系上,强调合作。在教育教学过程中,教师除了面对学生外,还要与周围其他教师发生联系,要与学生家长进行沟通与配合。材料中董老师面对徒弟王老师的问题,能够进行教学方法上的分享与指导,是与其他教师共同进步、团结协作的表现。

综上所述,董老师的做法符合新课程倡导的教师观,值得学习和借鉴。

3. 材料中,黄老师没有树立正确的教师观,其行为伤害了学生的自尊心,他需要反思并改正自己的行为。

(1)新课程倡导的教师观强调教师要做学生学习的促进者。材料中,黄老师对甲的回答用“很不完整”予以了否定,没有引导其继续思考,这种做法没有体现教师是学生学习的促进者。

(2)新课程倡导的教师观强调教师要尊重、赞赏学生。材料中,黄老师简单粗暴地否定了学生的答案,使答题的学生缺乏自信心,也使全班学生不敢回答问题,打击了学生学习的积极性和主动性。

(3)新课程倡导的教师观强调教师应当注重自我反思。材料中,黄老师面对学生不敢回答问题的现象,没有思考教学出现问题的原因,反而指责和埋怨学生笨,没有反思自己的教学方法和教学态度,这不利于其自我成长。

因此,作为教师,要践行新课改背景下的教师观,要尊重和赞赏学生,引导学生思考,促进学生对知识的理解和心理的成长,努力成为反思的实践者。

4. 材料中曲老师的教育行为体现了良好的教师职业素养,也符合新课程改革对教师提出的新要求,是值得每一位教师尊敬和学习的。

(1)新课改强调,教师在对待与其他教育者的关系上,应当注重合作。材料中,曲老师经常虚心向同事请教,体现了新课程强调的合作精神。

(2)新课程要求教师应该是一个研究者,在教学过程中要以研究者的心态置身于教学情境之中,

以研究者的眼光审视和分析教学理论与教学实践中的各种问题,对自身的行为进行反思,对出现的问题进行探究,对积累的经验进行总结,最终形成规律性的认识。材料中的曲老师为了提升自己分析和解决问题的能力,不断学习科学研究方法,并运用这些方法解决了一些教学问题,即体现了这一点。

(3)新课改背景下的教师观强调,教师要善于学习,加强终身学习的意识和能力。材料中的曲老师坚持每天至少进行一个小时的阅读,多年来从未间断过。他的阅读范围很广,除了研读学科领域的经典著作之外,还广泛学习法学、地理学、社会学、美学等各个领域的知识。这也体现了曲老师具有终身学习的意识,不断促进自己专业的成长与进步。

(4)曲老师拒绝了条件更好的城区学校的邀请,坚持留在农村教书,体现了其具有良好的教师职业道德素质,忠于人民的教育事业,为中国农村的教育事业做出自己的贡献。

教师在教育教学过程中应该树立正确的教师观,这样才能更好地教书育人。

5. 材料中,袁老师的行为体现了新课程倡导的教师观的要求,值得肯定。

(1)从教师与学生的关系看,教师是学生学习的促进者。教师不仅是学生学习能力的培养者,也是学生人生的引路人。材料中的袁老师主动关心调皮学生的家庭环境,反思自己的教学风格是不是不适应他们,积极对学生进行帮助引导,这种行为体现了教师要成为学生学习和发展的促进者的要求。

(2)从教学与研究的关系看,教师是教育教学的研究者。材料中的袁老师主动“革自己的命”,放着几十年的教学风格不用,非要“鸡蛋里面挑骨头”,对自身的教育教学行为进行反思,符合教师是教育教学的研究者的要求。

(3)从教学与课程的关系看,教师是课程的开发者和建设者。教师不仅是课程实施的执行者,更应成为课程的开发者和建设者。材料中的袁老师主动向校长建议重新调整课表,要求学校增设成长规划、心理健康等新兴课程,符合教师是课程的开发者和建设者的要求。

(4)新课程非常强调教师的教学反思,教学反思有助于教师形成和培养自我反思的意识和自我监控的能力。材料中的袁老师主动跑去听其他老师上课,并请他们指出自己教学中的不足之处,符合教师对自我教学进行反思的要求。

综上所述,材料中袁老师的做法符合新课程倡导的教师观,值得学习和借鉴。

6. 材料中教师的做法是错误的,该教师需要反思并改正自己的行为。

(1)素质教育是面向全体学生的教育。教师在教学中要关注每一位学生,积极帮助学生成长。材料中的老师在课上只提问几个好学生,对于其他同学连看都不看一眼,没有做到面向全体学生,违背了素质教育的要求。

(2)“以人为本”的学生观强调学生是发展的人,要用发展的眼光看待学生。材料中的老师课堂上只提问学习成绩好的学生,忽视了那些学习成绩一般的学生,没有看到后进生的发展潜力,违背了“以人为本”的学生观的要求，也违背了教育公平的原则。

(3)新课程倡导的教师观要求教师应该成为学生学习的促进者；在师生关系上，应当尊重和赞赏学生；在对待教学上，要帮助和引导学生；在对待自我上，要及时反思。材料中的老师在教学中既没有尊重、赞赏后进生，也没有帮助、引导后进生掌握知识，没有体现出教师是学生学习的促进者；对于学生成绩的问题，老师喜优厌劣，而没有反思自己的教学是否存在需要改进的地方，没有做到教师角色和行为的转变。

总之，作为教师，在教学中不能只注重优等生，忽略后进生，而是应当树立正确的教育理念，以学生为本，积极地促进学生成长。

7. 材料中，赵老师想了解学生、取得学生信赖的初衷是好的，但是采取的行为却是错误的，违背了素质教育的理念。

(1)素质教育是面向全体学生的教育。材料中，赵老师与“风云人物”一同参加各种活动，忽略了其他学生的感受，造成有学生抱怨老师偏心的结果。

(2)以人为本的学生观强调学生是发展的人。作为发展的人，也就意味着学生还是一个不成熟的人，是一个在教师指导下正在成长的人。教师需要发挥其主导作用正确引导学生。材料中，赵老师跟着学生一起逛游戏厅等做法不利于学生的健康成长，没有发挥教师的主导作用，对学生进行正确引导，导致领导批评其过于放纵学生。

(3)新课程倡导的教师观强调教师要注重自我反思。材料中，赵老师在面对工作挫折带来的压力时，没能及时反思，反而打起了退堂鼓，这种做法不利于其自我成长。

综上所述，作为教师，要树立正确的素质教育理念，采用恰当而又合理的方法教育、管理学生，积极地促进学生健康发展。

8. 该老师的做法体现了素质教育背景下新的教师职业理念，促进了学生的健康成长，是值得提倡的。

(1)素质教育是面向全体学生的教育。材料中班上学生邀请老师去参加生日聚会，老师利用这次机会，开展主题班会，引导全班学生学会学习，学会做人，体现了面向全体学生。

(2)以人为本的学生观把学生看作是发展的人，学生的身心发展是有规律的。材料中的老师面对学生的邀请，充分考虑学生身心发展的特点，组织了“我们长大啦”主题班会，体现了教师尊重学生身心发展的规律。

(3)新课程倡导的教师观强调教师是学生学习的促进者。材料中的老师利用开主题班会的形式给“小寿星”过生日，引导学生构想自己十年后的生活，取得了良好的效果，使学生学习劲头增加，师生关系更加融洽。

综上所述，材料中教师的教育行为符合素质教育的理念，坚持了“以人为本”的学生观，同时也贯彻了现代教师观的要求，值得每位老师学习。

第二章　法律法规

刷考点

①网络保护　　②进修培训权　　③财产权

单项选择题

答案速查

1～5	AABDD	6～10	BAACA	11～15	BCBBA	16～20	CAAAD
21～25	CBCCD	26～30	DBCCA	31～35	BAAAB	36～40	CBADA
41～45	BBBDD	46～50	ABCBA	51～57	BCDCDAC		

1. A　**【解析】**本题考查《中华人民共和国未成年人保护法》。《中华人民共和国未成年人保护法》第八十条规定，网络服务提供者发现用户发布、传播可能影响未成年人身心健康的信息且未作显著提示的，应当作出提示或者通知用户予以提示；未作出提示的，不得传输相关信息。题干中某网站发现有用户发布了一条可能影响未成年人身心健康的信息，应当作出提示或者通知用户予以提示。故本题答案选A。

易错提示：网站根据用户发布的信息对未成年人身心健康的危害程度，分别采取不同的措施。

危害程度	措施
可能影响未成年人身心健康且未作显著提示	作出提示或者通知用户予以提示
危害未成年人身心健康	立即停止传输相关信息，采取删除、屏蔽、断开链接等处置措施，保存有关记录，报告网信、公安等部门
用户利用其网络服务对未成年人实施违法犯罪行为	立即停止向该用户提供网络服务，保存有关记录，报告公安机关

2. A　**【解析】**本题考查《中华人民共和国教育法》。《中华人民共和国教育法》第二十六条规定，国家制定教育发展规划，并举办学校及其他教育机构。国家鼓励企业事业组织、社会团体、其他社会组织及公民个人依法举办学校及其他教育机构。国家举办学校及其他教育机构，应当坚持勤俭节约的原则。以财政性经费、捐赠资产举办或者参与举办的学校及其他教育机构不得设立为营利性组织。故本题答案选A。

《中华人民共和国教育法》第四条规定，教育是社会主义现代化建设的基础，对提高人民综合素质、促进人的全面发展、增强中华民族创新创造活力、实现中华民族伟大复兴具有决定性意义,国家保障教育事业优先发展。B项排除。

《中华人民共和国义务教育法》第十二条规定,适龄儿童、少年免试入学。地方各级人民政府应当保障适龄儿童、少年在户籍所在地学校就近入学。C项排除。

《中华人民共和国教育法》第十一条规定,国家采取措施促进教育公平,推动教育均衡发展。D项排除。

3. B 【解析】本题考查《中华人民共和国宪法》。根据《中华人民共和国宪法》第八十八条规定,总理、副总理、国务委员、秘书长组成国务院常务会议。本题为选非题,故选择B项。

易错提示:考生注意区分国务院的组成人员与工作分工:

国务院的组成人员	总理,副总理若干人,国务委员若干人,各部部长,各委员会主任,审计长,秘书长
国务院的工作分工	副总理、国务委员协助总理工作。 总理、副总理、国务委员、秘书长组成国务院常务会议

4. D 【解析】本题考查《中华人民共和国教育法》。根据《中华人民共和国教育法》第七十四条规定,违反国家有关规定,向学校或者其他教育机构收取费用的,由政府责令退还所收费用;对直接负责的主管人员和其他直接责任人员,依法给予处分。因此答案选D项。

5. D 【解析】本题考查《中华人民共和国教师法》。根据《中华人民共和国教师法》第三十五条规定,侮辱、殴打教师的,根据不同情况,分别给予行政处分或者行政处罚;造成损害的,责令赔偿损失;情节严重,构成犯罪的,依法追究刑事责任。题干王某故意殴打李某致其肋骨多处骨折,依法可给予王某行政处罚,并责令赔偿,情节严重的还可追究王某的刑事责任。故A、B、C项说法正确。根据《中华人民共和国行政处罚法》(2021年修订)第十七条规定,行政处罚由具有行政处罚权的行政机关在法定职权范围内实施。学校属于事业单位,不具有行政处罚权,故D项说法不正确。

6. B 【解析】本题考查《中华人民共和国教师法》。根据《中华人民共和国教师法》第三十九条规定,教师对学校或者其他教育机构侵犯其合法权益的,或者对学校或者其他教育机构作出的处理不服的,可以向教育行政部门提出申诉,教育行政部门应当在接到申诉的三十日内,作出处理。

7. A 【解析】本题考查《中小学教育惩戒规则(试行)》。《中小学教育惩戒规则(试行)》第三条规定,学校、教师应当遵循教育规律,依法履行职责,通过积极管教和教育惩戒的实施,及时纠正学生错误言行,培养学生的规则意识、责任意识。第四条规定,实施教育惩戒应当符合教育规律,注重育人效果;遵循法治原则,做到客观公正;选择适当措施,与学生过错程度相适应。题干中学生违反课堂纪律,老师不是给予处罚而是让学生背诵名言、写心得体会,通过积极惩戒措施的实施纠正学生的错误行为,既做到了尊重和关爱学生,也注重育人效果,有利于帮助学生健康成长,因此答案选A项。

8. A 【解析】本题考查《中华人民共和国教育法》。《中华人民共和国教育法》第五十一条规定，图书馆、博物馆、科技馆、文化馆、美术馆、体育馆(场)等社会公共文化体育设施，以及历史文化古迹和革命纪念馆(地)，应当对教师、学生实行优待，为受教育者接受教育提供便利。所以科技馆不应以学生年龄小等理由婉拒参观请求，应该改进其行为。

9. C 【解析】本题考查《中华人民共和国义务教育法》。《中华人民共和国义务教育法》第五十八条规定，适龄儿童、少年的父母或者其他法定监护人无正当理由未依照本法规定送适龄儿童、少年入学接受义务教育的，由当地乡镇人民政府或者县级人民政府教育行政部门给予批评教育，责令限期改正。题干中小雨的父母无正当理由不送小雨去上学，应由教育行政部门给予批评教育，并督促小雨的父母改正。

10. A 【解析】本题考查《学生伤害事故处理办法》。《学生伤害事故处理办法》第二十八条规定，未成年学生对学生伤害事故负有责任的，由其监护人依法承担相应的赔偿责任。题干中李某所受伤害是在课间因潘某球拍不慎脱手导致的，潘某是直接致害人，但鉴于潘某是小学生，应当由潘某的监护人承担主要赔偿责任。

11. B 【解析】本题考查《中华人民共和国教育法》。《中华人民共和国教育法》第四十三条规定，受教育者享有“参加教育教学计划安排的各种活动，使用教育教学设施、设备、图书资料”的权利。在教学过程中，学生有权参加教育教学计划安排的各种课堂教学、讲座、课堂讨论、观摩、实验、见习、实习、测验和考试等活动。任何组织和个人都不得以任何借口非法剥夺学生参加教育教学活动的权利。所以李老师不让学生参加考试的这一做法是错误的。

12. C 【解析】本题考查学生的公民权利。著作权是指自然人、法人或者其他组织对文学、艺术和科学作品依法享有的财产权利和精神权利的总称。未成年人同样享有著作权。题干中出版社未经梓轩的同意就用他的作品作为插图，侵犯了梓轩的著作权，是不合法的。

13. B 【解析】本题考查《中华人民共和国未成年人保护法》。《中华人民共和国未成年人保护法》第十七条规定，未成年人的父母或者其他监护人不得虐待、遗弃、非法送养未成年人或者对未成年人实施家庭暴力。第十一条规定，任何组织或者个人发现不利于未成年人身心健康或者侵犯未成年人合法权益的情形，都有权劝阻、制止或者向公安、民政、教育等有关部门提出检举、控告。故题干中校长的做法是错误的，学校应该及时劝阻思涵的继母停止虐待行为，如果其不听劝阻可向相关部门检举。《中华人民共和国未成年人保护法》第七条规定，未成年人的父母或者其他监护人依法对未成年人承担监护职责。故A项错误，本题选择B项。

14. B 【解析】本题考查《中华人民共和国教育法》。依据《中华人民共和国教育法》第七十二条规定，结伙斗殴、寻衅滋事，扰乱学校及其他教育机构教育教学秩序或者破坏校舍、场地及其他财产的，由公安机关给予治安管理处罚；构成犯罪的，依法追究刑事责任。题干中社会青年孙某闯入小学寻衅滋事，扰乱学校秩序，按照我国《教育法》规定，公安机关应依法给予孙某治安管理处罚，故本题答案为B项。

15. A　【解析】本题考查《中华人民共和国教师法》。依据《中华人民共和国教师法》第三十七条规定，教师有下列情形之一的，由所在学校、其他教育机构或者教育行政部门给予行政处分或者解聘：(一)故意不完成教育教学任务给教育教学工作造成损失的；(二)体罚学生，经教育不改的；(三)品行不良、侮辱学生，影响恶劣的。教师有前款第(二)项、第(三)项所列情形之一，情节严重，构成犯罪的，依法追究刑事责任。题干中教师李某在校外兼职严重影响了教学工作，按照规定，应该对其给予解聘。

16. C　【解析】本题考查《中华人民共和国未成年人保护法》。依据《中华人民共和国未成年人保护法》第九条规定，县级以上人民政府应当建立未成年人保护工作协调机制，统筹、协调、督促和指导有关部门在各自职责范围内做好未成年人保护工作。协调机制具体工作由县级以上人民政府民政部门承担，省级人民政府也可以根据本地实际情况确定由其他有关部门承担。

17. A　【解析】本题考查《中华人民共和国教师法》。依据《中华人民共和国教师法》第三十九条规定，教师对学校或者其他教育机构侵犯其合法权益的，或者对学校或者其他教育机构作出的处理不服的，可以向教育行政部门提出申诉，教育行政部门应当在接到申诉的三十日内，作出处理。教师认为当地人民政府有关行政部门侵犯其根据本法规定享有的权利的，可以向同级人民政府或者上一级人民政府有关部门提出申诉，同级人民政府或者上一级人民政府有关部门应当作出处理。题干中"某县有关部门"拖欠教师工资，并非学校拖欠教师工资，故受理教师申诉的应是该有关部门的同级人民政府或上一级人民政府有关部门。

18. A　【解析】本题考查《中华人民共和国预防未成年人犯罪法》。依据《中华人民共和国预防未成年人犯罪法》第二十八条规定，"多次旷课、逃学"属于不良行为。根据第三十一条规定，学校对有不良行为的未成年学生，应当加强管理教育，不得歧视；对拒不改正或者情节严重的，学校可以根据情况予以处分或者采取以下管理教育措施：(一)予以训导；(二)要求遵守特定的行为规范；(三)要求参加特定的专题教育；(四)要求参加校内服务活动；(五)要求接受社会工作者或者其他专业人员的心理辅导和行为干预；(六)其他适当的管理教育措施。题干中宋某有不良行为，学校可以根据情况对其予以处分，也可要求其参加校内服务活动。予以训诫和责令参加社会服务活动是针对具有严重不良行为的学生采取的教育措施，因此本题选A。

易混辨析：对具有不良行为或严重不良行为的学生的教育措施考生容易混淆，可结合下表对比记忆：

不良行为的教育措施	严重不良行为的教育措施
学校不得歧视，予以处分或加强管教	公安机关采取矫治教育措施
—	责令赔礼道歉、赔偿损失
	责令具结悔过

续表

不良行为的教育措施	严重不良行为的教育措施
予以训导	予以训诫
要求参加特定的专题教育	责令定期报告活动情况
要求遵守特定的行为规范	责令遵守特定的行为规范，不得实施特定行为、接触特定人员或者进入特定场所
要求参加校内服务活动	责令参加社会服务活动
要求接受社会工作者或者其他专业人员的心理辅导和行为干预	责令接受心理辅导、行为矫治；接受社会观护，由社会组织、有关机构在适当场所对未成年人进行教育、监督和管束
其他适当的管理教育措施	其他适当的矫治教育措施

19. A 【解析】本题考查《中华人民共和国宪法》。根据《中华人民共和国宪法》第二条规定，中华人民共和国的一切权力属于人民。人民行使国家权力的机关是全国人民代表大会和地方各级人民代表大会。

20. D 【解析】本题考查《中华人民共和国教育法》。根据《中华人民共和国教育法》第四十三条规定，受教育者享有“参加教育教学计划安排的各种活动，使用教育教学设施、设备、图书资料”的权利。《中华人民共和国教师法》第八条规定，教师有“贯彻国家的教育方针，遵守规章制度，执行学校的教学计划，履行教师聘约，完成教育教学工作任务”的义务。题干中教师的旷课行为不当，侵犯了学生的受教育权。

21. C 【解析】本题考查教师的义务。根据《中华人民共和国教师法》第八条规定，教师有“贯彻国家的教育方针，遵守规章制度，执行学校的教学计划，履行教师聘约，完成教育教学工作任务”的义务。题干中教师张某的做法不合法，未履行教师的义务。

22. B 【解析】本题考查侵犯学生权利的表现。人格尊严权指公民享有作为人的最起码的社会地位和受到他人与社会最起码尊重的权利。学生作为公民，人格尊严不容侵犯。题干中，孔老师未经调查就认定熊某是“小偷”，并要求其当面认错的行为侵犯了熊某的人格尊严。荣誉权是指任何组织或个人不得非法剥夺学生因其贡献而得到的荣誉称号、奖章等。人身自由包括身体行动自由和表达的自由。侵害学生人身自由的表现形式有：非法拘禁和限制学生、非法搜查学生、非法限制学生表达自由的权利等。隐私权是指公民生活中不愿为他人公开或知悉的个人秘密不可侵犯的人身权利。学校和教师侵犯学生隐私的表现形式有：故意隐匿、毁弃或者非法开拆学生信件，披露、宣扬学生自身及家庭成员资料，提供学生成绩的方式不适当等。ACD三项与题意不符，故本题选B。

23. C 【解析】本题考查《中华人民共和国义务教育法》。根据《中华人民共和国义务教育法》第二十五条规定，学校不得违反国家规定收取费用，不得以向学生推销或者变相推销商品、服务等方式谋取利益。题干中的小学要求新生家长缴纳集资款的做法属于非法集资，即使学校承诺如数返还甚至给付利息，这种行为也是错误的，违反了相关法律规定，本题选C。

24. C 【解析】本题考查侵犯学生权利的主要表现。学生的合法财产受到法律保护，教师不得侵占、破坏或非法扣押、没收等。教师侵犯学生财产权的表现形式有：损坏学生财物、非法没收学生物品、乱罚款、乱摊派、推销商品等。题干中的班主任李某没收学生手机不予归还的行为侵犯了学生的财产权。

25. D 【解析】本题考查《中华人民共和国教育法》(2015年修订)。根据《中华人民共和国教育法》第二十六条规定，以财政性经费、捐赠资产举办或者参与举办的学校及其他教育机构不得设立为营利性组织。题干中，周校长计划将自己捐资举办的民办学校转型为营利性民办学校的做法不合法，捐资举办的学校不得设立为营利性组织。

26. D 【解析】本题考查《学生伤害事故处理办法》。B项，学校不是学生的法定监护人，不承担监护人责任，B项说法错误。根据《学生伤害事故处理办法》第九条规定，因学校组织学生参加教育教学活动或者校外活动，未对学生进行相应的安全教育，并未在可预见的范围内采取必要的安全措施而造成的学生伤害事故，学校应当依法承担相应的法律责任，并非承担全部责任，C项说法错误。根据《中华人民共和国合同法》第四十条规定："提供格式条款一方免除其责任、加重对方责任、排除对方主要权利的，该条款无效。"故题干中学校与学生家长所签的学校免责协议无效。本题选D。

易混辨析：考生易混淆监护职责与教育保护职责。未成年人的监护人一般是其父母、祖父母、外祖父母、兄姐等亲属或者是具备履行监护职责条件的组织与政府机构等。未成年人的监护人承担监护职责，代理未成年人实施民事法律行为。对于学生，学校没有监护职责，只有法定的教育保护职责。在做题时，如果看到选项说"学校有监护职责"，该选项说法通常是错误的。

27. B 【解析】本题考查《中华人民共和国宪法》。根据《中华人民共和国宪法》第六十二条的规定可知，"决定特别行政区的设立及其制度"属于全国人民代表大会的职权。

28. C 【解析】本题考查《中华人民共和国宪法》。根据《中华人民共和国宪法》第四十二条规定，中华人民共和国公民有劳动的权利和义务。第四十三条规定，中华人民共和国劳动者有休息的权利。第四十六条规定，中华人民共和国公民有受教育的权利和义务。罢工权不是《中华人民共和国宪法》规定的公民基本权利。

29. C 【解析】本题考查《中华人民共和国教育法》(2015年修订)。根据《中华人民共和国教育法》第七十四条规定，违反国家有关规定，向学校或者其他教育机构收取费用的，由政府责令退还所收费用；对直接负责的主管人员和其他直接责任人员，依法给予处分。

30. A 【解析】本题考查《中华人民共和国教师法》。根据《中华人民共和国教师法》第三十七条规定，教师故意不完成教育教学任务给教育教学工作造成损失的，由所在学校、其他教育机构或

者教育行政部门给予行政处分或者解聘。题干中魏某工作态度消极，多次旷工，给学校教学工作造成了损失，学校可以依法给予他行政处分或者解聘，本题选A。

方法技巧：关于学校有权给予教师行政处分或解聘的三项前提条件，考生可通过"固体乳"这一谐音法来记忆：(1)"固"指教师故意不完成教育教学任务给教育教学工作造成损失；(2)"体"指教师体罚学生，经教育不改；(3)"乳"指教师品行不良、侮辱学生，影响恶劣。

31. B 【解析】本题考查《中华人民共和国义务教育法》。根据《中华人民共和国义务教育法》第二十七条规定，对违反学校管理制度的学生，学校应当予以批评教育，不得开除。梁某是小学生，处于义务教育阶段，学校可以对梁某进行批评教育，但是不得开除梁某，故题干中学校的做法违反了我国《义务教育法》的相关规定，是不合法的。

32. A 【解析】本题考查《学生伤害事故处理办法》。根据《学生伤害事故处理办法》第十九条规定，教育行政部门收到调解申请，认为必要的，可以指定专门人员进行调解，并应当在受理申请之日起60日内完成调解。

易混辨析：考生在做有关教师申诉和学生伤害事故调解期限的试题时，需要记住两个数字。

教师申诉——教育行政部门接到申诉的30日内作出处理；

学生伤害事故的调解——教育行政部门受理申请之日起60日内完成调解。

33. A 【解析】本题考查《学生伤害事故处理办法》。根据《学生伤害事故处理办法》第十条规定，学生违反法律法规的规定，违反社会公共行为准则、学校的规章制度或者纪律，实施按其年龄和认知能力应当知道具有危险或者可能危及他人的行为而造成的学生伤害事故，学生或者未成年学生监护人应当依法承担相应的责任。题干中的小学生王某故意将同学推倒在地致其受伤，因此王某应当承担主要责任，但由于王某是未成年人，承担主要责任的是其监护人，故本题选A。

34. A 【解析】本题考查《中华人民共和国教育法》(2015年修订)。根据《中华人民共和国教育法》第二十七条规定，设立学校及其他教育机构，必须具备下列基本条件：(一)有组织机构和章程；(二)有合格的教师；(三)有符合规定标准的教学场所及设施、设备等；(四)有必备的办学资金和稳定的经费来源。

35. B 【解析】本题考查《中华人民共和国教师法》。根据《中华人民共和国教师法》第十四条规定，受到剥夺政治权利或者故意犯罪受到有期徒刑以上刑事处罚的，不能取得教师资格；已经取得教师资格的，丧失教师资格。根据《教师资格条例》第十八条规定，依照教师法第十四条的规定丧失教师资格的，不能重新取得教师资格，其教师资格证书由县级以上人民政府教育行政部门收缴。据此可以判断，王某丧失教师资格，刑满释放后不能继续执教，但可以从事其他职业。因此本题选B项。

易混辨析:考生需注意抓住题干关键词,区分教师是丧失教师资格还是被撤销教师资格。

法律法规	条文总结	条件	后果
《教师法》第14条	规定了教师资格永久丧失的情况	受到剥夺政治权利或者故意犯罪受到有期徒刑以上刑事处罚	永久丧失,一旦丧失就不能再重新申请
《教师资格条例》第19条	规定了撤销教师资格的情况	(1)弄虚作假、骗取教师资格 (2)品行不良、侮辱学生,影响恶劣	暂时丧失,在撤销的5年后可再次申请

36. C 【**解析**】本题考查《中华人民共和国义务教育法》。根据《中华人民共和国义务教育法》第十二条规定,父母或者其他法定监护人在非户籍所在地工作或者居住的适龄儿童、少年,在其父母或者其他法定监护人工作或者居住地接受义务教育的,当地人民政府应当为其提供平等接受义务教育的条件。小学生李某到父母工作的地方上学,为他提供平等接受义务教育条件的主体应是其父母工作地的人民政府。

37. B 【**解析**】本题考查《中华人民共和国义务教育法》。根据《中华人民共和国义务教育法》第十七条规定,县级人民政府根据需要设置寄宿制学校,保障居住分散的适龄儿童、少年入学接受义务教育。

38. A 【**解析**】本题考查《中华人民共和国宪法》。根据《中华人民共和国宪法》第六十二条规定,全国人民代表大会行使下列职权:(一)修改宪法;(二)监督宪法的实施;(三)制定和修改刑事、民事、国家机构的和其他的基本法律;(四)选举中华人民共和国主席、副主席;(五)根据中华人民共和国主席的提名,决定国务院总理的人选;根据国务院总理的提名,决定国务院副总理、国务委员、各部部长、各委员会主任、审计长、秘书长的人选;(六)选举中央军事委员会主席;根据中央军事委员会主席的提名,决定中央军事委员会其他组成人员的人选;(七)选举国家监察委员会主任;(八)选举最高人民法院院长;(九)选举最高人民检察院检察长;(十)审查和批准国民经济和社会发展计划和计划执行情况的报告;(十一)审查和批准国家的预算和预算执行情况的报告;(十二)改变或者撤销全国人民代表大会常务委员会不适当的决定;(十三)批准省、自治区和直辖市的建置;(十四)决定特别行政区的设立及其制度;(十五)决定战争和和平的问题;(十六)应当由最高国家权力机关行使的其他职权。根据第八十九条规定,A项的职权由国务院行使,故选A。

39. D 【**解析**】本题考查《中华人民共和国未成年人保护法》(2012年修订)。根据《中华人民共和国未成年人保护法》第十五条规定,父母或者其他监护人不得允许或者迫使未成年人结婚,不得为未成年人订立婚约。无论是否征得双方子女的同意,父母都不得为未成年人订立婚约,故题干中张某和李某的做法是不合法的。

40. A 【**解析**】本题考查《学生伤害事故处理办法》。根据《学生伤害事故处理办法》第二十一条规定,对经调解达成的协议,一方当事人不履行或者反悔的,双方可以依法提起诉讼。题干中的学校不履行已达成的协议,所以,高某的父母可以依法提起诉讼。

41. B　【解析】本题考查《学生伤害事故处理办法》。根据《学生伤害事故处理办法》第九条规定，学校的安全保卫、消防、设施设备管理等安全管理制度有明显疏漏，或者管理混乱，存在重大安全隐患，而未及时采取措施，因此而造成的学生伤害事故，学校应依法承担相应责任。第十条规定，学生违反法律法规的规定，违反社会公共行为准则、学校的规章制度或者纪律，实施按其年龄和认知能力应当知道具有危险或者可能危及他人的行为而造成的学生伤害事故，应依法承担相应责任。题干中学校教学楼门口有一条狗，说明学校安全保卫工作有明显疏漏，故学校应承担赔偿责任。小伟未遵守学校规章制度，将狗从家里带来学校，导致小凡被咬伤，所以小伟也要承担相应的赔偿责任，由于小伟是未成年人，其赔偿责任由其监护人承担。综上所述，小伟的监护人和学校应该对小凡所受的伤害承担赔偿责任。

易错提示：学生伤害事故中谁承担赔偿责任，是经常考查的一个知识点。若事故在学校职责范围内，但致害主体是学生，考生可根据下面表格内的情况进行判断：

致害主体	赔偿责任	
未成年学生	学校未尽到相应职责	未成年学生的监护人承担主要赔偿责任，学校承担相应的赔偿责任
	学校尽到相应职责，行为并无不当	未成年学生的监护人承担赔偿责任，学校不承担责任

42. B　【解析】本题考查《中华人民共和国教师法》。根据《中华人民共和国教师法》第三十九条规定，教师对学校或者其他教育机构侵犯其合法权益的，或者对学校或者其他教育机构作出的处理不服的，可以向教育行政部门提出申诉，教育行政部门应当在接到申诉的三十日内，作出处理。

43. B　【解析】本题考查违法行为。民事违法行为是违反法律规范和侵犯民事权利的行为。民事违法行为的内容包括三类：一是违反合同或者不履行其他义务；二是侵犯国家的、集体的财产；三是侵犯他人的财产和人身权利。题干中11岁的小明在学校捡到一部价值2000元的智能手机，拿回家自己用，侵犯了他人的财产，属于民事违法行为。

易混辨析：考生易混淆民事违法行为、行政违法行为和刑事违法行为，可依据下面的表格进行区分。

类型	含义	承担责任	处罚措施
民事违法行为	违反民事法律法规的行为，如捡到财物不归还	民事责任	重在补偿，如赔偿损失、停止侵害、赔礼道歉等
行政违法行为	违反行政管理法律法规的行为，如扰乱社会治安	行政责任	重在处罚，如罚款、行政拘留等
刑事违法行为	违反刑事法规的行为，如持刀抢劫	刑事责任	重在惩罚，如剥夺人身自由、政治权利等

44. D　【解析】本题考查侵犯学生权利的表现。A项检查学生的日记本侵犯了学生的隐私权。B项违反了《中华人民共和国未成年人保护法》(2012年修订)第三十七条规定，任何人不得在中小

学校、幼儿园、托儿所的教室、寝室、活动室和其他未成年人集中活动的场所吸烟、饮酒。C项罚站是体罚学生，也没有尊重学生的人格尊严。D项是一种正常的教育教学行为，没有违反相关法律规定。

45. D 【解析】本题考查侵犯学生权利的表现。肖像权是自然人所享有的对自己的肖像上所体现的以人格利益为内容的一种人格权。肖像权包括公民有权拥有自己的肖像，拥有对肖像的制作专有权和使用专有权，公民有权禁止他人非法使用自己的肖像或对肖像进行损害、玷污。题干中，甲为发泄私愤，损害乙的照片，侵犯的是乙的肖像权。

46. A 【解析】本题考查《学生伤害事故处理办法》。《学生伤害事故处理办法》第九条规定，因学校教师或者其他工作人员体罚或者变相体罚学生，或者在履行职责过程中违反工作要求、操作规程、职业道德或者其他有关规定造成的学生伤害事故，学校应当依法承担相应的责任。题干中朱某的伤害是由于教师张某的不当言行造成的，因此，学校应当依法承担朱某伤害的主要赔偿责任。故本题选A。

言论自由是指公民有权通过自己选择的语言形式来表达自己的某种思想或者对某种问题的见解的自由。教师批评学生上课讲话不属于侵犯学生的言论自由权，B项排除。

教师张某的侮辱性言语是导致学生朱某情绪失控自伤的直接原因，朱某家长与朱某受伤不存在因果关系，故朱某家长不承担朱某伤害的赔偿责任，C项排除。

《学生伤害事故处理办法》第二十七条规定，因学校教师或者其他工作人员在履行职务中的故意或者重大过失造成的学生伤害事故，学校予以赔偿后，可以向有关责任人员追偿。教师张某批评学生朱某上课讲话的行为，属于履行职务，故应由学校承担朱某伤害的赔偿责任，学校可在赔偿后向张某追偿。D项排除。

47. B 【解析】本题考查《中华人民共和国教育法》(2015年修订)。根据《中华人民共和国教育法》第七十二条规定，结伙斗殴，寻衅滋事，扰乱学校及其他教育机构教育教学秩序或者破坏校舍、场地及其他财产的，由公安机关给予治安管理处罚；构成犯罪的，依法追究刑事责任。

48. C 【解析】本题考查《中华人民共和国教师法》。根据《中华人民共和国教师法》第三十九条规定，教师对学校或者其他教育机构侵犯其合法权益的，或者对学校或者其他教育机构作出的处理不服的，可以向教育行政部门提出申诉，教育行政部门应当在接到申诉的三十日内，作出处理。题干中被申诉人应为学校。

易错提示：关于教师申诉，考生做题时要仔细阅读题干，辨明被申诉人是谁。

申诉主体	情况	被申诉人	受理申诉机关
教师	认为学校侵犯自己合法权益或对其所作决定不服	学校	主管学校的教育行政部门
	认为教育行政部门侵犯自己合法权益或者对其所作决定不服	教育行政部门	与教育行政部门同级的人民政府或上一级教育行政部门

49. B 【解析】本题考查《学生伤害事故处理办法》。根据《学生伤害事故处理办法》第九条规定,因学校的校舍、场地、其他公共设施,以及学校提供给学生使用的学具、教育教学和生活设施、设备不符合国家规定的标准,或者有明显不安全因素而造成的学生伤害事故,学校应当依法承担相应的责任。

50. A 【解析】本题考查《中华人民共和国教育法》(2015年修订)。根据《中华人民共和国教育法》第七十八条规定,学校及其他教育机构违反国家有关规定向受教育者收取费用的,由教育行政部门或者其他有关行政部门责令退还所收费用;对直接负责的主管人员和其他直接责任人员,依法给予处分。题干中的校长非法获利,应由相关部门给予行政处分。强制措施是指公安机关、人民检察院或人民法院为了保证刑事诉讼的顺利进行,依法对刑事案件的犯罪嫌疑人、被告人所采取的在一定期限内暂时限制或剥夺其人身自由的一种法定强制方法。刑事处罚是指违反刑法,应当受到的刑法制裁。题干中,校长的行为尚未构成犯罪,不能给予强制措施或刑事处罚。因此,B、C项错误。构成违反治安管理行为的,由公安机关依法予以治安处罚。题干未体现校长的行为违反了治安管理,D项不选。

51. B 【解析】本题考查《学生伤害事故处理办法》。根据《学生伤害事故处理办法》第十三条规定,在学生自行上学、放学、返校、离校途中发生的学生伤害事故,学校行为并无不当的,不承担事故责任,事故责任应当按有关法律法规或者其他有关规定认定。题干中的学生伤害事故是在放学途中发生的,所以,学校和班主任不承担赔偿责任,C、D项不选。根据第二十八条规定,未成年学生对学生伤害事故负有责任的,由其监护人依法承担相应的赔偿责任。小刚撞到强强致其骨折,小刚应当承担相应的赔偿责任,由于小刚是未成年人,应由其监护人承担赔偿责任,本题选B。

52. C 【解析】本题考查教师侵犯学生权利的表现形式。教师侵犯学生财产权的表现形式有:损坏学生财物、非法没收学生物品、乱罚款、乱摊派、推销商品等。周某让陈某缴纳“违反金”的做法侵犯了学生的财产权,是不正确的,且教师没有对学生进行罚款的权利,本题选C。

53. D 【解析】本题考查学生权利保护。著作财产权又称“著作经济权”,是指作者及传播者通过某种形式使用作品,从而依法获得经济报酬的权利。未成年人的著作权受国家法律保护,题干中发表的作文属于王玲的著作,因此,王玲理应收到相应的报酬。

54. C 【解析】本题考查《中华人民共和国教师法》。根据《中华人民共和国教师法》第三十九条规定,教师对学校或者其他教育机构侵犯其合法权益的,或者对学校或者其他教育机构作出的处理不服的,可以向教育行政部门提出申诉,教育行政部门应当在接到申诉的三十日内,作出处理。所以,题干中受理梁老师的申诉的机关是教育行政部门。

55. D 【解析】本题考查《中华人民共和国教师法》。根据《中华人民共和国教师法》第三十二条规定,社会力量所办学校的教师的待遇,由举办者自行确定并予以保障。故本题选D。

56. A 【解析】本题考查《中华人民共和国教师法》。根据《中华人民共和国教师法》第三十七条规定，教师有下列情形之一的，由所在学校、其他教育机构或者教育行政部门给予行政处分或者解聘：(一)故意不完成教育教学任务给教育教学工作造成损失的；(二)体罚学生，经教育不改的；(三)品行不良、侮辱学生，影响恶劣的。

57. C 【解析】本题考查《学生伤害事故处理办法》。根据《学生伤害事故处理办法》第十二条规定，因学生自伤造成的学生伤害事故，学校已履行了相应职责，行为并无不当的，无法律责任。题干中的老师发现小强的情况后对其进行了安慰，教师及学校的行为并无不当，且已履行了相应职责，所以，对于小强的自伤行为，学校不承担责任。题干所述学生伤害事故，判断学校是否有责任，应当依据学生行为的性质和学校是否履行相应职责，发生时间和地点并不是重点，AD项不选，本题选C。

专题一　《中华人民共和国宪法》

单项选择题

答案速查

1～5	ACBDB	6～10	DBABC	11～15	BBCBB	16～20	BAADA

1. A 【解析】根据《中华人民共和国宪法》第十九条规定，国家发展社会主义的教育事业，提高全国人民的科学文化水平。国家举办各种学校，普及初等义务教育，发展中等教育、职业教育和高等教育，并且发展学前教育。

2. C 【解析】根据《中华人民共和国宪法》第三十三条规定，凡具有中华人民共和国国籍的人都是中华人民共和国公民。中华人民共和国公民在法律面前一律平等。国家尊重和保障人权。任何公民享有宪法和法律规定的权利，同时必须履行宪法和法律规定的义务。

3. B 【解析】根据《中华人民共和国宪法》第十四条规定，国家合理安排积累和消费，兼顾国家、集体和个人的利益，在发展生产的基础上，逐步改善人民的物质生活和文化生活。

4. D 【解析】根据《中华人民共和国宪法》第三条规定，全国人民代表大会和地方各级人民代表大会都由民主选举产生，对人民负责，受人民监督。

5. B 【解析】根据《中华人民共和国宪法》第六十二条的规定，全国人民代表大会行使“制定和修改刑事、民事、国家机构的和其他的基本法律”“选举中华人民共和国主席、副主席”“审查和批准国民经济和社会发展计划和计划执行情况的报告”的职权。依法决定省、自治区、直辖市的范围内

部分地区进入紧急状态是国务院的职权,本题选B。

6. D 【解析】根据《中华人民共和国宪法》第六十七条的规定,全国人民代表大会常务委员会行使“解释宪法,监督宪法的实施”的职权。ABC三项都属于全国人民代表大会行使的职权,故D项符合题意。

7. B 【解析】根据《中华人民共和国宪法》规定,国务院有权根据宪法和法律,规定行政措施,制定行政法规,发布决定和命令。

8. A 【解析】根据《中华人民共和国宪法》第一百二十六条规定,国家监察委员会对全国人民代表大会和全国人民代表大会常务委员会负责。地方各级监察委员会对产生它的国家权力机关和上一级监察委员会负责。

9. B 【解析】根据《中华人民共和国宪法》规定,中华人民共和国人民法院是国家的审判机关。最高人民法院是最高审判机关。最高人民法院监督地方各级人民法院和专门人民法院的审判工作,上级人民法院监督下级人民法院的审判工作。

易错提示:考生注意识记和区分我国各国家机构的地位。

国家机构	地位
全国人民代表大会	最高国家权力机关
国务院	最高国家行政机关
最高人民法院	最高审判机关
最高人民检察院	最高检察机关
国家监察委员会	最高监察机关

10. C 【解析】根据我国《宪法》第一百三十一条和第一百三十六条规定,人民法院、人民检察院分别依照法律规定独立行使审判权与检察权,不受行政机关、社会团体和个人的干涉。

11. B 【解析】宪法在我国法律体系中居于首要地位,是制定普通法律的依据和基础。普通法律是根据宪法制定的,是宪法的具体化。故本题选B。

12. B 【解析】根据《中华人民共和国宪法》第四十六条规定,中华人民共和国公民有受教育的权利和义务。根据《中华人民共和国义务教育法》的规定,国家实行九年义务教育制度。凡年满六周岁的儿童,其父母或者其他法定监护人应当送其入学接受并完成义务教育;条件不具备的地区的儿童,可以推迟到七周岁。根据《中华人民共和国未成年人保护法》第十六条规定,未成年人的父母或者其他监护人应当履行尊重未成年人受教育的权利,保障适龄未成年人依法接受并完成义务教育的监护职责。题干中某夫妇的女儿已经十岁,有受教育的权利和义务,该夫妇不让女儿上学的行为违反了我国《宪法》《义务教育法》《未成年人保护法》等法律法规。

13. C 【解析】根据我国《宪法》第四十条规定,中华人民共和国公民的通信自由和通信秘密受法律的保护。除因国家安全或者追查刑事犯罪的需要,由公安机关或者检察机关依照法律规定的程序对通信进行检查外，任何组织或者个人不得以任何理由侵犯公民的通信自由和通信秘密。故AB项错误，C项正确。通信秘密是指对于公民的通信(包括电报、电传、电话和邮件等信息传递形式)，任何组织或个人不得非法隐匿、毁弃、拆阅或者窃听。D项错误。

14. B　**【解析】**监督权包括对国家机关及其工作人员提出批评、建议、申诉、控告、检举并依法取得赔偿的权利。题干所述属于公民的监督权。

15. B　**【解析】**党的领导是人民当家作主和依法治国的根本保证，人民当家作主是社会主义民主政治的本质特征，依法治国是党领导人民治理国家的基本方式。

16. B　**【解析】**我国《宪法》第一百一十二条规定，民族自治地方的自治机关是自治区、自治州、自治县的人民代表大会和人民政府。因此，自治州的人民法院不是民族自治地方的自治机关，B项说法错误，当选。

17. A　**【解析】**根据我国《宪法》第八十九条的规定，国务院有权改变或者撤销地方各级国家行政机关的不适当的决定和命令。设区的市人民政府属于地方国家行政机关，因此国务院有权改变或撤销其发布的不适当的决定。故选A。

18. A　**【解析】**全国人民代表大会是我国最高国家权力机关，拥有最高立法权，行使“修改宪法，监督宪法的实施，制定和修改刑事、民事、国家机构的和其他的基本法律”的权利。A项正确，B项错误。CD两项是全国人民代表大会代表的职权，排除。故选A。

易混辨析：考生应注意区分全国人民代表大会的职权与人大代表的职权。

全国人民代表大会的职权包括：最高立法权、最高监督权、最高决定权、最高任免权等。

人大代表的职权包括：审议权、表决权、提案权、质询权、罢免权、发言表决免究权和人身特别保护权等。

19. D　**【解析】**根据我国《宪法》第六十五条规定，全国人民代表大会常务委员会的组成人员不得担任国家行政机关、监察机关、审判机关和检察机关的职务。因此，孙某不可以担任司法局局长、人民检察院检察长、监察委员会副主任等职务，但可以担任小学校长。故选D。

20. A　**【解析】**我国的国体是工人阶级领导的、以工农联盟为基础的人民民主专政的社会主义国家。

专题二　《中华人民共和国教育法》

单选选择题

答案速查

1～5	BBCCB	6～10	AADCD	11～15	CAABB	16～20	DBCCA
21～24	BCAC						

1. B 【解析】《中华人民共和国教育法》第十四条规定，国务院和地方各级人民政府根据分级管理、分工负责的原则，领导和管理教育工作。中等及中等以下教育在国务院领导下，由地方人民政府管理。高等教育由国务院和省、自治区、直辖市人民政府管理。

2. B 【解析】根据《中华人民共和国教育法》第三十一条规定，学校及其他教育机构的校长或者主要行政负责人必须由具有中华人民共和国国籍、在中国境内定居、并具备国家规定任职条件的公民担任，其任免按照国家有关规定办理。学校的教学及其他行政管理，由校长负责。

3. C 【解析】根据《中华人民共和国教育法》第三十六条规定，学校及其他教育机构中的管理人员，实行教育职员制度。学校及其他教育机构中的教学辅助人员和其他专业技术人员，实行专业技术职务聘任制度。李某属于教学辅助人员，应该适用专业技术职务聘任制度。

4. C 【解析】根据《中华人民共和国教育法》第十六条规定，国务院和县级以上地方各级人民政府应当向本级人民代表大会或者其常务委员会报告教育工作和教育经费预算、决算情况，接受监督。

5. B 【解析】根据《中华人民共和国教育法》第五十四条规定，国家建立以财政拨款为主、其他多种渠道筹措教育经费为辅的体制，逐步增加对教育的投入，保证国家举办的学校教育经费的稳定来源。企业事业组织、社会团体及其他社会组织和个人依法举办的学校及其他教育机构，办学经费由举办者负责筹措，各级人民政府可以给予适当支持。

6. A 【解析】根据《中华人民共和国教育法》第四条规定，教育是社会主义现代化建设的基础，对提高人民综合素质、促进人的全面发展、增强中华民族创新创造活力、实现中华民族伟大复兴具有决定性意义，国家保障教育事业优先发展。全社会应当关心和支持教育事业的发展。全社会应当尊重教师。

7. A 【解析】根据《中华人民共和国教育法》第九条规定，中华人民共和国公民有受教育的权利和义务。公民不分民族、种族、性别、职业、财产状况、宗教信仰等，依法享有平等的受教育机会。题干中的琳琳拥有中国国籍，是中国公民，因此琳琳依法享有我国义务教育规定的权利及义务。

8. D 【解析】根据《中华人民共和国教育法》第十九条规定，国家实行九年制义务教育制度。各级人民政府采取各种措施保障适龄儿童、少年就学。适龄儿童、少年的父母或者其他监护人以及有关社会组织和个人有义务使适龄儿童、少年接受并完成规定年限的义务教育。所以A、B项违反了我国《教育法》的规定。根据《中华人民共和国教育法》第九条规定，公民不分民族、种族、性别、职业、财产状况、宗教信仰等，依法享有平等的受教育机会。C项违反了我国《教育法》的规定。故本题选择D项。

9. C 【解析】根据《中华人民共和国教育法》第二十二条规定，国家实行学业证书制度。经国家批准设立或者认可的学校及其他教育机构按照国家有关规定，颁发学历证书或者其他学业证书。

10. D 【解析】根据《中华人民共和国教育法》第四十三条规定可知，学生有“在学业成绩和品行上获得公正评价"的权利。因此,题干中教师的做法是错误的,侵犯了学生在学业成绩上获得公正评价的权利。

11. C 【解析】根据《中华人民共和国教育法》第七十一条规定,违反国家财政制度、财务制度,挪用、克扣教育经费的,由上级机关责令限期归还被挪用、克扣的经费,并对直接负责的主管人员和其他直接责任人员,依法给予处分;构成犯罪的,依法追究刑事责任。A项不符合题意。根据《中华人民共和国教育法》第七十二条规定,结伙斗殴、寻衅滋事,扰乱学校及其他教育机构教育教学秩序或者破坏校舍、场地及其他财产的,由公安机关给予治安管理处罚;构成犯罪的,依法追究刑事责任。侵占学校及其他教育机构的校舍、场地及其他财产的,依法承担民事责任。B项不符合题意,C项符合题意。根据《中华人民共和国教育法》第七十七条规定,在招收学生工作中滥用职权、玩忽职守、徇私舞弊的,由教育行政部门或者其他有关行政部门责令退回招收的不符合入学条件的人员;对直接负责的主管人员和其他直接责任人员,依法给予处分;构成犯罪的,依法追究刑事责任。D项不符合题意。

12. A 【解析】根据《中华人民共和国教育法》第七十八条规定,学校及其他教育机构违反国家有关规定向受教育者收取费用的,由教育行政部门或者其他有关行政部门责令退还所收费用;对直接负责的主管人员和其他直接责任人员,依法给予处分。

13. A 【解析】根据《中华人民共和国教育法》第七十九条规定,考生在国家教育考试中,让他人代替自己参加考试的,由组织考试的教育考试机构工作人员在考试现场采取必要措施予以制止并终止其继续参加考试;组织考试的教育考试机构可以取消其相关考试资格或者考试成绩;情节严重者,由教育行政部门责令其停止参加相关国家教育考试一年以上三年以下。

14. B 【解析】根据《中华人民共和国教育法》第十二条规定,国家通用语言文字为学校及其他教育机构的基本教育教学语言文字,学校及其他教育机构应当使用国家通用语言文字进行教育教学。民族自治地方以少数民族学生为主的学校及其他教育机构,从实际出发,使用国家通用语言文字和本民族或者当地民族通用的语言文字实施双语教育。因此B项说法错误。

15. B 【解析】根据《中华人民共和国教育法》第七十七条规定,盗用、冒用他人身份,顶替他人取得的入学资格的,由教育行政部门或者其他有关行政部门责令撤销入学资格,并责令停止参加相关国家教育考试二年以上五年以下。故答案选B项。

16. D 【解析】根据《中华人民共和国教育法》第七十一条规定,违反国家财政制度、财务制度,挪用、克扣教育经费的,由上级机关责令限期归还被挪用、克扣的经费,并对直接负责的主管人员和其他直接责任人员,依法给予处分;构成犯罪的,依法追究刑事责任。

17. B 【解析】根据《中华人民共和国教育法》第四十三条规定,受教育者享有对学校给予的处分不服向有关部门提出申诉,对学校、教师侵犯其人身权、财产权等合法权益,提出申诉或者依法提

起诉讼的权利。因此,题干中班主任对赵某的侵权行为,赵某可以提出申诉或者依法提起诉讼。故答案选B项。

18. C 【解析】《中华人民共和国教育法》第四十三条规定,受教育者享有"参加教育教学计划安排的各种活动,使用教育教学设施、设备、图书资料"的权利。题干中,班主任取消了学生沈某参加学校运动会的资格,而学校运动会属于教育教学计划安排的活动,因此班主任侵犯了学生参加教育教学安排的各种活动的权利,故C项符合题意。

19. C 【解析】根据《中华人民共和国教育法》第八十条规定:任何组织或者个人在国家教育考试中有下列行为之一,有违法所得的,由公安机关没收违法所得,并处违法所得一倍以上五倍以下罚款;情节严重的,处五日以上十五日以下拘留;构成犯罪的,依法追究刑事责任;属于国家机关工作人员的,还应当依法给予处分:(一)组织作弊的;(二)通过提供考试作弊器材等方式为作弊提供帮助或者便利的;(三)代替他人参加考试的;(四)在考试结束前泄露、传播考试试题或者答案的;(五)其他扰乱考试秩序的行为。沈某累计获利1万元,公安机关可对沈某处以1万元以上、5万元以下罚款,故本题选C。

20. A 【解析】根据《中华人民共和国教育法》第七十七条规定,盗用、冒用他人身份,顶替他人取得的入学资格的,由教育行政部门或者其他有关行政部门责令撤销入学资格,并责令停止参加相关国家教育考试二年以上五年以下;已经取得学位证书、学历证书或者其他学业证书的,由颁发机构撤销相关证书;已经成为公职人员的,依法给予开除处分;构成违反治安管理行为的,由公安机关依法给予治安管理处罚;构成犯罪的,依法追究刑事责任。题干中的张某冒用他人身份顶替入学,由于张某是公职人员,可依法给予其开除处分。

21. B 【解析】根据《中华人民共和国教育法》第七十三条规定,明知校舍或者教育教学设施有危险,而不采取措施,造成人员伤亡或者重大财产损失的,对直接负责的主管人员和其他直接责任人员,依法追究刑事责任。学校在校舍存在一定安全隐患的情况下仍要求学生正常上课,致使学生小天被落石砸成重伤,应当依法追究学校相关人员的刑事责任。

易错提示:《中华人民共和国教育法》中关于某一行为应承担的法律责任,考生可通过以下方法进行区分和记忆。

(1)刑事责任。实施犯罪行为是刑事责任产生的前提,只有达到犯罪程度的违法行为才追究刑事责任。

(2)民事责任。教育法的民事责任是指教育法律关系主体违反教育法律、法规,破坏了平等民事主体之间正常的财产关系或人身关系,依照法律规定应承担的法律责任。

(3)行政责任。行政责任是指行政法律关系主体因违反行政法律规范所规定义务而依法应当承担的法律责任。根据我国的教育法律、法规的有关规定,承担违反教育法的行政法律责任的方式主要有两类:行政处罚和行政处分。

①行政处罚是国家行政机关依法对违反行政法律规范的组织或个人进行的行政制裁。教育行政处罚主要有申诫罚、行为罚和财产罚三大类。

②行政处分是由国家机关或企事业单位对其所属人员作出的惩戒措施，属于内部行政行为，处分对象是作为公民的个体，包括警告、记过、记大过、降级、降职、撤职、留用察看和开除。

22. C 【解析】根据《中华人民共和国教育法》第七十二条规定，结伙斗殴、寻衅滋事，扰乱学校及其他教育机构教育教学秩序或者破坏校舍、场地及其他财产的，由公安机关给予治安管理处罚；构成犯罪的，依法追究刑事责任。题干中跳舞群众播放的歌曲已经严重影响学校的正常教学，这属于扰乱学校教学秩序的行为，因此，学校可向公安机关报案，并按规定进行处理。

23. A 【解析】《中华人民共和国教育法》第七十六条规定，学校或者其他教育机构违反国家有关规定招收学生的，由教育行政部门或者其他有关行政部门责令退回招收的学生，退还所收费用，A项错误；对学校、其他教育机构给予警告，可以处违法所得五倍以下罚款，B项正确；情节严重的，责令停止相关招生资格一年以上三年以下，直至撤销招生资格、吊销办学许可证，C项正确；对直接负责的主管人员和其他直接责任人员，依法给予处分；构成犯罪的，依法追究刑事责任。D项正确。故本题选A项。

24. C 【解析】《中华人民共和国教育法》第五十一条规定，图书馆、博物馆、科技馆、文化馆、美术馆、体育馆(场)等社会公共文化体育设施，以及历史文化古迹和革命纪念馆(地)，应当对教师、学生实行优待，为受教育者接受教育提供便利。电影院不属于按规定优待开放的社会公共文化体育设施，故本题选择C选项。

专题三　《中华人民共和国教师法》

单项选择题

答案速查

1~5	ADABB	6~10	CDADC	11~15	ACCDD	16~22	AAADABC

1. A 【解析】根据《中华人民共和国教师法》第十一条规定，取得小学教师资格，应当具备中等师范学校毕业及其以上学历。取得教师资格应当具备相应的学历，芳芳可以取得小学教师资格。

2. D 【解析】根据《中华人民共和国教师法》第十四条规定，受到剥夺政治权利或者故意犯罪受到有期徒刑以上刑事处罚的，不能取得教师资格；已经取得教师资格的，丧失教师资格。题干中的林某依法丧失教师资格，终身不能从事教师职业。

3. A 【解析】根据《中华人民共和国教师法》第二十七条规定，地方各级人民政府对教师以及具有中专以上学历的毕业生到少数民族地区和边远贫困地区从事教育教学工作的，应当予以补贴。

4. B 【解析】根据《中华人民共和国教师法》第三十五条规定，侮辱、殴打教师的，根据不同情况，分别给予行政处分或者行政处罚；造成损害的，责令赔偿损失；情节严重，构成犯罪的，依法追究刑事责任。赵某将校长打成重伤，情节严重，赵某应负刑事责任。

5. B 【解析】根据《中华人民共和国教师法》第三十六条规定，对依法提出申诉、控告、检举的教师进行打击报复的，由其所在单位或者上级机关责令改正；情节严重的，可以根据具体情况给予行政处分。国家工作人员对教师打击报复构成犯罪的，依照刑法有关规定追究刑事责任。题干强调情节严重，故本题答案选B项。

6. C 【解析】《中华人民共和国教师法》第十八条规定，各级师范学校学生享受专业奖学金。题干中，汪某属于师范学校学生，可以享受专业奖学金。故C项符合题意。

7. D 【解析】根据《中华人民共和国教师法》第十七条规定，学校和其他教育机构应当逐步实行教师聘任制。教师的聘任应当遵循双方地位平等的原则，由学校和教师签订聘任合同，明确规定双方的权利、义务和责任。

8. A 【解析】根据《中华人民共和国教师法》第三十七条规定，教师有下列情形之一的，由所在学校、其他教育机构或者教育行政部门给予行政处分或者解聘：(一)故意不完成教育教学任务给教育教学工作造成损失的；(二)体罚学生，经教育不改的；(三)品行不良、侮辱学生，影响恶劣的。教师有前款第(二)项、第(三)项所列情形之一，情节严重，构成犯罪的，依法追究刑事责任。故本题选A项。

9. D 【解析】根据《中华人民共和国教师法》第九条规定，为保障教师完成教育教学任务，各级人民政府、教育行政部门、有关部门、学校和其他教育机构应当履行下列职责：(一)提供符合国家安全标准的教育教学设施和设备；(二)提供必需的图书、资料及其他教育教学用品；(三)对教师在教育教学、科学研究中的创造性工作给以鼓励和帮助；(四)支持教师制止有害于学生的行为或者其他侵犯学生合法权益的行为。题干中校长批评马老师“多管闲事”的做法是不正确的，学校应当支持教师制止有害于学生的行为。

10. C 【解析】根据《中华人民共和国教师法》第三十八条规定，地方人民政府对违反本法规定，拖欠教师工资或者侵犯教师其他合法权益的，应当责令其限期改正。违反国家财政制度、财务制度，挪用国家财政用于教育的经费，严重妨碍教育教学工作，拖欠教师工资，损害教师合法权益的，由上级机关责令限期归还被挪用的经费，并对直接责任人员给予行政处分；情节严重，构成犯罪的，依法追究刑事责任。

11. A 【解析】根据《中华人民共和国教师法》第三十八条规定，地方人民政府对违反本法规定，拖欠教师工资或者侵犯教师其他合法权益的，应当责令其限期改正。

12. C 【解析】根据《中华人民共和国教师法》第三十九条规定，教师对学校或者其他教育机构侵犯其合法权益的，或者对学校或者其他教育机构作出的处理不服的，可以向教育行政部门提出申诉，教育行政部门应当在接到申诉的三十日内，作出处理。故本题答案选C项。

13. C　【解析】《中华人民共和国教师法》第十三条规定，取得教师资格的人员首次任教时，应当有试用期。

14. D　【解析】《教师资格条例》第十九条规定，有下列情形之一的，由县级以上人民政府教育行政部门撤销其教师资格：(一)弄虚作假、骗取教师资格的；(二)品行不良、侮辱学生，影响恶劣的。被撤销教师资格的，自撤销之日起5年内不得重新申请认定教师资格，其教师资格证书由县级以上人民政府教育行政部门收缴。故选D项。

15. D　【解析】《中华人民共和国教师法》第二十五条规定，教师的平均工资水平应当不低于或者高于国家公务员的平均工资水平，并逐步提高。建立正常晋级增薪制度，具体办法由国务院规定。

16. A　【解析】根据《中华人民共和国教师法》第十三条规定，中小学教师资格由县级以上地方人民政府教育行政部门认定。中等专业学校、技工学校的教师资格由县级以上地方人民政府教育行政部门组织有关主管部门认定。普通高等学校的教师资格由国务院或者省、自治区、直辖市教育行政部门或者由其委托的学校认定。

17. A　【解析】根据《中华人民共和国教师法》第一条规定，为了保障教师的合法权益，建设具有良好思想品德修养和业务素质的教师队伍，促进社会主义教育事业的发展，制定本法。

18. A　【解析】根据《中华人民共和国教师法》第二条规定，本法适用于在各级各类学校和其他教育机构中专门从事教育教学工作的教师。第七条规定，教师享有"按时获取工资报酬，享受国家规定的福利待遇以及寒暑假期的带薪休假"的权利。因此，非正式在编的教师也受我国《教师法》的保护，享受教师应有的权利，故题干中学校的做法是不正确的。

19. D　【解析】根据《中华人民共和国教师法》第二十二条规定，学校或者其他教育机构应当对教师的政治思想、业务水平、工作态度和工作成绩进行考核。教育行政部门对教师的考核工作进行指导、监督。

20. A　【解析】根据《中华人民共和国教师法》第二十四条规定，教师考核结果是受聘任教、晋升工资、实施奖惩的依据。

21. B　【解析】根据《中华人民共和国教师法》第二十五条规定，教师的平均工资水平应当不低于或者高于国家公务员的平均工资水平，并逐步提高。建立正常晋级增薪制度，具体办法由国务院规定。

22. C　【解析】根据《中华人民共和国教师法》第四十二条规定，外籍教师的聘任办法由国务院教育行政部门规定。

专题四　《中华人民共和国义务教育法》

单项选择题

答案速查

1～5	BDCDD	6～10	ACBDD	11～15	BCACB	16～20	BCDBC
21～26	DBCCBD						

1. B 【解析】根据《中华人民共和国义务教育法》第二条规定，国家实行九年义务教育制度。义务教育是国家统一实施的所有适龄儿童、少年必须接受的教育，是国家必须予以保障的公益性事业。所以，小丽父母的做法违反了国家规定的九年义务教育制度。

2. D 【解析】根据《中华人民共和国义务教育法》第九条规定，发生违反本法的重大事件，妨碍义务教育实施，造成重大社会影响的，负有领导责任的人民政府或者人民政府教育行政部门负责人应当引咎辞职。

3. C 【解析】根据《中华人民共和国义务教育法》第五条规定，适龄儿童、少年的父母或者其他法定监护人应当依法保证其按时入学接受并完成义务教育。小玲父母的做法违背了我国《义务教育法》的相关规定。

4. D 【解析】根据《中华人民共和国义务教育法》第十一条规定，适龄儿童、少年因身体状况需要延缓入学或者休学的，其父母或者其他法定监护人应当提出申请，由当地乡镇人民政府或者县级人民政府教育行政部门批准。根据《残疾人教育条例》第二十条规定，残疾人教育专家委员会可以接受教育行政部门的委托，对适龄残疾儿童、少年的身体状况、接受教育的能力和适应学校学习生活的能力进行评估，提出入学、转学建议；对残疾人义务教育问题提供咨询，提出建议。故答案选D项。

5. D 【解析】根据《中华人民共和国义务教育法》第十二条规定，适龄儿童、少年免试入学。地方各级人民政府应当保障适龄儿童、少年在户籍所在地学校就近入学。题干中的小学自行组织入学考试，跨学区招生，这一做法违反了义务教育免试入学和就近入学的规定。

6. A 【解析】根据《中华人民共和国义务教育法》第五条规定，适龄儿童、少年的父母或者其他法定监护人应当依法保证其按时入学接受并完成义务教育。第十三条规定，县级人民政府教育行政部门和乡镇人民政府组织和督促适龄儿童、少年入学，帮助解决适龄儿童、少年接受义务教育的困难，采取措施防止适龄儿童、少年辍学。根据相关法律法规可知，小刚父母的做法是错误的，当地教育局应该及时联系小刚的父母，与他们进行沟通、劝说，并提供相应的帮助。

7. C 【解析】根据《中华人民共和国义务教育法》第十九条规定，普通学校应当接收具有接受普通教育能力的残疾适龄儿童、少年随班就读，并为其学习、康复提供帮助。题干中，小刚身体残疾但智力并未受损，具有接受普通教育的能力，学校拒绝其入学的做法是错误的，违反了我国《义务教育法》。

8. B 【解析】根据《中华人民共和国义务教育法》第二十二条规定，县级以上人民政府及其教育行政部门应当促进学校均衡发展，缩小学校之间办学条件的差距，不得将学校分为重点学校和非重点学校。学校不得分设重点班和非重点班。题干所述做法违反了《中华人民共和国义务教育法》。

9. D 【解析】根据《中华人民共和国义务教育法》第二十五条规定，学校不得违反国家规定收取费用，不得以向学生推销或者变相推销商品、服务等方式谋取利益。题干中贺老师的做法属于向学生推销商品，是违法行为。

10. D 【解析】根据《中华人民共和国义务教育法》第二十七条规定，对违反学校管理制度的学生，学校应当予以批评教育，不得开除。所以，D项符合题意。

11. B 【解析】根据《中华人民共和国义务教育法》第五条规定，各级人民政府及其有关部门应当履行本法规定的各项职责，保障适龄儿童、少年接受义务教育的权利。

12. C 【解析】《中华人民共和国义务教育法》第六条规定，国务院和县级以上地方人民政府应当合理配置教育资源，促进义务教育均衡发展，改善薄弱学校的办学条件，并采取措施，保障农村地区、民族地区实施义务教育，保障家庭经济困难的和残疾的适龄儿童、少年接受义务教育。第二十二条规定，县级以上人民政府及其教育行政部门应当促进学校均衡发展，缩小学校之间办学条件的差距，不得将学校分为重点学校和非重点学校。题干中，某县人民政府不顾薄弱学校的实际需求，将有限的教育资源投入到两所优质小学违背了义务教育均衡发展的要求。同时，均衡发展并不意味着平均分配教育资源，要根据实际需求合理分配。故D项说法错误，C项符合题意。

13. A 【解析】根据《中华人民共和国义务教育法》第二十九条规定，教师应当尊重学生的人格，不得歧视学生，不得对学生实施体罚、变相体罚或者其他侮辱人格尊严的行为，不得侵犯学生合法权益。题干中的教师对学生进行言语侮辱、讽刺，这侵犯了学生的人格尊严权，违反了我国《义务教育法》的规定。故本题选A项。

14. C 【解析】根据《中华人民共和国义务教育法》第五十六条规定，国家机关工作人员和教科书审查人员参与或者变相参与教科书编写的，由县级以上人民政府或者其教育行政部门根据职责权限责令限期改正，依法给予行政处分；有违法所得的，没收违法所得。

15. B 【解析】根据《中华人民共和国义务教育法》第五十七条规定，学校有下列情形之一的，由县级人民政府教育行政部门责令限期改正；情节严重的，对直接负责的主管人员和其他直接责任人员依法给予处分：(一)拒绝接收具有接受普通教育能力的残疾适龄儿童、少年随班就读的；

(二)分设重点班和非重点班的;(三)违反本法规定开除学生的;(四)选用未经审定的教科书的。

16. B 【解析】根据《中华人民共和国义务教育法》第三十三条规定,国家鼓励高等学校毕业生以志愿者的方式到农村地区、民族地区缺乏教师的学校任教。县级人民政府教育行政部门依法认定其教师资格,其任教时间计入工龄。故张某的工龄应为8年。

17. C 【解析】《中华人民共和国义务教育法》第四十条规定,教科书价格由省、自治区、直辖市人民政府价格行政部门会同同级出版主管部门按照微利原则确定。

18. D 【解析】根据《中华人民共和国义务教育法》第五十一条规定,未履行对义务教育经费保障职责的,由国务院或者上级地方人民政府责令限期改正;情节严重的,对直接负责的主管人员和其他直接责任人员依法给予行政处分。故选D项。

19. B 【解析】根据《中华人民共和国义务教育法》第十四条规定,根据国家有关规定经批准招收适龄儿童、少年进行文艺、体育等专业训练的社会组织,应当保证所招收的适龄儿童、少年接受义务教育;自行实施义务教育的,应当经县级人民政府教育行政部门批准。故B项做法正确。

20. C 【解析】《中华人民共和国义务教育法》第十九条规定,普通学校应当接收具有接受普通教育能力的残疾适龄儿童、少年随班就读,并为其学习、康复提供帮助。D项符合规定。第二十四条规定,学校应当建立、健全安全制度和应急机制,对学生进行安全教育,加强管理,及时消除隐患,预防发生事故。B项符合规定。第二十五条规定,学校不得违反国家规定收取费用,不得以向学生推销或者变相推销商品、服务等方式谋取利益。C项违反规定。第二十七条规定,对违反学校管理制度的学生,学校应当予以批评教育,不得开除。A项符合规定。故答案选C项。

21. D 【解析】根据《中华人民共和国义务教育法》第十九条规定,县级以上地方人民政府根据需要设置相应的实施特殊教育的学校(班),对视力残疾、听力语言残疾和智力残疾的适龄儿童、少年实施义务教育。特殊教育学校(班)应当具备适应残疾儿童、少年学习、康复、生活特点的场所和设施。普通学校应当接收具有接受普通教育能力的残疾适龄儿童、少年随班就读,并为其学习、康复提供帮助。

22. B 【解析】A、C两项属于体罚和变相体罚,因此,A、C项做法错误。根据《中华人民共和国义务教育法》第二十七条规定,对违反学校管理制度的学生,学校应当予以批评教育,不得开除。因此,D项做法错误。小东一个月旷课5次,班主任应当与其家长联系,了解实际情况,与家长合作,对症下药,帮助小东解决旷课问题。故本题答案选B项。

23. C 【解析】根据《中华人民共和国义务教育法》第三十九条规定,国家实行教科书审定制度。教科书的审定办法由国务院教育行政部门规定。未经审定的教科书,不得出版、选用。

24. C 【解析】根据《中华人民共和国义务教育法》第五十九条规定,有下列情形之一的,依照有关法律、行政法规的规定予以处罚:(一)胁迫或者诱骗应当接受义务教育的适龄儿童、少年失学、辍学的;(二)非法招用应当接受义务教育的适龄儿童、少年的;(三)出版未经依法审定的教科书的。①②③符合法条表述,故该题选C。

25. B 【解析】根据《中华人民共和国义务教育法》第二十六条规定,学校实行校长负责制。校长应当符合国家规定的任职条件。校长由县级人民政府教育行政部门依法聘任。

26. D 【解析】根据《中华人民共和国义务教育法》第二十一条规定,对未完成义务教育的未成年犯和被采取强制性教育措施的未成年人应当进行义务教育,所需经费由人民政府予以保障。故答案选D项。

专题五　《中华人民共和国未成年人保护法》

单项选择题

答案速查

1～5	BACAD	6～10	DADCC	11～15	ACADB	16～20	CAACC
21～25	CABCD			26～32	BDDDAAC		

1. B 【解析】根据《中华人民共和国未成年人保护法》第五条规定,国家、社会、学校和家庭应当对未成年人进行理想教育、道德教育、科学教育、文化教育、法治教育、国家安全教育、健康教育、劳动教育,加强爱国主义、集体主义和中国特色社会主义的教育,培养爱祖国、爱人民、爱劳动、爱科学、爱社会主义的公德,抵制资本主义、封建主义和其他腐朽思想的侵蚀,引导未成年人树立和践行社会主义核心价值观。

2. A 【解析】根据《中华人民共和国未成年人保护法》第五十四条规定,禁止拐卖、绑架、虐待、非法收养未成年人,禁止对未成年人实施性侵害、性骚扰。禁止胁迫、引诱、教唆未成年人参加黑社会性质组织或者从事违法犯罪活动。禁止胁迫、诱骗、利用未成年人乞讨。第一百二十九条规定,违反本法规定,侵犯未成年人合法权益,造成人身、财产或者其他损害的,依法承担民事责任。违反本法规定,构成违反治安管理行为的,依法给予治安管理处罚;构成犯罪的,依法追究刑事责任。题干中李某的行为严重违反治安管理,应由公安机关依法给予处罚。

3. C 【解析】根据《中华人民共和国未成年人保护法》第二十二条规定,未成年人的父母或者其他监护人因外出务工等原因在一定期限内不能完全履行监护职责的,应当委托具有照护能力的完全民事行为能力人代为照护;无正当理由的,不得委托他人代为照护。未成年人的父母或者其他监护人在确定被委托人时,应当综合考虑其道德品质、家庭状况、身心健康状况、与未成年人生活情感上的联系等情况,并听取有表达意愿能力未成年人的意见。故小赵的姑姑代为照护的行为属于家庭保护。

4. A 【解析】根据《中华人民共和国未成年人保护法》第七条规定,未成年人的父母或者其他监护

人依法对未成年人承担监护职责。第二十四条规定,未成年人的父母离婚后,不直接抚养未成年子女的一方应当依照协议、人民法院判决或者调解确定的时间和方式,在不影响未成年人学习、生活的情况下探望未成年子女,直接抚养的一方应当配合,但被人民法院依法中止探望权的除外。题干中,尽管小明的父母离异,但小明父亲仍对自己的未成年子女负有监护职责,故小明父亲对小明不闻不问的做法是错误的。

5. D　【解析】根据《中华人民共和国未成年人保护法》第二十八条规定,学校应当保障未成年学生受教育的权利,不得违反国家规定开除、变相开除未成年学生。学校随意开除学生的行为,侵犯了未成年学生的受教育权。

6. D　【解析】根据《中华人民共和国未成年人保护法》第三十三条规定,学校应当与未成年学生的父母或者其他监护人互相配合,合理安排未成年学生的学习时间,保障其休息、娱乐和体育锻炼的时间。

7. A　【解析】根据《中华人民共和国未成年人保护法》第四条规定,保护未成年人,应当坚持最有利于未成年人的原则。处理涉及未成年人事项,应当符合下列要求:(一)给予未成年人特殊、优先保护;(二)尊重未成年人人格尊严;(三)保护未成年人隐私权和个人信息;(四)适应未成年人身心健康发展的规律和特点;(五)听取未成年人的意见;(六)保护与教育相结合。

8. D　【解析】根据《中华人民共和国未成年人保护法》第二十七条规定,学校、幼儿园的教职员工应当尊重未成年人人格尊严,不得对未成年人实施体罚、变相体罚或者其他侮辱人格尊严的行为。题干中老师罚学生抄50遍课文的行为属于变相体罚,违反了此项规定。

9. C　【解析】《中华人民共和国未成年人保护法》第十一条规定,任何组织或者个人发现不利于未成年人身心健康或者侵犯未成年人合法权益的情形,都有权劝阻、制止或者向公安、民政、教育等有关部门提出检举、控告。

10. C　【解析】根据《中华人民共和国未成年人保护法》第三十五条规定,学校、幼儿园应当建立安全管理制度,对未成年人进行安全教育,完善安保设施、配备安保人员,保障未成年人在校、在园期间的人身和财产安全。学校、幼儿园不得在危及未成年人人身安全、身心健康的校舍和其他设施、场所中进行教育教学活动。题干中张老师的做法是错误的,老师不能在危及学生人身安全、健康的校舍或其他设施、场所中进行教育教学活动。

11. A　【解析】根据《中华人民共和国未成年人保护法》第三十五条规定,学校、幼儿园应当建立安全管理制度,对未成年人进行安全教育,完善安保设施、配备安保人员,保障未成年人在校、在园期间的人身和财产安全。学校、幼儿园不得在危及未成年人人身安全、身心健康的校舍和其他设施、场所中进行教育教学活动。学校、幼儿园安排未成年人参加文化娱乐、社会实践等集体活动,应当保护未成年人的身心健康,防止发生人身伤害事故。森林火灾是一种突发性强、破坏性大、处置救助较为困难的自然灾害,应有专门的应对措施。在不能保证安全的形势下,学生不应该参与救火工作。蒋老师要保护学生的生命安全,他的做法是正确的。

12. C 【解析】根据《中华人民共和国未成年人保护法》第五十条规定,禁止制作、复制、出版、发布、传播含有宣扬淫秽、色情、暴力、邪教、迷信、赌博、引诱自杀、恐怖主义、分裂主义、极端主义等危害未成年人身心健康内容的图书、报刊、电影、广播电视节目、舞台艺术作品、音像制品、电子出版物和网络信息等。题干所述表明学生的健康成长需要自我保护,也需要社会保护。

13. A 【解析】根据《中华人民共和国未成年人保护法》第五十六条规定,公共场所发生突发事件时,应当优先救护未成年人。A选项正确。第一百一十三条规定,对违法犯罪的未成年人,实行教育、感化、挽救的方针,坚持教育为主、惩罚为辅的原则。B选项错误。第四条规定,保护未成年人,应当坚持最有利于未成年人的原则。处理涉及未成年人事项,应当符合下列要求:(一)给予未成年人特殊、优先保护;(二)尊重未成年人人格尊严;(三)保护未成年人隐私权和个人信息;(四)适应未成年人身心健康发展的规律和特点;(五)听取未成年人的意见;(六)保护与教育相结合。C选项错误。第二十二条规定,未成年人的父母或者其他监护人因外出务工等原因在一定期限内不能完全履行监护职责的,应当委托具有照护能力的完全民事行为能力人代为照护。D选项错误。

14. D 【解析】根据《中华人民共和国未成年人保护法》第八十三条规定,各级人民政府应当保障未成年人受教育的权利,并采取措施保障留守未成年人、困境未成年人、残疾未成年人接受义务教育。

15. B 【解析】根据《中华人民共和国未成年人保护法》第四十四条规定,爱国主义教育基地、图书馆、青少年宫、儿童活动中心、儿童之家应当对未成年人免费开放;博物馆、纪念馆、科技馆、展览馆、美术馆、文化馆、社区公益性互联网上网服务场所以及影剧院、体育场馆、动物园、植物园、公园等场所,应当按照有关规定对未成年人免费或者优惠开放。题干中的公园按照成年人的标准向未成年学生收取门票费用的做法是错误的,违反了我国《未成年人保护法》的规定。

16. C 【解析】根据《中华人民共和国未成年人保护法》第五十八条规定,学校、幼儿园周边不得设置营业性娱乐场所、酒吧、互联网上网服务营业场所等不适宜未成年人活动的场所。营业性歌舞娱乐场所、酒吧、互联网上网服务营业场所等不适宜未成年人活动场所的经营者,不得允许未成年人进入;游艺娱乐场所设置的电子游戏设备,除国家法定节假日外,不得向未成年人提供。经营者应当在显著位置设置未成年人禁入、限入标志;对难以判明是否是未成年人的,应当要求其出示身份证件。小曹属于未成年人,该网吧的行为违反了《中华人民共和国未成年人保护法》的相关规定。

17. A 【解析】根据《中华人民共和国未成年人保护法》第五十八条规定,学校、幼儿园周边不得设置营业性娱乐场所、酒吧、互联网上网服务营业场所等不适宜未成年人活动的场所。营业性歌舞娱乐场所、酒吧、互联网上网服务营业场所等不适宜未成年人活动场所的经营者,不得允许

未成年人进入；游艺娱乐场所设置的电子游戏设备，除国家法定节假日外，不得向未成年人提供。经营者应当在显著位置设置未成年人禁入、限入标志；对难以判明是否是未成年人的，应当要求其出示身份证件。第一百二十三条规定，相关经营者违反本法第五十八条的，由相关部门责令限期改正，给予警告，没收违法所得，可以并处五万元以下罚款；拒不改正或者情节严重的，责令停业整顿或者吊销营业执照、吊销相关许可证，可以并处五万元以上五十万元以下罚款。

18. A　**【解析】**根据《中华人民共和国未成年人保护法》第八十五条规定，各级人民政府应当发展职业教育，保障未成年人接受职业教育或者职业技能培训，鼓励和支持人民团体、企业事业单位、社会组织为未成年人提供职业技能培训服务。

19. C　**【解析】**根据《中华人民共和国未成年人保护法》第九十六条规定，民政部门承担临时监护或者长期监护职责的，财政、教育、卫生健康、公安等部门应当根据各自职责予以配合。县级以上人民政府及其民政部门应当根据需要设立未成年人救助保护机构、儿童福利机构，负责收留、抚养由民政部门监护的未成年人。

20. C　**【解析】**根据《中华人民共和国未成年人保护法》第一百零一条规定，公安机关、人民检察院、人民法院和司法行政部门应当确定专门机构或者指定专门人员，负责办理涉及未成年人案件。办理涉及未成年人案件的人员应当经过专门培训，熟悉未成年人身心特点。专门机构或者专门人员中，应当有女性工作人员。

21. C　**【解析】**根据《中华人民共和国未成年人保护法》第一百零三条规定，公安机关、人民检察院、人民法院、司法行政部门以及其他组织和个人不得披露有关案件中未成年人的姓名、影像、住所、就读学校以及其他可能识别出其身份的信息，但查找失踪、被拐卖未成年人等情形除外。因此，王老师的做法不合理，违反了《中华人民共和国未成年人保护法》的相关规定。

22. A　**【解析】**根据《中华人民共和国未成年人保护法》第二十七条规定，学校、幼儿园的教职员工应当尊重未成年人人格尊严，不得对未成年人实施体罚、变相体罚或者其他侮辱人格尊严的行为。第一百一十九条规定，学校、幼儿园、婴幼儿照护服务等机构及其教职员工违反本法第二十七条规定的，由公安、教育、卫生健康、市场监督管理等部门按照职责分工责令改正；拒不改正或者情节严重的，对直接负责的主管人员和其他直接责任人员依法给予处分。题干中的教师应当改正其行为。

23. B　**【解析】**根据《中华人民共和国未成年人保护法》第五十九条规定，学校、幼儿园周边不得设置烟、酒、彩票销售网点。禁止向未成年人销售烟、酒、彩票或者兑付彩票奖金。烟、酒和彩票经营者应当在显著位置设置不向未成年人销售烟、酒或者彩票的标志；对难以判明是否是未成年人的，应当要求其出示身份证件。第一百二十三条规定，相关经营者违反本法第五十九条第一款规定的，由文化和旅游、市场监督管理、烟草专卖、公安等部门按照职责分工责令限期改正，给予警告，没收违法所得，可以并处五万元以下罚款；拒不改正或者情节严重的，责令停业整顿或者吊销营业执照、吊销相关许可证，可以并处五万元以上五十万元以下罚款。

24. C 【解析】根据《中华人民共和国未成年人保护法》第六十一条规定，任何组织或者个人不得招用未满十六周岁未成年人，国家另有规定的除外。营业性娱乐场所、酒吧、互联网上网服务营业场所等不适宜未成年人活动的场所不得招用已满十六周岁的未成年人。招用已满十六周岁未成年人的单位和个人应当执行国家在工种、劳动时间、劳动强度和保护措施等方面的规定，不得安排其从事过重、有毒、有害等危害未成年人身心健康的劳动或者危险作业。第一百二十五条规定，违反本法第六十一条规定的，由文化和旅游、人力资源和社会保障、市场监督管理等部门按照职责分工责令限期改正，给予警告，没收违法所得，可以并处十万元以下罚款；拒不改正或者情节严重的，责令停产停业或者吊销营业执照、吊销相关许可证，并处十万元以上一百万元以下罚款。

25. D 【解析】《中华人民共和国未成年人保护法》第四章“社会保护”第六十三条规定，任何组织或者个人不得隐匿、毁弃、非法删除未成年人的信件、日记、电子邮件或者其他网络通讯内容。除下列情形外，任何组织或者个人不得开拆、查阅未成年人的信件、日记、电子邮件或者其他网络通讯内容：(一)无民事行为能力未成年人的父母或者其他监护人代未成年人开拆、查阅；(二)因国家安全或者追查刑事犯罪依法进行检查；(三)紧急情况下为了保护未成年人本人的人身安全。故D选项“任何组织或者个人不得隐匿未成年人的日记”属于社会保护的内容。本题选择D选项。

26. B 【解析】十三届全国人民代表大会常务委员会第二十二次会议对《中华人民共和国未成年人保护法》进行了修订，增加了“网络保护”和“政府保护”两章。

27. D 【解析】根据《中华人民共和国未成年人保护法》第七十五条规定，网络游戏服务提供者不得在每日二十二时至次日八时向未成年人提供网络游戏服务。

28. D 【解析】根据《中华人民共和国未成年人保护法》第三十五条规定，学校、幼儿园安排未成年人参加文化娱乐、社会实践等集体活动，应当保护未成年人的身心健康，防止发生人身伤害事故。

29. D 【解析】根据《中华人民共和国未成年人保护法》第十一条规定，任何组织或者个人发现不利于未成年人身心健康或者侵犯未成年人合法权益的情形，都有权劝阻、制止或者向公安、民政、教育等有关部门提出检举、控告。

30. A 【解析】根据《中华人民共和国未成年人保护法》第二章“家庭保护”第十七条规定，未成年人的父母或者其他监护人不得“虐待、遗弃、非法送养未成年人或者对未成年人实施家庭暴力”。阿雅的父亲陈某经常在喝酒后打骂阿雅，对阿雅实施家庭暴力，违背了《中华人民共和国未成年人保护法》“家庭保护”中的法律规定。

31. A 【解析】根据《中华人民共和国未成年人保护法》第一百一十条规定，公安机关、人民检察院、人民法院讯问未成年犯罪嫌疑人、被告人，询问未成年被害人、证人，应当依法通知其法定代理人或者其成年亲属、所在学校的代表等合适成年人到场，并采取适当方式，在适当场所进行，保障未成年人的名誉权、隐私权和其他合法权益。题干中警察并未联系上君君的父母，班主任张某有权拒绝警察的询问要求，张某的做法是正确的，保护了学生的合法权益。

32. C 【解析】根据《中华人民共和国未成年人保护法》第七十六条规定，网络直播服务提供者不得为未满十六周岁的未成年人提供网络直播发布者账号注册服务；为年满十六周岁的未成年人提供网络直播发布者账号注册服务时，应当对其身份信息进行认证，并征得其父母或者其他监护人同意。

专题六　《中华人民共和国预防未成年人犯罪法》

单项选择题

答案速查

1～5	CBCAC	6～10	ACCDD	11～15	CCABC	16～19	BBBD

1. C 【解析】根据《中华人民共和国预防未成年人犯罪法》第十六条规定，未成年人的父母或者其他监护人对未成年人的预防犯罪教育负有直接责任，应当依法履行监护职责，树立优良家风，培养未成年人良好品行；发现未成年人心理或者行为异常的，应当及时了解情况并进行教育、引导和劝诫，不得拒绝或者怠于履行监护职责。因此，题干中父母的说法是错误的，家长应当配合学校的预防犯罪教育工作。

2. B 【解析】根据《中华人民共和国预防未成年人犯罪法》第三十五条规定，未成年人无故夜不归宿、离家出走的，父母或者其他监护人、所在的寄宿制学校应当及时查找，必要时向公安机关报告。收留夜不归宿、离家出走未成年人的，应当及时联系其父母或者其他监护人、所在学校；无法取得联系的，应当及时向公安机关报告。

3. C 【解析】根据《中华人民共和国预防未成年人犯罪法》第三十四条规定，未成年学生旷课、逃学的，学校应当及时联系其父母或者其他监护人，了解有关情况；无正当理由的，学校和未成年学生的父母或者其他监护人应当督促其返校学习。

4. A 【解析】根据《中华人民共和国预防未成年人犯罪法》第三十四条规定，未成年学生旷课、逃学的，学校应当及时联系其父母或者其他监护人，了解有关情况；无正当理由的，学校和未成年学生的父母或者其他监护人应当督促其返校学习。

5. C 【解析】根据《中华人民共和国预防未成年人犯罪法》第四十五条规定，未成年人实施刑法规定的行为、因不满法定刑事责任年龄不予刑事处罚的，经专门教育指导委员会评估同意，教育行政部门会同公安机关可以决定对其进行专门矫治教育。

6. A 【解析】根据《中华人民共和国预防未成年人犯罪法》第三十七条规定，未成年人的父母或者其他监护人、学校发现未成年人组织或者参加实施不良行为的团伙，应当及时制止；发现该团伙有违法犯罪嫌疑的，应当立即向公安机关报告。故A项做法正确。

7. C 【解析】根据《中华人民共和国预防未成年人犯罪法》第三十九条规定，未成年人的父母或者其他监护人、学校、居民委员会、村民委员会发现有人教唆、胁迫、引诱未成年人实施严重不良行为的，应当立即向公安机关报告。根据第三十八条规定可知，“吸食、注射毒品，或者向他人提供毒品”属于严重不良行为。根据题干中的描述可知不良青年正在蛊惑小君吸食毒品，因此其父母发现这一行为后应当立即向公安机关报告。

8. C 【解析】根据《中华人民共和国预防未成年人犯罪法》第二十八条规定，本法所称不良行为，是指未成年人实施的不利于其健康成长的下列行为：(一)吸烟、饮酒；(二)多次旷课、逃学；(三)无故夜不归宿、离家出走；(四)沉迷网络；(五)与社会上具有不良习性的人交往，组织或者参加实施不良行为的团伙；(六)进入法律法规规定未成年人不宜进入的场所；(七)参与赌博、变相赌博，或者参加封建迷信、邪教等活动；(八)阅览、观看或者收听宣扬淫秽、色情、暴力、恐怖、极端等内容的读物、音像制品或者网络信息等；(九)其他不利于未成年人身心健康成长的不良行为。A、B、D三项都属于不良行为，故本题选择C选项。

9. D 【解析】根据《中华人民共和国预防未成年人犯罪法》第四条规定，预防未成年人犯罪，在各级人民政府组织下，实行综合治理。

10. D 【解析】根据《中华人民共和国预防未成年人犯罪法》第三十八条规定，本法所称严重不良行为，是指未成年人实施的有刑法规定、因不满法定刑事责任年龄不予刑事处罚的行为，以及严重危害社会的下列行为：(一)结伙斗殴，追逐、拦截他人，强拿硬要或者任意损毁、占用公私财物等寻衅滋事行为；(二)非法携带枪支、弹药或者弩、匕首等国家规定的管制器具；(三)殴打、辱骂、恐吓，或者故意伤害他人身体；(四)盗窃、哄抢、抢夺或者故意损毁公私财物；(五)传播淫秽的读物、音像制品或者信息等；(六)卖淫、嫖娼，或者进行淫秽表演；(七)吸食、注射毒品，或者向他人提供毒品；(八)参与赌博赌资较大；(九)其他严重危害社会的行为。

11. C 【解析】根据《中华人民共和国预防未成年人犯罪法》第三十八条规定，“盗窃、哄抢、抢夺或者故意损毁公私财物”属于严重不良行为。第四十条规定，公安机关接到举报或者发现未成年人有严重不良行为的，应当及时制止，依法调查处理，并可以责令其父母或者其他监护人消除或者减轻违法后果，采取措施严加管教。D项措施可以采取。第四十三条规定，对有严重不良行为的未成年人，未成年人的父母或者其他监护人、所在学校无力管教或者管教无效的，可以向教育行政部门提出申请，经专门教育指导委员会评估同意后，由教育行政部门决定送入专门

学校接受专门教育。B项措施可以采取。学校有“对受教育者进行学籍管理,实施奖励或者处分”的权利,A项措施可以采取。本题为选非题,故答案为C项。

12. C 【解析】根据《中华人民共和国预防未成年人犯罪法》第四十三条规定,对有严重不良行为的未成年人,未成年人的父母或者其他监护人、所在学校无力管教或者管教无效的,可以向教育行政部门提出申请,经专门教育指导委员会评估同意后,由教育行政部门决定送入专门学校接受专门教育。

13. A 【解析】根据《中华人民共和国预防未成年人犯罪法》第四十七条规定,专门学校应当对接受专门教育的未成年人分级分类进行教育和矫治,有针对性地开展道德教育、法治教育、心理健康教育,并根据实际情况进行职业教育;对没有完成义务教育的未成年人,应当保证其继续接受义务教育。

14. B 【解析】根据《中华人民共和国预防未成年人犯罪法》第四十三条规定,对有严重不良行为的未成年人,未成年人的父母或者其他监护人、所在学校无力管教或者管教无效的,可以向教育行政部门提出申请,经专门教育指导委员会评估同意后,由教育行政部门决定送入专门学校接受专门教育。题干中李力父母已逝,爷爷是其监护人,故可由李力爷爷向教育行政部门提出申请。

15. C 【解析】根据《中华人民共和国预防未成年人犯罪法》第五十八条规定,刑满释放和接受社区矫正的未成年人,在复学、升学、就业等方面依法享有与其他未成年人同等的权利,任何单位和个人不得歧视。

16. B 【解析】根据《中华人民共和国预防未成年人犯罪法》第五十八条规定,刑满释放和接受社区矫正的未成年人,在复学、升学、就业等方面依法享有与其他未成年人同等的权利,任何单位和个人不得歧视。

17. B 【解析】根据《中华人民共和国预防未成年人犯罪法》第十六条规定,未成年人的父母或者其他监护人对未成年人的预防犯罪教育负有直接责任,应当依法履行监护职责,树立优良家风,培养未成年人良好品行;发现未成年人心理或者行为异常的,应当及时了解情况并进行教育、引导和劝诫,不得拒绝或者怠于履行监护职责。第六十一条规定,公安机关、人民检察院、人民法院在办理案件过程中发现实施严重不良行为的未成年人的父母或者其他监护人不依法履行监护职责的,应当予以训诫,并可以责令其接受家庭教育指导。

18. B 【解析】根据《中华人民共和国预防未成年人犯罪法》第三十四条规定,未成年学生旷课、逃学的,学校应当及时联系其父母或者其他监护人,了解有关情况;无正当理由的,学校和未成年学生的父母或者其他监护人应当督促其返校学习。故答案选B项。

19. D 【解析】根据《中华人民共和国预防未成年人犯罪法》第三十五条规定,收留夜不归宿、离家出走未成年人的,应当及时联系其父母或者其他监护人、所在学校;无法取得联系的,应当及时向公安机关报告。

专题七　《学生伤害事故处理办法》

单项选择题

答案速查

1～5	BBBCC	6～10	CBDAA	11～15	DBABC	16～18	AAB

1. B　【解析】根据《学生伤害事故处理办法》第九条规定,学校教师或者其他工作人员体罚或者变相体罚学生,或者在履行职责过程中违反工作要求、操作规程、职业道德或者其他有关规定,因此而造成的学生伤害事故,学校应当依法承担相应的责任。题干中,司机虽然也有过错,但是学校和司机签订合同后,司机履行的行为属于职务行为,故学校应该承担责任。

2. B　【解析】根据《学生伤害事故处理办法》第十条规定,学生或者其监护人知道学生有特异体质,或者患有特定疾病,但未告知学校,因此造成的学生伤害事故,应当由学生或者未成年学生监护人承担相应责任。

3. B　【解析】根据《学生伤害事故处理办法》第十条规定,学生违反法律法规的规定,违反社会公共行为准则、学校的规章制度或者纪律,实施按其年龄和认知能力应当知道具有危险或者可能危及他人的行为,从而造成的学生伤害事故,学生或者未成年学生监护人应当依法承担相应的责任。李刚作为学生,违反学校规章制度,明知翻墙有危险,却仍然做出该行为,其事故主要责任应由李刚父母承担。

4. C　【解析】根据《学生伤害事故处理办法》第十三条规定,其他在学校管理职责范围外发生的学生伤害事故,学校行为并无不当的,不承担事故责任;事故责任应当按有关法律法规或者其他有关规定认定。教师张某开设的商店不在学校管理职责范围内,因此张某应当承担主要责任。

5. C　【解析】根据《学生伤害事故处理办法》第十三条规定,在放学后、节假日或者假期等学校工作时间以外,学生自行滞留学校或者自行到校发生的伤害事故,学校行为并无不当的,不承担事故责任。题干中亮亮在假期自行到校,翻越学校围墙导致受伤,事件发生时间是在学校工作时间以外,学校无过错,不承担事故责任。

6. C　【解析】根据《学生伤害事故处理办法》第十四条规定,因学校教师或者其他工作人员与其职务无关的个人行为,或者因学生、教师及其他个人故意实施的违法犯罪行为,造成学生人身损害的,由致害人依法承担相应的责任。题干中,李老师在学校晨读期间,让学生夏某到校外为自己买早点,从而造成学生夏某遭遇车祸,这是由教师与其职务无关的个人行为造成的,故对于该事故李老师应该承担一定的责任;车祸肇事方作为事故的加害者,也应当承担责任。因此,本题答案选C项。

7. B　【解析】根据《学生伤害事故处理办法》第三十六条规定，受伤害学生的监护人、亲属或者其他有关人员，在事故处理过程中无理取闹，扰乱学校正常教育教学秩序，或者侵犯学校、学校教师或者其他工作人员的合法权益的，学校应当报告公安机关依法处理；造成损失的，可以依法要求赔偿。

8. D　【解析】根据《学生伤害事故处理办法》第二十二条规定，事故处理结束，学校应当将事故处理结果书面报告主管的教育行政部门；重大伤亡事故的处理结果，学校主管的教育行政部门应当向同级人民政府和上一级教育行政部门报告。根据题干中的描述可知，受伤学生为轻微伤，因此学校应当向主管的县级教育行政部门报告。

9. A　【解析】根据《学生伤害事故处理办法》第九条规定，学校组织学生参加教育教学活动或者校外活动，未对学生进行相应的安全教育，并未在可预见的范围内采取必要的安全措施，因此而造成的学生伤害事故，学校应当依法承担相应的责任。题干中，刘某在运动会上协助裁判老师记录结果，被参赛学生王某投出的铁饼砸伤，学校没有在可预见的范围内采取必要的安全措施，因此学校是赔偿责任的主体。

10. A　【解析】根据《学生伤害事故处理办法》第九条规定，因学校组织学生参加教育教学活动或者校外活动，未对学生进行相应的安全教育，并未在可预见的范围内采取必要的安全措施而造成的学生伤害事故，学校应当依法承担相应的责任。王某摔伤是因为学校组织活动失职，因此应该由学校承担赔偿责任。故A项观点错误。

易错提示：考生在遇到此类试题时，应首先确定事故发生的时间、地点和性质，如假期或上、下学途中，因不可抗力因素造成的，学生自杀、自伤的，可根据《学生伤害事故处理办法》中第十二条、第十三条的规定，判定学校不承担责任。其次应确定事故的致害人，直接致害人承担相关法律责任。若直接致害人是教师，则还需判断教师的行为是否是职务行为。若教师的行为是职务行为，则应由学校承担责任；若教师的行为是非职务行为，则应由教师承担责任。最后需确定学校在管理过程中是否尽到了管理、教育职责，从而判断学校是否应承担相应的补充责任。

11. D　【解析】根据我国《学生伤害事故处理办法》第二十八条规定，未成年学生对学生伤害事故负有责任的，由其监护人依法承担相应的赔偿责任。学生的行为侵害学校教师及其他工作人员以及其他组织、个人的合法权益，造成损失的，成年学生或者未成年学生的监护人应当依法予以赔偿。题干中，小强的行为造成了小丽小腿受伤，鉴于小强是未成年人，应由其监护人承担赔偿责任。D项正确。

12. B　【解析】根据《学生伤害事故处理办法》第二十八条规定，未成年学生对学生伤害事故负有责任的，由其监护人依法承担相应的赔偿责任。本题中事故发生的时间属于课间自由活动时间，老师不存在管理过失，小黄的手是由于小陈关门时夹伤的，因此班主任应当告知双方家长，并主张小陈的家长负担医药费。

13. A　【解析】《学生伤害事故处理办法》中的规定明确了教育机构依法负有对未成年人的教育、管理和保护的义务，如果因过错没有尽其相应的义务，致使发生学生伤害事故的，学校应当承担与其过错相应的民事责任。题干中学校未充分履行管理和保护义务，因此，学校对学生伤害事故的责任，在性质上是违反法定义务的过错责任。

14. B　【解析】根据《学生伤害事故处理办法》第十条规定可知，学生行为具有危险性，学校、教师已经告诫、纠正，但学生不听劝阻、拒不改正，由此造成的学生伤害事故，学生或者未成年学生监护人应当依法承担相应的责任。题干中教师已经反复强调注意事项和纪律，但学生王某对教师的强调置之不理，由此产生的学生伤害事故，应由学生王某或者其监护人依法承担相应的责任。

15. C　【解析】根据《学生伤害事故处理办法》第二十八条规定，未成年学生对学生伤害事故负有责任的，由其监护人依法承担相应的赔偿责任。因此，A项说法正确。第十四条规定，因学校教师或者其他工作人员与其职务无关的个人行为，或者因学生、教师及其他个人故意实施的违法犯罪行为，造成学生人身损害的，由致害人依法承担相应的责任。因此，B项说法正确。第十二条规定，在对抗性或者具有风险性的体育竞赛活动中发生意外伤害的，学校已履行了相应职责，行为并无不当的，无法律责任。因此，C项说法错误。第十一条规定，学校安排学生参加活动，因提供场地、设备、交通工具、食品及其他消费与服务的经营者，或者学校以外的活动组织者的过错造成的学生伤害事故，有过错的当事人应当依法承担相应的责任。因此，D项说法正确。

16. A　【解析】根据《学生伤害事故处理办法》第七条规定，学校对未成年学生不承担监护职责，但法律有规定的或者学校依法接受委托承担相应监护职责的情形除外。A项说法不正确。第五条规定，学校应当对在校学生进行必要的安全教育和自护自救教育。故B、D两项说法错误。第五条规定，学校对学生进行安全教育、管理和保护，应当针对学生年龄、认知能力和法律行为能力的不同，采用相应的内容和预防措施。故C项说法错误。

17. A　【解析】根据《学生伤害事故处理办法》第九条规定，学校教师或者其他工作人员在负有组织、管理未成年学生的职责期间，发现学生行为具有危险性，但未进行必要的管理、告诫或者制止的，学校应当依法承担相应的责任。

18. B　【解析】根据《学生伤害事故处理办法》第九条规定，因学生有特异体质或者特定疾病，不宜参加某种教育教学活动，学校知道或者应当知道，但未予以必要的注意而造成的学生伤害事故，学校应当依法承担相应的责任。根据题干描述可知，班主任对小李的病情是知情的，但未告知体育老师并对小李予以必要的注意。因此，小李在参加学校的教育教学活动中受伤，学校应当承担相应的赔偿责任。故小李父母的要求是合理的。

专题八 《中小学教育惩戒规则(试行)》

单项选择题

答案速查

1~5	CDACB

1. C 【解析】《中小学教育惩戒规则(试行)》第十二条规定,教师在教育教学管理、实施教育惩戒过程中,不得有下列行为:(一)以击打、刺扎等方式直接造成身体痛苦的体罚;(二)超过正常限度的罚站、反复抄写,强制做不适的动作或者姿势,以及刻意孤立等间接伤害身体、心理的变相体罚;(三)辱骂或者以歧视性、侮辱性的言行侵犯学生人格尊严;(四)因个人或者少数人违规违纪行为而惩罚全体学生;(五)因学业成绩而教育惩戒学生;(六)因个人情绪、好恶实施或者选择性实施教育惩戒;(七)指派学生对其他学生实施教育惩戒;(八)其他侵害学生权利的。因此,C项符合题意。

2. D 【解析】《中小学教育惩戒规则(试行)》第八条规定,教师在课堂教学、日常管理中,对违规违纪情节较为轻微的学生,可以当场实施以下教育惩戒:(一)点名批评;(二)责令赔礼道歉、做口头或者书面检讨;(三)适当增加额外的教学或者班级公益服务任务;(四)一节课堂教学时间内的教室内站立;(五)课后教导;(六)学校校规校纪或者班规、班级公约规定的其他适当措施。教师对学生实施前款措施后,可以以适当方式告知学生家长。

3. A 【解析】《中小学教育惩戒规则(试行)》第十七条规定,学生及其家长对学校依据本规则第十条实施的教育惩戒或者给予的纪律处分不服的,可以在教育惩戒或者纪律处分作出后15个工作日内向学校提起申诉。

4. C 【解析】《中小学教育惩戒规则(试行)》第五条规定,学校应当结合本校学生特点,依法制定、完善校规校纪,明确学生行为规范,健全实施教育惩戒的具体情形和规则。学校制定校规校纪,应当广泛征求教职工、学生和学生父母或者其他监护人(以下称家长)的意见;有条件的,可以组织有学生、家长及有关方面代表参加的听证。校规校纪应当提交家长委员会、教职工代表大会讨论,经校长办公会议审议通过后施行,并报主管教育部门备案。教师可以组织学生、家长以民主讨论形式共同制定班规或者班级公约,报学校备案后施行。

5. B 【解析】《中小学教育惩戒规则(试行)》第八条规定,教师在课堂教学、日常管理中,对违规违纪情节较为轻微的学生,可以当场实施以下教育惩戒:(一)点名批评;(二)责令赔礼道歉、做口头或者书面检讨;(三)适当增加额外的教学或者班级公益服务任务;(四)一节课堂教学时间内的教室内站立;(五)课后教导;(六)学校校规校纪或者班规、班级公约规定的其他适当措施。教师对学生实施前款措施后,可以以适当方式告知学生家长。

专题九　教师的权利与义务

单项选择题

答案速查

1~5	DDDBD	6~10	DACDA	11~15	ACBAD	16~20	DCAAC
21~23	ADD						

1. D 【解析】根据《中华人民共和国教师法》第七条规定，教师享有按时获取工资报酬，享受国家规定的福利待遇以及寒暑假期的带薪休假的权利。本题中某小学强迫教师在寒假期间加班的做法是不正确的。故本题选D。

2. D 【解析】李老师辱骂学生并让学生罚站的做法，侵犯了学生的人格尊严权，没有履行教师应当关心、爱护全体学生，尊重学生人格的义务。D项最符合题意。

3. D 【解析】我国《教师法》第八条规定，教师有"不断提高思想政治觉悟和教育教学业务水平"的义务。题干中黄某拒绝参加教师培训活动的做法是不正确的，不利于自身业务水平的提高。

4. B 【解析】教育教学权是指教师享有进行教育教学活动、开展教育教学改革和实验的权利。题干中张老师根据班级情况进行讨论式教学改革是在行使他的教育教学权。

5. D 【解析】教师享有"指导学生的学习和发展，评定学生的品行和学业成绩"的权利。题干中学校的做法侵犯了教师管理学生的权利。

6. D 【解析】教育教学权是指教师享有进行教育教学活动、开展教育教学改革和实验的权利。这是教师为履行教育教学职责必须具备的最基本的权利。

7. A 【解析】教师享有"对学校教育教学、管理工作和教育行政部门的工作提出意见和建议，通过教职工代表大会或者其他形式，参与学校的民主管理"的权利。题干中的教师对学校管理提出意见，属于参与学校的民主管理，故题干中校长的做法侵犯了教师的民主管理权。

8. C 【解析】科学研究权即从事科学研究、学术交流，参加专业的学术团体，在学术活动中发表意见的权利。作为教师，有权参加有关的学术交流活动，参加依法成立的学术团体并在其中兼任工作。题干中张老师利用周末参加专业学术会议是在行使教师的科学研究权，并没有影响教育教学工作，故学校处分张老师的做法是错误的。

9. D 【解析】根据《中华人民共和国教师法》第七条规定，教师有"对学校教育教学、管理工作和教育行政部门的工作提出意见和建议，通过教职工代表大会或者其他形式，参与学校的民主管理"的权利。因此，李老师向校领导反映学校考评考核制度中存在的问题，其实是在行使教师权利。

10. A 【解析】根据《中华人民共和国教师法》第七条规定，教师享有进行教育教学活动，开展教育教学改革和实验的权利。所以，陈老师应当坚定自己的想法，坚持改革。

11. A 【解析】根据《中华人民共和国教师法》第三十九条规定,“教师认为当地人民政府有关行政部门侵犯其根据本法规定享有的权利的,可以向同级人民政府或者上一级人民政府有关部门提出申诉,同级人民政府或者上一级人民政府有关部门应当作出处理”。

12. C 【解析】根据《中华人民共和国教师法》第七条规定,教师享有民主管理权,即对学校教育教学、管理工作和教育行政部门的工作提出意见和建议,通过教职工代表大会或者其他形式,参与学校的民主管理。

13. B 【解析】教师对学校或者其他教育机构侵犯其合法权益的,或者对学校或者其他教育机构作出的处理不服的,可以向教育行政部门提出申诉,教育行政部门应当在接到申诉的三十日内,作出处理。所以,小赵可以去当地的县教育局提出申诉。

14. A 【解析】教师具有获取报酬待遇权,获取报酬待遇权即按时获取工资报酬,享受国家规定的福利待遇以及寒暑假期的带薪休假的权利。这是教师的基本物质保障权利。产假是国家规定的福利待遇,学校的做法不合法,侵犯了教师的权利。

15. D 【解析】教师享有“指导学生的学习和发展,评定学生的品行和学业成绩”的权利。题干中校长的要求侵犯了王老师公正评定学生的品行和学业成绩的权利,王老师拒绝该要求的行为是合理的。

16. D 【解析】根据《中华人民共和国教师法》第二章第七条规定,教师享有以下六方面的权利:(一)教育教学权;(二)科学研究权(学术自由权);(三)管理学生权(指导评价权);(四)获得报酬权;(五)民主管理权(参与教育管理权);(六)进修培训权。其中,民主管理权是指教师对学校教育教学、管理工作和教育行政部门的工作提出意见和建议,通过教职工代表大会或者其他形式,参与学校的民主管理。故本题选D项。

17. C 【解析】根据《中华人民共和国教师法》第七条中规定了教师的权利。教师有教育教学权、学术研究权、管理学生权、获得报酬权、参与管理权和进修培训权。教师没有罚款的权利。故该教师的做法不合法。

18. A 【解析】根据《中华人民共和国教师法》第八条规定,教师有“关心、爱护全体学生,尊重学生人格,促进学生在品德、智力、体质等方面全面发展”的义务。题干中刘老师只以成绩作为判断标准,对学生没有做到公平,而且以言语讽刺,没有做到爱护尊重学生。

19. A 【解析】根据《中华人民共和国教师法》的规定,教师申诉的范围包括:(1)教师认为学校或其他教育机构侵犯其根据《中华人民共和国教师法》规定的合法权益的,可以提起申诉。(2)教师对学校或其他教育机构作出的处理决定不服的,可以提出申诉。(3)教师认为当地人民政府的有关行政部门侵犯其根据《中华人民共和国教师法》规定享有的合法权益的,可以提出申诉。需特别指出的是,这里的被申诉对象只能是当地人民政府隶属的行政机关,而不能是当地人民政府。企事业单位及其他个人侵犯教师合法权益的不属于教师申诉的范围。

20. C 【解析】根据《中华人民共和国教师法》第八条第四项规定，教师有“关心、爱护全体学生，尊重学生人格，促进学生在品德、智力、体质等方面全面发展”的义务。ABD三项都属于教师的权利。

21. A 【解析】题干中这位校长的做法是错误的，他侵犯了教职工的获取劳动报酬权；违反了国家要求的不得对学校和教师乱摊派的规定；侵犯了教职工的个人财产自主权。但他并没有侵犯教职工的隐私权，所以答案选A项。

22. D 【解析】根据《中华人民共和国教师法》第七条规定，教师享有“按时获取工资报酬，享受国家规定的福利待遇以及寒暑假期的带薪休假”的权利。题干中暑假期间的教师工资没有按时发放，而是开学后补发，侵犯了教师获取报酬待遇的权利。D项正确。

23. D 【解析】根据《中华人民共和国教师法》第三十九条规定，教师对学校或者其他教育机构侵犯其合法权益的，或者对学校或者其他教育机构作出的处理不服的，可以向教育行政部门提出申诉，教育行政部门应当在接到申诉的三十日内，作出处理。王老师对学校领导的处罚不服，应向教育行政部门提出申诉。故该题选D。

专题十 学生权利及侵权表现

单项选择题

答案速查

1~5	CCBCD	6~10	BCBCD	11~15	BACCD	16~20	AACCD
21~25	DBDDC	26~30	ADCDB	31~35	DBDDB	36~38	ADC

1. C 【解析】在教学过程中，学生有权参加教育教学计划安排的各种课堂教学、讲座、课堂讨论、观摩、实验、见习、实习、测验和考试等活动。任何组织和个人都不得以任何借口非法剥夺学生参加教育教学活动的权利。题干所述教师侵犯了学生的受教育权，选C项。

2. C 【解析】人格尊严权指公民享有作为人的最起码的社会地位和受到他人与社会最起码尊重的权利。学生作为公民，人格尊严不容侵犯。学校、教师应当尊重学生尊严，不得对学生实施体罚、变相体罚或其他侮辱人格尊严的行为。题干所述教师的行为侵犯了学生的人格尊严权。

3. B 【解析】李老师私自翻看小明的日记，侵犯了小明的隐私权；勒令小明暂时不能到校上课，侵犯了其受教育权。

4. C 【解析】学生享有名誉权。名誉是对民事主体的品德、声望、才能、信用等的社会评价。任何组织或者个人不得以侮辱、诽谤等方式侵害学生的名誉权。张某捏造事实在同学中散布谣言，诋毁胡某，这侵犯了胡某的名誉权。

5. D 【解析】荣誉权指学生对自己在社会生活中所获得的社会评价依法享有的不可侵犯的权利。

荣誉是一个人受到外部给予的光荣称誉，每个学生在学校中都有权获得并保持各种荣誉嘉奖。题干中的学校随意撤销学生的优秀称号，侵犯了学生的荣誉权。

6. B　【解析】我国《教育法》规定，受教育者享有“参加教育教学计划安排的各种活动”的权利。在教育教学中，学生有权参加教学计划安排的授课、讲座、课堂讨论、观摩、实验、实习和考试等活动。题干中的校领导让学生停课的做法不合法，侵犯了学生的受教育权。

7. C　【解析】受教育权是学生最基本的权利。侵犯学生受教育权的表现形式主要有：(1)侵犯学生受教育机会的平等权；(2)侵犯学生的入学权；(3)侵犯学生参加考试的权利；(4)随意开除学生；(5)侵犯学生上课学习的权利等。题干中王老师要求违反课堂纪律的学生到办公室接受教育，当天不能上课的行为属于侵犯学生上课学习的权利。故选C项。

8. B　【解析】学生享有名誉权。名誉是对民事主体的品德、声望、才能、信用等的社会评价。任何组织或者个人不得以侮辱、诽谤等方式侵害学生的名誉权。班主任没有确凿证据，仅通过全班选举就认定小明是小偷，侵犯了小明的名誉权。

9. C　【解析】根据《中华人民共和国教育法》第四十三条规定可知，受教育者享有“在学业成绩和品行上获得公正评价”的权利。因此，题干中的老师因为学生的刁难，就刻意给学生打低分，这一行为侵犯了学生获得公正评价的权利。

10. D　【解析】根据《中华人民共和国义务教育法》第二十九条规定，教师在教育教学中应当平等对待学生，关注学生的个体差异，因材施教，促进学生的充分发展。教师应当尊重学生的人格，不得歧视学生，不得对学生实施体罚、变相体罚或者其他侮辱人格尊严的行为，不得侵犯学生合法权益。题干中张老师的做法没有尊重学生的人格，侵犯了学生的人格尊严权。

11. B　【解析】学生的作文也是作品，是受著作权法保护的文字作品，学生是其作品的著作权人。该老师未经学生允许，私自将学生的作品编入自己编著的优秀作文集，侵害了学生的著作权。

易混辨析：本题考生可能会混淆著作权与财产权。简单来说，一部作品是否发表、作者署名、作品的修改等权利都属于著作人身权，作品出版发行等带来的收益、奖金等都是著作财产权。考生做题时，如果题干强调作品的发表、署名、出版等，一般涉及著作权。如果题干强调奖金、作品发表后得到的钱财等，一般涉及财产权。此外，学生的知识产权、专利等某些智力成果带来的财产收益，如果被侵犯，属于侵犯财产权。

12. A　【解析】生命健康权包括生命权、健康权等内容。在学校教育中，这类侵害主要是由体罚或变相体罚，教育教学设施不安全以及学校、教师不作为侵权等造成的。题干中老师的虐待行为侵犯了学生的生命健康权。

13. C　【解析】受教育权是学生最基本的权利。学校应当尊重未成年学生受教育的权利，关心、爱护学生，对品行有缺点、学习有困难的学生，应当耐心教育、帮助，不得歧视，不得违反法律和国家规定开除未成年学生。题干中学校为追求升学率，以学生成绩差为由开除学生，侵犯了学生的受教育权。

14. C 【解析】学校应当尊重未成年学生受教育的权利，关心、爱护学生，对品行有缺点、学习有困难的学生，应当耐心教育、帮助，不得歧视，不得违反法律和国家规定开除未成年学生。因此，学校的做法侵犯了小陈的受教育权。

15. D 【解析】受教育者依法享有“参加教育教学计划安排的各种活动，使用教育教学设施、设备、图书资料”的权利。题干学校的行为侵犯了小张参加教育教学活动的权利。

16. A 【解析】我国《义务教育法》规定了义务教育对象的入学条件，即凡达到入学年龄，不分性别、民族、种族，只要有接受教育的能力，都必须入学接受规定年限的义务教育。此外，实施义务教育的学校必须依法接收应该在本校就读的适龄儿童入学。故题干中学校侵犯了黄某儿子平等入学接受教育的权利。

17. A 【解析】人身自由是公民的一项基本权利，包括身体行动自由和表达的自由。常见的侵害学生人身自由的表现形式有：非法拘禁和限制学生、非法搜查学生、非法限制学生表达自由的权利等。题干中的班主任对全班学生进行搜身，这一行为侵犯了学生的人身自由权。

18. C 【解析】我国《教育法》规定，受教育者享有“参加教育教学计划安排的各种活动”的权利。这是学生在学校中享有的最基本的权利。在教育教学中，学生有权参加教学计划安排的授课、讲座、课堂讨论、观摩、实验、实习和考试等活动。题干中李老师剥夺未完成作业的学生听课的权利，是不合法的，属于侵犯学生受教育权的表现。

19. C 【解析】隐私权是指公民生活中不愿为他人公开或知悉的个人秘密不可侵犯的人身权利。学校和教师侵犯学生隐私的表现形式有：故意隐匿、毁弃或者非法开拆学生信件，披露、宣扬学生自身及家庭成员资料，提供学生成绩的方式不适当等。因此，题干中学校公布学生私密信息的做法，侵犯了学生的隐私权。

20. D 【解析】学校和教师必须尊重学生的人格尊严，严禁对学生实施体罚、变相体罚或其他侮辱人格尊严的行为。题干中黄老师的做法是不正确的，他把学习成绩差的学生称作“学渣”的做法侵犯了学生的人格尊严权。

21. D 【解析】个人的财产所有权是指公民对个人所有的财产依法进行占有、使用、收益和处分的权利。学生的合法财产受到法律保护，教师不得侵占、破坏或非法扣押、没收等。教师侵犯学生财产权的表现形式有：损坏学生财物、非法没收学生物品、乱罚款、乱摊派、推销商品等。题干中李老师没收学生手机后拒绝归还的做法侵犯了其财产权。

22. B 【解析】教师应当尊重学生的人格，不得歧视学生，不得对学生实施体罚、变相体罚或者其他侮辱人格尊严的行为。题干中张老师在全班同学面前说小明比猪还笨，这一行为侵犯了小明的人格尊严权。

23. D 【解析】隐私权是指公民生活中不愿为他人公开或知悉的个人秘密不可侵犯的人身权利。学校和教师侵犯学生隐私的表现形式有:故意隐匿、毁弃或者非法开拆学生信件,披露、宣扬学生自身及家庭成员资料,提供学生成绩的方式不适当等。该学校的做法侵犯了吴同学的隐私权。

24. D 【解析】由于学生是特殊的教育法律责任主体,一般采用纪律处分,如警告、记过、留校察看等。学生在学校上学时由于自身明显主观过错导致学校财产损害,应该赔偿的,由其家长代为赔偿。所以前两条处理决定是合法的。学校作为教育机构没有罚款的权力,因此,题干中的学校对学生进行罚款属于违法行为,侵犯了学生的财产权。

25. C 【解析】据有关规定,只要是自己独立完成的,体现了自己的思想、情感、构思和表达方式的,属于文学、艺术和科学领域内并能以某种有形形式复制的智力成果都是著作权法所称的作品。小强享有获奖美术作品的著作权,所以,奖金应该归属小强。

26. A 【解析】隐私权是指公民生活中不愿为他人公开或知悉的个人秘密不可侵犯的人身权利。大磊偷看程程的私人日记,侵犯了程程的隐私权。正确答案选A项。

27. D 【解析】人身自由是公民的一项基本权利,包括身体行动自由和表达的自由。侵害学生人身自由的表现形式有:非法拘禁和限制学生、非法搜查学生、非法限制学生表达自由的权利等。教师沈某将小光单独反锁在办公室直至深夜,限制了小光的人身自由,侵犯了小光的人身自由权。

28. C 【解析】个人的财产所有权是指公民对个人所有的财产依法进行占有、使用、收益和处分的权利。学生的合法财产受到法律保护,教师不得侵占、破坏或非法扣押、没收等。教师侵犯学生财产权的表现形式有:损坏学生财物、非法没收学生物品、乱罚款、乱摊派、推销商品等。学校、教师没有罚款的权利。因此,班主任张某对学生程某罚款的做法侵犯了学生程某的财产权。

29. D 【解析】张亮作为受教育者,参加学校教育教学计划安排的各种活动是他的权利,而班主任怕张亮在公开课上捣乱,在上公开课的时候安排张亮去和其他班的学生上体育课,这侵犯了其权利。

30. B 【解析】学校和教师必须尊重学生的人格尊严,严禁对学生实施体罚、变相体罚或其他侮辱人格尊严的行为。题干中的黄老师对该同学进行粗暴的言语辱骂,这侵犯了学生的人格尊严权。

31. D 【解析】肖像权是学生所享有的同意或不同意利用自己肖像的权利。题干中的辅导机构未经小丽的许可将其照片印在宣传手册上,这侵犯了小丽的肖像权。

32. B 【解析】人身自由是公民的一项基本权利,包括身体行动自由和表达的自由。侵害学生人身自由的表现形式有:非法拘禁和限制学生、非法搜查学生、非法限制学生表达自由的权利等。

33. D 【解析】名誉权是由民事法律规定的民事主体所享有的获得和维持对其名誉进行客观公正

评价的一种人格权利。我国相关法律规定,公民享有名誉权,禁止用侮辱、诽谤等方式损害公民的名誉。题干中的小豪给小佳取了个"肥猪佳"的绰号,还煽动其他同学一起取笑小佳,这是用侮辱的形式侵犯小佳名誉权的行为。

34. D 【解析】受教育权是学生最基本的权利。学校应当保障未成年学生受教育的权利,关心、爱护学生,对品行有缺点、学习有困难的学生,应当耐心教育、帮助,不得歧视,不得违反法律和国家规定开除或变相开除未成年学生。肖强是处于义务教育阶段的学生,班主任劝退肖强的做法侵犯了肖强的受教育权。

35. B 【解析】受教育权是学生最基本的权利。在教育教学中,学生有权参加教学计划安排的授课、讲座、课堂讨论、观摩、实验、实习和考试等活动。林老师不让王同学参加学校的期末考试侵犯了王同学的受教育权。

36. A 【解析】数学老师辱骂了学生一节课,占用了学生的上课时间。这侵犯了学生的受教育权,也侵犯了学生的人格尊严。

37. D 【解析】人身自由权是公民的一项基本权利,包括身体行动自由和表达的自由。侵害学生人身自由的表现形式有:非法拘禁和限制学生、非法搜查学生、非法限制学生表达自由等。题干中的王老师因小明在课堂上捣乱,就将其关进体育器材室,这一行为侵犯了小明的人身自由权。

38. C 【解析】学生享有人格尊严权,学校和教师必须尊重学生的人格尊严,严禁对学生实施体罚、变相体罚或其他侮辱人格尊严的行为。题干中的老师所说的话侮辱了小蕾的人格尊严,因此侵犯了小蕾的人格尊严权。

第三章　教师职业道德

①爱国守法

②爱岗敬业

③关爱学生

④教书育人

⑤为人师表

⑥终身学习

一、单项选择题

答案速查

1～5	DBCDC	6～10	DCBAB	11～15	BBCCC	16～20	DCCBC
21～25	DCDBD			26～29	ABBD		

1. D 【解析】本题考查惩戒教育的基本原则。惩戒教育的基本原则有以下几个：(1)教育性原则；(2)科学性原则；(3)伦理性原则；(4)依法性原则；(5)公正性原则；(6)整体性原则；(7)艺术性原则。其中，公正性原则要求老师在实施惩戒时不能感情用事，要对所有违纪学生一视同仁。教师实施惩戒只能是学生违背相应纪律规范的结果，不能凭感情用事，采取随意性态度，更不能出于私心报复。在惩罚与过失之间，要有必然的联系，不要涉及与过失无关的学生的个人特征及过去的经历。题干中，经常迟到的飞飞今天忘戴红领巾了，康老师表示可能会原谅别的同学，但对飞飞早就忍无可忍，让飞飞在教室后面罚站，这表明康老师没有对学生做到一视同仁，因此康老师的做法违背了公正性原则。

2. B 【解析】本题考查《中小学教师职业道德规范》。"爱岗敬业"要求教师对工作高度负责，认真备课上课，认真批改作业，认真辅导学生。不得敷衍塞责。题干中丁老师忙于教学研讨、发表论文，但在教学上投入不足导致班上学生成绩不理想，说明丁老师未能正确理解教师职责，没有做好教师的本职工作，其言行是不合理的。本题选B项。

"提高学生分数"不是教师的首要任务，且该说法与素质教育理念相悖，A项排除。

学生考试分数不能作为评价教师教学效果的唯一标准，但丁老师的问题在于只重视个人专业发展而对教学投入不足，进而导致学生成绩不理想，没有促进学生发展。C项排除。

丁老师勤于钻研、发表论文的做法有利于自己的专业发展，但其只重视个人发展而忽视学生发展的做法是不合理的，D项排除。

3. C 【解析】本题考查教师职业行为规范的主要内容。教师的职业行为规范要求老师热爱、尊重学生，积极为学生创设良好的育人环境，坚持正面教育，严禁体罚和变相体罚学生。题干中，李老师组织开展“大家一起找优点”的活动并每周开展“优点交流会”，鼓励学生发现自己和同学的优点，创设了良好的育人环境，坚持正面教育，有利于促进学生进步，故本题选C。

4. D 【解析】本题考查《新时代中小学教师职业行为十项准则》。《新时代中小学教师职业行为十项准则》中的潜心教书育人要求教师落实立德树人根本任务，遵循教育规律和学生成长规律，因材施教，教学相长；不得违反教学纪律，敷衍教学，或擅自从事影响教育教学本职工作的兼职兼薪行为。题干中，陈老师上课总是敷衍了事，其开办的网店已经影响了教育教学本职工作，故正确做法应是关闭网店，认真备课教学，故本题选D。

5. C 【解析】本题考查《中小学教师职业道德规范》。《中小学教师职业道德规范》中为人师表要求教师要做到：坚守高尚情操，知荣明耻，严于律己，以身作则。衣着得体，语言规范，举止文明。关心集体，团结协作，尊重同事，尊重家长。作风正派，廉洁奉公。自觉抵制有偿家教，不利用职务之便谋取私利。A项“庄严自持，内外若一”主要指教师要做到言行一致，表里如一。题干未体现，排除。B项“知者必量其力所能至而从事焉”意思是：智慧的人一定会衡量自己的能力所能达到的程度，然后再进行实践。题干未体现，排除。C项“善为师者，既美其道，有慎其行”是董仲舒的名言，意思是善于做老师的人，既要完善自己的道德，又要谨慎自己的行为。“美其道”指的是宣传和赞扬教师本人所持的世界观、人生观和价值观。“慎其行”指的是教师要时时、处处、事事严格要求自己，用自己的言行为学生树立学习榜样。当今是指教师应“身教胜于言教”。题干中胡老师以“停课不停学”实施起来太困难为由，不配合工作，不仅会影响学生的学习，也会给学生树立不好的榜样，没有做到为人师表，以身作则。因此，C项符合题意。D项“不以一人疑天下，不以天下私一人”意思是：君主不能凭借自己的特殊身份猜忌天下人，也不能把天下的一切都用来满足君主一个人的私欲。题干未体现，排除。

6. D 【解析】本题考查《中小学班主任工作规定》(2009年)。《中小学班主任工作规定》第九条规定，认真做好班级的日常管理工作，维护班级良好秩序，培养学生的规则意识、责任意识和集体荣誉感，营造民主和谐、团结互助、健康向上的集体氛围。指导班委会和团队工作。题干中，刘老师进行“班级公约海选”，有利于培养学生的规则意识和责任意识，调动学生参与活动的积极性和主动性；推选“公约管理员”负责监督执行情况并反馈，增加了“公约管理员”的工作量，但有利于维护班级秩序。故本题选D。

7. C 【解析】本题考查《中小学教师违反职业道德行为处理办法》。依据《中小学教师违反职业道德行为处理办法》第三条规定，本办法所称处理包括处分和其他处理。其他处理包括给予批评教育、诫勉谈话、责令检查、通报批评，以及取消在评奖评优、职务晋升、职称评定、岗位聘用、工资晋级、申报人才计划等方面的资格。取消相关资格的处理执行期限不得少于24个月。第四条规定，教师"歧视、侮辱学生，虐待、伤害学生"的违反职业道德行为应予处理。题干中覃老师罚迟到的小辉站在教室外面听课，是一种体罚，违反了教师职业道德规范，故学校应当制止覃老师的行为并对其进行诫勉谈话。本题选择C选项。

8. B 【解析】本题考查《中小学教师职业道德规范》。B项的意思是"知道自己不足之处，这样以后能够反省自己；知道自己困惑的地方，这样以后才能自我勉励"。于老师遇到难题不能解答时，课后查资料、请教专家来拓展、丰富学识，以解答学生疑问，体现了于老师终身学习的职业道德，B项与于老师的情况相符。

A项的意思是：说话一定讲信用；做事一定有成效。

C项的意思是：有道德修养的人教育他人，诱导他人而不是牵着他人学习，勉励他人而不是逼迫他人学习，启迪他人的思路而不是代替他人去做结论。

D项的意思是：君子懂得求学有难有易，并懂得人的天资有高有低，然后能够因材施教，广泛地晓喻。能广泛地晓喻，然后才能当老师。

9. A 【解析】本题考查《中小学教师职业道德规范》。"教书育人"的教师职业道德规范要求教师遵循教育规律，实施素质教育，培养学生的良好品行。题干中文老师的做法既传授了知识，又将教学内容和思想品德教育结合起来，对学生进行品德方面的引导，做到了多种价值的融合。

10. B 【解析】本题考查教师职业行为规范。教师的人际行为规范要求教师之间要做到：互相尊重，切忌嫉妒；相互学习，取长补短；平等相待，不卑不亢；乐于助人，关心同事。题干中，李老师经常去听年轻老师的课并给予指导，体现了李老师甘为人梯，乐于助人；李老师发现孙老师的讲解存在偏差，当场打断孙老师教学的行为不妥当，李老师可在课下与孙老师沟通，给予指导。

11. B 【解析】本题考查教师职业行为。题干中，方老师组织学生开展各种安全主题演练活动，让学生亲自参与到活动中去，这表明方老师重视学生的亲身体验。D项，四年级的学生属于未成年人，尚不具备成熟的施救意识与能力，小学阶段教师组织的安全主题演练活动重在培养学生的自我防护意识和能力，D项与题意不符。A、C项题干没有体现，综上所述，本题选B。

12. B 【解析】本题考查《中小学教师职业道德规范》。终身学习是教师专业发展的不竭动力。教师必须树立终身学习的观念，不断在读书学习中拓宽知识视野，更新知识结构。作为教师，王老师应该树立终身学习的意识，不断提高自身的专业水平，而不应拒绝参加培训。

13. C 【解析】本题考查《中小学教师职业道德规范》。关爱学生要求教师关心爱护全体学生，尊重学生人格，平等公正对待学生。题干中孙老师的做法是不正确的，拿学生与其他学生作比较是不尊重学生的表现，会伤害被比较的学生。

14. C 【解析】本题考查教师职业道德。题干中，李老师设立“生日祝福墙”，同学们则在其上留下祝福话语，将自制的卡片作为礼物赠送给他人，这一做法并未加重学生的负担，也不会助长攀比之风，并且还能让学生感受到班级的温暖，有利于营造和谐友爱的班级氛围，故李老师的做法是恰当的，是关爱学生的体现。

15. C 【解析】本题考查《中小学教师职业道德规范》。题干中的付老师设计了“复制不走样”的游戏，这体现了其注重方法创新；付老师通过游戏引导学生明白传话走样带来的危害，让学生自己从中发现道理，这说明他做到了循循善诱，践行了教书育人的职业道德规范。严慈相济在题干中没有体现，本题选C。

16. D 【解析】本题考查《中小学教师职业道德规范》。关爱学生要求教师关心爱护全体学生，尊重学生人格，平等公正对待学生。对学生严慈相济，做学生良师益友。保护学生安全，关心学生健康，维护学生权益。不讽刺、挖苦、歧视学生，不体罚或变相体罚学生。题干中的汪老师经常资助家庭经济困难的学生并在学习上给予切实的帮助，属于关爱学生的表现。

17. C 【解析】本题考查教师职业行为规范。张老师因自身过失被家长投诉了，最恰当的做法是反省自己，积极主动与家长沟通，了解问题的原因并及时改正，解决问题。

18. C 【解析】本题考查《中小学教师职业道德规范》。关爱学生要求教师关心爱护全体学生，尊重学生人格。对学生严慈相济，做学生良师益友。保护学生安全，关心学生健康，维护学生权益。不讽刺、挖苦、歧视学生。学生竞选班干部落选，班主任老师应该帮助学生分析原因和进行反思，并鼓励学生调整心态，继续努力，争取下次竞选上。

19. B 【解析】本题考查《中小学教师职业道德规范》。终身学习要求教师树立终身学习理念，拓宽知识视野，更新知识结构。潜心钻研业务，勇于探索创新，不断提高专业素养和教育教学水平。郑老师仅凭经验带头上示范课，无法体现他与时俱进。

20. C 【解析】本题考查《中小学教师职业道德规范》。关爱学生要求教师关心爱护全体学生，尊重学生人格，平等公正对待学生。对学生严慈相济，做学生良师益友。保护学生安全，关心学生健康，维护学生权益。题干中付老师教育其他学生尊重小茹，而且还指导她、鼓励她，这体现了付老师对小茹的尊重和关爱。

21. D 【解析】本题考查《中小学教师职业道德规范》。教书育人要求教师遵循教育规律,实施素质教育。循循善诱,诲人不倦,因材施教。图中老师的意图是把每一位学生都“修剪”成同样的模式,忽视了学生的个性发展,没有做到因材施教。

22. C 【解析】本题考查教师职业行为。教师要热爱、尊重学生,积极为学生创设良好的育人环境,坚持正面教育,严禁体罚和变相体罚学生。题干中姜老师仅仅因为没有得到一部分学生的喜爱,就斥责、体罚这部分学生,这种做法是错误的。姜老师应当端正自己的思想态度,积极调整心态,正确认识和对待学生的评价,还要加强反思,改善自身的不足之处,以专业技能和人格魅力赢得学生的喜爱和尊重。

23. D 【解析】本题考查《中小学教师职业道德规范》。为人师表要求教师严于律己,以身作则。语言规范,举止文明。题干中张老师“爆粗口”的行为不符合为人师表的要求,教师应当进行反思与改正。C项中的“尽力避免”这一说法不合理,教师作为学生的表率,必须改变自己,不说脏话,为学生树立良好的榜样。

24. B 【解析】本题考查《中小学教师职业道德规范》。关爱学生要求教师尊重学生人格,平等公正对待学生。不讽刺、挖苦、歧视学生,不体罚或变相体罚学生。题干中孙老师的言行损害了学生的人格尊严,没有做到尊重学生人格,违反了关爱学生的师德要求。

25. D 【解析】本题考查教师职业行为。教师在集体中工作,合作是十分必要的。合作需要教师与同事搞好团结,相互理解、相互支持。题干中的汤老师含糊其辞、不愿帮助同事的做法表明她缺乏互助合作的精神。

26. A 【解析】本题考查教师职业行为。对于学生的成长来说,家长是一种重要的教育力量,也是教师工作的合作伙伴。因此,教师在处理与家长的关系时,要尊重家长,与家长团结协作,引导家长一同做好学生的教育工作。本题选A。教师在处理与家长的关系时,应尊重家长,而不是责怪家长,B项不选。在教育过程中,要发挥好学校、社会、家庭三方面的力量,教师不应该放弃同家长的合作,C项不选。教师需要理解并尊重家长的意见,但是家庭教育的作用非常重要,对于能力有限的家长,教师应积极引导、提供帮助,充分调动家长在教育工作中的积极性和主动性,D项不选。

27. B 【解析】本题考查教师职业行为。题干中华老师教学能力突出,认真钻研教学,说明他爱岗敬业、严于律己、严谨治学,但是华老师不愿意参加集体备课,说明他不愿意与同事合作,缺乏团队协作的精神。

28. B 【解析】本题考查《中小学教师职业道德规范》。A项的王老师和C项的李老师利用职务之便谋取私利,违背了为人师表的要求;D项的宋老师违背了教书育人的要求。B项做法没有违背师德,学生制作的贺卡承载了自己的心意,不是贵重物品,赵老师收下有利于构建和谐的师生关系,是师生之间美好情谊的见证,本题选B。

易错提示:关于教师职业道德规范的试题,考生需要仔细阅读题干及选项,抓住关键词,选择最佳选项。考生要注意区分,教师索要或收受钱财、利用职务为自己谋取便利、教育教学方式不当等都属于违背师德规范。关于学生送老师礼物,如果礼物不涉及钱财,仅是学生爱师、尊师表现的一种象征物,比如学生亲手制作的贺卡、手写信件等,教师收取这类物品不算违反师德规范。

29. D 【解析】本题考查教师职业行为。题干中王老师的行为表明其注重读书学习,营造了良好的班级读书氛围,起到了表率作用,和学生共同进步。题干中并未体现王老师对待学生公平公正,本题选D。

二、材料分析题(参考答案)

1. 材料中"我"的教育行为是正确的,符合教师职业道德规范的相关要求,值得肯定。

(1)"我"的教育行为符合爱岗敬业的教师职业道德规范。爱岗敬业要求教师忠诚于人民教育事业,志存高远,勤恳敬业,甘为人梯,乐于奉献。对工作高度负责,认真备课上课,认真批改作业,认真辅导学生。不得敷衍塞责。材料中,针对学生的各种问题,"我"会认真进行分析,为学生提出建议,认真辅导学生进步,体现了这一点。

(2)"我"的教育行为符合关爱学生的教师职业道德规范。关爱学生要求教师关心爱护全体学生,尊重学生人格,平等公正对待学生。对学生严慈相济,做学生良师益友。保护学生安全,关心学生健康,维护学生权益。不讽刺、挖苦、歧视学生,不体罚或变相体罚学生。材料中,"我"能关注到班上学生的问题并积极引导改变,在评价学生口误时,考虑到尊重学生的人格使用教育机智来化解问题,体现了这一点。

(3)"我"的教育行为符合教书育人的教师职业道德规范。教书育人要求教师循循善诱,诲人不倦,因材施教。培养学生良好品行,激发学生创新精神,促进学生全面发展。不以分数作为评价学生的唯一标准。材料中,"我"能根据两位学生不同的问题采取不同的措施,因材施教,并以学生的学习表现作为评价学生的标准之一,体现了这一点。

综上所述,作为一名新时代教师,我们应学习材料中教师的做法,积极践行教师职业道德的相关要求。

2. 材料中,张老师的做法符合教师职业道德的相关要求,是值得肯定的。

(1)张老师的行为体现了教书育人。教书育人要求教师要遵循教育规律,实施素质教育。循循

善诱,诲人不倦,因材施教。培养学生良好品行,激发学生创新精神,促进学生全面发展。不以分数作为评价学生的唯一标准。材料中,张老师针对班上学生的个性特点,开展了一系列书法练习活动,教以学生不同的书体,培养学生能力与形成良好品质,这说明张老师遵循了教书育人的师德规范。

(2)张老师的行为体现了关爱学生。关爱学生要求教师要关心爱护全体学生,尊重学生人格,平等公正对待学生。对学生严慈相济,做学生良师益友。保护学生安全,关心学生健康,维护学生权益。不讽刺、挖苦、歧视学生,不体罚或变相体罚学生。材料中,张老师关心、爱护班级中行为散漫、身体孱弱、顽皮不守规矩、性格内向等具有不同特点的学生,不放弃、批评学生,而是认真教导学生,引导学生成长,这说明张老师践行了关爱学生的师德规范。

(3)张老师的行为体现了终身学习。终身学习要求教师要崇尚科学精神,树立终身学习理念,拓宽知识视野,更新知识结构。潜心钻研业务,勇于探索创新,不断提高专业素养和教育教学水平。材料中,张老师为教育学生,不断尝试各种书体的临摹,这说明张老师具有终身学习的理念,不断提高专业素养和教育教学水平。

综上所述,作为教师,我们要向张老师学习,遵守师德规范,提升专业水平,更好地促进学生发展。

3. 材料中"我"的教育行为符合教师职业道德规范的要求,值得学习。

(1)"我"的教育行为体现了爱岗敬业的教师职业道德规范要求。爱岗敬业要求教师要对工作高度负责,认真备课上课,认真批改作业,认真辅导学生,不得敷衍塞责。材料中,"我"及时了解班级情况,发现男生存在的问题后,制定了一系列措施帮助男生进步,践行了爱岗敬业的教师职业道德规范。

(2)"我"的教育行为体现了关爱学生的教师职业道德规范要求。关爱学生要求教师要关心爱护全体学生,尊重学生人格,平等公正对待学生。对学生严慈相济,做学生良师益友。保护学生安全,关心学生健康,维护学生权益。材料中,"我"发现部分男生存在自我约束力差、遇事容易冲动、学习比较粗心等问题时,没有批评放弃这部分男生,而是通过"真汉榜"等各种活动,帮助他们树立信心,发挥特长,这充分践行了关爱学生的教师职业道德规范。

(3)"我"的教育行为体现了教书育人的教师职业道德规范要求。教书育人要求教师要遵循教育规律,实施素质教育。循循善诱,诲人不倦,因材施教。材料中,"我"发现男生的情况后,采取有针对性的个性化方式,因材施教地引导他们进步,践行了教书育人的教师职业道德规范。

总之,材料中的教师遵循了教师职业道德规范,是广大教师学习的榜样。

刷专题

专题一　教师职业道德规范

一、单项选择题

答案速查

1～5	AABAC	6～10	DBADA	11～15	DCADC	16～20	BBDBC
21～25	ABBAB	26～30	BBDBD	31～35	BBACD	36～40	DCBCB
41～43	BCC						

1. A　【解析】所谓教师的公正,是指教师在教育教学过程中正直无私地处理人与人之间的关系,公平合理地解决各种矛盾。教师公正具有对等性和可互换性。对等就是指主体对人对事要一视同仁,适用同一个规则或标准。可互换性是对等性的要求和保证。要真正做到对人对己用一个标准,就必须能够让自己处在对方的位置时,仍然接受自己原先承认的法则,即所谓"己所不欲,勿施于人"。所以孔子的"己所不欲,勿施于人"主要体现了教师职业道德范畴中的教师公正。

2. A　【解析】终身学习的师德规范要求教师要崇尚科学精神,树立终身学习理念,拓宽知识视野,更新知识结构。潜心钻研业务,勇于探索创新,不断提高专业素养和教育教学水平。题干中王老师向民间艺人学习地方特色乐器,并与自己的音乐教学相融合。这体现了王老师潜心钻研业务,勇于探索创新,具有终身学习的意识。

3. B　【解析】教师批改学生作业,是教学活动的重要环节。教师没有认真地批改作业,学生就不能得到准确的学习信息反馈,教学环节就有缺失。此外,《中小学教师职业道德规范》中的爱岗敬业要求教师对工作高度负责,认真备课上课,认真批改作业,认真辅导学生,不得敷衍塞责。因此,题干中曾老师只核对课后作业答案的做法是不合理的。

4. A　【解析】《中小学教师职业道德规范》中的关爱学生要求教师关心爱护全体学生,尊重学生人格,平等公正对待学生。故老师偏爱优生的做法违背了关爱学生的师德规范。

5. C　【解析】《中小学教师职业道德规范》中的教书育人要求教师要循循善诱,诲人不倦,因材施教。题干中的教师能根据学生的实际情况来调整教学,做到了因材施教。

6. D　【解析】《中小学教师职业道德规范》的主要内容有六条,即爱国守法、爱岗敬业、关爱学生、教书育人、为人师表、终身学习。

7. B　【解析】《中小学教师职业道德规范》中为人师表要求教师坚守高尚情操,知荣明耻,严于律

己，以身作则。衣着得体，语言规范，举止文明。故题干中习近平总书记强调的内容是在要求教师要践行为人师表的职业道德规范。本题选B项。

8. A 【解析】《中小学教师职业道德规范》中的爱国守法要求教师热爱祖国，热爱人民，拥护中国共产党领导，拥护社会主义。全面贯彻国家教育方针，自觉遵守教育法律法规，依法履行教师职责权利。不得有违背党和国家方针政策的言行。倡导爱国守法就是要求教师热爱祖国、遵纪守法。因此，李老师对学生进行爱国主义教育做到了爱国守法。

9. D 【解析】A项没有考虑学生的感受，处理方式不合适；B、C两项违背了廉洁从教的职业道德规范；D项不仅遵循了廉洁从教的职业道德规范，而且处理方式合理有效。

10. A 【解析】爱岗敬业要求教师忠诚于人民教育事业，志存高远，勤恳敬业，甘为人梯，乐于奉献。对工作高度负责，认真备课上课，认真批改作业，认真辅导学生。不得敷衍塞责。题干中，王老师甘守清贫，为山村教育事业默默奉献自己的一切的做法符合教师职业道德规范中爱岗敬业的要求。

11. D 【解析】关爱学生要求教师关心爱护全体学生，尊重学生人格，平等公正对待学生。对学生严慈相济，做学生良师益友。保护学生安全，关心学生健康，维护学生权益。不讽刺、挖苦、歧视学生，不体罚或变相体罚学生。题干中教育学家的话强调教师既要爱漂亮的孩子，也要爱不漂亮的孩子，即要爱全体学生，这符合关爱学生的教师职业道德规范。

12. C 【解析】《中小学教师职业道德规范》中的关爱学生要求教师关心爱护全体学生，尊重学生人格，平等公正对待学生。题干中，李老师让爱说话的小虎一个人坐到教室后面的角落的做法，是不尊重学生人格的体现，会伤害学生的自尊心，这一行为违背了关爱学生的师德规范。

13. A 【解析】教书育人的师德规范要求教师培养学生良好品行，激发学生创新精神，促进学生全面发展。不以分数作为评价学生的唯一标准。吴鹏虽然成绩不好，但并不能以此为理由，拒绝他的竞选。故本题选A。

14. D 【解析】蒋老师把因肚子不舒服而呕吐的学生送往卫生室，表现了蒋老师对学生的关心、爱护，同时蒋老师清扫学生呕吐物的行为也为其他同学做出了榜样。

15. C 【解析】杨老师虚心接受学生的意见并纠正错别字的行为是值得肯定的。首先，这一行为体现出杨老师对教学工作认真负责，不敷衍塞责，做到了爱岗敬业；其次，这一行为说明杨老师严于律己，以身作则，做到了为人师表。

16. B 【解析】吴老师在班会活动中，通常让表现好的学生做主持人或做重点发言，表现欠佳的学生做听众，没有做到平等公正对待学生。

17. B 【解析】终身学习要求教师崇尚科学精神，树立终身学习理念，拓宽知识视野，更新知识结构;潜心钻研业务,勇于探索创新,不断提高专业素养和教育教学水平。题干中王老师在教学中总是尝试新的教学方法,体现了终身学习的理念。B项,“学而不已,阖棺乃止”比喻学习没有止境,到进入棺材那一刻才终止。这句话是孔子所说,但记载于西汉学者韩婴的《韩诗外传》,符合终身学习的理念。A项,“吾生也有涯,而知也无涯”出自《庄子》,意为我们的生命是有限的,而知识却是无限的;C项,“古人于为学,终生与之俱”出自清代梁启超的五言诗,意为古人把学习当作一件终身大事来对待;D项,“朝闻道,夕死可矣”出自《论语》,意思是早晨能够得知真理,即使当晚死去,也没有遗憾。A、C选项并不是孔子所说,故排除,D选项与终身学习的概念不符,故排除。

18. D　**【解析】**《中小学教师职业道德规范》中的为人师表要求教师做到作风正派,廉洁奉公。自觉抵制有偿家教,不利用职务之便谋取私利。因此,题干中贾老师应对学生家长表示感谢并坚决拒绝该家长帮忙付款的行为。

19. B　**【解析】**《中小学教师职业道德规范》中的终身学习要求教师崇尚科学精神,树立终身学习理念,拓宽知识视野,更新知识结构。潜心钻研业务,勇于探索创新,不断提高专业素养和教育教学水平。加里宁的话表明教师要不断学习,补充自己的知识、力量和精力,才能“留下来东西”,才能持续不断地奉献自己。这体现了教师职业道德规范中的终身学习。

20. C　**【解析】**终身学习要求教师崇尚科学精神,树立终身学习理念,拓宽知识视野,更新知识结构。潜心钻研业务,勇于探索创新,不断提高专业素养和教育教学水平。季羡林先生“活到老、学到老”,每天坚持读书写作,体现了“终身学习”的教师职业道德规范。

21. A　**【解析】**班主任应该关心爱护学生,加强学生的行为养成教育,尤其是对于留守儿童,因其缺乏父母的关爱,更应该给予更多的关注。

22. B　**【解析】**作为教师,刘老师应以身作则,为自己迟到一事承认错误,认真反省。同时对课堂突发事件处理要遵循教育性原则,通过课堂突发事件对学生进行教育。此外,尽量不要影响教学进度和教学质量。B项,刘老师既承认了自己的错误,并趁此机会教育学生,也没有影响教学进度和教学质量,是最恰当的做法。A项继续批评迟到学生的做法会严重影响教学进度。CD两项做法并没有起到教育学生的作用,反而会使学生心中不服,严重影响本节课的教学质量。

23. B　**【解析】**为人师表的教师职业道德规范要求教师严于律己,以身作则,作风正派,廉洁奉公。不利用职务之便谋取私利。题干中,班主任虽然并未强制家长们购买商家产品,但其利用家长会帮助商家推销产品的行为是错误的,违背了“为人师表”的师德规范。

24. A　**【解析】**爱岗敬业的职业道德规范要求教师对工作高度负责,认真备课上课,认真批改作业。题干中的刘老师认真备课、讲课,工作态度端正,符合爱岗敬业的职业道德要求。

25. B 【解析】爱岗敬业的教师职业道德规范要求教师对工作高度负责，认真备课上课，认真批改作业，认真辅导学生，不得敷衍塞责。题干中的数学教师将两次测量中出现的10倍差距简单解释为测量工具的误差，这种做法是对教学工作的不负责，也违背了“不得敷衍塞责”这一要求。

26. B 【解析】关爱学生的师德规范要求教师关心爱护全体学生，尊重学生人格，平等公正对待学生。题干中，尹老师帮助新转来的学生尽快融入班集体，这种做法体现了其对学生的关爱。

27. B 【解析】《中小学教师职业道德规范》中为人师表要求教师作风正派，廉洁奉公。自觉抵制有偿家教，不利用职务之便谋取私利。图中学生的礼物有鲜花、红包、自制的小礼物等，涉及钱财的，无论是在什么场合，教师都不能接受，否则就违背了为人师表的师德规范。但教师也不该全部拒绝，若学生送的是自己制作的小礼物，教师可以适当接受，并表达赞美和谢意，这有利于建立和谐的师生关系。

28. D 【解析】班主任在日常教育教学管理中，有采取适当方式对学生进行批评教育的权利。面对学生在教室乱扔废纸的问题，教师应该对学生进行批评教育，督促学生养成好习惯。

29. B 【解析】爱岗敬业的师德规范要求教师对工作高度负责，认真备课上课，认真批改作业，认真辅导学生，不得敷衍塞责。题干中李老师没有认真备课上课，对待教学工作态度敷衍，违反了爱岗敬业的师德规范。

30. D 【解析】教书育人的师德规范要求教师培养学生良好品行，激发学生创新精神，促进学生全面发展。不以分数作为评价学生的唯一标准。故D选项不属于为人师表的内容。

31. B 【解析】《中小学教师职业道德规范》中的教书育人要求教师遵循教育规律，实施素质教育。循循善诱，诲人不倦，因材施教。培养学生良好品行，激发学生创新精神，促进学生全面发展。不以分数作为评价学生的唯一标准。题干中教师唯分是举，认为孩子考试成绩不好就不会有好的发展前途，这是不合理的，他应该对学生综合评价之后再与家长沟通。

32. B 【解析】《中小学班主任工作规定》第八条规定，全面了解班级内每一个学生，深入分析学生思想、心理、学习、生活状况。关心爱护全体学生，平等对待每一个学生，尊重学生人格。采取多种方式与学生沟通，有针对性地进行思想道德教育，促进学生德智体美全面发展。题干中黄老师详细记录了班上每一位学生的学习、思想、心理、生活等情况，该做法符合《中小学班主任工作规定》中关心学生的全面发展的要求。

33. A 【解析】关爱学生要求教师关心爱护全体学生，尊重学生人格，平等公正对待学生。对学生严慈相济，做学生良师益友。保护学生安全，关心学生健康，维护学生权益。不讽刺、挖苦、歧视学生，不体罚或变相体罚学生。题干中张老师让回答不出问题的学生站着听课的行为违背了关爱学生的师德规范。

34. C 【解析】《中小学教师职业道德规范》中的爱岗敬业要求教师对工作高度负责，认真备课上课，认真批改作业，认真辅导学生。不得敷衍塞责。题干中林老师认真备课，认真辅导学生等行为符合爱岗敬业的师德要求。

35. D 【解析】终身学习要求教师要潜心钻研业务，勇于探索创新，不断提高专业素养和教育教学水平。题干中段老师主动向其他老师取经，观摩教学，反思自己的教学方法，以达到提高教育教学水平的目的，体现了段老师不断学习、积极追求进步的意识。

36. D 【解析】关爱学生的师德规范要求教师关心爱护全体学生，尊重学生人格，平等公正对待学生。对学生严慈相济，做学生良师益友。保护学生安全，关心学生健康，维护学生权益。不讽刺、挖苦、歧视学生，不体罚或变相体罚学生。题干中，王老师经常在课堂上批评孙晓波，使孙晓波感到难堪、没面子，王老师的行为损害了学生的自尊心，没有尊重学生的人格，本题D项符合题意。

37. C 【解析】《中小学教师职业道德规范》中的爱岗敬业要求教师对工作高度负责，认真备课上课，认真批改作业，认真辅导学生，不得敷衍塞责。叶海辉老师为边远海岛教育默默奉献，并且多次赴西藏、青海等地参与乡村支教，这说明叶海辉老师勤恳敬业，忠于人民教育事业，体现了爱岗敬业的教师职业道德规范。教书育人要求教师遵循教育规律，实施素质教育。循循善诱，诲人不倦，因材施教。叶海辉老师创编体育游戏近2000例，制作80余种4200多件体育器材，让学生爱上体育课，这有助于学生的全面发展，体现了教书育人的教师职业道德规范。

38. B 【解析】《中小学教师职业道德规范》中的“爱岗敬业”要求教师对工作高度负责，认真备课上课，认真批改作业，认真辅导学生，不得敷衍塞责。闫桂珍老师全身心扑在工作中，不顾身体疾病坚守教学岗位，闫老师这种对工作高度负责的态度，是对爱岗敬业的生动诠释。

39. C 【解析】关爱学生要求教师关心爱护全体学生，尊重学生人格，平等公正对待学生。题干中程老师处理问题的方式过于简单粗暴，容易伤害学生的自尊心，不利于良好师生关系的构建。

40. B 【解析】《中小学教师职业道德规范》中的“教书育人”要求教师遵循教育规律，实施素质教育。循循善诱，诲人不倦，因材施教。培养学生良好品行，激发学生创新精神，促进学生全面发展。不以分数作为评价学生的唯一标准。题干中袁老师为了促进学生的全面发展，嘉奖各方面表现优秀的学生，这说明袁老师不以分数作为评价学生的唯一标准。袁老师遵循了教书育人的师德规范。

41. B 【解析】《中小学教师职业道德规范》中的“教书育人”要求教师遵循教育规律，实施素质教育。循循善诱，诲人不倦，因材施教。培养学生良好品行，激发学生创新精神，促进学生全面发展。不以分数作为评价学生的唯一标准。题干中周老师的观点说明他不以分数作为评价学生的唯一标准，注重培养学生良好品行，这体现了教师职业道德规范要求中的教书育人。

42. C 【解析】《中小学教师职业道德规范》中的“为人师表”要求教师自觉抵制有偿家教,不利用职务之便谋取私利。题干中的教师私收家长的红包和贵重礼品,这是利用职务之便谋取私利的行为,违背了为人师表的师德要求。

43. C 【解析】终身学习要求教师崇尚科学精神,树立终身学习理念,拓宽知识视野,更新知识结构。潜心钻研业务,勇于探索创新,不断提高专业素养和教育教学水平。题干中王老师每年给自己制订读书计划,坚持学习,体现了王老师具有终身学习的理念。

二、材料分析题(参考答案)

1. 材料中邹老师的行为符合教师职业道德规范的要求,值得肯定和提倡。

(1)“爱岗敬业”的师德规范要求教师忠诚于人民教育事业,志存高远,勤恳敬业,甘为人梯,乐于奉献。对工作高度负责,认真备课上课,认真批改作业,认真辅导学生。不得敷衍塞责。材料中,邹老师对工作认真负责,对学生提出的难懂的问题不厌其烦地解释,认真辅导学生,这表明邹老师做到了爱岗敬业。

(2)“关爱学生”的师德规范要求教师关心爱护全体学生,尊重学生人格,平等公正对待学生。对学生严慈相济,做学生良师益友。保护学生安全,关心学生健康,维护学生权益。不讽刺、挖苦、歧视学生,不体罚或变相体罚学生。材料中,邹老师关心那些“顽皮生”,利用课余时间了解学生的生活和学习情况,对学生的意见和要求能换位思考,对犯错学生不严厉惩罚而是给予指导,帮助他们改正,这些都体现了邹老师关爱学生。

(3)“教书育人”的师德规范要求教师遵循教育规律,实施素质教育。循循善诱,诲人不倦,因材施教。培养学生良好品行,激发学生创新精神,促进学生全面发展。不以分数作为评价学生的唯一标准。材料中,邹老师对班级里的“顽皮生”耐心引导,并答疑解惑,还带着学生到校外参观、郊游,指导有错的学生改正,这些行为不仅促进了学生的发展,也表明邹老师做到了教书育人。

(4)“为人师表”的师德规范要求教师坚守高尚情操,知荣明耻,严于律己,以身作则。衣着得体,语言规范,举止文明。关心集体,团结协作,尊重同事,尊重家长。作风正派,廉洁奉公。自觉抵制有偿家教,不利用职务之便谋取私利。材料中,邹老师不收学生送的名牌领带,将领带退还,这说明邹老师做到了廉洁奉公,不利用职务之便谋取私利,体现了为人师表。

综上所述,邹老师的行为符合教师职业道德规范的要求,做法恰当且合理,值得提倡和学习。

2. 刘老师的教育行为符合教师职业道德规范的要求,值得称赞,也是广大教师学习的榜样。

(1)“爱岗敬业”是教师职业的本质要求。教师要做到“忠诚于人民教育事业,志存高远,勤恳敬业，甘为人梯，乐于奉献。对工作高度负责，认真备课上课，认真批改作业，认真辅导学生。不得敷衍塞责”。材料中的刘老师兢兢业业地工作，开创新的教学模式，取得了非常好的效果，符合爱岗敬业的职业道德要求。

(2)“关爱学生”是师德的灵魂。教师要做到“关心爱护全体学生，尊重学生人格，平等公正对待学生。对学生严慈相济，做学生良师益友。保护学生安全，关心学生健康，维护学生权益”。材料中，刘老师组织各种活动帮助内向的学生克服紧张情绪；敦促体弱的学生加强体育锻炼，养成良好的生活习惯，这体现出刘老师不只关心学生的学习成绩，更关心学生的身心健康。

(3)“教书育人”是教师的天职。教师要做到“培养学生良好品行，激发学生创新精神，促进学生全面发展”。材料中，刘老师通过组织演讲比赛、开展社会调查等活动锻炼王宇等同学的人际交往能力，敦促身体虚弱的晓丽加强体育锻炼，培养学生良好品行，促进学生全面发展。这些教育行为符合教书育人的职业道德要求。

(4)“终身学习”是教师专业发展的不竭动力。教师要“崇尚科学精神，树立终身学习理念，拓宽知识视野，更新知识结构。潜心钻研业务，勇于探索创新，不断提高专业素养和教育教学水平”。材料中，刘老师在繁忙工作之余，坚持每天读书，积极思考教学中遇到的问题，与同事们探讨，实施新的教学模式，让学生快乐、高效地学习。这体现出刘老师具有终身学习的意识。

总之，刘老师的教育行为践行了教师职业道德规范，值得每一位教师学习。

3. 材料中，李老师的做法践行了教师职业道德规范，值得肯定。

(1)终身学习要求教师崇尚科学精神，树立终身学习理念，拓宽知识视野，更新知识结构。潜心钻研业务，勇于探索创新，不断提高专业素养和教育教学水平。材料中的李老师为了做好本职工作不断提高自己的理论素养，改进教学方法，是遵循终身学习的师德规范的体现。

(2)爱岗敬业要求教师忠诚于人民教育事业，志存高远，勤恳敬业，甘为人梯，乐于奉献。对工作高度负责，认真备课上课，认真批改作业，认真辅导学生。不得敷衍塞责。材料中的李老师非常热爱自己的工作，通过多种方式努力做好本职工作，体现了爱岗敬业的师德规范。

(3)教书育人要求教师遵循教育规律，实施素质教育。循循善诱，诲人不倦，因材施教。培养学生良好品行，激发学生创新精神，促进学生全面发展。材料中的李老师针对不同学生的发展特点因材施教，比如学生淘淘好奇心强但不愿上课，李老师就针对这一特点在课前与学生做游戏，吸引淘淘的注意力，激发其学习兴趣，体现了教书育人的师德规范。

(4)关爱学生要求教师关心爱护全体学生，尊重学生人格，平等公正对待学生。对学生严慈相济，做学生良师益友。保护学生安全，关心学生健康，维护学生权益。不讽刺、挖苦、歧视学生，

不体罚或变相体罚学生。材料中的李老师在日常教学中关心每一位学生的成长,体现了关爱学生的师德规范。

总之,李老师的行为符合教师职业道德规范的要求,值得广大教师学习。

4. 材料中王老师的行为是正确的,体现了教师职业道德的相关要求,值得我们学习借鉴。

(1)爱岗敬业的师德规范要求教师忠诚于人民教育事业,志存高远,勤恳敬业,甘为人梯,乐于奉献。对工作高度负责,认真备课上课,认真批改作业,认真辅导学生。不得敷衍塞责。材料中王老师积极承担疫情防控的相关工作,在进行线上教学时精心设计和讲解直播课,坚持在线批改作业等行为,体现了爱岗敬业的职业道德规范。

(2)关爱学生的师德规范要求教师关心爱护全体学生,尊重学生人格,平等公正对待学生。对学生严慈相济,做学生良师益友。保护学生安全,关心学生健康,维护学生权益。材料中,王老师通过电话、微信等方式每天询问、记录、上报学生动向和身体情况,叮嘱他们做好防护,在线上教学时积极关注学生的心理状况,体现了关爱学生的职业道德规范。

(3)教书育人的师德规范要求教师遵循教育规律,实施素质教育。循循善诱,诲人不倦,因材施教。培养学生良好品行,激发学生创新精神,促进学生全面发展。不以分数作为评价学生的唯一标准。材料中王老师在直播课中注重引导学生互动,还建立班级学习群引导大家讨论,学习气氛活跃,体现了教书育人的职业道德规范。

(4)为人师表的师德规范要求教师坚守高尚情操,知荣明耻,严于律己,以身作则。衣着得体,语言规范,举止文明。关心集体,团结协作,尊重同事,尊重家长。作风正派,廉洁奉公。自觉抵制有偿家教,不利用职务之便谋取私利。材料中,王老师主动承担防疫值班工作,起到带头作用,把初心写在行动上,把使命落在岗位上,为学生树立了良好榜样,体现了为人师表的职业道德规范。

(5)终身学习的师德规范要求教师崇尚科学精神,树立终身学习理念,拓宽知识视野,更新知识结构。潜心钻研业务,勇于探索创新,不断提高专业素养和教育教学水平。材料中,面对线上教学的种种困难,王老师就地取材,自制教学用具,布置“直播间”,学习了许多新技能,体现了终身学习的职业道德规范。

综上所述,王老师的行为遵循了爱岗敬业、关爱学生、教书育人、为人师表、终身学习等教师职业道德规范,值得提倡。

5. 材料中李帅老师刚上班时的行为是正确的,但熟悉工作之后,其怠慢工作、粗暴对待学生的做法是不正确的,违背了教师职业道德规范的相关要求。

(1)爱岗敬业要求教师对工作高度负责,认真备课上课,认真批改作业,认真辅导学生。不得敷衍塞责。材料中,李帅老师在刚上班时,虚心向同事请教,认真备课,对工作认真负责,符合教师职业道德规范中爱岗敬业的相关要求,是值得称赞的。但随着工作的熟悉,社会交往的增多,他便越来越不重视备课和对教学环节的把握,开始变得轻浮、懒散,违背了爱岗敬业的相关要求。

(2)关爱学生要求教师关心爱护全体学生,尊重学生人格,平等公正对待学生。对学生严慈相济,做学生良师益友。保护学生安全,关心学生健康,维护学生权益。不讽刺、挖苦、歧视学生,不体罚或变相体罚学生。材料中,李帅老师把对校长和学生评教结果的不满向学生发泄,对上课不专心听讲或成绩差的学生或挖苦讽刺或罚站,甚至赶出教室,违背了关爱学生的相关要求。

(3)教书育人要求教师遵循教育规律,实施素质教育。循循善诱,诲人不倦,因材施教。培养学生良好品行,激发学生创新精神,促进学生全面发展。不以分数作为评价学生的唯一标准。材料中,李帅老师对上课不专心听讲或成绩差的学生,没有循循善诱,因材施教,而是挖苦讽刺或罚站,甚至赶出教室,对学生造成伤害,违背了教书育人的相关要求。

因此,教师在教学中要遵守教师职业道德规范的要求,做好本职工作,尊重、关爱学生,帮助学生成长。

6. 张老师的行为有符合教师职业道德规范的地方,但也有不符合教师职业道德规范的地方。

(1)爱岗敬业要求教师忠诚于人民教育事业,志存高远,乐于奉献;对工作高度认真负责。材料中的张老师每天认真备课、讲课,认真批改作业。这体现出张老师的做法符合爱岗敬业的教师职业道德规范。

(2)终身学习要求教师潜心钻研业务,勇于探索创新,不断提高专业素养和教育教学水平。材料中的张老师努力提高自己的教学技能,还综合运用多媒体教学和网络教学手段进行授课。这体现了张老师的做法符合终身学习的教师职业道德规范。

(3)关爱学生要求教师关心爱护全体学生,尊重学生人格,平等公正对待学生。对学生严慈相济,做学生良师益友。保护学生安全,关心学生健康,维护学生权益。不讽刺、挖苦、歧视学生,不体罚或变相体罚学生。材料中的张老师把没有完成默写的37名学生一一叫上讲台,批评的同时还对其进行掌掴,这是对学生进行体罚,没有尊重学生的人格。这体现出张老师的做法不符合关爱学生的教师职业道德规范。

(4)教书育人要求教师循循善诱,诲人不倦,因材施教。材料中的张老师对没有完成默写的37名学生直接进行批评,还对其进行掌掴的做法,表明张老师没有做到循循善诱。这体现出张老师的做法不符合教书育人的教师职业道德规范。

(5)爱国守法要求教师自觉遵守教育法律法规,依法履行教师职责权利,不得有违背党和国家方针政策的言行。材料中,张老师对未完成默写的37名学生进行掌掴,违背了《中华人民共和国教

师法》等相关法律法规，不符合爱国守法的教师职业道德规范。

因此，张老师在教学中要遵守教师职业道德规范的要求，反思并改正自己不恰当的教育行为。

7. 材料中李老师的做法体现了爱国守法、爱岗敬业、关爱学生、教书育人、为人师表、终身学习的师德规范，值得肯定。

(1)爱国守法的教师职业道德规范要求教师全面贯彻国家教育方针，自觉遵守教育法律法规，依法履行教师职责权利。不得有违背党和国家方针政策的言行。材料中，李老师从教以来，二十九年如一日，全面贯彻党的教育方针，辛勤耕耘，无私奉献。

(2)爱岗敬业的职业道德规范要求教师忠诚于人民教育事业，志存高远，乐于奉献。对工作高度认真负责。材料中，李老师从教以来，二十九年如一日，全面贯彻党的教育方针，辛勤耕耘，无私奉献，在平凡的工作岗位上创造出不平凡的业绩。

(3)关爱学生的职业道德规范要求教师关心爱护全体学生，尊重学生人格，平等公正对待学生。对学生严慈相济，做学生良师益友。保护学生安全，关心学生健康，维护学生权益。材料中，李老师始终把每一个学生都看作自己的孩子，对所教学生的性格、爱好、家庭情况都了如指掌，尽心帮助每一名困难学生。在学生面临危难的生死一瞬间，李老师挡在学生身前，保护学生安全，体现了她关心爱护全体学生，平等公正地对待每一位学生。

(4)教书育人的职业道德规范要求教师遵循教育规律，实施素质教育。循循善诱，诲人不倦，因材施教。培养学生良好品行，激发学生创新精神，促进学生全面发展。不以分数作为评价学生的唯一标准。材料中，李老师积极推进素质教育，注重对学生的思想教育和健全人格的培养，用自己的言行感染学生。

(5)为人师表的教师职业道德规范要求教师严于律己，以身作则；衣着得体，语言规范，举止文明。材料中，李老师注重对学生的思想教育和健全人格的培养，并用自己的言行感染学生。

(6)终身学习的职业道德规范要求教师潜心钻研业务，勇于探索创新，不断提高专业素养和教育教学水平。材料中，李老师不断学习，始终坚持用最先进的教育思想和方法教育学生，总是以新的课程理念打造每一堂课，她的课生动活泼、充满激情，深受学生喜爱。

综上所述，李老师的行为符合教师职业道德规范的要求，值得广大教师学习。

8. 材料中于老师的教育行为是正确的，值得广大教师学习。

(1)“关爱学生”要求教师要“关心爱护全体学生，尊重学生人格，平等公正对待学生”。材料中，于老师发现学生的不当行为之后没有训斥学生，而是主动缓和气氛，体现了尊重学生人格，平等公正的态度，符合关爱学生的教师职业道德要求。

(2)“教书育人”要求教师要“循循善诱，诲人不倦，因材施教。培养学生良好品行，激发学生创新精神,促进学生全面发展”。材料中,于老师能够耐心地询问事件发生的过程,对学生进行有针对性的引导,体现了教书育人的教师职业道德要求。

(3)“爱岗敬业”要求教师“忠诚于人民教育事业,志存高远,勤恳敬业,甘为人梯,乐于奉献。对工作高度负责,认真备课上课,认真批改作业,认真辅导学生。不得敷衍塞责”。材料中,于老师能够恰当应对学生的问题,并且课后主动帮助学生解决问题,引导学生认识到自己的错误,体现了爱岗敬业的教师职业道德要求。

综上所述,材料中于老师的教育行为是正确的。

9. 材料中袁老师的做法是错误的,违反了教师职业道德规范的要求。

(1)爱国守法要求教师全面贯彻国家教育方针,自觉遵守教育法律法规,依法履行教师职责权利。不得有违背党和国家方针政策的言行。材料中,袁老师怂恿家长乙用强制手段对学生进行体罚,该行为违背了教育法律法规的相关规定。

(2)关爱学生要求教师保护学生安全,关心学生健康,维护学生权益。材料中,袁老师怂恿家长甲不让没写完作业的学生睡觉,违背了关爱学生中关心学生健康的要求。

(3)教书育人要求教师遵循教育规律,实施素质教育。循循善诱,诲人不倦,因材施教。材料中,袁老师让家长采取不写完作业不能睡觉或强制手段来教育、管理孩子,其教育理念和方法过于粗暴,没有做到循循善诱、因材施教,违背了素质教育的要求。

因此,教师自身要坚持遵守教师职业道德规范要求,并将这种思想传递给家长,才能有利于学生的身心健康成长。

10. 洪老师的教育行为符合教师职业道德规范的相关要求,是值得肯定的。

(1)关爱学生要求教师做到关心爱护全体学生,尊重学生人格,平等公正对待学生;保护学生安全,关心学生健康,维护学生权益。材料中的洪老师让学生晚上住在自己家里,还给学生做饭吃;自己掏钱替学生垫付伙食费;在学生需要保护的时候,奋不顾身地保护学生并教给学生自我保护的方法,这些行为都体现了其具有关爱学生的师德。

(2)教书育人要求教师在工作中循循善诱,诲人不倦,因材施教;培养学生良好品行,激发学生创新精神,促进学生全面发展;不以分数作为评价学生的唯一标准。材料中的洪老师不以分数高低来评价小芳,而是尽心尽力地教育小芳,使小芳最后考出了优异的成绩,体现了其具有教书育人的职业道德。

(3)终身学习要求教师崇尚科学精神,树立终身学习理念,拓宽知识视野,更新知识结构;潜心钻研业务,勇于探索创新,不断提高专业素养和教育教学水平。材料中的洪老师积极总结自己的教学成败经验,通过教育随笔来进行总结反思,不断创新,体现了其具有终身学习的职业道德。

专题二　教师职业行为

单项选择题

答案速查

1～5	DCCDC	6～10	CDDAD	11～15	BCBBD	16～20	ACBDC
21～25	DDBAD			26～30	DACDA		

1. D　【解析】教师在集体中工作，协作是十分必要的。翁老师在帮助学生提升语文成绩时，给学生布置了大量的作业，造成学生学习语文的负担过重，从而没有多余时间学习其他科目。针对这一问题，班主任应该积极和翁老师进行沟通，并协商有利于学生全面发展的合理方法。

2. C　【解析】教师要了解和研究学生，树立正确的学生观。面对小郭的问题行为，教师首先应主动了解小郭的学习兴趣，从学生的角度入手，转变学生的思维，调动小郭的学习积极性。

3. C　【解析】首先，林老师没有把教案借给新老师，防止了新教师在备课不充分、不了解班级情况的前提下，匆忙上课；其次，林老师愿意在适当时间同新老师探讨，即愿意帮助新老师备课。表明林老师帮助同事讲究方式方法。

4. D　【解析】教师的教学行为规范要求教师按时上课下课，不迟到、不缺课、不拖堂。钱老师延长5分钟是拖堂的表现，违背了教师的教学行为规范，其做法是不恰当的。故AC项说法错误。学生的注意力是有限的，在课间休息的时间继续教学不仅不利于学生集中注意力学习知识，同时也可能对学生下节课的学习产生消极影响，钱老师的做法漠视了学生的学习效果。学生的学习风格在题干中没有体现，故不选。本题答案为D。

5. C　【解析】教师的仪表行为规范要求教师衣着整洁，朴实大方，服饰要符合职业特点，体现教师为人师表的好形象。题干中小丽老师在学校穿超短裙不符合教师仪表规范，作为同事，应适当提醒。

6. C　【解析】题干中明明家长的要求是不合理的，班主任首先应当拒绝。其次，班主任在拒绝的同时，还应当对明明家长做出合理的解释，取得家长的认可，以免影响家校关系。所以，C项做法最恰当。

7. D　【解析】教师要公平公正地对待学生，不偏不倚、一视同仁。教师不能因为个人感情的好恶、私人关系、学生成绩的优劣等偏袒或忽视学生。题干中，刘老师没有采取措施引导、教育小林，而是从此以后对其不闻不问，这不利于小林的品德发展，是一种不当的惩罚行为。

8. D　【解析】教师们为了搞好教育和教学工作，应该做到相互尊重，密切配合，互相帮助，相互交流，取长补短，共同提高。题干所述俗语易使人形成一种不愿与他人分享经验成果的思想观念，这不符合教师之间要团结协作、互帮互助、共同进步的理念。

9. A 【解析】班主任针对科任教师反映的问题，首先要进行核查，确认清楚班级存在的问题，并通过班会等活动向学生说明利弊，引导学生改正。

10. D 【解析】教师的职业行为规范要求教师要热爱、尊重学生，积极为学生创设良好的育人环境，坚持正面教育，严禁体罚和变相体罚学生。题干中，万老师打学生的做法是错误的，所以万老师应当向学生小夏及其家长道歉。并且万老师脾气急躁，在面对家长时要特别注意控制自己的情绪。

11. B 【解析】教师在集体中工作，协作是十分必要的。协作需要教师与同事搞好团结，相互理解、相互支持。李老师不愿意帮助新入职的王老师学习进步，是缺乏团结协作精神的表现。

12. C 【解析】教师教育学生要晓之以理，动之以情。从学生实际情况出发，选择合适的教育方式，刚柔相济、寓刚于柔。AD两项，让家长处理以及不理会此事都是对工作不负责任的表现；B项，直接批评小梁没有做到循循善诱，不能从根本上帮助小梁认识到自己的错误。故C项做法最恰当。

13. B 【解析】班主任要关心学生的学习状况，针对家长希望数学老师多提问然然的情况，班主任需要和数学老师沟通说明情况；然然同学上课不积极回答问题，必须家校合力共同帮助孩子进步，需要家长配合老师工作。故正确答案为B。

14. B 【解析】教师之间要做到：相互学习，取长补短；乐于助人，关心同事。题干中数学老师的做法是错误的，苏老师应该与其进行沟通，引导和帮助数学老师改正自己的行为，避免对学生产生不良的影响。

15. D 【解析】教师之间要做到：互相尊重，切忌嫉妒；相互学习，取长补短；平等相待，不卑不亢；乐于助人，关心同事。题干中的林老师不愿将自己学到的知识经验分享给其他教师，这表明他缺乏团结协作精神。

16. A 【解析】教师和家长在人格上是完全平等的，不存在尊卑之分。教师必须尊重学生家长的人格。题干中蒋老师总是批评家长的做法是不尊重学生家长的表现，教师应当尊重家长，平等相待。

17. C 【解析】班主任赵老师与同事之间相互尊重、相互理解、相互学习、相互帮助，在班级管理时，赵老师也善于听取其他任课老师的意见。这体现的是老师与老师之间的关系，即师师关系。因此，赵老师的做法有利于处理好师师关系。

18. B 【解析】教师要取得家长的理解与支持，消除他们对学校教育工作的误解，帮助家长树立正

确的教育观念，必须首先了解家长的想法，要让家长充分地表达观点。

19. D 【解析】作为一名新老师，应该从王老师的角度去想一想，是不是有什么困难。与王老师进行友好沟通，安抚他的情绪；了解分析情况后，如果有办法、有能力，就尽力去帮助他，这样也有利于创造出一种较为理想、和谐的人际环境。故答案选D。

20. C 【解析】根据《中小学教师违反职业道德行为处理办法》第七条规定，降低岗位等级或撤职处分，由教师所在学校提出建议，学校主管教育部门决定并报同级人事部门备案。

21. D 【解析】依据《中小学教师违反职业道德行为处理办法》第五条规定，学校及学校主管教育部门发现教师存在违反第四条列举行为的，应当及时组织调查核实，视情节轻重给予相应处理。作出处理决定前，应当听取教师的陈述和申辩，听取学生、其他教师、家长委员会或者家长代表意见，并告知教师有要求举行听证的权利。对于拟给予降低岗位等级以上的处分，教师要求听证的，拟作出处理决定的部门应当组织听证。所以A、B、C三项说法正确。第七条规定，开除处分，公办学校教师由所在学校提出建议，学校主管教育部门决定并报同级人事部门备案。民办学校教师或者未纳入人事编制管理的教师由所在学校决定并解除其聘任合同，报主管教育部门备案。王老师是民办学校的教师，可由学校决定解除其聘任合同，学校作出处理决定后应报主管教育部门备案，故D项说法错误。

22. D 【解析】处理教师与学生的关系时，教师要做到：热爱学生，关心学生，尊重学生。胡老师给学生起绰号并对学生罚站，没有做到尊重学生，关心学生，不利于良好师生关系的创建。

23. B 【解析】A选项无视学生的心声，会破坏师生关系。C选项有损同事在学生心目中的地位，不可取。D选项易造成明明和赵老师关系紧张，不可取。B选项小李老师开导明明的同时，维护了赵老师的形象，并与赵老师沟通，使其有可能改进。

24. A 【解析】爱学生是教师处理与学生关系的根本出发点。题干中，老师觉得自己爱学生，但是感受到教师爱的学生只有10%，这说明教师没有掌握高超的沟通与表达技巧，没有让学生感受到老师的爱。

25. D 【解析】如果只是简单教训嘲笑玉妙的男生，而不使他们真正认识到自己的错误，学会尊重他人，可能会加剧玉妙与同学之间的矛盾，因此，D项做法不可取。

26. D 【解析】处理教师与同事的关系时，教师之间要做到：互相尊重，切忌嫉妒；相互学习，取长补短；平等相待，不卑不亢；乐于助人，关心同事。题干中的教师们互相学习，共同提高，说明教师们能够做到通力合作，共同进步。

27. A 【解析】《新时代中小学教师职业行为十项准则》的制定目的在于：新时代对广大教师落实立德树人根本任务提出新的更高要求，为进一步增强教师的责任感、使命感、荣誉感，规范职业行为，明确师德底线，引导广大教师努力成为有理想信念、有道德情操、有扎实学识、有仁爱之心的好老师，着力培养德智体美劳全面发展的社会主义建设者和接班人。

28. C　**【解析】**《新时代中小学教师职业行为十项准则》中的“传播优秀文化”准则要求教师带头践行社会主义核心价值观，弘扬真善美，传递正能量；不得通过课堂、论坛、讲座、信息网络及其他渠道发表、转发错误观点，或编造散布虚假信息、不良信息。“自觉爱国守法”准则要求教师忠于祖国，忠于人民，恪守宪法原则，遵守法律法规，依法履行教师职责；不得损害国家利益、社会公共利益，或违背社会公序良俗。①和②符合题意，C项当选。③和④中的行为属于“自觉爱国守法”准则规定的禁止行为。

29. D　**【解析】**《新时代中小学教师职业行为十项准则》中的“潜心教书育人”准则要求教师落实立德树人根本任务，遵循教育规律和学生成长规律，因材施教，教学相长；不得违反教学纪律，敷衍教学，或擅自从事影响教育教学本职工作的兼职兼薪行为。故题干中教师李某的行为违反了“潜心教书育人”准则。

30. A　**【解析】**《中小学教师违反职业道德行为处理办法》第十条规定，教师受到处分的，符合《教师资格条例》第十九条规定的，由县级以上教育行政部门依法撤销其教师资格。因此，A项符合题意。

第四章　文化素养

单项选择题

答案速查

1～5	CABDC	6～10	CCADA	11～15	ACDAC	16～20	AADBC
21～25	BCCBC	26～30	CCAAA	31～35	BCADB	36～40	DABDC
41～45	DABBA	46～50	BCCAA	51～55	BCAAD	56～60	CADBC
61～65	BCCDB			66～71	CBDDBB		

1. C　【解析】本题考查我国火星探测器的名称。我国航天器主要有“嫦娥”系列(月球探测器)、“天问”系列(行星探测器)、“神舟”系列(载人飞船)、“天宫”系列(太空实验室)、“天舟”系列(货运飞船)、“长征”系列(运载火箭)、“北斗”系列(卫星导航系统)。

C项,天问一号是由中国航天科技集团公司下属中国空间技术研究院自主研制的火星探测器,负责执行中国第一次火星探测任务。2020年7月23日12时41分,长征五号遥四运载火箭搭载着“天问一号”探测器,在文昌航天发射场点火升空。故答案选C。

A项,天宫一号是中国自主设计制造的第一个目标飞行器和具有试验性质的空间实验室。

B项,神舟一号是中国第一艘无人试验飞船。

D项,长征一号是为发射中国第一颗人造地球卫星而研制的三级运载火箭。

2. A　【解析】本题考查传染病。A项,鼠疫是鼠疫杆菌借鼠蚤传播为主的烈性传染病,系广泛流行于野生啮齿动物间的一种自然疫源性疾病。临床上表现为发热、严重毒血症症状、淋巴结肿大、肺炎、出血倾向等。14世纪中期,鼠疫从中亚地区传播到欧洲,并迅速蔓延,造成欧洲约2500万人死亡,死亡人数占当时欧洲总人口的三分之一。因感染鼠疫的患者皮肤上会出现许多黑斑,故得名“黑死病”。

B项,天花是由天花病毒引起的一种烈性传染病,主要通过直接接触或者飞沫传播,也可通过污染物品间接接触传染。痊愈后人体可获终生免疫。预防天花最有效的方法是接种牛痘疫苗。在20世纪后期,天花已在全球范围内被消灭。

C项,艾滋病全称是“获得性免疫缺陷综合征”,它是由艾滋病病毒即人类免疫缺陷病毒(HIV)引起的一种病死率极高的恶性传染病,传播途径主要为性接触、血液、母婴传播。HIV侵入人体，能破坏人体的免疫系统，令感染者逐渐丧失对各种疾病的抵抗能力，最后导致死亡。

D项，狂犬病是一种人畜共患疾病(由动物传播到人类的疾病)，由狂犬病毒引起。狂犬病毒感染家畜和野生动物，然后通过咬伤或抓伤，经过与受到感染的唾液密切接触传播至人。人体患狂犬病后的临床表现为恐水、怕风、咽肌痉挛、进行性瘫痪等。人被病兽咬伤后，应当用流动清水冲洗伤口至少15分钟，并尽快前往医院接种狂犬病疫苗。

3. B　【解析】本题考查中国共产党会议。1922年7月，中国共产党第二次全国代表大会讨论通过了《中国共产党章程》，《中国共产党章程》共6章29条，分别对党员的条件和审批程序、党的组织系统及其构成、党的会议和活动方式、党的组织纪律、党的经费来源及使用等方面作了较详细的规定，是中国共产党的第一部正式党章。

A项，1921年7月，中国共产党第一次全国代表大会在上海召开。大会通过的纲领，首先确定了中国共产党这个名称。大会明确了中国共产党的奋斗目标是推翻资产阶级，建立无产阶级专政，实现社会主义和共产主义。大会还选举产生了党的领导机构，陈独秀任书记。

C项，1923年6月，中国共产党第三次全国代表大会召开，通过了《中国共产党第一次修正章程》。党的三大的中心议题是讨论与国民党合作、建立革命统一战线的问题。此次会议正式决定同孙中山领导的国民党合作，建立革命统一战线，共产党员以个人身份加入国民党，把国民党改造为工人、农民、小资产阶级和民族资产阶级的革命同盟。

D项，1925年1月，中国共产党第四次全国代表大会在上海召开，通过了《中国共产党第二次修正章程》，第一次明确提出了无产阶级在民主革命中的领导权和工农联盟问题。

4. D　【解析】本题考查南京的“六朝古都”称谓。三国吴、东晋和南朝的宋、齐、梁、陈六个国家均在建康(今南京)建都，史称“六朝”，故南京素有“六朝古都”之称。后有五代十国时期的南唐、明朝、太平天国和中华民国建都于南京，因此，南京又有“十代都会”之誉。1368年，朱元璋称帝，定都应天府(今南京)，国号大明。明成祖朱棣于1421年正式迁都北京，南京为陪都。因此明朝不属“六朝”，本题选D。

5. C　【解析】本题考查卡夫卡的作品。弗兰茨·卡夫卡，奥地利小说家，是西方现代文学、表现主义文学的先驱，代表作有《审判》《城堡》《变形记》《判决》等。A项，《判决》描述了格奥尔格在父亲的专制独裁之下，竟害怕恐惧到丧失理智，最后执行父亲的判决，投河自尽的悲惨命运。B项，《审判》讲述的是银行职员约瑟夫·K无故受审被判处死刑的故事。D项，《变形记》描写的是主人公格里高尔从人变成甲虫的荒诞离奇故事。

C项，阿尔贝·加缪，法国作家、哲学家，“荒诞哲学”的代表人物，作品主要有《局外人》《鼠疫》等。

6. C 【解析】本题考查地质作用。地质作用按其能量来源不同,分为内力作用和外力作用。内力作用主要是由地球内能引起的,主要表现形式有:地壳运动、岩浆活动、变质作用。典型地貌有褶皱山、断块山、火山等。故答案为C项。冰川、溶洞、沙漠等是由外力作用导致的。

7. C 【解析】本题考查资本主义国家的主要政体。君主立宪制是以世袭的君主为国家元首,但其权力由宪法规定、受到一定限制的政权组织形式,它是资产阶级同封建贵族妥协的产物。世界上的君主立宪制国家有英国、日本、西班牙、荷兰、比利时、丹麦等。民主共和制是指国家最高权力机关和国家元首由选举产生,并有一定任期的国家管理形式。世界上的民主共和制国家有意大利、德国、奥地利、印度、新加坡、美国等。故答案为C项。

8. A 【解析】本题考查迁都至殷的商王。汤建立商朝,都城建在亳。受战乱、环境变化等因素的影响,商朝多次迁都,到商王盘庚时迁到殷,盘庚迁殷后,商朝的统治比较稳定,出现了"百姓由宁,殷道复兴,诸侯来朝"的局面。故答案为A项。

9. D 【解析】本题考查《警世通言》中的女性人物。杜十娘是明代冯梦龙所著《警世通言·杜十娘怒沉百宝箱》中的女主人公,杜十娘曾为青楼女子,深受压迫却坚贞不屈,为摆脱逆境而顽强挣扎,将全部希冀寄托于绍兴府富家公子李甲身上。然而她怎么努力也逃脱不了悲惨命运的束缚,李甲背信弃义,将其卖于孙富。万念俱灰之下,杜十娘怒骂孙富,痛斥李甲,把多年珍藏的百宝箱中的一件件宝物抛向江中,最后纵身跃入滚滚波涛之中。A选项湘夫人出自战国时期楚国诗人屈原的诗作《九歌·湘夫人》,B选项糜夫人是《三国演义》中的人物,C选项扈三娘是《水浒传》中的人物,绰号"一丈青",是梁山三位女将之一。故答案为D项。

10. A 【解析】本题考查百分等级。百分等级是表示某个数在其所属的团体中所超过的单位数占总单位数的百分数。以考试成绩为例,如某生成绩的百分等级为80,即表示其成绩超过了80%考生;如某生成绩的百分等级为30,则说明其成绩仅超过全体考生的30%。百分等级大的数字,表明其所占的地位高,百分等级小的数字,则表示其所占的地位低。题干中全区有60%的学生卷面成绩低于70分,所以该学生在此次考试中的百分等级为60。故正确答案为A。

11. A 【解析】本题考查《丧钟为谁而鸣》的创作题材。《丧钟为谁而鸣》是美国作家海明威于1940年发表的长篇小说,以美国人参加西班牙人民反法西斯战争为题材,是海明威的代表作之一。故答案选A项。B项,墨西哥内战即墨西哥革命,是1910～1917年墨西哥人民反帝反封建的资产阶级民族民主革命。C项,美国南北战争又称美国内战,是指1861～1865年美国南部奴隶制与北部雇佣劳动制矛盾而引起的南部与北部诸州之间的战争。D项,玫瑰战争又称蔷薇战争,指1455～1485年兰开斯特和约克两大家族为争夺英格兰王位进行的内战,因兰开斯特家族、约克家族的族徽分别是红、白玫瑰而得名。

12. C 【解析】本题考查世界著名火山。维苏威火山位于意大利南部那不勒斯湾东海岸,是世界著名的火山之一，被誉为“欧洲最危险的火山”。公元79年，维苏威火山突然爆发，强烈的火山活动喷出的岩浆、火山碎屑物质和气态喷出物把山下的庞贝城全部湮没。故题干所述火山是维苏威火山。A项，皮纳图博火山，位于菲律宾吕宋岛，1991年6月，皮纳图博火山爆发，是20世纪最大的火山爆发之一，喷出了大量火山灰和火山碎屑流。B项，圣海伦斯火山位于美国西北部华盛顿州，属喀斯喀特山脉。该火山具有记载的大规模火山爆发发生在1980年5月，导致多人丧生，火山灰烬覆盖美国西部大片区域。D项，埃特纳火山是意大利西西里岛东岸的一座活火山，是欧洲海拔最高的活火山。埃特纳火山喷发状况十分活跃，破坏力极强，但频繁的火山喷发也为当地带来了极为肥沃的土壤及大量的旅游资源。

13. D　【解析】本题考查第一次工业革命成果。第一次工业革命的重要成就有：瓦特改良蒸汽机；富尔顿制造第一艘蒸汽轮船；惠特尼发明轧棉机；史蒂芬孙发明蒸汽机车。

14. A　【解析】本题考查中国古代著名战役。A项，城濮之战是周襄王二十年(公元前632年)晋、楚两国在卫国城濮(今山东鄄城)地区进行的争夺中原霸权的首次大战。晋文公兑现当年流亡楚国许下“退避三舍”的诺言，令晋军后退，避楚军锋芒，楚军冒进反招致失败。晋军的胜利，奠定了晋文公的霸主地位。

B项，桂陵之战发生于公元前354年(周显王十五年)，魏国攻赵都邯郸，赵向齐求救。齐威王命田忌、孙膑率军援救。孙膑认为魏以精锐攻邯郸，国内空虚，于是率军围攻魏都大梁，使魏将庞涓赶回应战。孙膑却在桂陵伏袭，打败魏军，并生擒庞涓。孙膑在此战中避实击虚、攻其必救，创造了“围魏救赵”战法。

C项，马陵之战是继桂陵之战后，齐魏双方发生的又一场战争，是齐军在马陵歼灭魏军的著名伏击战。从此魏国不再有能力与齐、秦两国争霸，失去了霸主地位。

D项，长平之战是公元前260年(秦昭襄王四十七年)秦国率军在赵国的长平一带同赵国军队发生的战争。长平之战是战国历史的最后转折，是中国古代军事史上最早、规模最大、最彻底的大型歼灭战。

15. C　【解析】本题考查我国航空航天成就。2021年4月29日11时23分，搭载空间站天和核心舱的长征五号B遥二运载火箭，在我国文昌航天发射场点火升空。故本题答案为C。天宫是我国空间站的名称。天问系列是中国行星探测任务名称。天舟是指天舟系列货运飞船，主要用于对中国空间站在轨运行期间，提供补给支持。

16. A　【解析】本题考查二十世纪文学。《荒原狼》是德国作家赫尔曼·黑塞所作的长篇小说。该小说通过对个人精神疾病的讲述，展示出现代社会中人性遭到分裂的恶果。幻想色彩浓郁，象征意味深远，被誉为德国的《尤利西斯》。故本题答案为A。阿尔贝·加缪是法国作家、哲学家，存

在主义文学、"荒诞哲学"的代表人物，主要作品有《局外人》《鼠疫》等。威廉·福克纳是美国文学史上最具影响力的作家之一，意识流文学在美国的代表人物，1949年诺贝尔文学奖得主，他最有代表性的作品是《喧哗与骚动》。辛克莱·刘易斯是第一位获得诺贝尔文学奖的美国文学家，代表作品有《大街》《巴比特》《阿罗史密斯》等。

17. A 【解析】本题考查历史典故与人物。"终南捷径"讲的是唐代卢藏用举进士，然不受重用，遂隐居终南山以求高名，后果被召任官的故事；比喻求官或求名利的便捷途径。

18. D 【解析】本题考查中国音乐。1965年，为纪念红军长征胜利30周年，曾参加过长征的萧华回顾他在长征中的真实经历，历时半年完成了12首形象鲜明、感情真挚的史诗。随后，作曲家晨耕、生茂、唐诃、遇秋选择其中的10首谱成了组歌，分别描绘了10个环环相扣的战斗生活场面，并巧妙地把各地区的民间曲调与红军传统歌曲的曲调融合在一起，最终汇成了一部主题鲜明，内容丰富、形式新颖、风格独特的大型声乐套曲——《长征组歌》。

19. B 【解析】本题考查中国雕塑。潘鹤先生创作于1957的雕塑《艰苦岁月》是红军题材美术作品中的经典之作，其原型是在海南岛母瑞山艰苦斗争岁月中的琼崖红军。这件雕塑以写实的手法塑造了一老一少两位红军战士的形象，其中吹着笛子的老战士穿着破旧的军装，身形瘦削却筋骨强健，饱经风霜的面孔印刻出老革命者的坚定意志。

20. C 【解析】本题考查生物常识。沃森和克里克发现的DNA结构是双螺旋结构。1951～1953年间，美国科学家沃森和英国生物学家克里克合作，提出了DNA分子的双螺旋结构学说，使生物学的研究进入到分子阶段。

21. B 【解析】本题考查世界上最大的平原。亚马孙平原位于南美洲亚马孙河的中下游地区，是世界上最大的平原，面积约为560万平方千米。东欧平原是世界第二大平原，位于欧洲东部，面积约为400万平方千米。西西伯利亚平原是亚洲第一大平原，世界第三大平原，位于俄罗斯境内，面积约270万平方千米。长江中下游平原是中国三大平原之一，面积约20万平方千米。

22. C 【解析】本题考查历史典故。A选项，竭泽而渔来源于春秋时期的人物和事件；B选项，完璧归赵发生在春秋战国时期；C选项，马革裹尸发生在东汉时期；D选项，洛阳纸贵发生在晋代。

23. C 【解析】本题考查戏曲常识。戏曲，是以演员表演为中心，以唱、念、做、打等手段为基础，融文学、音乐、舞蹈、武术、杂技等为一体的综合性舞台艺术，它主要包括宋元南戏、元杂剧、明清传奇，以及近代、现代的京剧和各种地方戏，因此A选项表述正确。中国戏曲属于戏剧范畴，其遵循戏剧的基本特点，同样要有人物和故事情节，因此B选项表述正确。C选项中，散曲是金元时期在我国北方兴起的一种歌曲形式；话剧是区别于中国戏曲的一种戏剧形式，主要以说话为主要表现手段；说书和相声属于我国说唱曲种，不属于戏曲，因此C选项表述不正确。D选项中

《西厢记》是元代剧作家王实甫创作的杂剧代表作,后被各戏曲剧种改编;《牡丹亭》是明代剧作家汤显祖创作的传奇剧本,后被各戏曲剧种改编,因此D选项表述正确。

24. B　**【解析】**本题考查中国古代乐器。古琴是弹拨乐器,中国传统弹拨弦鸣乐器,属于八音中的丝。

易错提示:我国古代乐器种类繁多,按照演奏方式和制作材料有不同的分类,考生注意了解。

演奏方式/制作材料	吹管乐器	弹拨乐器	打击乐器
金			钟、钹、锣
石			磬
丝		琵琶、筝、琴、瑟	
竹	箫、笛、篪		
匏	笙、竽		
土	埙		缶
革			鼓
木			敔、柷、梆子

25. C　**【解析】**本题考查最早建立的温标。温标主要有华氏温标、列氏温标、摄氏温标、热力学温标等。历史上最早出现的温标是华氏温标,由华伦海特制定,普遍使用于英、美等国家。法国人列缪尔制定了列氏温标,这一温标在德国盛行一时。1742年,瑞典人摄尔修斯制定了摄氏温标,现在大多数国家都使用这种温标。热力学温标是英国科学家开尔文·威廉·汤姆逊于1848年确立的。目前的国际温标ITS-90是在1990年1月1日起正式生效的。

26. C　**【解析】**本题考查开罗会议的内容。1943年11月,中美英三国政府首脑在开罗举行会议,会议商讨了联合对日作战计划和解决远东问题、击败日本后如何处置日本等,并签署了《开罗宣言》,要求日本归还占领的中国国土。A项,1945年7~8月,美英苏三国首脑在柏林近郊的波茨坦举行会议,会议期间,中美英三国发表了促令日本投降的《波茨坦公告》。B、D项,巴黎和会是指1919年1月在巴黎凡尔赛宫召开的战后协约会议,主要商讨对战败国的处置问题,因为在凡尔赛宫召开,又称"凡尔赛会议"。本题选C。

27. C　**【解析】**本题考查传统节日。"元日"指农历正月初一,即春节。《元日》是一首除旧迎新的即景之作,全诗抓住放鞭炮、喝屠苏酒和新桃换旧符三种传统习俗,渲染了春节祥和、欢乐的氛围。

易错提示:此题需要考生具有一定的文学素养或生活常识,或者通过抓关键词的方法做题。诗句中的"爆竹"即鞭炮,在中国传统节日中,放鞭炮这一习俗最常见于春节。

(1)春节(农历正月初一)

习俗:放鞭炮、守岁、贴春联、贴窗花、贴年画、拜年等。

相关诗词：

“千门万户曈曈日，总把新桃换旧符。”——王安石（北宋）《元日》

“半盏屠苏犹未举，灯前小草写桃符。”——陆游（南宋）《除夜雪》

（2）清明节（公历四月五号前后）

习俗：扫墓祭祖、踏青、插柳等。

相关诗词：

“清明时节雨纷纷，路上行人欲断魂。”——杜牧（唐）《清明》

“梨花风起正清明，游子寻春半出城。”——吴惟信（南宋）《苏堤清明即事》

（3）元宵节（农历正月十五）

习俗：闹花灯、猜灯谜、吃元宵等。

相关诗词：

“千门开锁万灯明，正月中旬动帝京。”——张祜（唐）《正月十五夜灯》

“东风夜放花千树。更吹落，星如雨。宝马雕车香满路。凤箫声动，玉壶光转，一夜鱼龙舞。”——辛弃疾（南宋）《青玉案·元夕》

（4）元旦（公历一月一日）

“元旦”一词由来：“元”字有开始、第一的意思，“旦”即太阳从地平线上冉冉升起，象征一天的开始。从汉武帝开始直至清末，农历正月的第一天被称为“元旦”。1949年9月，中国人民政治协商会议第一次全体会议决定采用公元纪年法。此后，“元旦”指公历新年，“春节”指农历新年。

28. A 【解析】本题考查现实主义诗人杜甫的诗作。题干所述诗句出自诗人杜甫的《春日忆李白》：“白也诗无敌，飘然思不群。清新庾开府，俊逸鲍参军。渭北春天树，江东日暮云。何时一樽酒，重与细论文。”这首诗称赞李白的诗天下无敌，诗风清新如南北朝的庾开府（即庾信），气度俊逸似南朝的鲍参军（即鲍照），不仅赞美了李白的才华，也表达了诗人对李白的思念之情。

B项，白居易，唐代诗人，字乐天，号香山居士，他与元稹共同倡导新乐府运动，世称“元白”，与刘禹锡并称“刘白”。白居易的诗歌题材广泛，语言平易通俗，有“诗魔”和“诗王”之称，著有《白氏长庆集》等。

C项，庾开府指庾信，庾信是南北朝时期的文学家，他是宫体文学的代表人物，其文学风格被称为“徐庾体”，著有《庾开府集》。

D项，鲍参军指鲍照，鲍照是南朝宋文学家，与庾信并称“鲍庾”，与颜延之、谢灵运合称“元嘉三大家”，艺术风格俊逸豪放，奇矫凌厉，著有《鲍参军集》。

29. A 【解析】本题考查中国的蒙学著作。《三字经》《百家姓》《千字文》被誉为中国传统蒙学三大读物，合称“三、百、千”，是一整套相辅相成的启蒙识字教材。《道德经》主要记载了老子的理论思想，不属于蒙学读本。本题选A。

30. A 【解析】本题考查数学常识。题干六个数字的平均分是80，标准差是 $\sqrt{\frac{(83-80)^2+...+(77-80)^2}{6}}=\sqrt{\frac{28}{6}}\approx 2.16$。本题选A。

31. B 【解析】本题考查王莽改制。王莽继帝位后就开始进行改革，他仿照《周礼》的制度推行新政，屡次改革币制，更改官制与官名，以“王田制”为名恢复“井田制”，把盐、铁、酒、铸币、山林川泽收归国有，耕地重新分配，又废止奴隶制度，建立五均赊贷（贷款制度）、六筦政策，以公权力平衡物价，防止商人剥削，增加国库收入。由于政策存在诸多不合实情的地方，百姓未蒙其利，先受其害，反而激化了社会矛盾，引起民愤。

32. C 【解析】本题考查大气层的构成。电离层是地球大气层中的一个电离区域，距地面60千米以上的整个地球大气层都处于部分电离或完全电离的状态，其中存在相当多的自由电子和离子，能使无线电波改变传播速度，发生折射、反射和散射，产生极化面的旋转并受到不同程度的吸收。电离层能反射无线电波，极光、流星现象多发生在这一层；云、雨、雪等天气现象发生在对流层；平流层则适合飞机高空飞行。故本题选C。

33. A 【解析】本题考查二十四节气。“庚”是十天干中的一个，以庚为开头的日期即为“庚日”，相邻两个庚日之间间隔10天。“三伏”即头伏（初伏）、二伏（中伏）、三伏（末伏），就是指一年中最热时期的三个阶段，进入“三伏”叫作“入伏”。夏至日一般是每年的6月21、22日，三个庚日是30天，依据题干所述，夏至后的第三个庚日为初伏，即初伏约是在七月中下旬。夏至以后的节气的顺序为“小暑、大暑、立秋、处暑、白露、秋分、寒露、霜降、立冬、小雪、大雪、冬至、小寒、大寒”。“大暑”节气一般从公历七月下旬开始，立秋则通常在公历八月上旬，故距离初伏最近的是大暑。

34. D 【解析】本题考查林语堂对苏轼的评价。A项，李白，字太白，号青莲居士，唐代诗人，被后人誉为“诗仙”，与杜甫并称为“李杜”，有《李太白集》传世。

B项，王维，字摩诘，号摩诘居士，唐代诗人、画家，有“诗佛”“王右丞”之称。苏轼评价其：“味摩诘之诗，诗中有画；观摩诘之画，画中有诗。”

C项，黄庭坚，北宋文学家、书法家，号山谷道人、黔安居士等，世称黄山谷、黄太史、黄文节等，代表作有《山谷词》。黄庭坚在诗、词、散文、书、画等方面成就很高，与张耒、晁补之、秦观合称为“苏门四学士”，书法上与苏轼、米芾和蔡襄合称为“宋四家”。在文学界，黄庭坚生前与苏轼齐名，世称“苏黄”。

D项，苏轼，字子瞻，号东坡居士，著名的北宋词人。文学大师林语堂在其著作《苏东坡传》中，赞扬苏东坡为“一个无可救药的乐天派、一个伟大的人道主义者、一个百姓的朋友、一个大

文豪、大书法家、创新的画家、造酒试验家、一个工程师……”。题干所述是林语堂对苏东坡的评价，故本题选D。

35. B 【解析】本题考查众数。众数是指一组数据中出现次数最多的那个数据。题干中出现次数最多的数字是73，共出现2次，故这组分数的众数是73。

36. D 【解析】本题考查人体内的元素。在人体内，所含常量元素的含量按从多到少的顺序可排列为：氧、碳、氢、氮、钙、磷、钾、硫、钠、氯、镁等。人体内所含有的微量元素有碘、锌、硒、铜、钼、铬、钴、锰、铁等。

37. A 【解析】本题考查世界著名运河。苏伊士运河位于埃及苏伊士地峡，北通地中海，南通红海，是连接大西洋、印度洋和太平洋的重要航线。B项，加勒比海位于大西洋，巴拿马运河连接了太平洋与大西洋。C项，基尔运河是连接北海和波罗的海的重要航道，所以又称“北海—波罗的海运河”。D项，马六甲海峡西北端通印度洋的安达曼海，东南端连接南中国海。

38. B 【解析】本题考查人类古代历史时期的划分。依据生产工具的变革，人类古代历史可以分为石器时代、青铜时代、铁器时代等。

39. D 【解析】本题考查《红楼梦》中的人物形象。《红楼梦》中有黛玉葬花的情节，而D项的剪纸作品正是黛玉葬花时独倚花锄的形象。A项人物身着华服，头戴凤冠，可以推断出是入宫为妃的元春；B项人物手拿拂尘，可以推断出是妙玉；C项人物身量苗条，服饰华美，柳叶吊梢眉，丹凤三角眼，可以推断出是王熙凤。

40. C 【解析】本题考查唐代文学。杜牧的《山行》中有诗句“停车坐爱枫林晚”，爱晚亭正是得名于此。位于安徽省滁州市的醉翁亭因欧阳修及其《醉翁亭记》闻名遐迩；位于北京的陶然亭因白居易的诗句“与君一醉一陶然”而得名；位于江苏省苏州市的沧浪亭始建于北宋，由政治家、文学家苏舜钦修建，并著有《沧浪亭记》一文。

41. D 【解析】本题考查生物学和医学成就。青霉素的发现者是亚历山大·弗莱明。朱既明成功研制出了中国第一个抗生素——青霉素；屠呦呦因发现青蒿素而成为我国第一个获得诺贝尔生理学奖或医学奖的药学家；巴斯德发明了巴氏消毒法，研制出了狂犬病疫苗。

42. A 【解析】本题考查我国最晚用作纺织原料的天然纤维。中国古代纺织品多采用麻、丝、毛、棉等天然纤维为原料。“棉”字最早记录于《宋书》中，宋元时期棉花才开始广泛传播起来，全国棉花的推广普及大约是在明清时期，故棉是中国最晚用作纺织原料的天然纤维。

43. B 【解析】本题考查世界古代史。玛雅文明是拉丁美洲古代印第安文明的杰出代表。拉丁文明发祥于欧洲大陆；爱琴文明是指欧洲爱琴海地区的青铜文明；波斯文明发祥于亚洲的古伊朗。

44. B 【解析】本题考查外国儿童文学作品。《夏洛的网》的作者是美国当代著名散文家、评论家怀特。法国作家圣埃克苏佩里的作品有《小王子》,故本题选B。《木偶奇遇记》的作者是意大利作家科洛迪,A项正确;《骑鹅旅行记》又称《尼尔斯骑鹅旅行记》,是瑞典女作家拉格勒夫创作的一篇童话故事,C项正确;《艾丽丝漫游奇境记》是英国作家卡罗尔创作的儿童文学作品,D项正确。

45. A 【解析】本题考查苏州园林。苏州古典园林主要有沧浪亭、狮子林、拙政园、留园、网师园等。豫园位于上海,不属于苏州园林。

46. B 【解析】本题考查商鞅变法的内容。商鞅变法,主张"燔诗书而明法令",是说焚烧儒家的书籍、明确法令。商鞅变法主张放弃儒家的以仁治国的思想,采用法家思想,以严刑峻法管治国家,有功者重赏,有过者则重罚。

47. C 【解析】本题考查天文历法成就。元朝郭守敬改进了简仪和圭表,主持全国范围的天文测量,他编成的《授时历》一书中,以365.2425日为一年,与现行公历基本相同,早于现行公历300年。张衡发明了地动仪;祖冲之用"割圆术"首次将圆周率精确到小数点后第七位数;徐光启所著的《农政全书》是一部农业百科全书,总结了我国历代农业生产的理论、技术和经验方法。

48. C 【解析】本题考查二十四节气。二十四节气依次是立春、雨水、惊蛰、春分、清明、谷雨、立夏、小满、芒种、夏至、小暑、大暑、立秋、处暑、白露、秋分、寒露、霜降、立冬、小雪、大雪、冬至、小寒和大寒。中秋和重阳是古代传统节日,不属于二十四节气。

49. A 【解析】本题考查德国启蒙文学。德国作家歌德的代表作有《少年维特之烦恼》《浮士德》等。B项,席勒,德国作家,作品有《阴谋与爱情》《欢乐颂》等;C项,茨威格,奥地利作家,作品有《象棋的故事》《伟大的悲剧》等。D项,君特·格拉斯,德国作家,作品有小说《铁皮鼓》《猫与鼠》等。

50. A 【解析】本题考查中国古代乐器。八音指中国古代对乐器的分类,指金、石、土、革、丝、木、匏、竹八类。钟、铃等属金类,磬等属石类,埙属土类,鼓等属革类,琴、瑟等属丝类,柷、敔等属木类,笙、竽等属匏类,管、箫等属竹类。

51. B 【解析】本题考查火灾消防安全常识。在遇到火灾时,应该用湿毛巾捂住口鼻进行呼吸,防止烟雾窒息。能够逃离时,应该弯腰低头靠墙通过楼梯向外逃生。如果不能及时逃离,应该用湿毛巾封死门缝、空调风口等会导致烟雾进入的通道,等待救援。火灾易导致电路故障,所以不能乘坐电梯逃生。

52. C 【解析】本题考查地质年代。地质年代由古至今依次为冥古宙、太古宙、元古宙、显生宙等时期,其中显生宙由古至今又分为古生代、中生代和新生代。古生代包括寒武纪、奥陶纪、志留纪、泥盆纪、石炭纪、二叠纪等六个纪;中生代包括三叠纪、侏罗纪、白垩纪等三个纪,恐龙出现于三叠纪,侏罗纪是其鼎盛时期,到白垩纪末期灭绝;新生代则包括古近纪、新近纪和第四纪,第四纪直至现在仍未结束,这一纪是人类进化的时代。

易错提示:关于地球的地质年代及其对应的生物发展状况,考生可通过下表了解。

<table>
<tr><th colspan="3">地质年代</th><th>生物发展状况</th></tr>
<tr><td colspan="3">冥古宙</td><td>无生命迹象,只有一些有机质</td></tr>
<tr><td colspan="3">太古宙</td><td>出现蓝藻等原核生物</td></tr>
<tr><td colspan="3">元古宙</td><td>出现真核生物和多细胞生物</td></tr>
<tr><td rowspan="12">显生宙</td><td rowspan="6">古生代</td><td>寒武纪</td><td>三叶虫时代,生命大爆发</td></tr>
<tr><td>奥陶纪</td><td>无脊椎动物大发展</td></tr>
<tr><td>志留纪</td><td rowspan="2">鱼类出现并发展</td></tr>
<tr><td>泥盆纪</td></tr>
<tr><td>石炭纪</td><td rowspan="2">两栖动物发展繁盛</td></tr>
<tr><td>二叠纪</td></tr>
<tr><td rowspan="3">中生代</td><td>三叠纪</td><td rowspan="3">爬行动物盛行,恐龙时代</td></tr>
<tr><td>侏罗纪</td></tr>
<tr><td>白垩纪</td></tr>
<tr><td rowspan="3">新生代</td><td>古近纪</td><td rowspan="2">哺乳动物大发展</td></tr>
<tr><td>新近纪</td></tr>
<tr><td>第四纪</td><td>人类时代</td></tr>
</table>

53. A　**【解析】**本题考查天文学成就。康德主要研究自然科学和哲学,他在1755年出版的《宇宙发展史概论》(又译为《自然通史和天体论》)中提出了太阳系起源的"星云"假说。"大爆炸"学说是由勒梅特、伽莫夫、哈勃等人提出的一种关于宇宙起源的理论学说。

54. A　**【解析】**本题考查先秦著作中的寓言故事。庖丁解牛出自《庄子》。愚公移山出自《列子·汤问》。自相矛盾出自《韩非子》。揠苗助长出自《孟子·公孙丑上》。

55. D　**【解析】**本题考查古希腊雕塑艺术。D项雕塑《思想者》是19世纪法国雕塑家罗丹的作品。A项,雕塑《拉奥孔》高约184厘米,是古希腊的阿格桑德罗斯等人创作的;B项,雕塑《自杀的高卢人》高约211厘米,创作于古希腊时期;C项,雕塑《掷铁饼者》是古希腊雕塑家米隆的代表作。

56. C　**【解析】**本题考查卢瑟福的主要成就。1909～1911年,英国物理学家卢瑟福和他的助手们进行了α粒子散射实验,提出了原子的核式结构模型。1932年,查德威克通过其实验论证了中子的存在;1919年,卢瑟福用α粒子轰击氮原子核,发现了质子;电子云是用黑点的疏密来表示电子在核外空间出现概率密度大小的一种图形,通过求解薛定谔方程可以画出电子云的图像。

57. A　**【解析】**本题考查气象灾害预警信号。A项是寒潮预警信号图标,B项是暴雪预警信号图标,C项是台风预警信号图标,D项是霾预警信号图标。

58. D 【解析】本题考查法国国庆日确立的相关历史事件。法国国庆日是在每年的7月14日。1789年7月14日巴黎人民攻克了象征封建统治的巴士底狱，从而揭开了法国大革命的序幕。1799年11月（法国共和历八年雾月）拿破仑发动了政变，结束了督政府的统治，开始了自己为期15年的独裁统治。法兰西第一共和国于1792年9月22日由国民公会宣告成立。《人权与公民权宣言》（即人权宣言）是在法国大革命时期颁布的纲领性文件。

59. B 【解析】本题考查中国近代史。江南机器制造总局简称江南制造局或江南制造总局，成立于1865年，是李鸿章在上海创办的规模最大的洋务企业，对于清朝的军事力量以及重工业生产都有提升作用。张之洞主持创办了汉阳铁厂、湖北织布局等；沈葆桢筹建了新式海军；左宗棠在福州创设了福州船政局。

60. C 【解析】本题考查立法常识。古代一昼夜分十二时辰，一夜有五个时辰，也叫五更，一更等于现代的两个小时。晚上戌时（19:00至21:00）是一更，亥时（21:00至23:00）是二更，子时（23:00至次日1:00）是三更，丑时（次日1:00至3:00）为四更，寅时（次日3:00至5:00）为五更。

61. B 【解析】本题考查夏洛蒂·勃朗特的主要作品。简·爱是夏洛蒂·勃朗特的小说《简·爱》中的女主人公。A项，苔丝出自英国作家哈代的长篇小说《德伯家的苔丝》；C项，娜拉出自挪威作家易卜生经典剧作《玩偶之家》；D项，卡门是法国作家梅里美的中篇小说《卡门》中的女主人公。

62. C 【解析】本题考查《徐霞客游记》。徐霞客，明朝地理学家，其著作《徐霞客游记》按日记形式记述了他在旅行中的观察所得，在地理和文学上卓有成就。在地理学上的重要成就有：(1)喀斯特地区的类型分布和各地区间的差异，尤其是喀斯特洞穴的特征、类型及成因，有详细的考察和科学的记述；(2)纠正了文献记载的关于中国水道源流的一些错误；(3)观察记述了很多植物的生态品种；(4)调查了云南腾冲打鹰山的火山遗迹，科学地记录与解释了火山喷发出来的红色浮石的质地及成因。此外，他还详细描述了地热现象，对所到之处的人文地理情况，包括各地的经济、交通、城镇聚落、少数民族和风土文物等，也作了精彩的记述。《徐霞客游记》并未涉及西域地理和丝绸之路，C项说法错误。

63. C 【解析】本题考查物理学成就。题干所述为电磁感应现象，是法拉第于1831年发现的。丹麦物理学家奥斯特于1820年发现了电流的磁效应，这一发现揭开了电磁研究的序幕。法国物理学家安培重复了奥斯特的实验，提出了安培定律、分子电流假说、安培定则等，物理学中电流的单位即是以其姓氏命名的。英国化学家戴维发现了笑气的麻醉作用，发现并培养了法拉第，与其共同发明了矿用安全灯。

64. D 【解析】本题考查科举制。科举制产生于隋代，完善于唐代，再结合题干“通过科举考试走上仕途”可知，该官员生活的朝代可能是唐代。A、B、C三项的朝代均早于唐朝，科举制尚未出现。

65. B 【解析】本题考查易卜生的作品。易卜生是挪威著名戏剧家、诗人，被称为现代现实主义戏剧的创始人。他以重大的社会问题为题材编写的现实主义戏剧，通常被称为“社会问题剧”，《社会支柱》《玩偶之家》《群鬼》《人民公敌》则是其中最有名的四部作品。《社会支柱》的主人公是博尼克，《玩偶之家》的主人公是娜拉，《群鬼》的主人公是阿尔文太太，《人民公敌》的主人公是斯多克芒医生。本题选B。

66. C 【解析】本题考查特殊称谓。该对联是1935年章炳麟祝贺其弟子黄侃五十寿的对联。“知命”，也叫“知天命”。孔子曰：“吾十有五而志于学，三十而立，四十而不惑，五十而知天命，六十而耳顺，七十而从心所欲，不逾矩。”因此，寿主的年龄为50。

67. B 【解析】本题考查生物学成就。1928年，英国细菌学家、医学家弗莱明发现了青霉素。美国微生物学家瓦克斯曼发现了链霉素，他因此获得了诺贝尔生理学奖或医学奖，链霉素是继青霉素之后第二个应用于临床的抗生素，在结核病的治疗方面起着重要作用。多粘菌素对革兰氏阴性细菌作用颇强。美国微生物学家杜博斯发现了短杆菌素。

68. D 【解析】本题考查《日出·印象》的作者。《日出·印象》是法国画家莫奈的代表作之一。雷诺阿是法国印象派画家，代表作有《煎饼磨坊的舞会》《包厢》等；高更是法国后印象派画家，与凡·高、塞尚并称为法国后印象派“三大巨匠”，代表作有《黄色基督》《我们从何处来？我们是谁？我们往何处去？》等；毕沙罗是法国印象派画家，代表作有《塞纳河和卢浮宫》《雪中的林间大道》等。

69. D 【解析】本题考查发生在法国大革命时期的历史事件。A项，1789年，巴黎人民攻占了巴士底狱，揭开了法国大革命的序幕。B项，法国新历共和二年热月（公历1794年7月）发起的“热月政变”推翻了雅各宾专政，成立了督政府，标志着法国大革命高潮的结束。C项，《人权宣言》是法国大革命时期（1789年8月26日）颁布的纲领性文件。启蒙运动是17—18世纪兴起的一场反宗教、反封建的思想解放运动，为法国大革命的爆发奠定了思想基础。

70. B 【解析】本题考查鲁迅的作品。鲁迅的小说集有《呐喊》《彷徨》《故事新编》；散文集有《朝花夕拾》；散文诗集有《野草》；杂文集有《准风月谈》《三闲集》《华盖集续编》《而已集》《集外集》《华盖集》《花边文学》等。

71. B 【解析】本题考查古代传统节日。题干诗句出自宋代欧阳修的《生查子·元夕》，意思是去年元宵节的时候，花市被灯光照得如同白昼。与佳人相约在黄昏之后、月上柳梢头之时同叙衷肠。元宵节又称上元节、元夜、灯节，日期为每年的农历正月十五，赏灯、猜灯谜、吃元宵等都是元宵节的传统活动。A项，元旦指公历新年的第一天；C项，端午节为每年农历五月初五，又称端阳节、午日节、五月节，传统活动有赛龙舟、吃粽子等；D项，中秋节又称拜月节、团圆节，日期为每年农历八月十五，传统活动有赏月、吃月饼等。

专题一　历史素养

单项选择题

答案速查

1~5	BDBAA	6~10	ACACA	11~15	ACABC	16~20	CADCD
21~25	DBDBD	26~30	AABBB	31~35	CCACD	36~40	DDBAB
41~45	BDCAC	46~50	CDBCC	51~53	CDC		

1. B　**【解析】**元谋人距今约170万年，是我国境内目前已确认的最早的古人类。北京人距今约70万—20万年，蓝田人距今约80万年前，山顶洞人距今约3万年。

2. D　**【解析】**我国有文字可考的历史是从商朝开始的。商代的文字主要是刻在甲骨、铜器及其他器物上。甲骨文是中国现存最古老的成熟文字，是我国现存的已经释读的最古老的汉字。

3. B　**【解析】**遵义会议开始确立以毛泽东为主要代表的马克思主义正确路线在中共中央的领导地位，在极其危急的情况下，挽救了党，挽救了红军，挽救了中国革命，是中国共产党历史上一个生死攸关的转折点。B项正确。使红军跳出敌人的重重包围的是红军长征中的巧渡金沙江，A项错误。中国革命并不是一帆风顺的，遵义会议后经历了艰苦的抗日战争，C项错误。确立毛泽东思想为党的指导思想的是中共七大，D项错误。故本题选B。

4. A　**【解析】**克里姆林宫位于俄罗斯莫斯科，曾是苏联党政最高领导机关的办公地点，现为俄罗斯总统府所在地。1991年12月25日克里姆林宫的苏联国旗降下标志着苏联解体。

5. A　**【解析】**马歇尔计划，又称欧洲复兴计划，由时任美国国务卿马歇尔提出，该计划旨在援助二战后的欧洲，帮助其经济复苏，以抵抗苏联的影响。本题选A。杜鲁门主义以维护"自由"为名，遏制共产主义扩张，B项错误；"冷战"政策的推行是美苏全面争夺世界霸权的结果，C项错误；"大棒"政策是美国20世纪初期奉行的外交政策，实质是武力威胁干涉拉美事务，D项错误。

6. A　**【解析】**南昌起义打响了武装反抗国民党反动派的第一枪，揭开了中国共产党独立领导武装斗争和创建革命军队的序幕。故本题选A。五四运动是中国新民主主义革命的开端。辛亥革命结束了统治中国两千多年的君主专制制度。新文化运动为马克思主义在中国的传播和五四运动的爆发奠定了思想基础。

7. C　**【解析】**战国七雄分别指齐、楚、燕、韩、赵、魏、秦七国。越国灭吴后曾强盛一时，后因长期内乱而势衰，最终被楚国所灭。因此，越国不属于战国七雄。

8. A 【解析】郡县制是中国古代继宗法血缘分封制度之后出现的以郡统县的两级地方行政制度，是中央垂直管理下官员由中央直接任免的流官任期制，标志着官僚政治取代血缘政治。

9. C 【解析】旅顺位于辽东半岛最南端。四个选项中，同时包含有割让辽东半岛和台湾岛的相关内容的只有《马关条约》。《马关条约》的主要内容包括把辽东半岛、台湾岛及其附属岛屿、澎湖列岛割让给日本，开放沙市、重庆、苏州、杭州为通商口岸，允许日本在中国通商口岸开办工厂，赔偿日本军费白银二亿两等。故选C项。

10. A 【解析】题干中的诗句出自毛泽东的《七律·人民解放军占领南京》。1949年4月，全面内战已进入尾声，国民党军队全线溃败。4月23日，解放军占领总统府，解放了南京，毛泽东听闻消息后写下了这首七律诗。所以，"天翻地覆"是指人民解放军解放南京。

11. A 【解析】十月革命建立了人类历史上第一个无产阶级领导的国家，打破了资本主义一统天下的世界格局，实现了社会主义从理想到现实的伟大飞跃，开辟了人类探索社会主义道路的新纪元。十月革命沉重打击了帝国主义对世界的统治，极大地鼓舞了殖民地半殖民地人民的解放斗争，改变了20世纪的世界格局。从此，资本主义和社会主义两种社会制度的并存与竞争，成为世界历史的重要内容。推翻罗曼诺夫王朝的统治的是俄国二月革命，A项说法错误。

12. C 【解析】为了审查和纠正党在大革命后期的严重错误，决定新的路线和政策，中共中央于1927年8月7日在湖北汉口召开紧急会议，这次会议被称为"八七会议"。在此次会议上，毛泽东第一次提出"政权是由枪杆子中取得"的重要论断。C项正确。1938年，中共六届六中全会上，毛泽东明确提出"使马克思主义中国化"，A项排除。毛泽东在1941年5月召开的延安干部会议上指出"在全党推行调查研究的计划，是转变党的作风的基础一环"，B项排除。1939年，毛泽东在《〈共产党人〉发刊词》中指出："统一战线，武装斗争，党的建设，是中国共产党在中国革命中战胜敌人的三个法宝，三个主要的法宝"。D项排除。故选C。

13. A 【解析】百团大战是在中国人民抗日战争的相持阶段，中国八路军与日军在中国华北地区发生的一次规模最大、持续时间最长的战役。淞沪会战，是中日双方在中国人民抗日战争中的第一场大型会战，也是整个中国人民抗日战争中进行的规模最大、战斗最惨烈的一场战役。平津战役是解放战争中的三大战役之一。武汉会战是中国人民抗日战争战略防御阶段发生的规模最大、时间最长、歼敌最多的一次战役。故选A。

14. B 【解析】党对军队绝对领导的根本原则和制度，发端于南昌起义，奠基于三湾改编，定型于古田会议，是人民军队完全区别于一切旧军队的政治特质和根本优势。

15. C 【解析】公元7世纪初，松赞干布统一吐蕃各部，在青藏高原上建立起统一而强大的吐蕃王国。

16. C 【解析】周王根据宗法制的原则分封同姓诸侯，区分大宗和小宗。嫡长子为大宗，继承父位，为族人兄弟所共尊，称为宗子，余子为小宗，分封出去。因此C项说法错误。

商王依靠神权来强化王权，这是因为各附属国只是在商王强大的军事征服下才与之结成臣属关系，各附属国的服从与否是随着中央力量的强弱而变化的，所以商王还不得不依靠垄断神权来强化王权，以此加强控制附属国的能力。A项说法正确。

西周统治者为了巩固奴隶制统治，经济上实行井田制，政治上实行分封制。井田制是一种国有土地制度，分封制是西周分封诸侯的制度。B项说法正确。

周朝制定了各种礼乐制度，即周礼。周礼作为各级贵族的政治和生活准则，成为维护宗法制、分封制的工具。D项说法正确。

17. A 【解析】辛亥革命是1911年10月在武昌爆发的民主革命。它推翻了清朝的封建反动统治，结束了中国2000多年的君主专制政体，建立了资产阶级共和国。

18. D 【解析】古埃及、古巴比伦、古印度、中国并称为世界四大文明古国。中国发源于黄河流域，古印度发源于印度河和恒河流域，古巴比伦发源于两河流域（“两河”即底格里斯河和幼发拉底河），古埃及发源于尼罗河流域。

19. C 【解析】17世纪，“台湾”沦为荷兰的殖民地。1661年郑成功亲率兵将和战船登陆台湾。1662年2月，郑成功从荷兰殖民者手中收复了“台湾”。1884～1885年中法战争期间，法军进攻“台湾”，遭刘铭传率军重创，于1885年签订《中法新约》，法军被迫撤出“台湾”。1874年日军侵犯台湾，沈葆桢率军直赴台湾一面与日军交涉，一面积极备战。最终清政府与日本政府签订中日《北京专约》，日军从台湾全部撤走。第二次世界大战中，日本战败，于1944年被驱逐出台湾岛。

20. D 【解析】A的正确顺序是：平王东迁→楚王问鼎→三家分晋；B的正确顺序是：文景之治→张骞通西域→光武中兴；C的正确顺序是：玄奘西行→开元盛世→安史之乱。

21. D 【解析】题干中诗句的作者是曹操。“八王之乱”是发生于古代西晋时期的一场皇族为争夺中央政权而引发的动乱，与曹操无关。“挟天子以令诸侯”中的天子指汉献帝刘协。曹操为牵制袁绍，集揽大权，挟天子以令诸侯，自立魏王，篡夺汉室。官渡之战是公元200年，曹操与袁绍战于官渡，曹操以少胜多，大败袁绍的一场战役。赤壁之战爆发于公元208年，刘备与孙权联军共同抗曹，火烧赤壁。

22. B 【解析】巴黎凯旋门上的《马赛曲》浮雕是吕德的浮雕作品，雕于法国巴黎爱德华广场的凯旋门上，是歌颂法国大革命的史诗性作品。

23. D 【解析】诺曼底登陆开始于1944年6月；德国进攻波兰发生于1939年9月；慕尼黑阴谋发生

于1938年9月；日本偷袭珍珠港发生于1941年12月。因此，按事件发生的先后顺序排列正确的选项为D项。

24. B 【解析】“有志者事竟成，破釜沉舟，百二秦关终属楚”说的是秦朝末年项羽率领起义军在巨鹿破釜沉舟大败秦军的典故。“苦心人天不负，卧薪尝胆，三千越甲可吞吴”说的是春秋时期越王勾践卧薪尝胆、忍辱负重，最终战胜吴国的典故。

25. D 【解析】1955年召开的万隆会议是亚非国家和地区第一次在没有殖民国家参加的情况下召开的讨论亚非人民切身利益的大型国际会议。这次会议因为是在万隆召开，故称万隆会议。

26. A 【解析】由于深受十月革命的影响，陈望道开始关注、研究并接受马克思主义，认识、结交了日本早期社会主义人士，并开始仔细研读由他们译介的马克思主义经典译著。后来，陈独秀、李大钊筹划将《共产党宣言》尽快译成中文，以便于马克思主义在中国的传播。在极其艰难困苦的条件下，陈望道于1920年4月下旬完成了《共产党宣言》的全文翻译工作。1920年8月，《共产党宣言》中文全译本出版。这是我国国内第一个正式公开出版的《共产党宣言》全译本，为中国共产党的成立做了思想上的准备。

27. A 【解析】《乌尔纳姆法典》是历史上最早的一部成文法典，早于《汉谟拉比法典》，但因破损严重，导致后人无法知其全貌。《汉谟拉比法典》是迄今已知世界上第一部比较完备的成文法典。《摩奴法典》是印度最古老的一部法律文献。《摩西五经》是《圣经·旧约》最初的五部经典。

28. B 【解析】图中的数字为阿拉伯数字，是印度人发明的，后经阿拉伯人传播至欧洲等地，故称为“阿拉伯数字”。

29. B 【解析】基督教产生于公元1世纪的巴勒斯坦地区，基督教的经典是《圣经》。伊斯兰教由穆罕默德于公元7世纪创立。佛教起源于印度，由释迦牟尼创立，于东汉时传入我国。

30. B 【解析】新航路的开辟，打破了各民族、地区和国家间相互隔绝的状态，世界市场开始形成，殖民掠夺也随之而来。故选B。

31. C 【解析】遵义会议是指1935年1月，中共中央在遵义召开的独立自主地解决中国革命问题的一次极其重要的会议，也是中国共产党第一次独立自主地运用马克思列宁主义基本原理解决自己的路线、方针政策的会议。

32. C 【解析】“诸不在六艺之科孔子之术者，皆绝其道，勿使并进”意思是凡是不属于六艺学科和孔子学术的其他门派学科，都要断绝它们传播的渠道，不能让它们与儒学一同发展。董仲舒建议汉武帝推行“罢黜百家，独尊儒术”才能使文化的一统与政治的一统相一致。

33. A 【解析】由题干中材料，并结合史实可知这段时期指西汉的“文景之治”。“贞观之治”是唐太宗统治下出现的盛世，“开元盛世”是唐玄宗统治前期出现的盛世。“永乐盛世”是明成祖朱棣统治时期所出现的盛世。

34. C 【解析】启蒙运动是指发生在17～18世纪的一场资产阶级和人民大众的反封建、反教会的思想文化运动，是继文艺复兴后的又一次思想解放运动，宣传了自由、民主和平等的思想，为欧洲资产阶级革命做了思想准备和舆论宣传。

35. D 【解析】1938年，毛泽东在党的六届六中全会上作了题为《论新阶段》的政治报告，最先提出了“马克思主义中国化”这个命题。故选D。

36. D 【解析】后母戊鼎在河南安阳出土，是商代君王为了祭祀他的母亲而制造的，是商代青铜器的杰出代表。

37. D 【解析】1789年8月26日，法国制宪议会通过了《人权宣言》。图为法国大革命时期出现的漫画，据此可推断该宪法为《人权宣言》。

38. B 【解析】五四运动爆发的导火线是中国在“巴黎和会”上的外交失败，D项错误。五四运动发生于1919年5月4日，是一次彻底的反帝反封建的爱国运动，是中国新民主主义革命的开端。中国共产党在当时尚未成立，A项错误，B项正确。参与五四运动的有工人、学生、商人等，C项错误。故选B。

39. A 【解析】万里茶道是古代中国、蒙古、俄国之间以茶叶为大宗商品的长距离贸易线路，是继丝绸之路衰落之后在欧亚大陆兴起的又一条重要的国际商道。

40. B 【解析】三星堆遗址群位于四川省广汉市西北，是迄今为止在西南地区发现的范围最大、延续时间最长、文化内涵最丰富的古城、古国、古蜀文化遗址，昭示了长江流域与黄河流域一样，同属中华文明的母体，被誉为“长江文明之源”。

41. B 【解析】仰韶文化，是指黄河中游地区一种重要的新石器时代彩陶文化，其持续时间大约在公元前5000年至公元前3000年。

42. D 【解析】春秋争霸是各大国争夺霸权的政治斗争，是大国靠武力胁迫小国承认其领导地位的强权政治，其实质是奴隶主之间的掠夺战争。故选D。

43. C 【解析】六部的职能分别为：吏部负责全国文职官员的任免、考核、升降、调动，验封封爵、世职、恩荫，为官员办理丁忧守制手续，为新科举子、进士分配官职，为退休官员办理退休手续等；户部则掌管全国户籍管理、土地测量、流民管理以及赋税、钱粮等财政事宜；礼部掌管礼仪、祭祀等事，并负责管理全国学校事务及科举考试，另外还要负责和藩属、外国往来之事；兵部掌管全国武官任免以及招兵、武器、后勤、发布军令等事宜；刑部负责全国司法机构的运转以及法令的颁布，并经常直接审理大案要案；工部则负责各项工程、工匠、屯田、水利、交通等事宜。故本题选C。

44. A 【解析】宗法制是以一种血缘关系为基础，尊崇共同祖先以维系亲情，在宗族内部区分尊卑

长幼,并且规定继承秩序以及家族成员各自不同的权利和义务的法则与制度。B、C、D项错误。故本题选A。

45. C　【解析】秦朝建立的中央集权专制统治的政治制度具有很大的开创性,它奠定了中国两千多年封建政治制度的基本格局,为历代封建王朝所沿用,且不断加强与完善,极大地影响了中国历史的发展。

46. C　【解析】董仲舒以儒家思想为核心,杂糅阴阳、道、法诸家学说,将天道与人事相比附,建立了以“天人感应”为中心的思想体系,成为封建统治秩序的理论支柱。

47. D　【解析】由于张骞等人的沟通,汉朝和西域的经济文化交流更加频繁。良马、葡萄、苜蓿、石榴、胡萝卜等传入内地,丰富了汉族的经济生活。汉族的铸铁、开渠、凿井等技术和丝织品、金属工具等传到了西域,促进了西域的经济发展。A、B、C项排除。D项符合题意,中国是世界公认的栽培大豆起源地。古语中称“稻、黍、稷、麦、菽”为“五谷”,其中的菽是豆类的总称。本题为选非题,故正确答案为D。

48. B　【解析】A项指的是诸葛亮,B项指的是项羽,C项指的是曹操,D项指的是关羽。诸葛亮、曹操、关羽均属于三国时期(上承东汉下启西晋)的历史人物,项羽是秦末楚汉之际的历史人物。

49. C　【解析】公元208年,刘备与孙权联军共同抗曹,火烧赤壁。孙刘联军以少胜多,大败曹军。此后形成了三国鼎立的局面。

50. C　【解析】唐代张萱的名画《捣练图》是一幅工笔重彩画,是唐代仕女画中取材较为别致的作品。此图描绘了唐代城市妇女在捣练、络线、熨平、缝制劳动操作时的情景。A项有可能发生在唐朝。唐朝诗人杜牧在《过华清宫绝句三首·其一》中写道:“一骑红尘妃子笑,无人知是荔枝来。”这首诗通过送荔枝这一典型事件,鞭挞了唐玄宗与杨贵妃骄奢淫逸的生活。B项有可能发生在唐朝。八股文是明清科举考试中的一种文体,C项符合题意。唐朝的存续时间是公元618年到公元907年。从8世纪末开始,中国陶瓷开始向外输出,经晚唐五代到宋初,达到了一个高潮。D项也有可能发生在唐朝。故选C。

51. C　【解析】“福船”自1974年在福建泉州湾后渚港出土以来,一直保存在泉州海外交通史博物馆中。联合国教科文组织认定泉州为“海上丝绸之路”的起点,泉州宋船就是重要物证。这条古船是当之无愧的“海上丝绸之路”见证者。

52. D　【解析】王安石变法中的水利法的内容为:鼓励垦荒,兴修水利,费用由当地住户按贫富等级的高下出资兴修水利,也可向州县政府贷款。因此,这在一定程度上涉及了豪强垄断水利的问题,A项表述错误。保甲法是指将乡村民户加以编制,十家为一保,民户家有两丁以上抽一丁为保丁,农闲时集中接受军事训练。这节省了大量的训练费用,在一定程度上保证了雇佣军缺额的补充，但并不是“有效地保证了雇佣军缺额的补充”，B项表述错误。王安石认为，北宋国家贫困的症结不在于开支过多，而在于生产过少。C项表述错误，D项表述正确。故本题选D项。

53. C　【解析】1949年10月新中国成立，我国由半殖民地半封建社会转变为新民主主义社会，直到1956年社会主义改造基本完成，我国才转入社会主义社会，A项错误；1980年，中央决定在深圳、珠海、汕头和厦门设立经济特区，这是我国设立最早的4个经济特区，B项错误；1977年9月，中国教育部在北京召开全国高等学校招生工作会议，决定恢复已经停止了10年的全国高等院校招生考试，C项正确；1979年1月1日《中美建交公报》正式生效，中美正式建交，D项错误。故选C项。

专题二　科学素养

单项选择题

答案速查

1～5	DCAAD	6～10	CCCCC	11～15	DCBCA	16～20	BCCBD
21～25	BDADD	26～30	ABAAD	31～35	CBCBA	36～40	BDADB
41～45	BDABD	46～50	CDBBA	51～55	DBBBD	56～60	CCCBC
61～65	CBCBD	66～72	DCBABAC				

1. D　【解析】启明星又称金星，天亮前后，东方地平线上有时会看到一颗特别明亮的“晨星”，人们叫它“启明星”；而在黄昏时分，西方余晖中有时会出现一颗非常明亮的“昏星”，人们叫它“长庚星”。这两颗星其实是一颗，即金星，在中国民间称它为“太白”或“太白金星”。

2. C　【解析】紫外线可以使荧光物质发光，钞票上某些位置用荧光物质标记，在紫外线照射下肉眼可识别这些标记，从而辨别钞票的真伪。所以，验钞机检验钞票真伪利用的就是紫外效应。

3. A　【解析】8世纪左右造纸术传到阿拉伯地区，A项符合题意。活字印刷术在北宋时发明，指南针在北宋时完善，开始应用于航海等领域，火药与火器在唐末战争中才开始使用，而公元751年(天宝十年)正是盛唐时期。B、C、D三项的时间与题干不相吻合。

4. A　【解析】2020年9月8日，全国抗击新冠肺炎疫情表彰大会在北京人民大会堂隆重举行。习近平总书记向“共和国勋章”获得者钟南山颁授勋章奖章。

5. D　【解析】太空属于真空环境，在这种环境下，物体会因为失去重力而处于漂浮状态，因此用天平无法测出物体的质量。故选D项。

6. C　【解析】普朗克是德国著名物理学家，主要成就是创立量子力学；相对论是爱因斯坦提出的，依其研究对象的不同可分为狭义相对论和广义相对论。故C项对应错误，当选。

7. C 【解析】苏伊士运河是亚洲和非洲的分界线，它沟通了地中海与红海，是世界上使用最频繁的航线之一。除苏伊士运河外，亚洲与非洲还有两个天然分界线——红海和曼德海峡。

8. C 【解析】大亚湾核电站是中国大陆第一座大型商用核电站，位于广东省深圳市大鹏新区大鹏半岛，于1994年投入商业运行。

9. C 【解析】计量长短用的器具称为度，计算容积的器皿称为量，测量物体轻重的工具称为衡。

10. C 【解析】1838年，德国植物学家施莱登发表了著名论文《植物发生论》，指出细胞是一切植物结构的基本单位。故选C项。A项，英国科学家胡克提出了胡克定律。B项，荷兰生物学家和显微镜学家列文虎克的主要成就是首次发现微生物，最早记录肌纤维、微血管中的血流。D项，德国生物学家施旺是细胞学说的创立者之一，他在1839年发表的《关于动植物结构和生长一致性的显微研究》中明确地指出动物和植物都是由细胞组成的，与施莱登共同奠定了细胞学说的基础。

11. D 【解析】全世界共有七个大洲，其中面积最大的是亚洲；纬度最高的是南极洲，南极洲大部分位于南极圈内。

12. C 【解析】2020年12月8日，国家主席习近平同尼泊尔总统班达里互致信函，共同宣布珠穆朗玛峰的最新高度为8848.86米。

13. B 【解析】作为低纬度滨海发射基地，文昌航天发射场不仅可用于满足中国航天发展的新需要，还能借助接近赤道的较大线速度，以及惯性带来的离心现象，使火箭燃料消耗大大减少，亦可通过海运解决巨型火箭运输难题并提升残骸坠落的安全性。

14. C 【解析】光的折射是指光从一种介质斜射入另一种介质时，传播方向发生改变，从而使光线在不同介质的交界处发生偏折的现象。看到船儿是光的直线传播，水中的鸟儿和青山是光的反射，只有看到的鱼儿是光的折射形成的。

15. A 【解析】《春秋》中记载：鲁文公十四年（公元前613年）“秋七月，有星孛入于北斗”。这是世界上第一次关于哈雷彗星的确切记录。

16. B 【解析】麦哲伦船队首次完成了环绕地球一周的航行，证明了地球是一个球体。

17. C 【解析】A项，《营造法式》是宋代李诫创作的建筑学著作，是北宋官方颁布的一部建筑设计、施工的规范书。

B项，《天工开物》是世界上第一部关于农业、手工业生产的综合性著作，被誉为“中国17世纪的工艺百科全书”。

C项，《墨经》概括了墨家关于认识论、逻辑学、经济学和自然科学的研究成果，其中包括物理学的力学、声学和光学等知识。

D项,《梦溪笔谈》记载了我国古代特别是北宋时期自然科学达到的辉煌成就,被英国科学史学家李约瑟评价为“中国科学史上的里程碑”。

18. C 【解析】2020年6月23日9时43分,我国在西昌卫星发射中心用长征三号乙运载火箭,成功发射北斗系统第五十五颗导航卫星,暨北斗三号最后一颗全球组网卫星。至此,北斗三号全球卫星导航系统星座部署比原计划提前半年全面完成。

19. B 【解析】南极洲是世界上平均海拔最高的洲,南极洲98%的陆地为冰雪所覆盖,被称为“冰雪大陆”。

20. D 【解析】我国大部分地区位于北回归线以北地区,住宅卧室朝南是为了采光更好。

21. B 【解析】门捷列夫(1834~1907年)是俄罗斯伟大的化学家,化学元素周期律的发现者。故答案选B。A项,牛顿,英国物理学家、数学家、天文学家,提出牛顿运动三大定律,发现了万有引力定律,建立经典力学体系。C项,道尔顿,英国化学家、物理学家,提出了原子理论。D项,居里夫人,法国物理学家,发现了放射性元素镭。

22. D 【解析】弹簧拉力器是由多根弹簧并联而成,可根据力量的大小选择一根弹簧、两根弹簧甚至更多。拉弹簧拉力器是与重力无关的体育锻炼,即使处于失重的环境下,拉开弹簧拉力器的过程依旧需要航天员的肌肉力量。因此对于航天员来说,拉弹簧拉力器是其适宜的运动。

23. A 【解析】氢氟酸可刻蚀石英制艺术品,并非浓硫酸,A项表述错误。纯碱的成分是碳酸钠,与水发生反应后可以增加除污效果,提高清洁功效,B项表述正确。装饰材料中含有的甲醛、苯等有毒物质,不仅会造成污染,还会让人感到不适,C项表述正确。碘酒是由碘、碘化钾溶解于酒精溶液而制成的,D项表述正确。故本题选A。

24. D 【解析】长江为我国水量最大的河流,跨三级阶梯,阶梯交界处河流落差大,水能资源最丰富;雅鲁藏布江流经横断山脉,落差大,又是亚热带季风气候,降水丰富,为我国水能蕴藏量第二的河流。

25. D 【解析】直布罗陀海峡是连接地中海和大西洋的重要门户,也是地中海的“生命线”。A项,巴士海峡位于中国台湾岛与菲律宾巴坦群岛之间,连接南海与太平洋。B项,麦哲伦海峡位于南美大陆与火地岛之间,沟通南大西洋和南太平洋。C项,马六甲海峡位于东南亚马来半岛与苏门答腊岛之间,连接南海与印度洋的安达曼海,沟通太平洋和印度洋。

26. A 【解析】筒车亦称“水转筒车”,是唐朝创制的一种以水流作动力,取水灌田的新型灌溉工具。它是用竹或木制成的一个大型立轮,由一个横轴架起,可以随水流自行转动,竹筒把水由低处汲到高处,功效比翻车大,对解决岸高水低,水流湍急地区的灌溉具有重要意义。故本题选A。B项,耧车由耧架、耧斗、耧腿、耧铲等构成。有一腿耧至七腿耧多种形制,可播小麦、大豆、高粱

等。C项，曲辕犁是唐代劳动人民发明的耕犁，由十一个部件组成，即犁铧、犁壁、犁底、压镵、策额、犁箭、犁辕、犁梢、犁评、犁建和犁盘。D项，水排是利用水力进行鼓风的冶铁设备。汉朝人杜诗创造了利用水力鼓风铸铁的机械水排。

27. B 【解析】《时间简史》是英国物理学家霍金创作的科普著作，讲述了关于宇宙本性的最前沿知识。《相对论》是爱因斯坦的著作；《量子力学原理》的作者是英国物理学家狄拉克；《自然哲学的数学原理》是牛顿的著作。

28. A 【解析】中国五大淡水湖是指中国五个面积最大的淡水湖，分别是江西省的鄱阳湖，湖南省的洞庭湖，江苏省的太湖和洪泽湖，以及安徽省的巢湖。鄱阳湖是我国第一大淡水湖。

29. A 【解析】桂林市位于广西壮族自治区东北部，有着典型的岩溶地貌，是世界上著名的游览胜地。岩溶地貌指地表中溶性岩石（主要是石灰岩）受水的溶解而发生溶蚀、沉淀、崩塌、陷落、堆积等现象形成各种特殊的地貌，如石芽、石林、溶洞等，这些现象总称为岩溶地貌，又称为喀斯特地貌。A项正确。我国三大砂岩地貌是丹霞地貌、嶂石岩地貌和张家界地貌。砂岩地貌是因砂岩发育形成的地貌。丹霞地貌最重要的识别要素是红色陡崖坡，我国著名的丹霞地貌有广东丹霞山、福建武夷山等。嶂石岩地貌主要分布在河北省中南部赞皇县、太行山中南段，其典型特征是阶梯状陡崖和赤色峰墙。张家界地貌是以棱角平直的高大石柱林为主的地貌景观。故本题选A。

30. D 【解析】雷电发生时如果人在户外，要注意下面几点：(1)不要在建筑物顶部停留。(2)不宜进入孤立的棚屋、岗亭等，也不宜撑铁柄伞，更不能把金属工具扛在肩上。(3)要远离建筑物外露的水管、煤气管等金属物体及电力设备，也不宜在铁栅栏、金属晒衣绳、架空金属体以及铁路轨道附近停留。(4)不宜在水面和水边停留。在河里游泳，在河边洗衣服、钓鱼、玩耍等都是很危险的。(5)不宜站在大树、高塔、广告牌下躲雨。(6)不宜骑摩托车、自行车。(7)雷电交加时，头、颈、手处有蚂蚁爬走感，头发竖起，说明将发生雷击，应赶紧趴在地上，并丢弃身上佩戴的金属饰品如发卡、项链等，这样可以减少遭雷击的危险。(8)当在户外看见闪电几秒钟内就听见雷声时，说明正处在靠近雷暴的危险环境，此时应停止行走，两脚并拢并立即下蹲，不要与人拉在一起或多人挤在一起，最好使用塑料雨具、雨衣等。(9)应迅速躲入有防雷设施保护的建筑物内，或有金属顶的各种车辆及有金属壳体的船舱内。(10)雷雨天气中，严禁奔跑，不要张嘴，应立即双膝下蹲，同时双手抱膝，胸口紧贴膝盖，尽量低下头，因为头部较之身体其他部位最易遭到雷击。(11)如果在户外看到高压线遭雷击断裂，此时应提高警惕，因为高压线断点附近存在跨步电压，身处附近的人此时千万不要跑动，而应双脚并拢，跳离现场。故D项说法错误。

31. C 【解析】2020年12月10日4时14分，我国在西昌卫星发射中心用长征十一号运载火箭，以

“一箭双星”方式将引力波暴高能电磁对应体全天监测器卫星(GECAM)送入预定轨道,发射获得圆满成功。为了利于科学传播,GECAM昵称为“极目”。两颗卫星“小极”和“小目”分布于地球两侧,形成两“极”之势,犹如二“目”,将对黑洞、中子星等极端天体的剧烈爆发现象进行观测,快速下传并发布观测警报,引导国内外科学家利用各类望远镜进行后随观测。

32. B　【解析】2020年1月10日上午,2019年度国家科学技术奖励大会在北京隆重召开。中国第一代核潜艇总设计师黄旭华院士、中国科学院大气物理研究所研究员曾庆存院士,获2019年度国家最高科学技术奖。

33. C　【解析】接地线的作用是把有可能带电金属壳上的电引到大地中,以免人触到发生触电事故。接地线断后,不影响电器的正常工作,也不影响电器消耗的电能和使用寿命,但人接触电冰箱外壳时,可能会触电。

34. B　【解析】根据题干与生活常识可知,酸奶是牛奶经乳酸菌发酵产生的,所以在制作酸奶过程中,给牛奶中添加的“某种物质”必须含乳酸菌。四个选项中只有成品酸奶含有乳酸菌,可以作为自制酸奶的菌种。

35. A　【解析】A项,霍尔木兹海峡是中东主要的石油输出海上通道,是运输石油的咽喉要道,因此被誉为西方的“海上生命线”“世界油阀”。

B项,马六甲海峡位于马来半岛与苏门答腊岛之间,沟通南海与印度洋的安达曼海。

C项,直布罗陀海峡位于欧洲和非洲之间,沟通地中海与大西洋。

D项,麦哲伦海峡位于南美大陆与火地岛之间,沟通南大西洋和南太平洋。

36. B　【解析】A项,《齐民要术》是我国现存最早的一部完整的农书,标志着中国传统农学的成熟。B项,北宋沈括的《梦溪笔谈》是以笔记体裁形式写成的科学典籍,最早记载了人工磁化的一种简便方法,即“以磁石磨针锋”造指南针。C项,《农政全书》介绍了我国传统农业科学成就。D项,《徐霞客游记》是世界上最早介绍喀斯特地貌的地理学著作。

37. D　【解析】一束太阳光通过三棱镜折射后可分为“红、橙、黄、绿、蓝、靛、紫”七色光。A项,用球面的内表面作反射面的球面镜叫作凹面镜。凹面镜能把射向它表面的平行光会聚于一点。B项,用球面的外表面作反射面的球面镜叫作凸面镜。凸面镜能使射向它表面的平行光变得发散。C项,表面平整光滑且能够成像的物体叫做平面镜。平面镜成的像与物体大小相等。

38. A　【解析】2019年6月5日,我国在黄海海域成功发射长征十一号运载火箭,标志着中国航天首次海上发射技术试验圆满成功。

39. D　【解析】A项,《周髀算经》在数学上的主要成就是介绍并证明了勾股定理。B项,《黄帝内经》是我国现存较早的重要医学文献,被称为“医之始祖”。C项,《方园阐幽》是清朝李善兰有关于

"尖锥术"的著作,这是以中国传统思维方式,阐发微积分的初步理论。D项,《九章算术》是一部数学名著。这部书系统总结了战国、秦、汉时期的数学成就,奠定了中国古代数学以计算为中心的特点。故答案选D。

40. B 【解析】A选项天宫一号为我国的空间实验室;C选项蛟龙号是我国载人潜水器;D选项天眼是我国射电望远镜;B选项悟空号是我国暗物质观测卫星,量子科学实验卫星为墨子号。

41. B 【解析】根据三角形的三边关系"两边之和大于第三边,两边之差小于第三边"来判断只有B项符合题意,故选B。

42. D 【解析】飞行员飞到一定高度后,云层变薄,大气对阳光的色散能力转弱,所以,飞行员会发现越往高处飞天色越暗。

43. A 【解析】骨头中的钙主要以磷酸钙的形式存在,而磷酸钙难溶于水,易溶于酸性物质,所以为了提高钙质的溶解度可以加点醋。

44. B 【解析】1866年,德国西门子发明直流发电机,标志着电力时代的到来。A项,海因里希·鲁道夫·赫兹,德国物理学家,1888年首先证实了电磁波的存在。C项,迈克尔·法拉第,英国物理学家、化学家,首次发现电磁感应现象,创造出人类的第一个发电机。D项,亚历山德罗·伏特,意大利物理学家,1800年发明了伏打电堆。

45. D 【解析】太阳系由八大行星组成,距太阳由近到远依次为水星、金星、地球、火星、木星、土星、天王星和海王星。天体M位于地球和太阳之间,应为水星或金星。

46. C 【解析】从生产力角度来看,三次工业革命分别使人类进入"蒸汽时代""电气时代""信息时代"。其中,第二次工业革命以电力和内燃机的使用为主要标志。这一时期的突出成果主要表现在四个方面,即发电机和电力的广泛应用、内燃机和新交通工具的创制、新通讯手段的发明以及化学工业的建立。汽车、飞机、电话、有线电报、无线电报都诞生于此时期。手机发明于第三次工业革命。故选C。

47. D 【解析】一次能源是指直接取自自然界没有经过加工转换的各种能量和资源,它包括原煤、原油、天然气、油页岩、核能、太阳能、水能、风能、海洋能、地热、生物质能和海洋温差能等。由一次能源经过加工转换以后得到的能源产品,称为二次能源,例如:电力、蒸汽、煤气、汽油、柴油、液化石油气等。

48. B 【解析】"东方红一号"卫星,于1970年4月24日在酒泉卫星发射中心成功发射。

49. B 【解析】世界上最早的沙尘暴记录见于中国史书《竹书纪年》——"帝辛五年,雨土于亳"。A项正确。在我国,沙尘暴多发于西北地区,不断将西北沙漠戈壁地区的沙尘长途运输到黄土高原地区,经过多年的沙尘积淀,形成了独具一格的黄土高原,可以说是沙尘暴孕育了黄土高原,D项正确。B项中的“青藏高原”说法错误,应为“黄土高原”。由于沙尘暴多诞生在干燥高盐碱的土地上,沙尘暴所挟带的一些土粒当中也经常带有一些碱性的物质,能中和酸雨中的氢离子,从而减缓酸雨的影响,C项正确。本题为选非题,故选B。

50. A 【解析】《天体运行论》是波兰天文学家哥白尼所著的一本讲述其天文学说的著作。A项正确。B项,牛顿提出牛顿运动三大定律,发现了万有引力定律,建立经典力学体系。C项,伽利略首次用自制天文望远镜观测天体,进一步论证了哥白尼的学说。伽利略做了自由落体实验,也是近代实验物理学的开拓者,被誉为“近代科学之父”。D项,开普勒,德国天文学家,提出了行星运动的三大定律。

51. D 【解析】2020年2月11日,世界卫生组织总干事谭德塞在瑞士日内瓦宣布,将新型冠状病毒感染的肺炎命名为“COVID-19”。

52. B 【解析】郭守敬是元朝著名的天文学家、数学家、水利工程专家。孙思邈是唐代医药学家、道士,被后人尊称为“药王”。沈括是北宋政治家、科学家。朱世杰是元代数学家、教育家。

53. B 【解析】都江堰位于四川省成都市都江堰市城西,坐落在成都平原西部的岷江上,是全世界迄今为止,年代最久、唯一留存、仍在一直使用、以无坝引水为特征的宏大水利工程。

54. B 【解析】东汉时期,“大秦”指当时的罗马。A项分别是中国宋朝和近代英国的成就,排除;B项分别是中国东汉和罗马帝国的成就,正确;C项分别是中国东汉和近代波兰的成就,排除;D项分别是中国西汉和古希腊的成就,排除。故选B。

55. D 【解析】诺贝尔是瑞典化学家、发明家,诺贝尔奖创始人,尤其在炸药方面成就卓越。

56. C 【解析】2019年5月25日,世界卫生组织召开第七十二届世界卫生大会,此次会议通过了《国际疾病分类》第十一次修订本,正式将游戏成瘾列为“精神疾病”。

57. C 【解析】扭伤的现场紧急处理办法为立即冷敷患处。让受伤的人正面坐下或仰卧着,同时用背包等物品将足部垫高,以利于静脉血回流。同时,尽快用冰袋或冷毛巾在受伤部位冷敷,以使毛细血管收缩,减少出血及渗出,从而减轻肿胀和疼痛。故选C。

58. C 【解析】缺铁性贫血是由于体内储存铁被用尽,导致血红蛋白合成减少而引起的贫血。饮食上,缺铁性贫血的人群,应当适量多摄取富铁食物,如动物肝脏及血制品、瘦肉等。故选C。

59. B 【解析】臭氧又称为超氧,是氧气的同素异形体。臭氧是氧气吸收了太阳的波长小于185 nm的紫外线后形成的。在常温下,它是一种有特殊臭味的淡蓝色气体。故选B。

60. C 【解析】东汉时张衡发明了地动仪。东汉时蔡伦在总结前人造纸经验的基础上,改进了造纸术。南朝的祖冲之精确地计算出圆周率是在3.1415926与3.1415927之间,比欧洲早近一千年。明朝的宋应星编著了世界上第一部关于农业、手工业生产的综合性著作《天工开物》。

61. C 【解析】在道路两旁、建筑物周围植树是在传播过程中减弱噪声的，故A不符合题意；排气管上安装消声器是在声源处减弱噪声的，故B不符合题意；噪声监测仪只能检测声音的大小，不能减弱噪声，故C符合题意；在纺织车间戴上耳罩是在人耳处减弱噪声的，故D不符合题意。故选C。

62. B 【解析】北宋末年，中国的海船上开始使用指南针。朱彧在1119年写成《萍洲可谈》一书，书中写道："舟师识地理，夜则观星，昼则观日，阴晦则观指南针。"这是世界航海史上使用指南针航海的最早记录。

63. C 【解析】高山滑雪起源于欧洲的阿尔卑斯地区，故又称阿尔卑斯滑雪，1936年起被列为冬奥会比赛项目。运动员需要使用固定后脚跟装置的滑雪板，顺着白雪覆盖的斜坡向下滑行。其图标看上去就是一个运动员踩在雪橇上，正在向下冲锋。本题选C。选项图片是2014年俄罗斯索契冬奥会的项目图标，A项是跳台滑雪，B项是冬季两项（即越野滑雪和射击），D项是越野滑雪。

64. B 【解析】柴达木盆地位于中国青海省西北部，海拔2600～3000米，是中国海拔最高的盆地。

> **易混辨析：**考生易混淆四大盆地的特征。考生在做题时，可根据以下特点进行区分和记忆。
>
> 塔里木盆地——位于新疆（天山以南），是中国第一大内陆盆地。
>
> 准噶尔盆地——位于新疆（天山以北），被誉为"塞北江南"。
>
> 柴达木盆地——位于青藏高原的东北部，是中国海拔最高的盆地。
>
> 四川盆地——位于四川省东部，岩石、土壤呈紫色，有"紫色盆地"之称。

65. D 【解析】明朝医药学家李时珍编著的《本草纲目》，分类科学严密，包含药物数目众多，文笔流畅生动，被誉为"东方医药巨典"。唐朝孙思邈所著的《千金方》被誉为"中国最早的临床百科全书"。《神农本草经》大约成书于东汉，是已知最早的中药学著作。《伤寒杂病论》是东汉末年张仲景所著的一部以论述传染病与内科杂病为主要内容的医学典籍。故选D。

66. D 【解析】2020年12月17日凌晨，嫦娥五号返回器携带月球样品——月壤在内蒙古预定区域安全着陆。

67. C 【解析】唐代道教作品《真元妙道要略》中记载着"以硫磺、雄黄合硝石，并密烧之""焰起，烧手面及屋宇"，这里的"密"应是蜜的误写，因为蜜在加热状态下会发生碳化反应，合成火药。A项正确。明代李时珍的《本草纲目》中记载火药能够治疗疮癣，杀虫，辟湿气、瘟疫。B项说法正确。D项诗句出自宋代辛弃疾的《青玉案·元夕》，其中"星如雨"指焰火纷纷，乱落如雨，"星"指焰火，形容漫天的烟花。D项说法正确。C项，唐朝时，中国人已经发明了火药。唐朝末年，火药开始运用到军事领域。宋元时期，火药武器广泛用于战争。C项说法错误。

68. B 【解析】2021年12月26日，神舟十三号航天员乘组进行第二次出舱活动。航天员翟志刚顺利出舱，成为中国航天史上首位在太空三次出舱的航天员。

69. A 【解析】2012年9月25日，我国第一艘航空母舰辽宁舰正式交付海军。B项，中国人民解放军海军大连舰是中国自主研制的055型驱逐舰。C项，2019年12月17日，经中央军委批准，中国第一艘国产航母命名为“中国人民解放军海军山东舰”，舷号为“17”，在海南三亚某军港交付海军。D项，中国人民解放军海军海南舰是中国首艘075型两栖攻击舰。故选A。

70. B 【解析】简单地说，人脸识别就是通过人的脸部特征来鉴别人的身份，属于生物特征识别技术的一种。A项，图像分析处理是用计算机对图像进行分析，以达到所需结果的技术。C项，机器视觉定位是一种用机器替代人眼来进行定位的过程。D项，人工智能是利用数字计算机或者数字计算机控制的机器模拟、延伸和扩展人的智能，感知环境、获取知识并使用知识获得最佳结果的理论、方法、技术及应用系统。广义上讲，算法是为解决一类特定问题而采取的确定的、有限的步骤。在计算机领域，算法是一个精心设计的运算序列，描述了计算机如何将输入转化为输出的过程。人工智能算法有深度学习算法、回归算法、决策树算法等。

71. A 【解析】2020年11月12日，清华大学教授李文辉，凭借其在推动乙肝科研和治疗方面作出的杰出贡献，荣获全球乙肝研究和治疗领域最高奖——巴鲁克·布隆伯格奖。

72. C 【解析】生物进化论、细胞学说、能量守恒与转化定律，被称为“19世纪自然科学的三大发现”，是马克思主义哲学产生的自然科学基础。地质渐变论由英国地质学家赖尔提出，对古生物学、生物地质学、岩石学、矿床学以及大地构造学等学科的发展产生了一定的思想影响，开创了地质学发展的新时代。

专题三　传统文化素养

单项选择题

答案速查

1～5	DBBBD	6～10	BBCDB	11～15	ACCBD	16～20	ABBAA
21～25	CDABD	26～30	ABDDA	31～35	CACBA	36～40	ACBDC
41～45	ADDBB	46～50	BACAA	51～55	AACAC	56～59	BBCA

1. D 【解析】南宋的朱熹是理学发展的集大成者。他继承了北宋哲学家程颢、程颐的思想，进一步完善和发展了客观唯心主义的理学体系，后人称之为“程朱理学”。

2. B 【解析】2020年12月17日晚，我国单独申报的“太极拳”、我国与马来西亚联合申报的“送王船——有关人与海洋可持续联系的仪式及相关实践”两个项目，经联合国教科文组织保护非物

质文化遗产政府间委员会评审通过,列入联合国教科文组织人类非物质文化遗产代表作名录。

3. B 【解析】白瓷一般认为始于北朝,成熟于隋代,成名于唐。白瓷的特点是胎色洁白,釉色白净,依据题干“白碗胜霜雪”可知杜甫在诗中赞赏了白瓷。青瓷胎色较重,釉呈青色;成熟的青花瓷出现于元代;彩瓷在明清两代高度发展繁荣。故本题选B。

4. B 【解析】“东床快婿”原本指王羲之,出自《世说新语》。“东床快婿”亦可称“东床驸马”“东床娇婿”。与项羽有关的成语有破釜沉舟,与刘邦有关的成语有约法三章,与诸葛亮有关的成语有七擒七纵。

5. D 【解析】院试录取后称生员,即秀才,A项错误。乡试是由南、北直隶和各布政使司举行的地方考试。乡试考中的称举人,第一名称解元,B项错误。会试是由礼部主持的全国考试,又称礼闱。考中的称贡士,第一名称会元,C项错误。殿试在会试后当年举行,应试者为贡士。贡士在殿试中均不落榜,只是由皇帝重新安排名次。殿试由皇帝亲自主持。录取分三甲:一甲三名,赐进士及第,第一名称状元,第二名称榜眼,第三名称探花,合称“三鼎甲”。二甲赐进士出身,三甲赐同进士出身。一、二、三甲统称进士,D项正确。

6. B 【解析】小满是二十四节气之一。小满节气意味着进入了大幅降水的雨季,雨水开始增多,往往会出现持续大范围的强降水。夏收作物已盈满但未完全成熟,农事正做准备。煮茧缫丝要动纺车;菜籽榨油,油坊要动油车;夏种插秧,灌溉农田,要踏水车,称“小满动三车”。故本题选择B选项。

7. B 【解析】墨家思想主要体现为兼爱、非攻、尚贤、尚同、非命、天志、明鬼、节用、节葬、非乐等方面,反映了下层劳动者的利益和要求,也代表了当时小生产者阶层的社会政治理想。“致良知”是中国明代王守仁的心学主旨,不属于墨家思想。

8. C 【解析】诗中“烛影深”“长河渐落”“晓星沉”表明时间已到将晓未晓之际,故选C。

9. D 【解析】中国的四大名绣是苏州的“苏绣”、湖南的“湘绣”、广东的“粤绣”和四川的“蜀绣”。京绣又称宫绣,是以北京为中心的刺绣产品的总称。明清时期开始大为兴盛,多用于宫廷装饰、服饰。京绣不属于四大名绣。

10. B 【解析】A项中的“癸丑”、D项中的“辛亥”都属于直接使用了干支纪年。C项中的“淳熙丙申”指的是宋孝宗淳熙三年,兼用了年号和干支纪年法。B项中的“四月辛巳”指农历四月十三日,使用了干支纪日法,而非干支纪年。故选B。

11. A 【解析】“大雄”是佛教主释迦牟尼的德号,是对他的道德、法力的尊称。大雄宝殿是佛教寺庙的正殿,因殿内供奉的主尊像是释迦牟尼而得名。宝殿的“宝”,是指佛法僧三宝。

12. C 【解析】九品中正制,又称九品官人法,是魏晋南北朝时期的选官制度。汉朝的选官制度是察举制,唐朝的选官制度是科举制。

13. C 【解析】A项纸上谈兵涉及的人物是战国时期的赵括，而城濮之战说的是春秋时期晋国和楚国的战争。故选项A错误。B项卧薪尝胆指的是春秋时期越王勾践和吴王夫差的事情，而楚汉争霸的主人公是秦末的项羽和刘邦，故选项B错误。C项正确，淝水之战产生的成语故事有：投鞭断流、草木皆兵和风声鹤唳。D项错误，退避三舍是城濮之战；与巨鹿之战相关的成语故事是破釜沉舟。

14. B 【解析】中国戏剧在唐代已具雏形，至宋、金两代正式形成。各个朝代的演戏场所随着戏剧艺术的发展而演进。就建筑而言，以唐代的戏场，宋代的勾栏，元代的戏台和清代的戏楼、戏园为其主流。故选B项。

15. D 【解析】农历八月十五日的中秋节与春节、清明节、端午节并称为中国四大传统节日。依据题干中的“八月十五夜”可知该节日是中秋节。

16. A 【解析】“刘三姐”的神话传说源于壮族，相传刘三姐是古代一位民间歌手，聪慧机敏，歌如泉涌，优美动人，有“歌仙”之誉。

17. B 【解析】伯、仲、叔、季，是指兄弟长幼的次序。兄弟排行的次序，长兄为伯，次为仲，又次为叔，最幼为季。

18. B 【解析】《周礼·春官宗伯·乐师》中记载：“乐师掌国学之政，以教国子小舞。”这里的“国学”指的是国家设立的学校。故选B。

19. A 【解析】上巳节，也叫元巳节、修禊节，最初在每年农历三月的第一个巳日，自魏晋时起，人们便将它固定在每年农历的三月初三。在该节日，男女老少都要到郊外水边嬉戏，以消灾解难，古代称这一活动为“修禊”。

20. A 【解析】大禹治水是中国古代的神话传说故事。三皇五帝时期，黄河泛滥，大禹受命治理黄河。

21. C 【解析】火把节是彝族的重要传统节日。藏族的重要传统节日有藏历年、雪顿节、望果节等；回族的重要传统节日有开斋节、古尔邦节、圣纪节等；傣族的传统节日有泼水节、关门节和开门节等。

22. D 【解析】凿壁偷光出自《西京杂记》。该成语原指西汉匡衡凿穿墙壁引邻舍之烛光读书，后用来形容人刻苦好学的事情。故答案选D。与车胤有关的成语典故是囊萤映雪；与祖逖有关的成语典故是闻鸡起舞；与王羲之有关的成语典故是入木三分。

23. A 【解析】据考古研究发现，中国最迟在春秋晚期已掌握了冶铁技术，同时出现了生铁铸件和块炼铁锻件。战国时期，钢铁生产达到相当高的水平，出现了以块炼铁为原料的渗碳钢制品。

24. B 【解析】清明节古时也叫三月节(农历),公历每年的4月4日至6日之间为清明节,是二十四个节气之一。

25. D 【解析】"有教无类"意思是不管什么人都可以受到教育,不因为贫富、贵贱、智愚、善恶等原因把一些人排除在教育对象之外,体现了平等的思想。

26. A 【解析】俗话说:"一寸光阴一寸金"。光阴称"寸",源于古人用"晷"来测算时间,"晷"又称作"日晷"。故答案选A项。漏刻是中国古代发明的一种等时计时装置。漏刻由漏壶和标尺两部分构成,漏是指带孔的壶,刻是指附有刻度的浮箭。

27. B 【解析】公元229年,孙权在此建都,此后东晋、南朝的刘宋、萧齐、萧梁、陈相继在此建都,故南京有"六朝古都"之称。

28. D 【解析】莫逆之交:"莫逆"即没有抵触,感情融洽;"交"是指交往,友谊。指志同道合的朋友。竹马之交:"竹马"是小孩当马骑的竹竿。指童年时代就要好的朋友。贫贱之交:指贫困时结交的知心朋友。金兰之交:指情谊契合、亲如兄弟的朋友。A、B、C三项均对应错误,故选D。

29. D 【解析】中国四大民间爱情传说有《梁山伯与祝英台》《孟姜女哭长城》《白蛇传》《牛郎织女》。《山海经》是一部地理书,主要记载中国古代传说中的地理知识、人文风俗。全书共十八篇,记述了海内外山川、部族、物产、药物、祭祀等,保存不少远古的神话传说。故答案选D项。

30. A 【解析】浮图:梵语(古印度语)音译词,也写作"浮屠"或"佛图",本意是佛或佛教徒。句子中的"浮图"意思是僧人、和尚。

31. C 【解析】"爆竹声中一岁除,春风送暖入屠苏",这两句诗的意思是一片爆竹声送走了旧的一年,饮着醇美的屠苏酒感受到了春天的气息。由此可知"屠苏"指的是酒。

32. A 【解析】古时汉族儿童不束发,头发下垂,因此以"垂髫"指三四岁至八九岁的儿童。襁褓:不满周岁。孩提:两至三岁。始龀:七八岁小童。及笄:女子十五岁。"笄"是古代妇女束发用的簪子,束发贯之以笄,表示已经成年。故选A。

33. C 【解析】"士别三日,即更刮目相待"出自《三国志·吴志·吕蒙传》,是吕蒙对鲁肃说的话。与吕布有关的成语有犬马之报;与张飞有关的成语有断头将军;与司马懿有关的成语有三马同槽。

34. B 【解析】旧时将从黄昏到拂晓的一夜间分为五更。每一更等于现在的两小时。一更即19至21点,二更即21至23点,三更即23至次日凌晨1点,四更即1至3点,五更即3至5点。故选B。

35. A 【解析】汉武帝原名刘彻,是西汉的第七位皇帝,谥号孝武皇帝,庙号世宗。

36. A 【解析】在兄弟排行的次第中伯是老大,仲是老二,叔是第三,季是最小的。

37. C 【解析】梅、兰、竹、菊号称四君子。其中,梅,探波傲雪,剪雪裁冰,一身傲骨,是为高洁志士;

兰,空谷幽放,孤芳自赏,香雅怡情,是为世上贤达;竹,筛风弄月,潇洒一生,清雅淡泊,是为谦谦君子;菊,凌霜飘逸,特立独行,不趋炎附势,是为世外隐士。故此题选C。

38. B　【解析】华佗编创五禽戏"虎鹿熊猿鸟",没有蛇。故本题的正确答案为B。

39. D　【解析】题干中诗句的意思是说人生在世,经常会遭受到劳燕分飞、天各一方的痛苦,就像天上的参星与商星一样,总是聚少离多,难得有相逢的机会。"参"和"商"指天上的参星与商星,这两颗星东西相对,角度相差一百八十度,一星升起,另一星即下沉,永远没有碰面的机会。参星在西方天文学中属猎户座,商星在西方天文学中属天蝎座。故本题选D。

40. C　【解析】孛儿只斤·铁木真,大蒙古国可汗,尊号"成吉思汗",意为拥有海洋四方。故答案选C。

41. A　【解析】惊蛰,又名"启蛰",是二十四节气中的第三个节气,标志着仲春时节的开始。每年3月5日或6日太阳到达黄经345°时为惊蛰。从惊蛰起,春耕正式开始。广大农民以农谚为依据,从事各种农事活动。故选A。

42. D　【解析】A项,踏青、放风筝是清明节的习俗,剪窗花是春节的习俗,燃放灯火是元宵节的习俗;B项,赏月是中秋节的习俗,佩茱萸、饮菊花酒是重阳节的习俗,猜灯谜是元宵节的习俗;C项,插柳是清明节的习俗,贴春联是春节的习俗,赏菊花是重阳节的习俗,放孔明灯是一种地方习俗,用来祈福,各地燃放孔明灯的时节有所不同;D项中四种民俗均是端午节的习俗。

43. D　【解析】夏季的节气有立夏、小满、芒种、夏至、小暑、大暑。惊蛰为春季的节气。

44. B　【解析】"弱冠"是指男子20岁,30岁称为"而立",40岁称为"不惑",50岁称为"知天命"。

45. B　【解析】十天干有:甲乙丙丁戊己庚辛壬癸;十二地支有:子丑寅卯辰巳午未申酉戌亥。根据十天干可知,丙的下一个年份是丁;根据十二地支可知,辰的下一个年份为巳。所以,1977年是农历丁巳年。

46. B　【解析】"二十四节气"歌谣是春雨惊春清谷天,夏满芒夏暑相连。秋处露秋寒霜降,冬雪雪冬小大寒。它们分别对应:立春、雨水、惊蛰、春分、清明、谷雨;立夏、小满、芒种、夏至、小暑、大暑;立秋、处暑、白露、秋分、寒露、霜降;立冬、小雪、大雪、冬至、小寒、大寒。

47. A　【解析】"令郎"指的是对方的儿子,属于敬辞。舍妹是对别人称自己家的妹妹,老朽是老年男子自谦之词,家严是对人谦称自己的父亲,这三个都属于谦辞。

48. C　【解析】由于历史上中国的主要政治、经济、文化、农业活动中心多集中在黄河流域的中原地区,二十四节气也就是以这一带的气候、物候为依据建立起来的。

49. A　【解析】介子推对晋国公子重耳有恩,重耳成为晋文公之后,想请介子推做官,介子推不愿,就躲入山中,重耳为了逼他出山,遂放火烧山,结果介子推宁愿被烧死,也未出山。重耳后悔不

已,后来为了纪念他,就把这天定为“寒食节”,即禁火寒食,以寄哀思。

50. A 【解析】火把节是彝族地区的传统节日;《江格尔》是蒙古族英雄史诗,深刻地反映了蒙古族人民的生活理想和美学追求;手鼓舞是维吾尔族民间舞蹈;唐卡是藏族文化中一种独具特色的绘画艺术形式,题材内容涉及藏族的历史、政治、文化和社会生活等诸多领域。

51. A 【解析】A项,“火树银花合”出自苏味道的《正月十五夜》,描写了长安城里元宵之夜的景色,与元宵节有关。B项,“今夜清光似往年”出自白居易的《八月十五日夜湓亭望月》,与中秋节有关,排除。C项,“碧艾香蒲处处忙”出自舒頔的《小重山·端午》,与端午节有关,排除。D项,“总把新桃换旧符”出自王安石的《元日》,与春节有关,排除。故本题选A项。

52. A 【解析】一言九鼎的典故出自《史记·平原君虞卿列传》。秦昭王十五年,秦军攻打赵国都城邯郸,赵国派平原君到楚国请求援助。楚王不肯答应。最后,平原君手下一向被人瞧不起的、自愿前往的门客毛遂仗剑上殿,为楚王分析时局,说明利害之所在,终于说服了楚王。毛遂因此立了大功。平原君称赞毛遂说:“毛先生一至楚,而使赵重于九鼎大吕。毛先生以三寸之舌,强于百万之师。”这段话的意思是,毛先生一到楚国,就使我们赵国的地位提高到像九鼎大吕般重要。毛先生的三寸不烂之舌,比百万军队的力量还要强大。一言九鼎就从这个故事演变而来,对应的人物是毛遂,用来形容他人说话极有分量。A项错误,本题为选非题,故选A。

53. C 【解析】题干诗句出自宋代诗人林逋创作的七言律诗组诗作品《山园小梅》,诗中以“疏影横斜水清浅,暗香浮动月黄昏”两句,从姿态和香气上完美地表现出了梅花的淡雅和娴静。因此,诗句中的“暗香”是指梅花之香。

54. A 【解析】中国古代四大美女,即西施、王昭君、貂蝉、杨玉环,四人享有“沉鱼落雁之容,闭月羞花之貌”的美誉。“云想衣裳花想容”是李白为杨贵妃所作的诗句,形容杨玉环衣饰和容貌之美,A项正确;“羞花”讲的是杨贵妃的故事,B项错误;生活在崇尚“以丰腴为美”的时代(即唐朝)的是“羞花”杨贵妃,C项错误;“沉鱼”对应西施,“落雁”对应王昭君,D项错误。

55. C 【解析】中国象棋棋盘有10条横线,9条竖线,所以一共是90个交叉点。

56. B 【解析】①表现的是中秋节(农历八月十五)望月怀人的习俗;②表现的是重阳节(农历九月初九)登高的习俗;③表现的是端午节(农历五月初五)纪念屈原;④表现的是春节(农历正月初一)放爆竹的习俗。所以正确的排序是④③①②,故选B。

57. B 【解析】“徙木立信”说的是商鞅在实施变法前为了取得人们的信任,就在城门处说只要有人能将木杆搬到指定位置就赏给他五十金,最后有人照办,商鞅兑现诺言的故事。“徙木立信”指通过某种手段树立典型,而使公众信服的行为。

58. C 【解析】投壶是中国古代士大夫宴饮时玩的一种投掷游戏,也是一种礼仪。在战国时期较为盛行,尤其是在唐朝,得到了发扬光大。投壶是把箭向壶里投,投中多的为胜,负者照规定的杯数喝酒。图片中,右边的人手拿箭向左边的壶进行投掷,这种游戏是投壶。故C项符合题意。射覆是一种把东西藏在器物下让人猜的古代游戏;藏钩指将“钩”藏于手中握成拳状让人猜,是一种中国传统猜物游戏;击壤的玩法是把一块木片侧放在地上,在几十步外用另一块木片投掷,击中的就算得胜。

59. A 【解析】中国世界自然遗产包括:九寨沟风景名胜区、黄龙风景名胜区、武陵源风景名胜区、四川大熊猫栖息地、中国南方喀斯特、三清山风景名胜区、中国丹霞、澄江化石遗址、云南三江并流保护区、新疆天山、湖北神农架、青海可可西里、梵净山、黄(渤)海候鸟栖息地。

专题四　文学素养

单项选择题

答案速查

1～5	ADAAB	6～10	CCBBA	11～15	CBAAA	16～20	BACBD
21～25	CDACD	26～30	DCACC	31～35	BADCD	36～40	ACCAC
41～45	DDBCA	46～50	CDBDD	51～55	ACDCD	56～58	DBA

1. A 【解析】李白,中国伟大的浪漫主义诗人,有“诗仙”之称,其作品豪迈奔放,清新飘逸,想象丰富,意境奇妙。贺知章看到李白的诗篇后,称其为“谪仙人”。B项,杜甫有“诗圣”之称;C项,白居易被称为“诗魔”和“诗王”;D项,刘禹锡被人们称为“诗豪”。

2. D 【解析】《墙头马上》是元代著名戏曲家白朴的作品。《倩女离魂》是由元曲作家郑光祖所创作的杂剧,取材自唐朝陈玄佑所作传奇《离魂记》。《汉宫秋》是元代著名杂剧家马致远的代表作。《窦娥冤》是元代著名杂剧家关汉卿的代表作。

3. A 【解析】“满纸荒唐言,一把辛酸泪。都云作者痴,谁解其中味”出自我国古典文学名著《红楼梦》的开卷。意指全书都是由血泪交融而成;人们只会说作者太痴情了,又有谁能了解作者在写作时内心的千愁万苦呢?题干中的两句诗常被写文章的人用来抒发自己不为人知的满腹悲愤。故本题选A。

易混辨析:考生易混淆中国古代四大名著的开卷词,需要重点记忆:

《红楼梦》的开卷词——满纸荒唐言,一把辛酸泪。都云作者痴,谁解其中味。

《三国演义》的开卷词——滚滚长江东逝水,浪花淘尽英雄,是非成败转头空,青山依旧在,几度夕阳红。白发渔樵江渚上,惯看秋月春风,一壶浊酒喜相逢,古今多少事,都付笑谈中!

《水浒传》的开卷词——试看书林隐处,几多俊逸儒流。虚名薄利不关愁,裁冰及剪雪,谈笑

看吴钩。评议前王并后帝,分真伪占据中州,七雄扰扰乱春秋。兴亡如脆柳,身世类虚舟。见成名无数,图形无数,更有那逃名无数。霎时新月下长川,沧海变桑田古路。讶求鱼缘木,拟穷猿择木,恐伤弓远之曲木。不如且覆掌中杯,再听取新声曲度。

《西游记》的开卷词——混沌未分天地乱,茫茫渺渺无人见。自从盘古破鸿蒙,开辟从兹清浊辨。覆载群生仰至仁,发明万物皆成善。欲知造化会元功,须看《西游释厄传》。

4. A　**【解析】**“小李杜”是晚唐时期著名诗人李商隐和杜牧的合称。前面的一个“小”字,是用以同李白、杜甫相区别。

5. B　**【解析】**巴尔扎克在《人间喜剧》中以清醒的现实主义笔触,给人们展现了法国社会特别是巴黎上流社会的现实主义历史。A项,《双城记》是英国作家查尔斯·狄更斯以法国大革命为背景所写成的长篇小说,故事将巴黎、伦敦两个大城市连结起来,围绕着马内特医生一家和以德发日夫妇为首的圣安东尼区展开。C项,《寒灰集》的作者是郁达夫。D项,《悲惨世界》是法国作家维克多·雨果在1862年发表的一部长篇小说,故事的主线围绕主人公土伦苦刑犯冉·阿让的个人经历,融进了法国的历史、革命、战争、道德哲学、法律、正义、宗教信仰等内容。

6. C　**【解析】**诗歌按题材可分为:怀古诗、田园诗、山水诗、送别诗、咏物诗、边塞诗等。“海内存知己,天涯若比邻”的意思是四海之内有知心朋友,即使远在天边也如近在比邻。这首送别诗表现了诗人乐观宽广的胸襟和对友人的真挚情谊,也道出了诚挚的友谊可以超越时空界限的哲理,给人以莫大的安慰和鼓舞。故选C。

7. C　**【解析】**陶渊明,东晋著名诗人,著有《归园田居》《归去来兮辞》《桃花源记》《五柳先生传》《闲情赋》等。《岳阳楼记》是北宋文学家范仲淹所作。

8. B　**【解析】**1915年,罗曼·罗兰获得诺贝尔文学奖,其获奖评语为:“他的文学作品中的高尚理想和他在描绘各种不同类型人物时所具有的同情和对真理的热爱”。A项,2017年,诺贝尔文学奖授予了日裔英国作家石黑一雄,颁奖词称“他的小说富有激情的力量,在我们与世界连为一体的幻觉下,他展现了一道深渊”。C项,契诃夫未曾获得过诺贝尔文学奖。D项,莫言于2012年获得诺贝尔文学奖,颁奖词称“莫言将魔幻现实主义与民间故事、历史与当代社会融合在一起”。

9. B　**【解析】**题干诗句是朱德同志为四川省眉山市三苏祠所写的题词。“三苏”是北宋散文家苏洵和他的儿子苏轼、苏辙三人的合称。故本题选B。

10. A　**【解析】**A项,《忏悔录》是法国启蒙思想家、哲学家、教育家、文学家卢梭在其晚年写成的自传,记载了卢梭50多年的生活经历。

B项,1762年,卢梭出版了《爱弥儿》。在书中,卢梭集中论述了自然主义的教育理论。《爱弥儿》一书共五卷。前四卷卢梭以爱弥儿为主人公,分别论述了爱弥儿的四个成长阶段,第五卷介绍了苏菲的教育,即女性教育。

C项,《新爱洛依丝》被誉为18世纪最重要的小说,讲述的是女主人公朱丽和她的老师圣普乐相恋而未能如愿的爱情悲剧。

D项,《社会契约论》中主权在民的思想,是现代民主制度的基石,深刻地影响了欧洲的革命运动和英属北美殖民地的独立战争。

11. C 【解析】"黑色幽默"是20世纪60年代美国出现的一种文学流派。所谓"黑色幽默"是指一种荒诞的病态的幽默。它以笑当哭,把可笑和可怕结合在一起,是悲剧内容和喜剧形式交织混杂的新品种。"黑色幽默"的作品正是通过这种含蓄的形式来表现"当今世界的荒谬、冷漠、自相矛盾和残酷无情"。

12. B 【解析】A项,《海的女儿》是安徒生创作的童话,讲述海公主小人鱼为了追求到一个人的高洁的不死的灵魂,放弃了海底自由生活,愿意忍受痛苦,用爱去追求永生而崇高的人的灵魂。作家讴歌了小人鱼对爱情、灵魂、理想的追求,表现了她善良纯洁的品格、坚强的毅力和牺牲精神。

B项,《格列佛游记》是乔纳森·斯威夫特享誉世界的讽刺名著。作品假托主人公格列佛医生自述他数次航海遇险,漂流到小人国、大人国和智马国等几个童话式国家的遭遇和见闻,全面讽刺了英国的社会现实。

C项,《鲁滨逊漂流记》主要讲述了主人公鲁滨逊在去非洲航海的途中遇到风暴,只身漂流到一个无人的荒岛上,开始了一段与世隔绝的生活。他凭着强韧的意志与不懈的努力,在荒岛上顽强地生存下来,在岛上生活了28年,最终得以返回故乡。

D项,《汤姆·索亚历险记》主要讲述主人公汤姆·索亚天真活泼、敢于探险、追求自由,不堪忍受束缚个性、枯燥乏味的生活,幻想干一番英雄事业。

13. A 【解析】"子钓而不纲,弋不射宿"的意思是:孔子用鱼竿钓鱼而不用渔网捕鱼;孔子用弋射的方式获取猎物,但是从来不射取归巢栖息的鸟兽。这句话出自《论语·述而》,其中的"子"指的是孔子。

14. A 【解析】安徒生,丹麦19世纪著名的童话作家,既是世界文学童话的代表人物之一,也是一个虔诚的基督教徒,被誉为"世界儿童文学的太阳"。此外,安徒生还有小说、诗歌、戏剧、游记等各种文体的作品,为全欧洲甚至全世界的孩子带来了无数欢笑。他的作品《安徒生童话》已经被译为150多种语言,在全球各地发行和出版。

15. A 【解析】二战时间为1939年9月1日~1945年9月2日。《辛德勒名单》是以二战为背景的小说,A项正确。《静静的顿河》是俄国作家肖洛霍夫的作品,记录的是1912到1922年顿河地区哥萨克人的生活,时间在二战之前,B项错误。《智取威虎山》是以1946年开始的解放战争为背景

的京剧作品，C项错误。《战争与和平》描写了19世纪初俄国人民反对拿破仑入侵的卫国战争，D项错误。

16. B 【解析】“人法地，地法天，天法道，道法自然”出自《老子》。“天行健，君子以自强不息；地势坤，君子以厚德载物”出自《周易》。“君子有大道，必忠信以得之，骄泰以失之”出自《大学》。“老吾老，以及人之老；幼吾幼，以及人之幼”出自《孟子·梁惠王上》。B项正确。

17. A 【解析】《左传》，全称《春秋左氏传》，原名《左氏春秋》，相传是春秋末年鲁国的左丘明为《春秋》做注解的一部史书，是中国第一部叙事详细的编年体史书，记述范围从公元前722年至公元前468年。

18. C 【解析】世界文学中的“四大吝啬鬼”指《威尼斯商人》中的夏洛克、《吝啬鬼》中的阿巴贡、《死魂灵》中的泼留希金、《守财奴》中的葛朗台。

19. B 【解析】“元曲四大家”分别是：关汉卿、马致远、郑光祖和白朴。B项，高明，元末明初戏曲家，代表作《琵琶记》。高明并不在元曲四大家之列。

20. D 【解析】《古兰经》是伊斯兰教的宗教经典。《金刚经》是佛教的经典。《道德经》是道家的经典。《圣经》是基督教的经典。

21. C 【解析】《聊斋志异》简称《聊斋》，是中国清代著名小说家蒲松龄创作的文言短篇小说集。这部作品人物形象鲜明生动，故事情节曲折离奇，结构布局严谨巧妙，文笔简练，描写细腻，堪称文言短篇小说的巅峰之作。题干是老舍对《聊斋志异》的评价，简明而生动地道出了《聊斋志异》的文学特点。

A项，《西游记》，作者吴承恩，是中国古代第一部浪漫主义章回体长篇神魔小说。主要描写了孙悟空、猪八戒、沙僧，一路降妖伏魔，保护唐僧西行，经历了九九八十一难，终于到达西天拜佛求经的故事。

B项，《封神演义》是一部神魔小说。小说以武王伐纣的历史为背景，记述了神仙也分成两派，分别支持周王和纣王，双方斗智斗勇，最终灭商、封神的故事。

D项，《山海经》是一部地理书，全书共十八篇，记述了海内外山川、部族、物产、药物、祭祀等，保存不少远古的神话传说。

22. D 【解析】老舍是现代小说家，杰出的语言大师，也是新中国第一位获得“人民艺术家”称号的作家。主要作品有长篇小说《骆驼祥子》《四世同堂》，中篇小说《月牙儿》，剧作《龙须沟》《茶馆》等。

A项，鲁迅，原名周树人，伟大的无产阶级文学家。1918年发表了中国现代文学史上第一篇白话小说《狂人日记》，被誉为“二十世纪东亚文化地图上占最大领土的作家”。

B项，茅盾，原名沈德鸿，现代杰出作家，开创中国式“三部曲”的写作方式。以其名字命名的“茅盾文学奖”是我国最高文学奖项之一，也是中国第一次以个人名字命名的文学奖。

C项，巴金，著有“激流三部曲”《家》《春》《秋》；“爱情三部曲”《雾》《雨》《电》；“抗战三部曲”《火》《冯文淑》《田惠世》，以及《随想录》等。2003年11月，巴金被国务院授予“人民作家”荣誉称号。

23. A 【解析】普希金是19世纪俄国浪漫主义文学的主要代表，也是现代俄国文学的奠基人，被誉为“俄国文学之父”“俄国诗歌的太阳”。其主要作品有《上尉的女儿》《叶甫盖尼·奥涅金》等。

B项，高尔基，苏联作家。代表作有著名的自传体三部曲《童年》《在人间》《我的大学》，小说《母亲》，散文诗歌《海燕之歌》，剧本《在底层》《小市民》等。高尔基被列宁称为“无产阶级艺术最伟大的代表者”。

C项，托尔斯泰，19世纪俄国批判现实主义作家。主要作品有《战争与和平》《安娜·卡列尼娜》《复活》等。

D项，奥斯特洛夫斯基，苏联作家、革命者，代表作品为《钢铁是怎样炼成的》。

24. C 【解析】但丁，13世纪末意大利诗人，现代意大利语的奠基者，欧洲文艺复兴时代的开拓人物之一，以长诗《神曲》而闻名。

A项，《茶花女》是法国作家亚历山大·小仲马创作的长篇小说。故事讲述了一个青年人与巴黎上流社会一位交际花曲折凄婉的爱情故事。

B项，《堂吉诃德》是文艺复兴时期的现实主义杰作，作者是塞万提斯。主要描写和讽刺了当时西班牙社会上十分流行的骑士小说，并揭示出教会的专横、社会的黑暗和人民的困苦。

D项，《乌托邦》由英国空想社会主义学者托马斯·莫尔创作。该书是欧洲第一本空想社会主义著作，它第一次完整地描述了空想社会主义的图景。

25. D 【解析】题干诗句出自杜甫的名篇《望岳》，全诗为：“岱宗夫如何？齐鲁青未了。造化钟神秀，阴阳割昏晓。荡胸生层云，决眦入归鸟。会当凌绝顶，一览众山小。”杜甫的《望岳》诗共有三首，分咏东岳（泰山）、南岳（衡山）、西岳（华山）。这一首是望东岳泰山。故选D项。

26. D 【解析】“出师未捷身先死，长使英雄泪满襟”是杜甫《蜀相》中的诗句，描写的人物是诸葛亮。故本题选D。

27. C 【解析】吴用满腹经纶，通晓文韬武略，足智多谋，常以诸葛亮自比，人称“智多星”。晁盖的绰号是“托塔天王”；宋江的绰号是“及时雨”；林冲的绰号是“豹子头”。

28. A 【解析】《巴黎圣母院》是法国文学家维克多·雨果创作的长篇小说，揭露了宗教的虚伪，歌颂了下层劳动人民的善良、友爱、舍己为人，反映了雨果的人道主义思想。B项，《双城记》由英国

作家查尔斯·狄更斯所著；C项，《欧也妮·葛朗台》由法国小说家巴尔扎克所著；D项，《呼啸山庄》由英国女作家艾米莉·勃朗特所著。

29. C　【解析】C项，“湖光秋月两相和，潭面无风镜未磨”出自刘禹锡的《望洞庭》，描写了洞庭湖的优美景色，洞庭湖位于湖南省，当选。A项，“湖上春来似画图，乱峰围绕水平铺”出自白居易的《春题湖上》，描写了三面群山环抱的西湖春景。B项，“孤山寺北贾亭西，水面初平云脚低”出自白居易的《钱塘湖春行》，钱塘湖即西湖。D项，“水光潋滟晴方好，山色空蒙雨亦奇”出自苏轼的《饮湖上初晴后雨》，描绘了西湖晴天和雨天的不同美景。故选C。

30. C　【解析】《活着》是余华的作品，《人生》的作者是路遥，《白鹿原》是陈忠实的代表作。

31. B　【解析】A项，莎士比亚的代表作有历史剧《亨利四世》《亨利五世》《理查二世》等，以及四大悲剧（《哈姆雷特》《奥赛罗》《麦克白》《李尔王》）、四大喜剧（《仲夏之梦》《威尼斯商人》《第十二夜》《皆大欢喜》）。

B项，托尔斯泰，19世纪俄国批判现实主义作家、文学家、思想家、哲学家，创作了俄国文学史上的巨著《战争与和平》《安娜·卡列尼娜》《复活》等。

C项，巴尔扎克被誉为“现代法国小说之父”，代表作品有《人间喜剧》。

D项，但丁，人文主义的先驱者，被誉为“意大利最伟大的诗人”，代表作有《神曲》，分为《地狱》《炼狱》《天堂》三部。

32. A　【解析】《史记》是西汉著名史学家司马迁撰写的一部纪传体史书，是中国历史上第一部纪传体通史，记载了上至上古传说中的黄帝时代，下至汉武帝太初四年间共3000多年的历史。

33. D　【解析】A项，《奥尔良的姑娘》描写了英法百年战争中法国女英雄贞德的事迹。

B项，《阴谋与爱情》主要讲述的是贵族斐迪南与平民乐师米勒的女儿露易丝之间的爱情故事。

C项，《麦布女王》是英国浪漫主义诗人雪莱的一首长诗。这部富于哲理性的长诗，用任意梦幻的方式，表达了他对于人类最终摆脱愚昧和专制统治，走向光明未来的憧憬和信念。

D项，席勒在《威廉·退尔》中描写了瑞士人民不能忍受压迫，秘密地组织联盟，高呼“不自由，毋宁死”的誓言，走上了斗争的道路。

34. C　【解析】诗句出自唐代张继的《枫桥夜泊》，唐朝安史之乱后，张继途经寒山寺时写下这首羁旅诗。此诗精确而细腻地描述了一个客船夜泊者对江南深秋夜景的观察和感受，勾画了月落乌啼、霜天寒夜、江枫渔火、孤舟客子等景象，有景有情有声有色。其中“愁”指思乡之苦。故选C。

35. D　【解析】诗句出自《沁园春·长沙》，是毛泽东于1925年晚秋，离开故乡韶山，去广州主持农民运动讲习所的途中，途经长沙，重游橘子洲时所作。

36. A　【解析】《艾丽丝漫游奇境记》是英国作家卡罗尔所写的一部中篇童话小说,它"把荒诞文学的艺术提到最高水准",为以荒诞为特征的童话高耸起了第一座里程碑。

37. C　【解析】A项,伊迪丝·内斯比特是英国儿童故事作家、诗人、小说家。代表作有《寻宝人的故事》和《铁路边的孩子们》等。

B项,冰心是中国诗人、儿童文学作家,代表作有《寄小读者》《往事》《南归》等。

C项,《绿野仙踪》是美国作家弗兰克·鲍姆的代表作,同名系列童话故事的第一部。它讲述了女主人公多萝西和自己的小伙伴稻草人、铁皮人、胆小的狮子的奇幻旅程。

D项,马克·吐温的代表作品有《百万英镑》《汤姆·索亚历险记》《哈克贝里·费恩历险记》《竞选州长》等。

38. C　【解析】A项,《狂人日记》是鲁迅创作的第一篇白话文日记体小说,小说通过被迫害者"狂人"的形象以及"狂人"的自述式的描写,揭示了封建礼教的"吃人"本质,表现了作者对以封建礼教为主体内涵的中国封建文化的反抗。

B项,《阿Q正传》是鲁迅创作的中篇小说,作品以辛亥革命前后闭塞的农村小镇未庄为背景,塑造了阿Q这个身心受到严重戕害的落后农民的典型。

C项,《朝花夕拾》原名《旧事重提》,是鲁迅的散文集,多侧面地反映了作者鲁迅童年和青少年时期的生活,收录了《从百草园到三味书屋》《藤野先生》等文章。

D项,《野草》是鲁迅创作的一部散文诗集,真实地记述了作者在新文化统一战线分化以后,继续战斗,却又感到孤独、寂寞,在彷徨中探索前进的思想感情。

39. A　【解析】《福尔摩斯探案集》是英国侦探作家柯南·道尔的成名代表作,全书塑造了福尔摩斯这一栩栩如生、深得人心的形象,反映了维多利亚时代英国的社会生活。A项符合题意。

德国作家歌德的《少年维特之烦恼》是德国启蒙运动中的一部重要作品,早于维多利亚时代,B项排除。

海明威的《老人与海》出版于1952年,围绕一位古巴老渔夫与一条巨大的马林鱼在离岸很远的湾流中搏斗展开讲述,C项不符合题意,排除。

薄伽丘的《十日谈》是欧洲文学史上第一部现实主义巨著,是文艺复兴运动的一部宣言书,早于维多利亚时代,D项排除。

40. C　【解析】"四书"是《大学》《中庸》《论语》《孟子》的合称,"五经"是《诗》《书》《礼》《易》《春秋》的合称。

41. D　【解析】屈原是"楚辞"的创立者和代表人物,其作品有《天问》《九歌》等。其中《湘夫人》出自《九歌》。A选项,《九辩》是战国时期楚国文学家宋玉创作的一首长篇抒情诗。B、C选项,《风赋》和《高唐赋》收录在《文选》中,一般认为属宋玉之作。宋玉是赋的开创性作家,传世数篇,描写细腻,构思新颖,句式富有变化,在赋史上有深远影响。

42. D 【解析】《诗经》是中国第一部诗歌总集，开创了我国古代诗歌现实主义创作的优秀传统。《楚辞》是屈原创作的一种新诗体，也是中国文学史上第一部浪漫主义诗歌总集。故选D。

43. B 【解析】乐府诗《孔雀东南飞》和北朝民歌《木兰诗》合称为“乐府双璧”。这两首诗歌都是叙事长诗，以其深刻的社会思想意义和极高的艺术成就，为历代文人所推崇。

44. C 【解析】《复活》是俄国作家列夫·托尔斯泰的作品。列夫·托尔斯泰被列宁称为“俄国革命的一面镜子”。屠格涅夫，19世纪俄国批判现实主义作家。主要作品有长篇小说《罗亭》《贵族之家》《前夜》《父与子》《处女地》，中篇小说《阿霞》《初恋》等。

45. A 【解析】《女神》在诗歌形式上，突破了旧格套的束缚，创造了雄浑奔放的自由诗体，为“五四”以后自由诗的发展开拓了新的天地，成为中国新诗的奠基之作，强烈体现了“五四”时期狂飙突进的时代精神，及彻底地反帝反封建、热切追求自由解放和光明新生的精神。《野草》写于“五四”后期，是鲁迅唯一的一本散文诗集，反映了鲁迅彷徨、思索、坚韧战斗的心路历程。《尝试集》是中国现代文学史上第一部白话诗集，开新文学运动之风气，是胡适里程碑式的著作。《尝试集》中主要是表现个性解放、人道主义和民主自由的诗，具有反封建的时代色彩和积极意义。《红烛》是闻一多的诗集，该诗集题材广泛，内容丰富，或抒发诗人的爱国之情，或批判封建统治下的黑暗，或反映劳动人民的苦难，或描绘自然的美景。

46. C 【解析】雨果的代表作有长篇小说《巴黎圣母院》《九三年》《悲惨世界》等。《双城记》是狄更斯的代表作。《茶花女》是法国作家小仲马的代表作。《三个火枪手》是法国作家大仲马的代表作。故选C。

47. D 【解析】《千字文》《百家姓》和《急就章》属于中国古代蒙学教材。《千字文》是由周兴嗣编纂的由一千个汉字组成的韵文；《百家姓》与《三字经》《千字文》并称“三百千”，是中国古代幼儿的启蒙读物；《急就章》又名《急就篇》，由汉元帝时黄门令史游所作；《山海经》是中国先秦重要古籍，也是一部富于神话传说的最古老的奇书，但不属于中国古代蒙学教材。

48. B 【解析】韩愈是唐代杰出的文学家、思想家、哲学家，是古文运动的倡导者，被称为“唐宋八大家之首”。故选B。

方法技巧：唐宋八大家口诀：一韩一柳一欧阳，三苏曾巩带一王。

49. D 【解析】《荷马史诗》是欧洲文学史上最早的优秀文学巨著，它反映了古希腊史前时代的生活面貌，是研究希腊早期社会的重要文献。它那独特精湛的艺术特色，对后世欧洲文学和世界文学的发展具有深远的影响。

50. D 【解析】《吕氏春秋》是在战国末期秦国丞相吕不韦主持下，集合门客们编撰的一部杂家名著。它是中国历史上第一部有组织、按计划编写的文集，成书于秦始皇统一中国前夕。而秦朝治国的指导思想是法家思想。故选D。

51. A 【解析】莎士比亚的四大悲剧是《哈姆雷特》《奥赛罗》《麦克白》《李尔王》,四大喜剧是《仲夏夜之梦》《威尼斯商人》《第十二夜》《皆大欢喜》。A项正确。

52. C 【解析】《小王子》是法国作家圣埃克苏佩里著名的中篇童话。《复活》是列夫·托尔斯泰创作的一部长篇小说。《家》是巴金的代表作,是其小说系列作品《激流三部曲》之一。《女神》是郭沫若的第一本诗集,堪称中国现代新诗的奠基之作。故本题选C。

53. D 【解析】“先天下之忧而忧,后天下之乐而乐”出自宋代范仲淹的《岳阳楼记》。“落霞与孤鹜齐飞,秋水共长天一色”出自唐代王勃的《滕王阁序》。“世事洞明皆学问,人情练达即文章”出自《红楼梦》。“匹夫而为百世师,一言而为天下法”出自宋代苏轼的《潮州韩文公庙碑》。故选D。

54. C 【解析】孔尚任是清初诗人、戏曲家,传奇剧《桃花扇》是其代表作。孔尚任与洪昇并称为“南洪北孔”,被誉为康熙时期照耀文坛的双星。《长生殿》是洪昇创作的传奇戏剧,在我国戏曲史上占有极为重要的地位。《儒林外史》是清代吴敬梓创作的长篇讽刺小说,高超的讽刺手法使其成为中国古典讽刺小说的佳作。《二十年目睹之怪现状》是清代文学家吴沃尧创作的一部带有自传性质的长篇小说,是晚清四大谴责小说之一。故选C项。

55. D 【解析】“晚清四大谴责小说”分别为李宝嘉的《官场现形记》、吴沃尧的《二十年目睹之怪现状》、刘鹗的《老残游记》以及曾朴的《孽海花》。

56. D 【解析】《海国图志》是一部介绍西方国家的科学技术和世界地理历史知识的综合性图书。全书详细叙述了世界各地各国历史政治、风土人情,主张学习西方国家的科学技术,提出“师夷长技以制夷”的中心思想,是一部具有划时代意义的巨著。

57. B 【解析】苏联是一个存在于1922年至1991年的联邦制社会主义国家。高尔基出生于1868年,去世于1936年,属于苏联时期的文学家。普希金、屠格涅夫、陀思妥耶夫斯基都是19世纪俄国的文学家。故本题选B。

58. A 【解析】A项,诗句出自宋代晏殊的《玉楼春·春恨》,意思是说天涯地角再远也有穷尽终了的那 天,只有相思是没有尽头、永不停止的,诗句表达出男女相思之情。

B项,诗句出自唐代杜甫的《徒步归行》,意思是:与朋友交往不必在乎年龄、志趣等之间的差异,重要的是朋友之间能够交心。诗句表达了诗人对友情的理解。

C项,诗句出自唐代孟浩然的《过故人庄》,意思是说老朋友准备丰盛的饭菜,邀请我到他的田舍做客,写出了朋友情谊的真挚深厚。

D项,诗句出自唐代王昌龄的《送柴侍御》,意思是说两地的青山同承云朵遮蔽、雨露润泽,同顶一轮明月又何曾身处两地呢?表达了诗人与友人的深厚友情。因此,BCD三项都是关于友情的诗句,排除。故选A项。

专题五 艺术素养

单项选择题

答案速查

1~5	BBADA	6~10	BDAAB	11~15	BCBBB	16~20	BDADA
21~25	CCCDC	26~30	DAABA	31~35	ACCAC	36~40	DDCDA
41~45	BBADC	46~50	ABDDD	51~55	BBCDD		

1. B 【解析】《这里的黎明静悄悄》是苏联著名作家瓦西里耶夫的代表作。A选项肖洛霍夫是苏联著名作家,1965年因作品《静静的顿河》获得诺贝尔文学奖。C选项法捷耶夫是苏联社会主义现实主义文学的杰出代表之一,代表作品有《逆流》《毁灭》《最后一个乌兑格人》等。D选项帕斯捷尔纳克是苏联作家、诗人、翻译家,主要作品有诗集《云雾中的双子座星》《生活是我的姐妹》等。

2. B 【解析】《呐喊》是挪威画家爱德华·蒙克于1893年创作的绘画作品。A项,《掷铁饼者》是希腊雕刻家米隆创作的青铜雕塑。C项,《思想者》是法国雕塑家奥古斯特·罗丹创作的雕塑。D项,《米洛斯的维纳斯》是一座大理石雕塑,现收藏于法国卢浮宫博物馆。

3. A 【解析】《椅中圣母》是意大利画家拉斐尔的作品。拉斐尔的圣母画像是他艺术生涯中的丰碑。B项,米开朗基罗是意大利画家、雕刻家、诗人,代表作有画作《创世纪》《最后的审判》、雕塑《大卫》等。C项,达·芬奇是文艺复兴时期最卓越的代表人物之一,代表作有《最后的晚餐》《蒙娜丽莎》《岩间圣母》等。D项,莫奈,印象派代表人物和创始人之一,代表作有《日出·印象》《睡莲》《鲁昂大教堂》等。

4. D 【解析】霍去病墓石雕是西汉大型石雕中的代表作,代表了汉代陵墓雕塑艺术的突出成就,堪称“汉人石刻,气魄深沉雄大”的杰出代表。其中《马踏匈奴》是纪念性石雕中最具代表性的一件作品。

5. A 【解析】京剧脸谱是根据某种性格、性情或某种特殊类型的人物,采用某些色彩来表示的一种特殊的化妆方法。红脸含有褒义,代表忠勇,代表人物有关羽等;白脸含贬义,偏向于奸诈,代表人物有曹操等;蓝脸为中性,表示性格刚直,桀骜不驯,代表人物有窦尔敦等;黑脸为中性,代表正直、无私、猛智,代表人物有包公、张飞等。本题为选非题。故选A。

6. B 【解析】秦始皇统一六国后,命李斯等人进行文字的整理、统一工作,制定出字形固定、笔画省略、书写方便的“小篆”作为标准文字,推行全国。从中国书法发展的角度看,小篆的制定是中国第一次有系统地将文字的书体标准化。

7. D 【解析】《费加罗的婚礼》创作于1786年，是莫扎特众多歌剧作品中最为著名的一部，是其歌剧中的巅峰之作，也是中国乐迷最为熟悉的一部。

A项，贝多芬，欧洲古典主义时期作曲家，代表作品有《第三（英雄）交响曲》《第五（命运）交响曲》《第六（田园）交响曲》《第九（合唱）交响曲》等。

B项，肖邦，19世纪波兰作曲家、钢琴家，代表作品有《革命练习曲》《小狗圆舞曲》等。

C项，海顿，古典主义时期作曲家，代表作品有《伦敦交响曲》《惊愕交响曲》《告别交响曲》《时钟交响曲》等。

8. A 【解析】使用盝顶造型的现象在中国古建筑中实不多见，现存最大、最出名的盝顶建筑，要数江南三大名楼之一的岳阳楼。

9. A 【解析】箜篌是中国古代传统弹弦乐器（又称拨弦乐器）。在古代有卧箜篌、竖箜篌、凤首箜篌三种形制。

10. B 【解析】《清明上河图》描绘了北宋时期都城东京（今河南开封）的状况，主要是汴京以及汴河两岸的自然风光和繁荣景象，是北宋画家张择端的存世精品，属国宝级文物。

A项，阎立本，唐代画家，以道释人物画著称，代表作有《步辇图》《历代帝王图》《职贡图》等。

C项，顾恺之，东晋画家，其绘画的传世摹本有《女史箴图》《洛神赋图》《列女仁智图》等。顾恺之与陆探微、张僧繇并称"六朝三杰"。

D项，吴道子，唐代画家，被称为"画圣"，民间画工尊其为祖师爷，代表作有《送子天王图》《明皇受篆图》等。

11. B 【解析】《阳关三叠》又名《阳关曲》《渭城曲》，是根据唐代诗人王维的七言绝句《送元二使安西》谱写的一首古琴曲。

A项，古琴曲《高山流水》相传为俞伯牙所作，讲述了他和钟子期之间心意相通的伟大友谊。

C项，古琴曲《梅花三弄》通过梅花的洁白芬芳和耐寒等特征，借物抒怀，来歌颂具有高尚节操的人。

D项，《平沙落雁》又名《雁落平沙》，是一首中国古琴名曲，其意在借鸿鹄之远志，写逸士之心胸。

12. C 【解析】A项，托马斯·康帕内拉是意大利文艺复兴时期的空想社会主义者、哲学家、作家。代表作品有《太阳城》。

B项，摩莱里是18世纪法国杰出的思想家，代表作品有《自然法典》。

C项，托马斯·莫尔是欧洲早期空想社会主义学说的创始人，其代表作品为《乌托邦》。

D项，克劳德·昂利·圣西门是19世纪初杰出的思想家，主要著作有《一个日内瓦居民给当代人的信》等。

13. B 【解析】A项，京剧表演的艺术形式主要是唱、念、做、打四种，角色分为生、旦、净、丑四大行当，代表作有《霸王别姬》《白蛇传》《贵妃醉酒》《失空斩》《定军山》《长坂坡》等。B项，《梁山伯与祝英台》是越剧的代表曲目。C项，黄梅戏是安徽地方剧种，原名"黄梅调""采茶戏"。代表作有《天仙配》《女驸马》《牛郎织女》等。D项，昆曲又被称为"昆剧"，发源于苏州昆山，代表作有《牡丹亭》《长生殿》《桃花扇》等。

14. B 【解析】评剧原名蹦蹦戏，又称落子戏，1935年正式定名"评剧"，后又吸收东北二人转的音乐和剧目，融合京剧、皮影等音乐和表演艺术，代表人物有新凤霞、小白玉霜等，代表作品有《刘巧儿》《花为媒》《杨三姐告状》等。

A项，越剧由浙江嵊州"落地唱书"发展而来，主要曲调有"四工腔""尺调腔"和"弦下腔"三种，代表人物有袁雪芬、尹桂芳等，代表作品有《梁山伯与祝英台》《红楼梦》《西厢记》等。

C项，黄梅戏是安徽地方剧种，原名"黄梅调""采茶戏"，代表人物有严凤英、王少舫、马兰、张云风等，代表作品有《天仙配》《女驸马》《牛郎织女》等。

D项，豫剧由河南梆子发展而来，是中国第一大地方剧种，代表人物有马金凤、常香玉、牛得草等，代表作品有《穆桂英挂帅》《花木兰》《拷红》《七品芝麻官》《朝阳沟》等。

15. B 【解析】海顿是维也纳古典乐派的奠基人，被称为"交响乐之父"；巴赫被称为"近代音乐之父"；贝多芬被称为"乐圣"；肖邦被称为"钢琴诗人"。

16. B 【解析】1945年在延安演出的《白毛女》是我国第一部成型的具有中国风格和特色的新歌剧。歌剧《白毛女》的成功，为新歌剧的创作积累了经验，推动了我国新歌剧艺术的蓬勃发展。

17. D 【解析】东晋书法家王羲之撰写的《兰亭集序》(也称《兰亭序》《临河序》《禊帖》《三月三日兰亭诗序》等)，其文书法具有极高的艺术价值，被称为"天下第一行书"。

18. A 【解析】《最后的晚餐》是意大利艺术家达·芬奇的作品，"思想者"是法国雕塑家罗丹的作品，"大卫"是意大利艺术家米开朗基罗的作品，三者都属于欧洲。

19. D 【解析】唐代是敦煌莫高窟彩塑发展的顶峰，这一时期的莫高窟彩塑不仅能表现大型佛像，更善于表现与真人等大的群像，代表作品为第45窟彩塑。

20. A 【解析】在《琵琶行》中，白居易以"大珠小珠落玉盘"来比喻琵琶弹奏出的动人的声音。

21. C 【解析】南京中山陵是建筑师吕彦直设计的，是中国近代建筑中融汇东西方建筑技术与艺术的代表作。梁思成参与设计的建筑有人民英雄纪念碑、鉴真和尚纪念堂等。建筑专家陈植参与了上海中苏友好大厦工程的设计建造工作，主持、领导了鲁迅墓与纪念馆的设计工作。杨廷宝是中国近现代建筑设计开拓者之一，被誉为"近现代中国建筑第一人"。

22. C 【解析】巴洛克建筑是17、18世纪在意大利文艺复兴建筑基础上发展起来的一种建筑和装饰风格。它的特点是外形自由，追求动态，喜好富丽的装饰和雕刻强烈的色彩，常用穿插的曲面和椭圆形空间。意大利文艺复兴晚期著名建筑师和建筑理论家维尼奥拉设计的罗马耶稣会教堂是由手法主义向巴洛克风格过渡的代表作，也有人称之为第一座巴洛克建筑。故选C。A项，索非亚大教堂因其巨大的圆顶而闻名于世，是一幢拜占庭式建筑典范。B项，巴黎圣母院是一座典型的哥特式建筑。D项，比萨大教堂是意大利罗马式教堂建筑的典型代表。

23. C　【解析】选项A是马奈的代表作；选项B是莫奈的代表作；选项D是塞尚的代表作。

24. D　【解析】《春之声》是维也纳"圆舞曲之王"约翰·施特劳斯所作。曲子洋溢着饱满的热情，最早是钢琴曲，后来逐渐演变成为声乐圆舞曲。贝多芬的代表作是《第五(命运)交响曲》，柴可夫斯基的代表作是《天鹅湖》，舒伯特的代表作是《摇篮曲》。

25. C　【解析】在传统花鸟画中，喜鹊常寓意喜气，仙鹤常寓意长寿，石榴寓意多子，牡丹象征富贵，荷花多寓意清白、高洁。

26. D　【解析】昆曲、剪纸、京剧分别于2001年、2009年、2010年被列入人类非物质文化遗产名录。秦腔是我国西北地区最古老的戏剧之一，流行于陕西、甘肃、青海、宁夏、新疆等地。秦腔于2006年5月20日，经国务院批准列入第一批国家级非物质文化遗产名录。

27. A　【解析】击鼓说唱俑创作于汉代，属于国家一级文物，高56厘米，以其生动传神的造型和超乎寻常的亲和力令世人瞩目，被誉为中国"汉代第一俑"。

28. A　【解析】"现代主义建筑的最后大师"、1983年普利兹克奖得主华裔建筑师贝聿铭先生于2019年5月16日去世。他的代表作品有：东海大学路思义教堂、香港中银大厦、北京香山饭店、日本美秀美术馆、苏州博物馆新馆、卢浮宫金字塔等。悉尼歌剧院由丹麦建筑师约恩·伍重设计。故本题选择A。

29. B　【解析】A项，爵士音乐是20世纪初产生于美国新奥尔良的一种舞曲性质的音乐，主要来源于黑人劳动歌曲及在婚丧仪式或社交场合所唱的歌曲。B项，古典音乐是对过去时代具有典范意义或代表性音乐的泛指，亦是现代音乐或爵士音乐的对称。C项，标题音乐指以题目点明作品创作意图或思想内容的器乐曲，由浪漫乐派倡导，盛行于19世纪。D项，主调音乐是多声部音乐的一种，整部作品的进行以其中某一个声部的旋律为主，其他的声部以和声或节奏等手法进行陪衬和伴奏。故本题选B。

30. A　【解析】《格尔尼卡》是西班牙立体主义画家毕加索于20世纪30年代创作的一幅巨型油画。该画是以法西斯纳粹轰炸西班牙的格尔尼卡小镇、杀害无辜的事件为灵感进行创作的，画作采用了写实的象征性手法和单纯的黑、白、灰三色营造出低沉悲凉的氛围，渲染了悲剧性色彩，表现了法西斯战争带给人类的灾难。

B项，亨利·马蒂斯是法国著名画家、雕塑家，野兽派创始人和主要代表人物，代表作有《奢华、宁静与愉快》《生活的欢乐》《开着的窗户》《戴帽的妇人》等。

C项，保罗·塞尚是法国后印象主义派画家，代表作有《圣维克多山》《有一筐苹果的静物》等。

D项，莫奈是印象主义派代表，代表作有《日出·印象》《睡莲》《鲁昂大教堂》等。

31. A 【解析】A项，周昉是唐代著名的仕女画家，所画贵族妇女容貌端庄、体态丰肥，色彩柔丽，为当时宫廷士大夫所喜爱。他还擅画肖像、佛像，并在这方面形成了自己独特的艺术风格——水月体，所画菩萨以笔法柔丽、形象端严而闻名。唐代大臣张彦远在《历代名画记》中介绍他时说："衣裳劲简，彩色柔丽。菩萨端严，妙创水月之体。"

B项，阎立本，唐代画家，以道释人物画著称，代表作有《步辇图》《历代帝王图》《职贡图》等。

C项，周文矩，五代南唐的宫廷画家，代表作品有《宫中图》。

D项，顾闳中，五代南唐人物画家，与周文矩齐名，唯一传世作品为中国十大传世名画之一的《韩熙载夜宴图》。

32. C 【解析】北京故宫是中国明清两代的皇家宫殿，旧称紫禁城，它是世界上现存规模最大、保存最为完整的宫殿建筑群。

33. C 【解析】A项的《女史箴图》和B项的《列女仁智图》为东晋顾恺之创作的绢本绘画作品。

C项，曹植的作品中，除了《七步诗》，最有名的就是《洛神赋》。东晋画家顾恺之依据《洛神赋》，创作了流传千古的名画《洛神赋图》。故答案选C。

D项，《人物龙凤图》是战国时期的帛画作品。

34. A 【解析】A项，《洛神赋十三行》又称《洛神赋》，是王羲之第七子王献之的小楷书法代表作。字体"体势秀逸，笔致洒脱"，清朝杨宾认为其"字之秀劲圆润，行世小楷无出其右"。故答案是A。B项，王羲之有"书圣"之称，代表作品有《兰亭集序》等。C项，王珣，东晋时期、书法家，代表作品有《伯远帖》等。D项，王导，东晋政治家、书法家，代表作品有《省示帖》《改朔帖》等。

35. C 【解析】东汉铜奔马别名有马超龙雀、马踏飞燕等，是出土于甘肃武威市雷台汉墓的青铜器。它在1983年10月被当时的国家旅游局确定为中国旅游标志，1986年被定为国宝级文物，现藏于甘肃省博物馆。

36. D 【解析】A项为文艺复兴盛期画家达·芬奇的作品《蒙娜丽莎》；B项是法国雕塑家吕德的浮雕作品《马赛曲》；C项是文艺复兴盛期画家拉斐尔的作品《西斯廷圣母》；D项是19世纪上半叶俄罗斯画家特罗平宁的作品《花边女工》。故答案选D。

37. D 【解析】"八音分类法"是按照乐器的制作材料，把乐器分为八类，即金、石、土、革、丝、木、匏、竹。因此D项不属于"八音"，应选D。

38. C 【解析】齐白石擅画花鸟、虫鱼、山水、人物等,笔墨雄浑滋润,色彩浓艳明快,造型简练生动,意境淳厚朴实。所作鱼虾虫蟹,天趣横生。同时他还是一位具有民族气节的正直艺术家,早年曾帮助党传递革命的秘密文件。新中国成立后,他受到党和政府及广大群众的尊重和关怀,被拥戴为中国美术家协会主席,并获得当时的文化部授予的“人民艺术家”的荣誉奖状和国际和平奖金,在国内外享有极高的赞誉。

39. D 【解析】A项,马思聪,小提琴家、作曲家、音乐教育家,代表作品有《内蒙组曲》《摇篮曲》《西藏音诗》等。

B项,贺绿汀,著名音乐家和教育家。主要音乐作品有《牧童短笛》《嘉陵江上》《游击队歌》等。

C项,黎锦晖,中国近代歌舞之父、儿童歌舞音乐作家、中国流行音乐的奠基人。代表作品有《麻雀与小孩》《葡萄仙子》《小小画家》等。

D项,《黄河大合唱》由光未然作词、冼星海作曲。它是冼星海创作的最重要的也是影响力最大的一部大型合唱声乐套曲。

40. A 【解析】A项,普契尼,意大利歌剧作曲家,代表作有《波希米亚人》《托斯卡》《蝴蝶夫人》《图兰朵》等。歌剧《图兰朵》是普契尼的最后一部作品,它讲述了一个西方人想象中的中国传奇故事。

B项,朱塞佩·威尔第,意大利作曲家。代表作品有《纳布科》《弄臣》《茶花女》《游吟诗人》《奥赛罗》等。

C项,乔治·比才,法国作曲家,代表作品有《卡门》《阿莱城姑娘》等。

D项,克里斯托弗·威利巴尔德·格鲁克,德国歌剧作曲家。其代表作有《伊菲姬尼在奥利德》《伊菲姬尼在陶利德》《阿尔米德》等。

41. B 【解析】王羲之,字逸少,东晋时期书法家,其书法兼善隶、草、楷、行各体,自成一家,被世人称为“书圣”,代表作有《兰亭集序》(也称《兰亭序》)。

42. B 【解析】瘦金体是宋徽宗赵佶所创的一种字体,是书法史上极具个性的一种书体,代表作有《楷书千字文》等。

43. A 【解析】楷书四大家,是对书法史上以楷书著称的四位书法家的合称。他们分别是:欧阳询、颜真卿、柳公权、赵孟頫。

44. D 【解析】工笔画,亦称“细笔画”,属中国国画技法类别的一种。A、C两项,水彩画、水粉画的技法是多种多样的,大体上可分干画法、湿画法、干湿结合法三大类。

B项,油画的表现技法大致可以分为透明着色法、不透明着色法、不透明一次着色法三种。

45. C 【解析】插图中描写了一位穿长衫的老人和一群孩子在酒馆门口，桌子上放着酒和豆子。而鲁迅小说《孔乙己》中的孔乙己便是“站着喝酒而穿长衫的唯一的人”，会教小孩子们认字和给他们分茴香豆吃。故插图中的形象为孔乙己。

46. A 【解析】莫奈是印象派创始人之一，是印象派最典型的代表画家，擅长光色的实验与表现技法，代表作品有《睡莲》《日出·印象》等。

B项，学院派也称“学院主义”，提倡古典传统美，讲求绘画的技巧与基本功，反对其他艺术学派的标新立异，创作题材大多是基督教传说、神话故事，或是反映权贵生活。代表人物有伦勃朗、席罗姆。

C项，古典主义画派主张理性至上，抑制个人情感，强调描绘“美”的绝对概念，推崇古希腊、古罗马的艺术精华，在画面要求概括、简练、明确。古典主义绘画的代表人物有普桑、洛兰、大卫、安格尔等。

D项，浪漫主义画派是一种充满激情的绘画风格，这一画派摆脱了当时学院派和古典主义的羁绊，偏重于发挥艺术家自己的想象和创造，创作题材取自现实生活、中世纪传说和文学名著等。画面色彩热烈，笔触奔放，富有运动感。代表人物有热里柯、德拉克洛瓦。

47. B 【解析】甲骨文是我国最早的成熟汉字，出土于殷墟，标志着中国汉字在商代后期已趋于成熟；秦朝丞相李斯对大篆去繁就简，改为小篆；到了汉代，隶书发展到了成熟阶段，汉字的易读性和书写速度都大大提高；楷书是为书写简便在隶书的基础上演变出来的；行书是介于楷书与草书之间的一种书体，是在楷书的基础上发展起来的。故本题选B。

易错提示：我国最早的较为成熟的文字是甲骨文。考生需要注意甲骨文已经是成型的文字，不是我国文字的雏形。

48. D 【解析】“北宋四大家”指的是苏轼、黄庭坚、米芾和蔡襄，他们是北宋时期书法艺术领域中最出众的四位代表人物，风格迥异，各有特色。李白是唐朝诗人，本题为选非题，答案为D。

49. D 【解析】《人物龙凤图》是战国时期的帛画作品。《游春图》是隋朝画家展子虔创作的绘画作品。《女史箴图》是东晋顾恺之创作的绢本绘画作品。ABC项均对应正确。《步辇图》是唐代著名画家阎立本的作品，是“中国十大传世名画”之一。它描绘了吐蕃使臣禄东赞朝见唐太宗的场景，反映了吐蕃首领松赞干布与文成公主联姻的历史事件。D项对应错误，本题为选非题，故选D。

50. D 【解析】圆明园在世界园林建筑史上久负盛名，曾被誉为“万园之园”“一切造园艺术的典范”等。

51. B 【解析】唐三彩的釉彩有黄、绿、白、褐、蓝、黑等色彩，以黄、绿、白三色为主，所以人们习惯称之为"唐三彩"。因唐三彩最早、最多出土于洛阳，亦有"洛阳唐三彩"之称。

52. B 【解析】四大石窟指的是以中国佛教文化为特色的巨型石窟艺术景观，包括：莫高窟（甘肃敦煌）、云冈石窟（山西大同）、龙门石窟（河南洛阳）、麦积山石窟（甘肃天水），是中国古代传统文化艺术的历史瑰宝。

53. C 【解析】题干出自战国时期宋玉的《对楚王问》："客有歌于郢中者，其始曰《下里》《巴人》，国中属而和者数千人……其为《阳春》《白雪》，国中属而和者不过数十人。"意思是说从前有一个人在郢都唱歌，起初唱的是《下里》《巴人》，能跟着他唱的有好几千人……后来唱《阳春》《白雪》，跟着他唱的就只有数十人了。因此，《阳春》《白雪》《下里》《巴人》最早指的是音乐，故选C。

54. D 【解析】聂耳，原名聂守信，是中华人民共和国国歌《义勇军进行曲》的曲作者。《游击队歌》是贺绿汀作词作曲的歌曲。《松花江上》是张寒晖创作的抗日歌曲。《在太行山上》由桂涛声作词，冼星海作曲。故选D。

55. D 【解析】黄梅戏，旧称黄梅调或采茶戏，起源于湖北省黄梅县，发展壮大于安徽省安庆市，主要剧目有《天仙配》《牛郎织女》《女驸马》等，代表人物有：严凤英、马兰、王少舫、张云风、韩再芬等。常香玉是著名的豫剧表演艺术家。本题为选非题，故选D。

第五章　基本能力

一、单项选择题

答案速查

1～5	BADCB	6～10	BDCBB	11～15	ABBAA	16～20	BADDC
21～25	CAADC			26～29	BCDD		

1. B 【解析】本题考查Word的基本知识。在Word中，当“剪贴板”上的“剪切”和“复制”按钮呈浅灰色而不能被选择时，说明在文档中没有选定任何信息。选定文档中的内容后才能进行“复制”“剪切”操作。A项，剪贴板已有信息存放不影响“剪切”“复制”命令的执行，且此时菜单栏中的“剪切”“复制”并非浅灰色，排除。C项，Word文档可以对文字、表格、图片等内容进行“剪切”“复制”操作，排除。D项，选定文档的长度不影响“剪切”“复制”功能的使用，排除。

2. A 【解析】本题考查数字推理。观察数列可知，第一项+第二项+5=第三项(即6+9+5=20)，第二项+第三项+5=第四项(即9+20+5=34)。那么第五项为20+34+5=59，即空缺处数字是59。验证第六项为34+59+5=98，与题干一致。故正确答案为A。

3. D 【解析】本题考查Word文本编辑。替换操作可以通过“开始”→“编辑”组中的“替换”命令实现，也可以通过组合键[Ctrl+H]实现。替换功能可一次性修改文档中重复性的错误，从而提高工作效率。故正确答案为D。

4. C 【解析】本题考查PowerPoint的知识。幻灯片是PowerPoint的基本构成单位，每张幻灯片除了可以包括文字和图片外，还可以有声音、视频、图表等。故正确答案为C。

5. B 【解析】本题考查类比推理。题干中青年和记者是交叉关系。学生和团员也是交叉关系。护士和医生属于并列关系，警察和狱警为包含关系，作家和文人属于包含关系。故正确答案为B。

6. B 【解析】本题考查数字推理。通过观察可知，第一项乘以第二项然后再加三就等于第三项。2×3+3=9，3×9+3=30，9×30+3=273，30×273+3=8193。故正确答案为B。

7. D 【解析】本题考查Excel的基本知识。统计函数COUNT用来计算区域中包含数值的单元格个数。C3到C8一共有6个单元格，故本题选择D。

8. C 【解析】本题考查图形推理。观察题干中的图形可以发现，每个图形都由三部分组成，外圈和中圈图形一致，大小不一，且有两条公共边，内圈是一个圆形，不与外圈和中圈相交。观察选项，只有C项符合此规律。故本题选C。

9. B 【解析】本题考查Word文档排版。在悬挂缩进段落格式中，段落的首行文本不加改变，而除首行以外的文本缩进一定的距离。悬挂缩进常用于项目符号和编号列表。故本题答案为B。首行缩进是将段落的第一行从左向右缩进一定的距离，首行外的各行都保持不变，便于阅读和区分文章整体结构。左缩进是整段文档相对于文档左边框右移一定的距离，即缩进距离。右缩进是整段文档相对于文档右边框左移一定的距离，即缩进距离。

10. B 【解析】本题考查类比推理。“取件—寄件”中的“取”和“寄”为反对关系；“出席—缺席”中的“出”和“缺”也为反对关系。故本题选B。AC选项为包含关系，D项为并列关系。

11. A 【解析】本题考查Word表格处理。在Word中，插入表格时，可单击“插入”选项卡中的表格按钮，在下拉列表框中的方框区域移动鼠标，至合适位置单击鼠标左键，可以选择需要的行数和列数，当所需行数或列数超过方框区域时，单击“插入表格”，也可以自定义表格的行数和列数。

12. B 【解析】本题考查类比推理。题干“马—白马”是包含关系。A项篮球和球鞋无明显逻辑关系；C项苹果和香蕉是并列关系；D项彩电和手机是并列关系；B项炊具和电饭锅是包含关系。故选B。

13. B 【解析】本题考查幻灯片的编辑。在幻灯片编辑状态下，可以插入图片、图表、表格、文本框、剪贴画等，但不能插入版式。在幻灯片母版的编辑状态下，可以实现插入幻灯片母版、插入版式等功能。本题选B。

14. A 【解析】本题考查数字推理。观察题干“1=2、2=4、3=12”可知，前后式子中的两个相邻数字相乘，即可得到后一个式子中等号右边的数值。验证题干，2×2=4，4×3=12，12×4=48。所以，正确答案应当是“4=48”，故本题选A。

15. A 【解析】本题考查Windows操作系统。在Windows系统中，当菜单中某些菜单项显示灰色时表示此菜单项当前不可选用。

16. B 【解析】本题考查类比推理。恒星和行星都是天体，是并列关系。帽子和手套都是饰物，也是并列关系。音乐和古典音乐是包含关系，音乐包含古典音乐。中文书和辞典是交叉关系，有的辞典是中文书，有的中文书是辞典。球鞋和运动鞋属于包含关系，球鞋是运动鞋的一种。

17. A 【解析】本题考查PowerPoint的基本操作。幻灯片中插入的背景音乐应当为音频格式，题干中的四个选项中只有“. wav”是音频文件扩展名，“. gif”和“. jpg”是图像文件扩展名，“. xls”则是Excel表格的文件扩展名。

18. D 【解析】本题考查数字推理。观察数列可知，第三项为前两项数字之和再加2，即11+16+2=29，16+29+2=47，29+47+2=78，47+78+2=127。所以，空缺处的数字应是78，故选D。

19. D　【解析】本题考查计算机病毒的含义。计算机病毒在《中华人民共和国计算机信息系统安全保护条例》中被明确定义，计算机病毒是指“编制或者在计算机程序中插入的破坏计算机功能或者毁坏数据，影响计算机使用，并能自我复制的一组计算机指令或者程序代码”。

20. C　【解析】本题考查图形推理。观察可知，题干中第一个图形是由圆形和梯形组成、第二个图形是由长方形和菱形组成、第三个图形是由菱形和圆形组成，每个图形都是由两个不同的图形组成，选项中只有C项是由一个圆形和一个三角形组成，是由不同的图形组成的，其他项都是由相同的图形组成。

21. C　【解析】本题考查PowerPoint的基本操作。在PowerPoint中，新建演示文稿已选定某特定的应用设计模板，在该文稿中插入一个新幻灯片时，新幻灯片的模板将采用已选定设计模板。

22. A　【解析】本题考查类比推理。题干是包含关系，大概念在前，小概念在后。B、C、D三项是全异关系，A项是包含关系，本题选A。

方法技巧：概念间关系的推理是常考点，考生首先需要明晰题干所给词语之间的逻辑关系，再找准选项词语间的逻辑关系，比较异同，选择最佳选项。常见的概念间关系有以下几种：

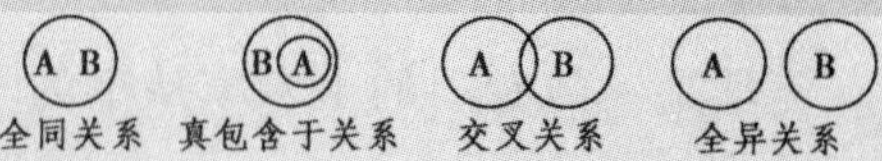

全同关系：北京——中国的首都；真包含于关系（包含关系）：蔬菜——茄子；交叉关系：大学生——共产党员；全异关系：老虎——尺子。

23. A　【解析】本题考查复合命题。题干中的“只有……才……”是联结词，本题属于必要条件假言命题，否定前件就能否定后件。本题中，前件为“经历过无数失败”，后件是“懂得成功的艰辛”，由此可推出“没有经历过无数失败，就无法懂得成功的艰辛”。

24. D　【解析】本题考查信息处理能力。将运行中的计算机应用程序窗口最小化以后，该应用程序并没有关闭，而是仍在运行。

25. C　【解析】本题考查复合命题。从题干关联词“只有……才……”，可判断本题是必要条件假言命题：当条件p不存在时，结论q一定不成立，则p是q的必要条件。本题中p是“历经磨难”，q是“深刻地明白人生真谛”，依据推理规则“肯定后件就能肯定前件”可推出“想要更深刻地明白人生真谛，就必须历经磨难”，故选C。

26. B　【解析】本题考查Excel的基本操作。在Excel中，当数据源发生变化时，图表自动跟随变化。

27. C　【解析】本题考查Excel的基本操作。演示文稿中的超链接目标可以是已有的文件或网页、同一演示文稿中的幻灯片、新建的文档、电子邮件地址等，但幻灯片中某一对象不能作为超链接的目标。

28. D　【解析】本题考查Excel的基本操作。在Excel中，工具栏上的“f(x)”是插入函数按钮，单击时可打开函数对话框，选择需要的函数并设置参数。

29. D 【解析】本题考查数字推理。前两位数之和减2得到后一位数：1+6-2=5；6+5-2=9；5+9-2=12；9+12-2=19，故选D项。

二、材料分析题（参考答案）

1. (1)①美学这个学科从此有了名称。②"美学"成为一门独立科学。③区分出两种意义上的美学：一种是具有着高度哲学意味的，对美的性质、美感本质、艺术概念的分析等问题进行理论阐释的专门学科；另一种是一些哲学家、思想家和文学家、艺术家关于美和艺术的一些论述。

(2)①强调美学的形成。在生活中，美和对美的感受，是无所不在的。艺术家们由于自己的教养、知识和经历，形成了他们在艺术创作中的美感倾向，并由此决定了他们的艺术风格。

②强调"半美学"的重要地位。在一个时代，一个社会，一种文化之中，也有着一些占据着主导性的美感倾向，一些敏感的艺术家依据这样的感觉创作出了自己的作品。反过来，他们的作品又影响并推动了一个时代、社会和文化的普遍感觉。

③说明"半美学"对美学生长的作用。大量"半美学"的实践、思考和论述是美学的生长基础，使美学具有生命力。

④为美学的发展提供方向。美学是一门专门的由专家从事的学问，又是一门涉及面极广的学问，这些专家要把握大量的"半美学"，整理出来，形成理论，以此保持与现实的对话关系，使美学重获活力，找到发展的源泉。

2. (1)"逼真"侧重于自然有生气，生动传神。"如画"侧重于更带有普遍性，具有典型性。

(2)从"逼真"的角度来看，这一段有大量的外貌描写：头发全白；脸上瘦削不堪，黄中带黑；眼珠间或一轮；一手提着竹篮，内中一个破碗，空的；一手拄着一支比她更长的竹竿，下端开了裂。这些都是对祥林嫂外貌的描写，写实且生动传神。从"如画"的角度来看，写祥林嫂消尽了先前悲哀的神色，仿佛是木刻似的，使祥林嫂受压迫的形象具有典型性，还有对空的破碗，开裂的长竹竿的描写，都使祥林嫂身心受到沉重打击而内心痛苦万分的形象跃然纸上，让受到封建陋习压迫的妇女形象更加具有普遍性。

三、写作题

1.【写作思路】这是一篇材料作文，考生需要从材料中提炼出文章立意。通过分析可知：王利器在任范文澜《文心雕龙注》的责任编辑时，为该书订补了将近500条注文，由此可以提炼出第一个立意——尽职尽责；范老同意了王利器对自己《文心雕龙注》的将近500条注文的订补，由此可以提炼出第二个立意——虚心"纳谏"；在范老提出著作应同署他们两个人的名字时，王利器认为这是自己的份内事，坚辞不允，由此可以提炼出第三个立意——淡泊名利、不忘初心；因为有了两个人的合作，才有了现在好评如潮的《文心雕龙注》，由此可以提炼出第四个立意——合作共赢、团队的力量。

【参考范文】

尽职尽责

林清玄曾说:“人生的画幅,我在乎的不是怎么去画,我在乎的是画出了什么。就像沧浪之水,可以洗脸,也可以冲洗污秽,但水只是水,在尽着宇宙一滴的责任。”我们每个人都有每个人的责任,而我们在生活中也在尽着自己的责任,医生之于病人,教师之于学生。

我们是别人的责任,也有着我们自己的责任。正如王利器的责任是编写好范文澜的《文心雕龙注》,他就尽心尽力,为范文澜的《文心雕龙注》订补了将近500条注文。我们的社会中,有着形形色色的职位,每个职位都有其存在的意义。若是每个职位上的人都无法做到尽职尽责,社会怎能安定和谐?所以,无论我们身处何种职位,都应当尽职尽责。

尽责需要用心。同样是撞钟,如果撞钟人能够用心地撞每一下钟,毫不敷衍,那么人们就会从他的钟声中听到宁静,听到肃穆,听到震撼人心的力量。但若撞钟人只是机械地完成自己的工作,应付了事,那么人们就会觉得钟声吵闹、扰人。两种撞钟人同样在干着自己的本职工作,在尽着自己的责任,但不同的心理却有着不同的结果。我们只有热爱自己的工作,尽心尽职,才能完美地尽到自己的责任。

近年来,中央下发文件,开展反腐倡廉工作,要求广大公务员在其位,尽其职,担其责。我们美好的生活就是各个政府部门尽职尽责的结果。我相信,在这个尽职尽责的社会中,倘若每个人都能做到在其位,尽其职,担其责,中华民族的发展将更加辉煌。

追溯历史,先辈们也知道在其位则需尽职尽责的道理。身为朝臣,魏征敢于上谏,使皇帝放弃了不少无益于民的政令。正是他的尽职尽责,让他成为唐太宗的三镜之一。身为统帅,岳飞治军严明,在一场又一场的战斗中获得胜利,正是他的尽职尽责,得到了“撼山易,撼岳家军难”的美名。身为皇帝,康熙勤政爱民,将国家治理得兴盛富饶,正是他的尽职尽责,为清朝近三百年的基业奠定了坚实的基础。这还只是沧海一粟,华夏文明的建立与兴盛源于千千万万有志之士身处不同岗位,尽职尽责地工作。在其位,尽其职,担其责本身就是中华优秀传统文化的重要组成部分。

无论我们从事伟大的事业,或平凡的工作,我们都应尽职尽责。或许,尽职尽责会十分辛苦,没有丰厚的报酬,甚至一生无名无利。但它会让我们在平凡的岗位上做出超越平凡的成就,在平凡生活中实现不一样的人生价值。这就是在其位,尽其职,担其责的真正意义。

2.【写作思路】通读材料可知,本段材料的主题思想是“传统文化与现代科技”。无论是华为的“鸿蒙”系统,还是中国航天设备的命名,都极具中国特色。这体现了中华民族文化的自信,同时饱含着对中国传统文化的赞扬与自豪感,亦有着传统文化与科技的浪漫结合。

考生在审题立意时，要紧扣这一主题，围绕传统文化与现代科技进行写作。以“传统文化与现代科技”为例：可先概述传统文化与现代科技结合的事例，然后提出中心论点，中间用三个分论点论述，最后再次点明中心论点，号召当代青年注意从传统文化中汲取营养，让科技为传统文化插上翅膀，让传统文化与现代科技照亮民族复兴之路。

综上所述，本题可从以下几方面立意：(1)传统文化与现代科技；(2)发挥科技优势，弘扬传统文化；(3)在科研的路上坚守传统；(4)当科技遇上文化；(5)科学的文化魅力；(6)文化自信；等等。

【参考范文】

传统文化与现代科技

传统文化与现代科技相辅相成，各自都有其不可替代的作用与价值，一个都不可少。

传统文化有其独特的优美。当砚台上的墨被研开，墨香顺着空气优雅地钻入鼻腔，我不得不被其儒雅的气息所沉醉；当沾上墨水的毛笔在纸上笔走龙蛇时，一个个汉字从笔下跳跃而出，显现在纸上，我不得不被优雅的字体所震撼；当捏糖人用那双灵巧的双手将一块块麦芽糖捏成一个个活灵活现的小动物时，我不得不被捏糖的趣味所吸引；当雕刻大师手执一把雕刻刀在石头上东刻西磨，一个逼真的物体慢慢出现在眼前时，我不得不被其精湛的手艺所折服……传统文化源远流长，在纸上终究是诉说不完的，它就像一杯老酒，芳香四溢，回味无穷。

诚然，传统文化之美令人向往，但现代科技也有其不可或缺的价值。君不见在极具现代科技的机床上，一瓶瓶墨水在流水线上应运而生，其生产速度令人瞠目结舌；君不见手机、网络为我们传达信息提供方便的服务，其神奇的技术令人好奇不已；君不见原来只能通过手工制造的食品现如今都可以在机器上实现量产，解放了劳作的双手；君不见3D打印技术在几分钟内就可以打印出一个精致又实用的物件……如今发达的科技给我们生活带来了极大的便利。

传统文化有传统文化的优点，现代科技有现代科技的优点。那两者相比较孰优孰劣呢？在我看来，两者都有其不可或缺的优势，两者相互交融才能最大化地发挥各自的优点，为我们人类文明增光添彩。

墨水只靠手工研制，其生产速率就会慢下来，若只依靠机器生产，就体现不出墨香独特的气息。所以两者都需要保留下来，既保留传统工艺，又要依靠现代科技。

就拿书写来说，有些同学书写的字迹非常潦草，原因很可能是手机用久了平时发消息只在手机上发，忽略了书写的重要性。出现这种情况，就得提醒这些同学多注意书写了。这绝不是在否认现代科技，只是在提醒我们要在学好传统文化的前提下才可以向现代科技看齐。当我们书写的字迹清楚，再在业余时间用手机打发一下时间，这未尝不可。而且这样也方便我们的生活，一条短信或一通电话就可以与千里之外的朋友、家人联系上。

传统文化就像一只小船，而现代科技就像一双木桨。只拥有一只小船，没有木桨，小船将无法向前方航行；只拥有一双木桨，没有小船，那就与拥有一双木棍一样没有太大的作用。只有拥有船和桨，并且二者相互合作才能并肩向前迈进。

让我们以传统文化为船，现代科技为桨，向前出发！

专题一　信息处理能力

单项选择题

答案速查

1～5	BDCAA	6～10	CDDBC	11～15	CDACA	16～20	AABAD
21～25	BDABC	26～30	CCCAA	31～35	DCCBD	36～40	ADDAA
41～45	BACDD	46～50	BBDBA	51～55	CADDC	56～60	ABBAB
61～67	BBABDDC						

1. B　【解析】A选项，选中需要合并且连续的单元格，右击鼠标，选择“合并单元格”即可实现单元格的合并。B选项，两张表格中间有换行符，无法合并成同一张表格，若在第一张表格后边直接再插入一张表格，则它们是同一张表格，而不是两张表格。C选项，在表格内部任意地方右击鼠标，选择“拆分表格”即可对表格进行拆分。D选项，选中表格，右击鼠标，选择“表格属性”进行设置即可。故本题选B。

2. D　【解析】格式刷按钮可以方便地将现有字符或段落的格式复制到别的字符或段落。A项是“保存”按钮，B项是“撤消”按钮，C项是“复制”按钮，D项是“格式刷”按钮，本题选D。

3. C　【解析】在默认情况下，Word可以根据相应的词典对所输入的字符自动进行拼写和语法检查，在系统认为错误的字词下面会出现彩色的波浪线，如红色波浪线表示系统认为该处可能存在拼写错误，绿色波浪线表示系统认为该处可能存在语法错误。

4. A　【解析】Ctrl+S是保存功能，Ctrl+V是粘贴功能，Ctrl+X是剪切功能，Ctrl+W是关闭功能。

5. A　【解析】按住Alt键的同时按住鼠标左键，从要选择文本的起始位置向下、向右拖动，选择一定矩形区域的文本块。

6. C　【解析】在Word文档中，为了看清文档的打印效果，应使用的视图方式是页面视图。

7. D　【解析】计算机的内存容量通常是指随机存储器(RAM)的容量。按照计算机的二进制方式，

1GB=1024MB。因此,网吧电脑内存储器容量(8GB)是谭某电脑内存储器容量(512MB)的16倍。

8. D 【解析】Ctrl+Alt+Del键在不同的操作系统有不同的功能,但其目的都一样,即“为了立即终结电脑的异常状态”。按下Ctrl+Alt+Del键后,电脑屏幕上会出现一个界面窗口,在该界面上即可选择“任务管理器”选项进行相应操作。

9. B 【解析】在Word的编辑状态下,“打开”文档是指将指定的文档从外存中读入,并且显示在当前窗口中。

10. C 【解析】在Word中,有“改写”和“插入”两种编辑模式。打开Word文档窗口后,默认的文本输入状态为“插入”状态,即在原有文本的左边输入文本时原有文本将右移。另外还有一种文本输入状态为“改写”状态,即在原有文本的左边输入文本时,原有文本将被替换。

11. C 【解析】Word编辑不了,显示“不允许修改,因为所选内容已被锁定”,是因为启用了保护限制编辑,关闭文档保护即可自由编辑。

12. D 【解析】Ctrl+End即可将光标移动到文件的最后;End可移至条目的结尾;Home可移至条目的开头;Page Up可上移一屏(滚动)。

13. A 【解析】在Word中,绘制的图形、自选图形、艺术字和图表都被当作是图片对象。

14. C 【解析】Delete表示删除光标后面的一个字符,当光标在第一段落的段落末时,按Delete键表示删除了换行符,把两个段落合并为一个段落。

15. A 【解析】在Excel中,对数据源进行分类汇总之前,应先完成的操作是将数据清单进行排序。

16. A 【解析】在Excel中,如果没有预先设置整个工作表的对齐方式,则字符型数据和数值型数据自动分别以左对齐和右对齐方式显示。

17. A 【解析】SUM是求和函数,可以计算参数表中的参数总和。RANK是排名函数,主要用于计算某数值在一列数值中相对于其他数值的大小排位。COUNT是统计函数,可以计算区域中包含数值的单元格个数。AVERAGE是求平均值函数,可以计算所有参数的平均值。张志刚的总成绩即是语文、数学、英语三科成绩的总和,应当用求和函数SUM计算。

18. B 【解析】选择表格后单击鼠标右键,打开“设置单元格格式”对话框,选择“对齐”选项卡,选中“缩小字体填充”复选框,即可缩小单元格中的文字数据,使数据的宽度与列宽相同。

19. A 【解析】A选项,首行缩进是只缩进一个段落的首行。由图中可以看出第一行缩进了2个字符,属于首行缩进。B选项,悬挂缩进是段落的首行文本不变,后续行缩进一定距离;C选项,左缩进是整段文档相对于文档左边框右移一定的距离;D选项,右缩进是整段文档相对于文档左边框右移一定的距离。

20. D 【解析】通常在PowerPoint幻灯片中插入的表格是不能进行运算和排序操作的。

21. B 【解析】选项A是新建一个文档;选项C是打开一个文档;选项D是作为超链接插入,不是内容插入。

22. D 【解析】在常见的网址后缀名中,“. gov”表示政府部门,“. edu”表示教育机构,“. org”表示非营利组织,“. com”表示商业机构。

23. A 【解析】Word文档打印可以是整个文档,也可以是其中一页或几页,但不能是段落。A项正确,B项错误。文档属性信息也可以打印,C项错误。多页文档在打印时可以选择打印页码范围,D项错误。

24. B 【解析】选择“幻灯片放映”→“设置幻灯片放映”命令,打开“设置放映方式”对话框,其中的放映类型默认为“演讲者放映(全屏幕)”。

25. C 【解析】幻灯片浏览视图不能用来编辑个别幻灯片内容,它是用来对多个幻灯片进行操作的。

26. C 【解析】打开“幻灯片切换”对话框,在该对话框中可以设置切换效果、切换声音和速度、换片方式等。

27. C 【解析】PDF是一种文件格式,Word文档可另存为PDF格式的文档。JPG是一种图像文件格式;MP4是一套用于音频、视频信息的压缩编码标准,也是一种兼容性非常好的视频格式;MKV是一种多媒体封装格式。

28. C 【解析】在PowerPoint的空白幻灯片中,可以直接插入图片、图表、文本框、页眉和页脚、艺术字、影片、声音等。若要插入字符,需要先点击文本框,然后进行相应操作。

29. A 【解析】在PowerPoint中,运用母版功能可以实现为所有幻灯片设置统一的、特有的外观风格。

30. A 【解析】A项说法错误,工作簿是由工作表组成的,每个工作簿都可以包含一个或多个工作表。

31. D 【解析】在Excel中,使用“Ctrl+鼠标操作”可以选定不连续的多个单元格。使用“Shift+鼠标操作”可以选定连续的多个单元格。在Excel数据表中只有一个活动单元格。

32. C 【解析】在Excel中,自动填充柄可完成复制操作。

33. C 【解析】在Excel默认状态下,只能对列排序,不能对行排序。若要按行排序,首先选中要排序的行,然后单击“数据”选项卡中的“排序”,在弹出的“排序”对话框中通过“选项”即可将排序方式设置为按行排序。

34. B 【解析】在Excel中,&用于将两个字符或字符串连接起来。

35. D 【解析】四周型是指文字在图片方形边界框四周环绕,图片具有浮动性,可以在文档中自由移动。本题图片中的文字环绕方式是四周型。

36. A 【解析】在Excel中，如果单元格中的内容为数字或字符时，拖动填充柄进行填充时相当于复制。故单元格内容为“1”时，拖放填充6个连续的单元格，填充的单元格内容为连续6个“1”。

易错提示：在Excel中，数据填充有两种形式：

(1)使用填充柄。选定初始值所在的单元格，拖动填充柄时经过的区域就被自动填充了，填充的内容是事先定义好的填充序列。出现填充柄的单元格称为“种子”，“种子”可以是多个单元格的区域。输入的“种子”如果是字符或者数字，在填充时相当于复制；输入的“种子”为文字和数据的混合时，文字不变，数字发生变化；输入的“种子”正好是系统设定好的序列中的一员，则按照序列填充。

(2)填充系列。填充可以实现等差、等比等多种填充形式，具体操作为：选中要填充的单元格，选择“开始”选项卡，在“编辑”功能区中选择“填充”→“系列”命令，在出现的“序列”对话框中可以设定“等差序列”或者“等比序列”。

37. D 【解析】在Word表格的单元格中既可以输入文本，又可以输入图片和符号。

38. D 【解析】可以通过“动画”来设置幻灯片的放映效果，使幻灯片中的对象按照某个规律，以动画的效果逐个显示出来。在“动画”中可以通过“对动画重新排序”选项重新设置幻灯片中各个对象的出现顺序。

39. A 【解析】MAX函数用于求一组数据中的最大值。其中，当一组数据中既有数字又有逻辑值时，逻辑值true代表1，逻辑值false代表0，因此最后的结果为1，A项正确。

40. A 【解析】在Excel中可以创建嵌入式图表，嵌入式图表和数据源位于同一张工作表中。

41. B 【解析】数据筛选就是将不符合特定条件的行隐藏起来，这样可以更方便查看数据。

42. A 【解析】分类汇总就是对数据按某字段进行分类，将字段值相同的记录作为一类，进行求和、平均、计数等汇总运算。针对同一个分类字段，可进行多种汇总。分类汇总前，需要先按分类字段对数据清单进行排序。

43. C 【解析】在Excel表的单元格里，同时按下Alt+Enter可以实现单元格内换行。

44. D 【解析】创建超链接时，起点可以是任何对象，如文本、图形等，如果图形中有文本，可以为图形和文本分别设置超链接。

45. D 【解析】默认情况下，只有文本数据是靠左对齐的，数值、日期和时间均右对齐。

46. B 【解析】饼图用来显示一个数据序列中各项的大小与各项总和的比例。

47. B 【解析】在Word的编辑状态下，执行快捷键Ctrl+A，可以选中整个文档内容。

48. D 【解析】在Excel中，利用自动填充柄可进行自动填充。可以实现等差、等比等多种形式的填充，还可以进行日期的填充。

49. B 【解析】在Excel中，当把单元格的格式设置为整数时，若输入的数字带小数，系统会自动地四舍五入显示为整数，所以当输入3.14时，单元格会显示为3。

50. A 【解析】如要关闭工作簿，但又不想退出Excel，可以单击“文件”下拉菜单中的“关闭”命令。

51. C 【解析】幻灯片浏览视图以幻灯片缩略图形式显示，可以移动和复制幻灯片，不可以编辑修改内容，A项错误。幻灯片播放时不显示占位符，B项错误。每张幻灯片可以使用不同的版式，D项错误。

52. A 【解析】在PowerPoint中，如果要输入大量文字，最方便的视图是大纲视图。

53. D 【解析】插入页码时，选择“插入—页码”可统一设置，无须每一页都要输入页码。

54. D 【解析】PowerPoint课件可支持多个对象的动画同时播放。

55. C 【解析】排练计时是通过记录模拟彩排的播放过程，将每张幻灯片放映的停留时间以及幻灯片中的动画效果的播放时间记录下来，在放映时实现自动播放。因此，要使幻灯片在放映时能够自动播放，需要为其设置排练计时。

56. A 【解析】在PowerPoint中，向幻灯片中添加文本时，可以选择“插入”菜单中的文本框命令。故选A。

57. B 【解析】在Excel中，单元格地址的绝对引用，是在列标和行号前加$符号。故选B。

58. B 【解析】Excel中，筛选条件之间是“和”的关系，筛选结果要同时满足所有条件。因此，利用条件“数学>70”与“总分>350”对考生成绩数据表进行筛选后，显示的结果是所有数学>70并且总分>350的记录。

59. A 【解析】只读表示文件只能读取，不能修改也不能储存。

60. B 【解析】CPU由运算器和控制器组成，故C错。CPU只能直接访问存储在内存中的数据，故A错、B正确。CPU能执行算术运算和逻辑运算，故D错。

61. B 【解析】题干中的功能图标为段落对齐方式中的右对齐。

易错提示：在Word中，段落的对齐方式一般有五种：左对齐、居中对齐、右对齐、两端对齐和分散对齐。考生在遇到此类试题时，可根据图标中的对齐方向进行区分。

62. B 【解析】在Word的“字体”对话框中，可设定文字的间距，在Word的“段落”对话框中，可设定缩进、对齐和行距。故选B。

63. A 【解析】使用高级筛选除了有数据区域外，还可以在数据区域以外的任何位置建立条件区域，条件区域至少两行，且首行为与数据相应字段精确匹配的字段。同一行上的条件关系为逻辑“与”，不同行之间为逻辑“或”。题干中，向条件区不同行输入两个条件，两者是“或”的关系。故A项正确。

64. B 【解析】在一个单元格所保存的公式中，若所含单元格地址的列标或行号采用的是相对地址表示，则在复制（填充）过程中，将随着目的单元格的相应地址变化而同步变化；若所含单元格地址的列标或行号采用的是绝对地址表示，则在复制（填充）过程中，将保持原地址不变。在此题中，D3中保存的公式，其每个单元格地址的列标是相对的，而行号是绝对的，所以当复制到E4单元格后，E4相对于D3的地址变化，反映到复制后的内容时，其列标随之变化，而行号不变，复制后在E4中保存的内容为“=C＄3+D＄3”。

65. D 【解析】在幻灯片浏览视图下，在多张幻灯片中选定一张并拖动，可以实现移动此张幻灯片。

66. D 【解析】幻灯片放映模式用于播放幻灯片。大纲模式用于批量编辑幻灯片；幻灯片模式用于编辑具体幻灯片单页；幻灯片浏览模式用于快速查找定位幻灯片。

67. C 【解析】幻灯片母版是指具有特殊用途的幻灯片，用来设置演示文稿中所有幻灯片的外观，如字体、颜色或背景。

专题二　逻辑思维能力

单项选择题

答案速查

1～5	ABDBD	6～10	DDABA	11～15	DBCBD	16～20	DABDA
21～25	DDDDA	26～30	BAABD	31～35	DABCB	36～40	DDCCD
41～45	ABCAB	46～50	ACBCD	51～57	DDDBBDC		

1. A 【解析】交警根据交规来处理违章，交规是交警处理违章的依据。A项，保安员根据规定来维持秩序，规定是保安员维持秩序的依据，与题干逻辑关系一致，当选。B项，厨师并非根据菜单来烹饪佳肴，菜谱才是厨师烹饪佳肴的依据，与题干逻辑关系不一致，排除。C项，维修工并非根据合同来维修电器，维修工维修电器的依据是维修的基础知识和家电的损坏原因，与题干逻辑关系不一致，排除。D项，教师并非根据教案来备课，教案是在教师备课过程中产生的，是对教学内容、教学步骤、教学方法等进行的具体设计和安排的一种实用性教学文书，是教师上课的依据，而不是备课的依据，与题干逻辑关系不一致，排除。

2. B 【解析】直言模态命题即在直言命题上加上“必然”“可能”“未必”等模态词的命题。并非“必然P”=“可能非P”（即不必然=可能不）是直言模态命题的一种转换关系，由此得出“并非只有上大学才能成才”=“可能不上大学也能成才”，B项与此表述相同，当选。

3. D 【解析】由于甲药比乙药有效，而乙药又与己药药效相同，所以甲药比己药药效好。

4. B 【解析】根据题目，小刘、小张、小白是选举的结果，如果选了小刘或小白二者中的一个，则答

案就有两个，因为“或命题”成立的前提是“只要有一个为真”，所以只能选小张。

5. D 【解析】分析题干可知：甲不是银行职员；乙不是教师；丙不是公务员；教师的年龄＞乙的年龄；丙年龄最小。即三人年龄的排序为：教师＞乙＞丙，说明甲是教师。根据条件“丙不是公务员”可知，乙是公务员，丙是银行职员。故D项说法错误，当选。

6. D 【解析】根据题干可知：赵+钱=孙+李，且赵+李>孙+钱，因此，李>钱；又因钱>孙，钱>赵，故李>孙，李>赵，因此李的身高最高。

7. D 【解析】本题为推断题，将各项分别代入。A项代入，则小王说的第一句为真，第二句为假，第三句为真；小李说的第一句为真，第二句为假，第三句为假。小李两句为假与只有一句说错矛盾，排除。B项代入，则小王说的第一句为假，第二句为假，第三句为假，三句为假与只有一句说错矛盾，排除。C项代入，则小王说的第一句为真，第二句为假，第三句为真；小李说的第一句为真，第二句为假，第三句为假。小李两句为假与只有一句说错矛盾，排除。D项代入，则小王说的第一句为假，第二句为真，第三句为真；小李说的第一句为真，第二句为真，第三句为假；小张说的第一句为真，第二句为真，第三句为假。每个人说的都只说错一句话，与题干相符，当选。故正确答案为D。

8. A 【解析】由(1)和(2)可知，小张既不是作家也不是老师，因此小张是公务员，再结合(3)可知小李和小张不在同一座城市，因此小李是老师，则小胡是作家。

9. B 【解析】妈妈不喜欢女儿穿长袖配短裙，即必须是长袖配长裙、短袖配短裙。只有B项妹妹穿的是长袖配短裙，姐姐是短袖配长裙，所以选B。

10. A 【解析】代入A项，甲来自德国，根据(1)可知，乙来自英国，结合(2)可知，丙来自德国，则甲、丙、丁至少有2人来自英美两国为假，因此甲不可能来自德国。代入B项，乙来自德国，根据(1)(2)可知，甲来自英国，丙来自哪个国家未知，可能来自英美两国，甲、丙、丁至少有2人来自英美两国可能为真。代入C项，丙来自英国，根据(2)可知，乙来自德国，结合(1)可知，甲来自英国，甲、丙、丁至少有2人来自英美两国为真。代入D项，丁来自英国，甲、乙、丙来自哪个国家未知，甲、丙可能来自英美两国，甲、丙、丁至少有2人来自英美两国可能为真。故本题选A。

11. D 【解析】杀鸡的目的是儆猴。A项，得陇与望蜀是并列关系，与题干关系不一致。B项，唇亡与齿寒是因果关系，与题干关系不一致。C项，居安与思危是并列关系，与题干关系不一致。D项，凿壁的目的是偷光，与题干关系一致。故本题选D。

12. B 【解析】儿童与孩子意思相同，一个是书面语，一个是口语。兄长和哥哥意思相同，一个是书面语，一个是口语。故本题选B。

13. C 【解析】由“甲不举红旗，也不从东面上山；举红旗的人从西面上山”推出，甲从南面上山；由

"甲不举红旗，也不从东面上山；乙举着绿旗"可推出，甲举着黄旗。因此，甲举着黄旗从南面上山，丙举着红旗从西面上山，乙举着绿旗从东面上山。故选C。

14. B 【解析】本题为推断结论型题目。甲说的"四人都没有坚持一个月"和乙说的"四人有人坚持了一个月"是矛盾关系，矛盾关系必有一真一假；已知两人说真话，两人说假话，所以丙和丁的话必有一真一假。假设丁说的是真话，则丙说的也是真话，与题干相违背，所以丁说的一定是假话。丁说的是假话，则丁坚持了一个月，即有人坚持了一个月，所以乙和丙的话是真话。故正确答案为B。

15. D 【解析】有鲦鱼出现的、长有浮藻的水域是大嘴鲈鱼的生长条件，没有这些条件就不会有大嘴鲈鱼，但是有这些条件也不一定有大嘴鲈鱼。漠亚河中没有大嘴鲈鱼这个条件，(1)(2)(3)三个结论都不能推出。

16. D 【解析】题干中数列的规律是：先后相邻的三个数中，第三个数等于前面两个数加3，如：3+1+3=7，7+3+3=13，7+13+3=23，13+23+3=39，23+39+3=65，39+65+3=107。所以，题干数列空缺处应当填入的是39和65。

方法技巧：在教师资格笔试中，数字推理是考查考生逻辑推理能力的一种常见考法。如果题干所给各项数字相差较大，考生可从积数列与积数列变式的角度入手寻找规律；各项数字相差较小时，可从和数列及其变式、等差数列的角度思考；或者从相邻两项的和、差、积、商着手。有时，数字推理题的运算还会涉及一个常数值的加减乘除。

17. A 【解析】郁郁葱葱用来形容森林，二者是语法关系。A项，庄严肃穆用来形容法庭；B项，勤奋好学形容的是学生，不能是校园；C项，饕餮大餐指丰富的、大量的食物，不能形容餐桌；D项，嬉戏玩闹形容的是人，不能是公园。故本题选A。

18. B 【解析】分析题干，根据"甲和属于第3小组的那位摘得的数量不一样"可知，甲不属于第3小组；根据"第3小组的那位比乙摘得多"可知，乙不属于第3小组，即丙属于第3小组，且丙>乙；根据"丙(第3小组)比第1小组的那位摘得少"可得，第1组>丙(第3组)>乙。综上可知，甲是第1组，乙是第2组，且三人摘得的草莓数量从多到少的顺序为：甲、丙、乙。故答案选B。

19. D 【解析】根据题干中的"小李、小王和小方都只猜对了一半"，将A项代入题干，小李的猜测为"错、错"，小王的猜测为"对、对"，小方的猜测为"错、错"，不符合题干要求，排除。B项代入题干，小李的猜测为"对、错"，小王的猜测为"错、错"，小方的猜测为"错、错"，不符合题干要求，排除。C项代入题干，小李的猜测为"错、错"，小王的猜测为"错、错"，小方的猜测为"对、对"，不符合题干要求，排除。D项代入题干，小李的猜测为"错、对"，小王的猜测为"错、对"，小方的猜测为"对、错"，符合题干要求。因此，答案选择D项。

20. A　【解析】根据条件(1),星期四只能复习2门民法,其余每天必须复习两类不同的课程,那么剩余的3门民法应该分别排在剩余六天中的其中三天。根据条件(3),民法和行政法不能在同一天复习,那么3门行政法也应该在剩余六天中的三天,并且不能与民法在同一天,所以3门行政法和3门民法应该各占了除了周四外剩余六天中的三天,那么民法或行政法一定有一门在星期天。根据条件(2),国际私法必须在星期天,因此国际私法一定与民法或者行政法其中的一个在同一天,那么经济法和商法均不能与国际私法在同一天,A项说法正确,当选。

21. D　【解析】根据题干分析,甲认为"辽宁队会包揽前三名",乙则认为"山东队或者河北队会拿奖",即前三名中至少会有山东队或河北队的运动员。甲和丙的预测相矛盾,其中必有一真,这样,乙和丁都预测错误,也就是说辽宁队前三名不只拿了一个、辽宁队和山东队都没拿到第一名,这样可知前三名顺序是:河北、辽宁、辽宁。故选D。

22. D　【解析】观察发现,题干中的白点和黑点依次呈交错递增规律,黑点数量依次为:1、2、3、4;白点数量依次为:1、2、3、?。? 前已有1个白点,? 后已有两个黑点,因此? 处白点应为3个,黑点应为3个,只有D项符合。

23. D　【解析】乙和丙说法矛盾,必有一真,甲、丁预测错误。甲错,可知Y球队不能进入决赛。丁错,可知X球队能进入决赛,故选D。

24. D　【解析】根据题干数列可知,4×0.5=2,2×1=2,2×1.5=3,3×2=6,所以第六项为2.5×6＝15。综上所述,D项正确。

25. A　【解析】"医生都穿白衣服"和需要补充的前提推出"有些穿白衣服的人留长头发"的结论,因此需要补充的前提必须有关键词"留长头发",故答案选A。

26. B　【解析】火车、汽车、飞机都是交通工具,三者之间是并列关系。A项,冬瓜和南瓜是并列关系,但是"瓜子"是一种坚果,所以三者不是并列关系,与题干逻辑关系不一致;B项,白菜、苋菜、空心菜都是蔬菜,三者为并列关系,与题干逻辑关系一致;C项,中医和西药不是并列关系,而且西药和口服药为交叉关系,与题干逻辑关系不一致;D项,空调和冰箱都属于家电,与题干逻辑关系不一致。故正确答案为B。

27. A　【解析】此数列为等差数列,公差为8,即6+8=14,14+8=22,22+8=30,30+8=38,38+8=46,故空缺处数应为30。

28. A　【解析】鸿雁、笺札都是书信的代名词。A项,月老、红娘、媒人是全同关系,与题干逻辑关系一致,当选;B项,宇宙包含乾坤、天地,三者不是全同关系,与题干逻辑关系不一致,排除;C项,红豆象征相思,三者不是全同关系,与题干逻辑关系不一致,排除;D项,东宫指代太子,与储君是全同关系,王子不等于太子,三者不是全同关系,与题干逻辑关系不一致,排除。故答案选A。

29. B 【解析】"内正其心外修其行"是"表里如一"的必要非充分条件。B项"若能内正其心外修其行,则必能表里如一"是错误的,这种表述忽略了表里如一的其他条件,使前者成为后者的充分必要条件。

30. D 【解析】分析图形可知,前三个格子中的两个图形均为四边形,且有两条公共边。A项图形只有一条公共边且是三角形,与题意不符;B项图形均为四边形,但没有公共边,与题意不符;C项图形均为四边形,但只有一条公共边,与题意不符;D项图形均为四边形且有两条公共边,本题只有D项符合题意。

31. D 【解析】前四个数字形成数列:101,169,305,577。该数列的后一项减去前一项的差形成新数列:68,136,272。在新数列中,后一项是前一项的2倍。则空缺处应该填入的数字为577+272×2=1121。

32. A 【解析】地球是行星,并且是一个具体存在的行星。A项,英国是一个具体存在的国家,与题干逻辑关系一致,当选;B项,陕西是中国的一个省,两者之间是组成关系,与题干逻辑关系不一致,排除;C项,公路不是具体的某一条道路,与题干逻辑关系不一致,排除;D项,岛屿和大陆两者之间是并列关系,与题干逻辑关系不一致,排除。故答案选A。

33. B 【解析】由题中数列可知,相邻两数的差为:5、7、11、13、?。即构成一个质数数列,因此,?=17,即空格处的数字为17+38=55。

34. C 【解析】汉文帝刘恒及汉景帝共同开创了文景之治,清圣祖爱新觉罗·玄烨及乾隆共同开创了康乾盛世,而贞观之治是唐太宗李世民个人开创。故本题答案选C。

35. B 【解析】白醋的主要功能是烹调,次要功能是消毒;且白醋为液体。A项,加热是热水器的主要功能,而且热水器不是液体,不符合题干逻辑关系,排除。B项,汽油的主要功能是用作燃料,次要功能是去渍,而且汽油是液体,符合题干逻辑关系,当选。C项,调味是白糖的主要功能,且白糖不是液体,不符合题干逻辑关系,排除。D项,滋补是人参的主要功能,而且人参不是液体,不符合题干逻辑关系,排除。故正确答案为B。

36. D 【解析】咽喉的比喻义是要塞;眉目的比喻义是头绪。

37. D 【解析】每组图形的构成元素完全相同,只是所处的位置不同,这时需考虑图形的整体变换。第一组第一个图形顺时针旋转90°得到第二个图形,第二个图形左右翻转得到第三个图形;第二组图形也具有相同的规律。故本题选D。

38. C 【解析】题干前三个图示中体现的是顺时针叠加关系,是在原来各图形位置不变的基础上添加一个新图形。只有C项符合此规律。

39. C 【解析】据观察可知，格子中的原有图形位置不变，后一个格子中的图形数量比前一个格子的图形多一个。AD两项的图形位置与第三个格子中的图形不符，不选；B项图形的数量与第三个格子中的图形数量相同，均为四个，与题意不符，不选。本题选C项。

40. D 【解析】确定题干的逻辑关系：白驹过隙比喻时间过得很快；秒表可以测量时间，二者都与时间有关。风驰电掣形容非常迅速，像风吹电闪一样；测速仪用来测试速度，二者都与速度有关，与题干逻辑关系一致。故本题选D。

41. A 【解析】直线交叉，则直线不平行，前者是后者的充分条件。直线不平行有两种情况，一是直线交叉，一是直线不在同一平面内，直线交叉与直线不平行不是全同关系。A项，$x>1$，则$x^2>1$，前者是后者的充分条件。B项，达到100℃，液体不一定沸腾，不同的液体沸点不一样，且与气压等条件有关，前者不是后者的充分条件。C项，O_3是臭氧的化学式，二者为全同关系。D项，圆面积公式用字母表示为$S=\pi r^2$，前者不是后者的充分条件。故本题选A。

42. B 【解析】全身麻醉和注射麻醉是交叉关系。A项，加热消毒属于物理消毒，两者为种属关系B项，抽样调查和问卷调查是交叉关系。C项，网络存储和单机存储为并列关系。D项，胸式呼吸与腹式呼吸为并列关系。故本题选B。

43. C 【解析】丝竹代指音乐，汗青代指史册。故本题选C。

44. A 【解析】张教练和孙教练的预测为矛盾关系，必有一真一假，根据"只有一位教练的预测是正确的"可知，王教练的预测必为假，即省运会冠军或国家队队员未达标。若张教练预测为真，则孙教练的预测为假，符合"只有一位教练的预测是正确的"要求，则没有人达标。故本题选A。

45. B 【解析】题干图形均由三角形加内部线条构成，可从封闭区域数、交点数考虑。封闭区域数依次为1、2、3、4、6，不能构成规律。交点数依次为3、4、5、6、7，故问号处图形的交点数应为8。A项的交点数为6，B项的交点数为8，C项的交点数为7，D项的交点数为7，只有B项符合要求。故本题选B。

46. A 【解析】根据题干数字可得：$45-36=9=3^2$，$70-45=25=5^2$，$119-70=49=7^2$，$200-119=81=9^2$，由此可知，相邻两数字的差构成平方数底数是公差为2的等差数列。故$11^2=121=?-200$，$?=321$，本题选择A。

47. C 【解析】题干数字的规律是：$7-1=6$，$17-7=10$，$31-17=14$，$49-31=18$，相邻两项的差构成公差为4的等差数列，故空缺处的数字应为$49+22=71$，本题选C。

48. B 【解析】题干数字的规律是：$-1+7=6$，$7+(-13)=(-6)$，$-13+19=6$，相邻两项的和为6、-6的循环数列，故空缺处的数字为$-6-19=(-25)$，本题选B。

49. C 【解析】爱不释手和弃若敝屣是反义关系，众说纷纭和众口一词为反义关系。A、D两项均为近义词，B项“东扶西倒”比喻顾此失彼，与“东倒西歪”构不成反义关系。故本题选C。

50. D 【解析】从图形构成来看，题干图形都由内外两部分组成，且内部图形均与外部图形相接触，所以首先考虑内外图形接触点的个数。第一组图依次是2、3、5；第二组依次是1、4、?。其中2+3=5，1+4=5。选项中只有D项的内外图形接触点个数为5。故本题选D。

51. D 【解析】此题只需要清楚，要得20分只能是答对两道题，答错两道题，不答两道题这一种情况。然后，应用此例子逐个排除。A至多答对一道题，可以排除掉；B至少三道没有答，意思是有三道或者三道以上没答，可以排除；C至少答对三道，也可以排除；D项是正确答案。

52. D 【解析】题干“如果小凡参加婚礼，那么小丽、小远和小青将一起参加婚礼”属于充分条件假言命题。本题中，“小凡参加婚礼”是前件，“小丽、小远和小青将一起参加婚礼”是后件。充分条件假言命题肯定前件就能肯定后件（即前件为真则后件必然为真），肯定后件不能肯定前件；否定前件不能否定后件，否定后件就能否定前件（即后件为假则前件必然为假）。AB项，否定前件不一定否定后件，排除。C项，肯定后件不一定肯定前件，排除。D项，小远不参加婚礼是对题干条件后件的否定，否定后件就能否定前件，可以推知小凡不参加婚礼，那么小青和小凡不会都参加婚礼，可以推出D项。故选D。

53. D 【解析】题干中，四季就是指春夏秋冬，二者为全同关系。A项，情绪不仅仅包括喜怒哀乐，还有其他情绪，所以二者为包含关系；B项，颜色不仅包括赤橙黄绿还有其他颜色，二者为包含关系；C项，一天不仅包括早中晚，还有其他时间，二者为包含关系；D项，四方就是指东南西北，二者为全同关系。

54. B 【解析】每两个数一组，后项分别减去前项：5-3=2，10-6=4，17-11=6。所得的差为：2，4，6，(8)，所以18+8=26。

55. B 【解析】直接递推，数列前两项的差值，等于第三项。52-32=20，32-20=12，20-12=8，故空缺处为12-8=4，该题选B。

56. D 【解析】“琴棋书画”与“经史子集”这两个词语中的四个字均为名词，且为并列关系。D项，“鸟兽虫鱼”与“江河湖海”这两个词语中的四个字均为名词，且为并列关系，符合题干的逻辑结构。A、B、C三项均与题干的逻辑结构不符。

57. C 【解析】题干中李白和王维是唐朝诗人，属于逻辑中的复言命题，表达两个判断。A、B、D三项都是复言命题，与题干一致。C项苏洵、苏轼是父子，表达了个体判断，是直言命题，与题干不一致，故选择C项。

专题三　阅读理解能力

材料分析题(参考答案)

1. (1)首先指出中国国画囿于传统、模仿抄袭的毛病;接着举例论述时代对绘画艺术的影响;最后得出艺术的内容与技巧要随时代而变化的观点。

(2)①重视写形的基本练习;②尝试或创新区别于书法的绘画材料和工具;③遵循物象的本体特点,寻求最有表现力的写意。

2. (1)①从成员上看,论战双方都是当时物理学界的代表人物;②从内容上看,辩论涉及现代物理学两大基础理论——相对论和量子力学;③从影响上看,辩论带动了整个理论物理界的学术争鸣。

(2)①追求真理,在学术之争中胸怀坦荡,不掺杂个人恩怨;②以赤子之心帮助祖国发展物理学研究;③慧眼识才,吸引了大批青年科学家,并为他们提供发展的平台;④有人道主义关怀,积极营救受纳粹迫害的科学家。

3. (1)文中画线处指的是文学有影视产品所表现不出来的领域;文学从不限于实录,并非某种分镜头脚本,文学在实处还有虚,是实外有虚,实中寓虚,虚实相济,虚实相生的。"镜头够不着的地方"是指意识的非图景化与文字的思辨化的地方。

(2)"文字与图像互为隐形推手"是指文字与图像是相互联系的,二者取长补短,相互促进,文学的发展能带动影视产业的发展,而影视产业的发展又反作用于文学。影视产品传播快、受众广、声色并茂,并具有文字所缺乏的诸多优越性;而文字可以做到实外有虚,实中寓虚,虚实相济,虚实相生,它可以描绘任何超现实的个人感觉,还可以有抽象认知,有归纳、演绎、辩证、玄思等各种精神高蹈。所以说文字与图像互为基因,互为隐形推手。一种强旺的文学成长,在这个意义上倒是优质影视生产不可或缺的重要条件。

4. (1)对自然的死亡,不怕,因为不可避免;对痛苦的死亡,以前是无可奈何,现已不太害怕;对快乐的死亡,十分优虑、害怕。

(2)本文虽然是作者从自身的职业角度发出的感慨,但这就像是举了个例子一样。这种只注重表面功夫,不做好本职工作的做法并不是只在作家中出现,作者是借此对整个社会中存在的这种现象进行批判。因此,本文"快乐的死亡"不单是对作家而言,对其他人也有启迪作用:我们不要热衷于表面的热热闹闹、轰轰烈烈,而要踏踏实实搞好本职工作,做出实际成绩。

5. (1)人生合理的生活,便是指敬业。人生在世是要天天劳作的,根据自己的才能、境地,认定一件事情去做,并忠于这件事,实实在在把全部精力集中到这事上,圆满地劳作。这便是人生合理的生活。

(2)佝偻丈人用竹竿粘蝉百发百中,一个人能把职业或一件有价值的事做到这么娴熟圆满,可谓做到忠实,做到敬业了。文章引用《庄子》中佝偻丈人的故事是列举事例来论证人要有敬业精神。

6. (1)通过想象黄河流入大海惊涛拍浪、汹涌澎湃的情景和自己"侧耳细听"的细节描写,照应上文,与下文写黄河入海时静穆安详的景象形成强烈的对比,赞美了黄河博大宽广的胸怀以及宠辱不惊的气度。

(2)探究角度示例:①百川归宗、生命有终的生存法则;②生死轮回、生生不息的生命规律;③淡泊宁静、顺应融合的生活态度;④博大宽广、宠辱不惊的胸襟气度;⑤乐于奉献、牺牲自我的人格操守;⑥积累凝聚、团结协作的集体精神。

7. (1)①对自己调剂安排,不能恰到好处;②当局者迷,不易认识自己;③一个人所好者莫过于自己。

(2)①人都会陷入自恋的困境;②要把世界和同类作镜子才能认清自己;③对待自己要有自知之明。

8. (1)要经历接受启蒙教育,激发兴趣爱好,选择终身职业这三个过程。

(2)朱光潜的经历体现了读书的第一阶段的特点。在朱光潜幼小的心灵中,怀着对知识的好奇,因而他在读书兴趣的支配下,陶醉于书中内容,忘记了等船的事,与第一阶段相符。

9. (1)"思想质量上的不尽如人意"可以从以下几个方面来分析:首先,物质价值的创造与拥有在相当大的程度上压倒了精神价值的创造与实现。其次,功利主义的价值观占据了主流,物质价值和精神价值直接的关系已经失衡,我们当下生活所出现的问题并不在现象与问题本身,而在于意义与价值出现了偏差。最后,宣泄式、怨怼式甚至破坏式写作成为潮流。

(2)不足在于:①思想上不尽如人意,功利主义占据主流,精神价值被物质价值所压倒,两者失衡。②地方与无名或隐名写作,还不能担起将自身转化成社会建设路径的重任。③地方与无名或隐名写作对理想与价值的探讨或肯定仍存在不足,且缺少守护传统价值以及提出新价值观的力量。

作者期望的地方性写作理想状态:①地方性写作发展状态应该具有自我调节和自我修复功能。②地方性写作应该是动态平衡的,一方面与社会生活实践及价值的变化相结合,另一方面也要融合伦理和历史。③社会应对地方性写作抱以宽容鼓励的态度,促进地方性写作的蓬勃和发展。

10. (1)首先,由当今国人崇尚奢华引出人们把“奢华”当“品位”的错误认识;接着,举例论证什么是真正的品位;最后,表达对今人不重教养而重奢华的批判,指出有教养才是有品位。

(2)表明只有有教养的人才是真正称得上有品位的人,而今人却因教养困难奢华容易而误把奢华当作品位,批判了现代人对物质的过度追求以及教养的匮乏,指出人们对品位的错误认识及由此带来的人生目标的偏离。

11. (1)论证了有些动物的游戏与生存适应毫无关系的观点,从而进一步说明了“演习说”的漏洞。

(2)科普文的艺术性主要体现在通俗性和趣味性这两个方面,即要“深入浅出,引人入胜”。对一般读者而言,动物游戏行为研究是一门比较陌生的科学。为了将动物游戏的动机这一科学原理说清楚,作者通过举例,给读者以具体实在的感性形象。同时,浅显的语言,形象的描写,将抽象的、枯燥的知识说得具体、生动,增强了文章的可读性。

12. (1)作者认为的“青年人的责任”指的是青年人应该认清自己在人类社会进化中的地位,决定人类的前途,创造祖国的前途。

(2)青年人应该承担自己的责任,脚踏实地,树立正确的人生观和价值观;青年人应该努力学习,深刻了解浩如烟海的中华经典,提高自己的人文素质;青年人应该爱惜时间,懂得“一寸光阴一寸金,寸金难买寸光阴”的道理;青年人在心里明白道理的同时,还要能去实行,接好前人的接力棒。

13. (1)“照着讲”就是按照以前已有的知识或前人已有的理论讲,保证其知识的根本,不进行发展和改良。

(2)当代中国的人文学科的“接着讲”,就是在讲解时,不能只讲前人已有的理论,由于知识是适应时代发展的,所以前人的知识在某些方面可能不符合当代需求,这就要求我们对这些知识披沙拣金,在已有历史材料的基础上反映新的时代精神,有所突破、发展和创新,提出自己的观点,讲出自己的见解。

14. (1)独立的判断力,知识上的胆力,对自己天真坦白的信心。

(2)倾向于割舍鉴别力而求学问,方法上把愉快求知变为机械堆塞,目标上以文凭来代替真正的教育。

15. (1)①以此证明北欧文化受欧洲文化中心的重大文化思潮影响甚微,具有从传统到现代的审美转型的历史文化优势。②中国社会审美标准、审美品格等被破坏后,社会审美陷入了无所依据和无所凭借的窘境;尚未建立融合传统与现代审美的现代文化,粗鄙浮躁的商业文化占据主题。

(2)①合理发掘传统文化的积极元素,使之成为自己文化的主体元素;②在保持本国审美文化主体地位的前提下,合理吸纳外来文化的优秀元素;③开展全民美育教育,提高国民审美素质和文化水准;④鼓励知识界在提升国民审美素养方面发挥引领作用。

16. (1)这句话的意思是指农村的青年都到城里打工,在城里生活,很少有挣了钱回乡建设发展、安居的。

(2)作者说故乡在“年复一年地老去”的原因有以下几点:①随着时间的流逝,城市的发展,很多青壮年都去城市打工定居,村里很少见青壮年;②村里巷子残破、衰败;③村里的小学随着人数的减少而荒废;④田野里沉寂萧条、没有生机;⑤村里的工厂失去了旺盛的人气;⑥乡村经济、交通落后。

17. (1)增强说服力,进一步突出王文显的剧作别有一番幽默,肯定他喜剧创作的能力和影响;引出下文对王文显任代理校长时行事风格的叙写,形成对比,以突出王文显治校的持重务实,一丝不苟。

(2)表层方面:王文显身上体现了清华的特质与精神,在清华有着重要的地位。深层方面:严谨的治学精神和包容的治校理念,是清华的灵魂。坚守学术性和包容性,清华就不会因为任何变革而改变;反之,清华将不再是“清华”。

18. (1)“窗子里的人喜欢往窗外看”是一般人普遍存在的一种心理和爱好,从此入手,既能和读者的心相近相贴,又紧扣题目,自然地引出下文的“窗外人生”。

(2)“他”指代的是曹雪芹的可窥一个王朝背影的大书。这本大书让人看到了从兴盛到末路的历史。同时,本句运用比喻的手法,“天窗”是与外界联系的通道,这本大书突破了封建社会的桎梏,在更广阔的视野中审视封建社会,让人们窥见了王朝的兴衰成败,人世的爱恨情仇。

19. (1)①春尽夏初,梧桐生叶;②夏季时分,绿树成荫;③秋冬时节,梧桐叶落。

(2)邻居家虽然种植了梧桐树,占有了它们。但是,他们没能看见它们的容貌,没能体验梧桐的种种变化,没感受到梧桐生长的象征意义,因而没法“占有”它们。拥有的东西未必能理解和欣赏,自然和艺术都是这样。

20. (1)①社会上有崇洋媚外的风气;②一部分建筑师对中国建筑存在鄙视;③一部分建筑师虽对中国建筑感兴趣,但缺乏真正的了解。

(2)①数千年来中国建筑取得了真正的艺术成就,有其一贯的基本方法及原则;②中国建筑因新科学、材料、结构正赶上强旺更生的时期;③拥有文化自信和自觉艺术追求的新建筑师群体正在产生。

专题四　写作能力

写作题

1.【参考范文】

藤蔓纠结，无须在意

我们每一个人都处于一定的社会关系之中，同学关系，师生关系，朋友关系，父子关系，等等。离开这些关系，我们将异常孤独，生活也将失序。丝瓜藤与肉豆须彼此缠绕，恰似我们日常生活中各种各样的人际关系。

古人讲："水至清则无鱼，人至察则无徒。"面对复杂的人际关系，我们需要保持一颗谦让、包容之心。无论在家还是进入社会中，人与人的关系，不是你是丝瓜藤，就是我是肉豆须，想分排得一清二楚，想完全地剥离开，实属不易。尤其是家庭关系中，有些道理讲不明，有些情感道不清，有些事情并没有完美的解决办法。家，是一个讲究"爱"的地方，过度地讲"理"，就失去了家庭的温暖。社会中，我们交友更需要我们对待朋友友善、谦让、包容，多看别人的优点，多包容别人性格中的小瑕疵。

世界上的很多事情，其实是不需要分辨的。大到治理国家，小到为人处世，都是如此。秦始皇的改革展现了一个伟大领袖的胆略和决断力。他勇于拔除官僚阶层的藤蔓纠缠，坚定地推进变革。他的改革为中国历史上的政治、经济和文化统一做出了巨大的贡献，开创了强大而繁荣的中央集权国家的新时代。我们在人际关系的处理与应对上，也不要试图去分辨"藤"和"须"。作家林清玄说：一个人只要站稳脚跟，努力地向上生长，有时不免和别人纠缠，又有什么要紧呢？只要不忘自己的立场和尊严，最后都会结出果实来。而当果实结成的时刻，一切的纠缠就不重要了。

我们的世界是一个多元化的世界，人们有着不一样的价值观和多元的文化追求，因此，我们更应该学会"藤"与"须"的生长哲理。我们要学会适应、学会宽容、学会在纠缠中成长，在复杂中简单。我们拥有什么样的处世态度，就将会拥有什么样的人生结局。生活不断向前，我们总是要面对摩擦与矛盾，但是当我们放大胸怀，也就会有更多的突破。不为纠结恼人，不为小事抓狂，该坚持的坚持，该放弃的放弃，轻装前行。无数事实证明：不辨，才是人生的一种智慧。人生在世，让我们少一些分排，多一些顺其自然，或许一切会更好。

2.【参考范文】

低配人生

两千多年前，老子提出的"富贵而骄，自遗其咎；功遂身退，天之道"是对低配人生的最初注解。那么低配人生到底是什么含义呢？所谓低配人生，并非让你压缩生存空间，降低生活质量，而是让你在这个充满诱惑与欲望的世界里，学会辨别与取舍。

克制欲望是低配人生的核心。隋炀帝杨广在位期间，为了排场，下诏搜求海内奇花异树、珍禽怪兽充实御花园，为了方便从北方乘船到江都游玩，下令征调百万多人开凿大运河，从长安到江都，修建离宫四十多座。每次出游，隋炀帝都要用纤夫八万多人。隋炀帝的奢侈导致国家财政极度紧张和民不聊生。相反，清朝的康熙皇帝在位期间制定了许多节约措施，包括减轻民税、压缩军队开支、简化官员衣着、减少宫廷饮食等。这些节俭措施不仅节约了国家开支，也提高了百姓的生活水平。

拒绝诱惑是低配人生的准则。唐代的王毛仲因为辅助唐玄宗登基有功，而不断向唐玄宗伸手要官，最后要来的却是一道赐死的圣旨。老子曾说“祸莫大于不知足，咎莫大于欲得”，只有不断拒绝诱惑才能避免灾难，更好地生活。居里夫人简朴的客厅中椅子只有两把，是为了更好地研究而不与媒体有过多交流。钱钟书面对友人的见面请求，幽默地说：“假如你吃了个鸡蛋之后，感觉很好，又何必要认识下那只蛋的母鸡呢？”他们，一个是闻名世界的科学家，一个是享有盛名的文坛巨匠，却都选择低配人生，拒绝物质的诱惑。

追求适度是低配人生的真谛。《赤壁赋》中，苏子与客泛舟游于赤壁之下，客叹曰：“哀吾生之须臾，羡长江之无穷。”苏子却不以为然，反驳道：“盖将自其变者而观之，则天地曾不能以一瞬；自其不变者而观之，则物与我皆无尽也，而又何羡乎！”诗仙李白，虽然被流放，得不到功名利禄，却仍有自然为伴，依旧洒脱豪爽。不要总想着自己没有什么，要经常想想自己还有什么。

有时候，我们拥有的物质越多，留给理想的空间就越少。适当低配的人生，不仅会让我们克制欲望，更从容幸福地生活，也会让我们远离诱惑，更专注地追求自己的梦想与目标，在知足中寻得快乐的真谛。

3.【参考范文】

活到老学到老

师旷和晋平公的对话，突出了“人的一生都需要学习”的主题。从少年、壮年到老年，虽然每个阶段学习的效果不同，但是学习是始终不能放弃的事业。这是每个向上者的需要。作为一名合格的教师，终身学习无疑是教师自身素质提高的必要保证，更是能胜任教学任务的前提条件。

陶行知先生在《教师自动进修》中指出：“有些人一做了教师，便专门教人，而忘记自己也是一个永久不会毕业的学生。因此很容易停止长进，甚至于未老先衰。只有好学，才是终身进步之保险，也是常青不老之保证。”现在提倡教师应“终身学习”，要经常性地“充电”，不断提升自己的素质。

华罗庚生于江苏，父亲以开杂货铺为生。他从小爱动脑筋，初中毕业后，曾入上海中华职业学校就读，但因家境不好，拿不出学费而中途退学，在父亲的杂货店里当店员，故一生只有初中毕业文凭。失学以后他开始顽强自学，每天学习10个小时以上，由于刻苦努力，终于在数学上初露锋芒，引起清华大学数学系主任熊庆来先生的高度重视，经过他的推荐，于1931年任清华大学数学系助理，负责管理图书、公文、打字等。从1931年起，华罗庚在清华大学边工作边学习，用一年半时间学完了数学系全部课程。他自学了英、法、德文，在国外杂志上也发表了自己的论文。华罗庚的勤奋好学感动了美国著名数学家维纳，推荐他去剑桥学习深造，后来成为世界著名的数学家。

从幼年、少年、青年、中年直至老年，学习将伴随人的整个生活历程并影响人一生的发展。古人说："书山有路勤为径，学海无涯苦作舟。"没有止境地学习，是每一个向上者所必要的。人要想不断地进步，就得活到老学到老，在学习上不能有厌烦之心。自人类诞生之日起，学习就成为整个人类及每一个个体的一项基本活动，之所以提出"终身学习"的观点，是因为人类几千年积累下来的知识文化，只用几十年是学不完的，故先贤庄子曾说："吾生也有涯而知也无涯。"何况现代社会的知识寿命大为缩短，个人用十几年所学习的知识，会很快过时。如果再不学习更新，马上就进入所谓的"知识半衰期"。

"生有涯，知无涯。活到老，学到老。"在这个竞争激烈的社会中，我们不仅要学习实践知识，还要不断充实理论知识。因为知识也在日新月异，旧的知识会追不上这个社会快速前进的车轮。如果你不努力去学习，就会被社会淘汰，特别是作为一名教师。人们常说："要想给学生一杯水，自己要有长流水。"教师要学为人先，与时俱进，生命不息，学习不止，成为适应时代要求的学习型教师。

4.**【参考范文】**

教师当严谨治学

曾读过这样一则材料：一位地理老师讲到中国四大海产墨鱼、带鱼、大黄鱼、小黄鱼时，一学生问大小黄鱼的区别，这位教师虽教书多年，却从没有碰到过这类问题，只好回答"不知道"。"不知道"三个字使他如芒在背，查资料，问同事，终于在火车上巧遇一位做水产工作的旅伴，才解决了这个问题。读过这则材料，我感触最深的是这位老师严谨的治学态度。

这位地理老师，对于学生提出的超出地理学科范围的问题，出于严谨的治学态度，并没有对这个问题等闲视之，而是"如芒在背"，的确很令人称赞。作为一名教师，面对的是祖国的未来，教师的一个小小的行为，很可能对孩子产生巨大的影响。因此，教师应抱着严谨的态度治学。

放眼古今中外，能够获得成功的人，大多都有着严谨的态度。明朝的李时珍，一生致力于研究中医药，他既不盲从古代文献的记载，也不迷信，凡事都亲自观察、询问、实践。一次，他为研究“仙物”榔梅，冒着从悬崖上摔下来和被官府重罚的危险采到一颗。研究后发现那“仙物”只是很普通的东西，推翻了当时对榔梅的错误看法。他凭着严谨的研究态度，写出了举世闻名的药典《本草纲目》，在世界医学史上留下了灿烂的一页。

有些人，却因缺乏严谨的态度而与成功擦肩而过。大家都知道伦琴发现“X”射线，是由于他抓住阴极射线实验中的异常现象不放，从而荣获了诺贝尔奖。而与他同时期的克鲁克斯和古德斯培德，在几年前曾分别发现过同样的异常现象，但他们并未继续研究下去，使眼看到手的成功化为乌有。此类事例不胜枚举，这些事例充分说明了严谨的态度在科研方面的重要性。

教师要想真正承担起作为思想道德和科学文化传播者的职责，就必须首先提高自己履行这一职责的业务水平，依靠严谨治学的科学态度严格执教。严谨治学要求每一位教师做到闻道在先，学业精湛，在教育教学过程中求真、求精、求实、求善、求美。只有治学严谨的教师，才能教出处事严谨的学生。教师职业是神圣的，教师要为祖国培育人才，为社会的发展培养后备力量。因此，教师在教育过程中更应具备严谨的治学与处事态度。

5.【参考范文】

教师的责任

责任就是承担应当承担的任务，完成应当完成的使命，做好应当做好的工作。正如马克思所说：“作为确定的人，现实的人，你就有规定，就有任务。”教师的责任无处不在，教师如果没有责任意识，就不会明白自己的职责，不会明白自己肩负的历史使命，影响的将是几代人甚至是国家的未来。这就要求教师要知责任，明责任，负责任，尽责任。

周济同志曾阐述了当代教师面临的三项主要责任，即岗位责任、社会责任、国家责任。这就要求教师在每天所做的极其平凡的工作之中，始终牢记为学生负责，为家长负责，为社会负责，为国家负责。教师对学生的负责，就是对社会、对民族、对未来的负责。现实生活中，有的教师缺乏责任感，即使学生的不良言行就在眼前，也视而不见，导致学生走向犯罪的道路。这不能不归结为教师的责任。教师必须担当起保护学生的责任，自觉抵制一切侵害学生的行为。实践证明，一个受到良好责任教育并有责任意识的教师，也比较容易有所作为。一个对国家与社会有高度责任感的教师，既能给学生以战胜困难的勇气和智慧，又能帮助学生不断修正前进的方向。一名教师要想证明自己的价值，就要尽到自己的责任。

责任如此重要，那么教师应该怎样培养自己的责任心、增强责任感呢？具体来说要从以下几个方面来进行：

(一)要明确任务，认认真真上好每一堂课

教师的任务，首先是传授知识。要使学生扎扎实实地掌握自然科学、社会科学以及文学艺

术知识,掌握现代科学文化发展所必需的基础知识。知识的传授又多是通过每日的课堂教学来传授,所以教师要钻研教材,运用适当的教学方法,认认真真上好每一堂课,积极负责地完成自己的本职工作。

(二)要严谨治学,对学生负责

教师所传授的知识,对学生的发展具有重大影响,所以教师的教学内容必须准确科学。教书育人来不得半点虚假、敷衍和马虎,不允许有错误的概念出现,要保证学生掌握正确的知识。这就要求教师自身要有渊博的知识,能够对科学知识的严密系统有通透的理解,如此才能在教学过程中做到游刃有余,知识才能被学生所接受理解,内化为学生的知识结构,并转化为学生解决问题的能力,才能完成知识传授的过程。否则,可能会让学生形成错误的认知。

(三)要有对国家和社会负责的意识

集体是水,个人是鱼。所以,无论你处在哪个岗位,你都有对国家和社会负责的义务。教师只有热爱国家,热爱岗位,热爱学生,才会刻苦钻研业务。尽职尽责做好每一件事情,才能保持对工作愉悦、专注的态度,兢兢业业、一丝不苟,高质量地完成工作。

总之,一个教师的责任心有多大,他的人生舞台就有多大。可以说责任心是金。因此,教师要不断培养自己的责任感和责任心,为培养社会主义建设者和接班人做出应有的贡献。

6.**【参考范文】**

生于此岸,心无岸

洪荒宇宙之中,岁月长河之上,我们就降生在这一时代,不偏不倚,不快不慢,诞生在属于我们的时代。我们生长的这片土地,有林立高楼,灯红酒绿;我们停靠的这个海岸,有冷漠喧嚣,名利冲突。

有时我们埋怨此岸的风景,一心想跋涉到看似富饶的彼岸。恰如历史学家汤因比,他选择出生在公元一世纪的中国新疆,去感受众多文化交织迸发的绚烂景象。但正如狄更斯所说的:“这是最好的时代,也是最坏的时代。”每个时代都有其两面性,所以面对身处的时代要积极地投入其中,纵使身处喧嚣,只要在心中修篱种菊,也如身处净土。

还记得大唐时代的玄奘,那时只有烽火狼烟,锦书雁帛,交通不便,但他乘危远迈,策杖孤征,穿越一百多个国家,心怀“宁可西行一步死,绝不东归半步生”的信念,最终到达印度,取经返回大唐。从此,让更多人在佛经中虔诚地洗涤自我的灵魂。玄奘没有生于这个科技发达的年代,但他凭借心中的信念,到达了心中的圣地。因此,环境的束缚并不重要,我们所要做的就是适应时代,尽自己所能为脚下的土地植树种花,涵养灵魂的源泉。

所以面对生活节奏快的今天,我们要在日常工作后为自己冲一杯净心之茶。世间本无事,庸人自扰之。面对道德缺失、人情冷漠的现状，更要坚守内心本真，尽自己所能为世界点亮一丝光。

生于此岸，认真走好每一步，尽管岁月的跫音落在了此岸，灵魂却可以尽情地游荡，去感受过去的淳朴，揣摩未来的发展。著名作家熊召政便深刻地体会到这一点。独自行走在黄山的雨夜中，他不感到寂寞，因为黄山的每一山、每一水、每一木都是等待了他千年的酒友，陪他把酒言欢，与他在崇山峻岭间完成了一次心灵的对话，让他领略了千年间时光留下的箴言。

恰如居里夫人所说的："我以为，人们在每一个时期都可以过有趣而且有用的生活。"生活在这个钢筋水泥筑成的年代，我们也依旧能寻得自我的价值，同时也能在心灵清净中闻宫商角徵羽，行仁义礼智信。我无法赶上李白的春夜桃李夜宴，也不想到未来在土星上居住，我需要的是好好爱护脚下的土地，欣赏此岸的风景，然后让心灵携取古今有益的思想，细描未来的美妙，且歌且行，足矣！

7.【参考范文】

家校合育的科学性

在学生的成长过程中，家长是一直陪在学生身边的角色，家庭环境对学生的成长产生着重要的影响。因此教育不能只交给学校，家长也应该作为表率引导孩子往积极乐观的方向发展。良好的教育不仅仅是学校给的，还需要家庭教育与学校教育进行合作，这两者是不可分割的。

孩子的成长与进步既离不开学校，也离不开家庭。在学校，学生接受到的教育多是书本上的知识，而家庭教育带给学生的则是性格的养成与心灵的健康，对学生以后的发展方向是非常重要的，因此家长也要以身作则，为学生做一个好榜样。学校除了做好文化知识教学外，还需要做好家长工作，加强与家长交流互动，开展家校共育，积极探索和建设一种健康、生态、科学的家校关系，实现合力教育，增强学生的核心素养。

家庭教育对人产生的影响是终身的，而学校教育对人产生的影响是阶段性的，因此必须加大家校合作力度。在教学过程中，教师应将学生的学习与家庭教育结合起来，在教学过程中积极寻求家长的合作。学校也应积极地与家长沟通协调，在学校与家庭之间构建一个沟通平台，这样一来，学校的教育有了方向，而家长也了解了学生在校园的真实情况。泰曼·约翰逊认为"成功的家教造就成功的孩子，失败的家教造就失败的孩子"，从这个意义上讲，家庭教育是其他一切教育的基础，是学校教育和社会教育的助手和补充。父母是孩子的第一任老师，父母的言行能对子女产生潜移默化的影响。

要想做到家校合育，学校要重视家校合育，重构家校关系。在教学过程中教师可以积极与家长联系，寻求家庭的配合，多举办家校活动，加强学生与家长、教师与家长、学生与教师之间的

联系。只有明确班级发展目标,才能够更好地吸引家长参与班级建设和学生教育。要想促进家校合育,就要努力提高家长参与性,让学习不再只产生于学生与教师之间,要学会利用主题活动带动家长参与。这样一来既在无形之中加深了家长与学生之间的联系,让家长能够了解学生的学习情况,学生能够了解家长的想法,同时也有利于教师工作的开展。

家校合作、家校共育是当前教育领域倡导的理念,家庭和学校形成合力,才能确保教育理念落实到位。

8.【参考范文】

善待错误,人生境界顿开

面对《咬文嚼字》的挑错,著名作家以感谢和理解积极回应,令人为之动容。唯有积极面对别人的批评和挑错,人生境界才能不断升华,生命才能日益趋向不朽和伟大。

挑错的必要性,来自主观世界的狭隘与片面。我们常常沉醉于自己超于常人的流光溢彩,而忘了在骄傲的同时保留一份面对不足的谦卑。所以善待别人的挑错,是为了塑造一个更理性的灵魂,它让人清醒,让人自如。智者如曹禺,也深谙这一哲理。当美国剧作家蒙特来华拜见这位剧作大师时,交流正酣,曹禺拿出黄永玉对他的批评信:“我不喜欢你后来的戏,一部也不喜欢,你丢失了通灵宝玉,你为势位所误!”如此辛辣,一针见血,指出曹禺“重政治,轻创作”的错误,曹禺硬是让翻译一字一句译给蒙特听……可见曹禺的伟大,除了对艺术的不懈追求,还体现在了对挑错的理性面对和坦然接受。

然而,若一味妄自尊大,对别人的挑错“充耳不闻”,人生之路只会越走越窄,甚至不可避免地接受失败的苦楚。李经纬在改革开放后建立了“健力宝”公司,创造了可与百事可乐比肩的商业传奇。可是,面对前无古人的成功,李经纬却对别人的挑错一概拒绝,面对公司上至领导下至员工的批评与阻挡,他不管不问,集巨资在广州建造健力宝大厦,最终超出公司的承受能力。面对业界好友对他“不考虑商业规律,一味拉广告招商”的挑错,他拒绝诚恳吸收,最终让健力宝黯淡于历史的长河之中,他自己也身陷囹圄。

那么,如何善待批评以追求完美自我呢?

首先,面对别人尖锐的挑错,要保持一份淡定平和的心态,不急不躁,不躲不藏,如季羡林先生所说的那样:“别人说的话是鼓励是批评是鞭策,都是对我好。”其次,要学会甄别“有价值”的挑错与“一味为了挑错而挑错”,也就是说,在面对别人挑错时,不是固定的屈从,而是要保持一份起码的信任。如演员于是之一辈子都在接受观众的挑错与批评,但必须经过“审视——消化——吸收”的过程,最终把一个个鲜活的角色演到了人们心中……

人生逆旅,每个人都会犯错,迷失甚至被异化,而往往一份善待别人挑错的胸襟,能够带领你欣赏更旖旎的风景。

9.【参考范文】

适应之法贵如金

古往今来,适者生存,不适者淘汰。世间万物只有与它所处的环境相适应,才能立足于世。面对不同的环境,我们只有改变自身才能更好地生存,才能成为栋梁之才。

有人说:"面对人生的选择,要接受不能改变的。"这"接受"的潜台词即为适应。胡杨,因为适应了最恶劣、最残酷的环境,才能以铁铮铮的风骨于茫茫荒漠中昂扬挺立,它"生千年不死,死千年不倒,倒千年不烂"的生命历程彰显着强大的适应能力。而对我们来说,变幻莫测的人生旅途中,更需要"适应"之法保驾护航。

当无数痛苦扑面而来,身处艰难困苦中时,要懂得适应这令人心痛的悲惨环境。人生如橘,有甜也有酸,有大也有小。当不幸降临,当厄运无法改变时,应以最好的姿态去适应它。霍金,一个轮椅上的伟人,向我们揭示了黑洞的奥秘。当记者采访他时,他说:"我还有手指可以动,还有脑袋能思考,还有爱我的亲人和朋友。"他说得那么坦然,仿佛他的生活平静得像一湖清水,从未起波澜。为什么他能从容地面对所处的环境呢？是适应,他已经适应了轮椅上的生活。病魔的降临既然无可避免,为何不"兵来将挡,水来土掩",尽自己所能去适应呢？是的,"适应"之法就如同天边的一抹红霞,令身处悲痛深渊的人重新看到人生的美丽,再一次踏上追寻梦想之路。

当失败的结果相伴相随,身处一片迷雾中时,要懂得适应这短暂的悲伤。成功与失败,往往无可预料,当失败的阴影如影随形时,不要用焦虑的怒火燃烧它,以最平静的心去适应它吧,相信成功总在失败之后到来。张杰,一个超高人气的流行歌手,在失败的沼泽中挣扎了好长一段时间。当他发现没有一点创作灵感,无法写出自己想要的音乐时,他沮丧了,他封闭了自己。是身边的人劝导他去适应自己的生活,并从中取得灵感,他相信了,也尝试了,终于从沼泽中逃脱出来,再次站在镁光灯下。是的,学会适应失败,在阴影中保有自我,令张杰摆脱自暴自弃,重新出发。输了,败了,适应这些事情吧,它会令你重整旗鼓重新出发。

当流言蜚语袭来时,以最纯粹的心去适应,在"适应"这把大伞的保护下坚守自我。奥巴马,一个黑人总统,他适应着充满污秽质疑声的环境,用勤恳的工作态度与智慧在政治领域中大展拳脚;《钢铁是怎样炼成的》的主人公保尔,一个平凡的穷人,他适应着充满冷嘲热讽声的环境,用顽强的毅力和隐忍过着独特的充实生活。生活于言论社会,我们更应该学会适应那由或真切或虚假的声音充斥的环境,做好真实的自己。

适应之法贵如金,当无法改变你生活的环境时,就淡然处之,适应它吧,于清清河流中悠然自乐,于茫茫蓝天中做一朵宁静的白云。

10.【参考范文】

厚积方能薄发

因为有了整个冬天的积蓄，所以才会有春日的万紫千红；因为有了无数次飞翔经验的积淀，所以才有了雄鹰的直上九天。

就如郑板桥画竹。郑板桥画竹之前，当然早已对所要画的成竹在胸，可画起来时却并不急于求成。他先用细致的笔法或勾或点或圈，把那远山、山间的白云，把那近水、水中的绿草，都细心地画出来。这时虽然无竹，可那竹早已在点点滴滴的色彩之中了。那高远的情怀、挺拔的英姿，也早已呼之欲出。这时候，他才不紧不慢地把竹补上。于是，一幅浑然天成的劲竹图就出来了。正是因为有了之前那么多的铺垫和渲染，才使得竹的出现顺理成章。倘若缺少了那些山水的蓄势，竹的精魂也就不会那么传神地表现出来了。

作画如此，做人又何尝不是如此呢？

苏洵曾在书斋埋头苦读数载，等积累了丰富的学识和见闻之后才走出书斋，那时他已年逾不惑，但是正因为有了十多年的积累，他才得到文坛领袖欧阳修的垂青，得以一鸣惊人，成为北宋文坛上的新星。

厚积方能薄发。厚积，并不是一味地沉寂；沉寂，为的是一飞冲天。而想一飞冲天，必须先拥有最强健的体魄，最柔软的羽毛，最坚定的意志。

王国维曾道古今成大事者必经的三个阶段：“昨夜西风凋碧树，独上高楼，望尽天涯路。衣带渐宽终不悔，为伊消得人憔悴。众里寻他千百度，蓦然回首，那人却在，灯火阑珊处。”正是有了那“独上高楼”的痴迷，“衣带渐宽终不悔”的执着，“千百度”“寻他”的厚积，才觅得“灯火阑珊处”的“那人”，那“蓦然回首”的一刻才显得那么动人。

厚积方能薄发。有了“千呼万唤始出来，犹抱琵琶半遮面”的“积”，才有了琵琶女精妙绝伦的“发”；有了初唐王杨卢骆“导夫先路”的“积”，才使得大唐王朝诗歌双子星座的“发”成为可能；有了改革开放三十年历史发展的“积”，才使得今天向小康社会大步迈进的“发”成为现实。

厚积方能薄发，薄发源自于厚积！

11.【参考范文】

要面子，更要底子

对于中国人而言，有没有面子似乎是鉴别一个人社会地位高低、造诣成就多少的不二标准。然而殊不知光鲜亮丽的外表之下，是坚实厚重的底子在支撑着。所以，我们行于世，不仅要面子，更需好底子，方能成就一番事业。

然而，今日有些人所谓的面子却变了味。就文化艺术界来说，不再以清遒的文字抑或绝伦的表演受人敬重,反而由金钱堆砌或通过其他的歪门邪道投机钻营。在金钱至上,急功近利的价值观的引领下,人们重面子轻底子,好做表面文章,务虚不务实,然而这样的追求却往往以惨淡结局或自食其果收场。

这样的例子当然绝非偶然。面子和底子,本身互为表里,相辅相成。底子是面子的内涵和底蕴,有时底子也需要靠面子来表达;面子是底子的外在表现形式,靠底子来支撑。没有不断夯实的底子的量变,是不可能达到有面子的质变的。古人常道:“聚沙成塔,集腋成裘。”正是我们年复一年在学习中不断累积底子,才能厚积薄发,并以其特有的印记贯穿于我们的思维、行动与表达之上,这种学习既决定了修养与品性,也框定了成就和未来。唯有拥有厚实的底子,我们才能在生活与工作中拥有信手拈来、妙笔生花的自信,才会拥有更为绚烂的面子与成绩。

因此,为了达到真正的“有面子”,我们必须不断夯实底子。这是个永无止境的过程,借助我们所拥有的传统文化,钻研五千年的精华,将其与时代的潮流有机结合,充实人生的同时,也丰富阅历,于万卷书中静心沉思,脚踏实地地努力积累,内化的能力和素养会使你成为一个有味道的人。此时,又何愁没有面子?

当今社会,难能可贵的是:在喧嚣的时代中去聆听寂静,做一个潜心打底的“隐者”。当我们专注于一件事时,方能得到最大的回报。以贾岛“十年磨一剑”的耐心,效仿梅花“香自苦寒来”的韧劲儿,如此坚持,哪怕未来再喧嚣,拥有厚实底子的人也必能脱颖而出。

打好底子,不仅是坚持,更是一种态度,是对事业的热爱,个人价值的肯定,更是对时代的忠诚。敷衍潦草的准备是经不起时间的检验的。徒有面子者只是借助时代的东风,讨得一些便宜。而真有底子的人,他的面子是无法被时代的洪流所抹去的。我们这一代,生于嘈杂,更应静心打底,成为真正有底子有面子的人。

我们追求金玉其外,更注重镶玉其中。

12.【参考范文】

免疫力

世事征程,有和风细雨、春暖花开,也不免有虫豸啮啃、迷雾阴霾。一路上,我们奋然前行,然而,面对这些侵蚀时,免疫力不可或缺。

需要免疫力,原因在于我们都有属于人性的弱点。畏惧、怯懦、犹豫、欲望,无时无刻不环绕我们,攻击我们。人之所以伟大,就在于有理念引领,就在于能够实现价值、追求境界。在这个过程中,只是依靠勤奋和执着,理想往往难以实现。君不见,善始者繁多,善终者寥寥;君不见,几多人前半程意气风发、志得意满,后半程误入歧途、黯淡落幕?原因何在?缺乏免疫力而已。免疫力是我们与病毒搏斗的铠甲,是我们一路前行的保护神。

免疫力可以让我们拥有健康的体魄，抵挡一路的风雨。我们的一生是短暂的，而梦想和追求又总是离我们很遥远，孔子曰“逝者如斯夫，不舍昼夜”，我想孔夫子除了想说明时光流逝之快外，更想表达生命之短暂与“任重而道远”之间的矛盾所引发的伤感与无奈吧！因此我们要努力延长生命的长度，在追求梦想的道路上可以走得更远，在实现人生价值的过程中可以做得更多。

更重要的是，我们的头脑和精神需要有免疫力。苏子曰“古今成大事者，不唯有超世之才，亦必有坚忍不拔之志。”这个“志”不就来源于免疫力吗？当我们陷入困境时，不会让多变的外界环境掠走清醒的理智；当我们面对各种诱惑时，不会让这些诱惑侵蚀纯洁的心灵。唯有如此，我们才能在人生路上心无旁骛、寻梦不止。那些我们敬仰的人们，都是对这些“病毒”有着极强的免疫力。辛弃疾因不得志而欲辞官归隐时，其子以田产未置阻之，稼轩赋《最高楼》一词叱之。袁隆平几十年如一日，致力于杂交水稻的研究，为国为民，可谓功绩赫然，而他坦然面对外界的风言风语，也不羡慕那些可以让人光鲜亮丽的功名利禄。人类发展史上，被我们铭记的多是这样的人。谁能说，这些人没有受过各种各样的冲击，只不过，他们强大的免疫力战胜了这些冲击，他们坚守了自我的本色，没有让自己的精神大厦坍塌。

免疫力并非生来具有，而是在我们不断地学习中形成并强大的。几千年来，中华民族优秀的文化，那些颠扑不破的道理，还有那些用一生去探寻人生价值的楷模，这都应该成为我们学习的对象。学习之，思考之，内化之，我们就会拥有强大的免疫力。

民族和国家中有我们，我们每个人都是民族和国家的一分子。强大的免疫力使民族和国家有了韧性，也使我们永远纯净！

免疫力，不可或缺。

13.【参考范文】

加倍人生

事半可以功倍。中国人常说“事半功倍”，意思是用一半的力量，却得到加倍的效果。什么人能事半功倍？除了少数特别聪明、行动特别快的人，事半功倍的常常是懂得“一时两用”甚至“一时三用”的人。

一分钟可以干很多的事情，一分钟可以写二十多个字，可以走一百多步路，可以看一页书。如果这样做一个小时，就可以写一千多个字，走好几千步路，看好几十页书。只要把时间充分利用，一天中能做的事情还是很多的！莫扎特只活到35岁，但在他短短的一生中却有600首以上旷世之作遗留于世。可想而知，在莫扎特短短的35年生命里，他是如何安排自己的时间进行学习与创作的。

鲁迅的成功,有一个重要的秘诀,就是珍惜时间。鲁迅年少念私塾时,父亲正患重病,两个弟弟年纪尚幼,鲁迅不仅经常上当铺,跑药店,还得帮助母亲做家务。为避免影响学业,他必须做好精确的时间安排。他曾说过:时间就像海绵里的水,只要愿挤,总还是有的。鲁迅读书的兴趣十分广泛,所以时间对他来说,实在非常重要。在鲁迅的眼中,时间就如同生命。

“少壮不努力,老大徒伤悲。”有多少因为不珍惜时间而暗自后悔的人呢?时间是不会等人的。我们生活在时间里,却又往往忽视时间的流逝。有多少人在行将老去时,才会恍然醒悟,你的人生还有许多事未做,还有许多事等着你去做。与其碌碌无为地度过一生,不如抓紧时间,利用人生中的每一分,每一秒,为自己的生命增添色彩,让自己的人生更有意义,更值得回味。

人生大部分时间几乎都是重复的,所以,我们总以为自己的时间还长。有过这样一则童话:如果时间可以买卖,那么大人们会不惜重金来买时间,因为他们不想那么快老去;相反,调皮的孩子则会嬉戏着卖出时间,因为他们想快快长大,去外面的世界探索更多新奇有趣的事物。可没人注意到时间正在身边悄悄流逝,一分一秒,从未停止,不管你如何一再地想要阻止时间的流逝,到头来会发现,一切都是徒劳,过去的已经过去,现在的也将流逝。

人或许永远跑不过时间,但总归可以跑快一些,积少成多,在这多出来的步伐里,你可能就会创造出很多东西,就可以在岁月的长河中留下光辉的一瞬。

居里夫人、鲁迅、巴尔扎克、雨果,他们都是和时间赛跑的人。居里夫人连椅子都不肯多摆,害怕来客坐下来会谈天说地耽误了时间;鲁迅一天必须完成规定的文字;巴尔扎克为了多写文章,拼命地喝咖啡提神;雨果通过运动使本来枯萎的生命又得到延长,又为人类写出了许多光辉的著作。他们都是善于把握时间、利用时间的人,所以活出了加倍人生,所以为我们带来了许多精彩的作品与发明,从而青史留名。

“逝者如斯夫,不舍昼夜”,时间不会因为人的哀叹而停止,也不会因为人的强求而放慢脚步,而我们只有抓住从身边悄悄流逝的分分秒秒,才能活出加倍人生。

下篇　全真模考

国家教师资格考试全真模拟试卷(一)

一、单项选择题

答案速查

1~5	CDDCD	6~10	CCBAD	11~15	BADCA	16~20	ABBCD
21~25	ACACB			26~29	CBDA		

1. C 【解析】素质教育要以培养学生的创新精神和实践能力为重点。教师在重视培养学生创新精神的同时,还要改变那种只重视教授书本知识、忽视实践能力培养的现象。题目中,该学校把创新教育作为研究性学习的课题,并有近万名学生接受了创新教育培训,该学校的做法有助于培养学生的创新精神和实践能力。

2. D 【解析】人的发展的未成熟性、未完成性,蕴含着人的发展的不确定性、可选择性、开放性和可塑性,潜藏着巨大的生命活力和发展的可能性。题干中,康老师的说法表明其没有意识到学生身上具有巨大的发展潜能,存在着广阔的发展空间,是有可能改正进步的。故康老师忽视了学生发展的未完成性,D项符合题意。

3. D 【解析】素质教育是促进学生全面发展的教育。题干中学校安排了两张课程表,在教学中实际执行不公开的课程表,目的仅仅是提高升学率,这说明该校只注重智育,忽视了其他方面的教育。故题干中学校的做法是错误的,漠视了学生全面发展的需要,本题选D。

4. C 【解析】新课改倡导的教学观要求教师教学关注学科更要关注人。这意味着教师要做到:关注每一位学生;关注学生的情绪生活和情感体验;关注学生的道德生活和人格养成。王老师的授课主要是老师的讲解,引导学生参与课堂的意识不够,没有把学生作为学习的主体,没能践行以学习者为中心的理念。

5. D 【解析】我国《教育法》规定,受教育者享有"参加教育教学计划安排的各种活动"的权利。题干中张老师剥夺成绩不合格的小强的上课权利,这是教师侵犯学生受教育权的表现。

6. C 【解析】根据《中华人民共和国教师法》第十四条规定,受到剥夺政治权利或者故意犯罪受到有期徒刑以上刑事处罚的,不能取得教师资格;已经取得教师资格的,丧失教师资格。题干中王某曾因故意伤害罪被判处有期徒刑三年,其教师资格已经丧失,学校不能录用王某。

7. C 【解析】《中华人民共和国未成年人保护法》"司法保护"中的第一百零三条规定,公安机关、人民检察院、人民法院、司法行政部门以及其他组织和个人不得披露有关案件中未成年人的姓名、影像、住所、就读学校以及其他可能识别出其身份的信息,但查找失踪、被拐卖未成年人等情形除外。

8. B 【解析】依据《中华人民共和国教育法》第八十二条规定，购买、使用假冒学位证书、学历证书或者其他学业证书，构成违反治安管理行为的，由公安机关依法给予治安管理处罚。

9. A 【解析】根据《中华人民共和国义务教育法》第二十五条规定，学校不得违反国家规定收取费用，不得以向学生推销或者变相推销商品、服务等方式谋取利益。题干中学校向学生推荐文具并鼓励学生购买的行为严重违反了《中华人民共和国义务教育法》。

10. D 【解析】根据《中华人民共和国未成年人保护法》第五十八条规定学校、幼儿园周边不得设置营业性娱乐场所、酒吧、互联网上网服务营业场所等不适宜未成年人活动的场所。营业性歌舞娱乐场所、酒吧、互联网上网服务营业场所等不适宜未成年人活动场所的经营者，不得允许未成年人进入。题干中吴某在学校不足100米处开设一家电子游戏厅，并且允许学生进入的行为，严重违反了《中华人民共和国未成年人保护法》。

11. B 【解析】根据《学生伤害事故处理办法》第十二条规定，因地震、雷击、台风、洪水等不可抗的自然因素造成的学生伤害事故，学校已履行了相应职责，行为并无不当的，无法律责任。故AD可排除。题干中，天花板因地震脱落砸伤保护学生的刘老师，学生小林无过错，其监护人无需承担赔偿责任。故C项排除。刘老师履行教师职责，积极保护学生，学校应对受伤的刘老师给予适当补偿，故本题答案为B项。

12. A 【解析】“关爱学生”要求教师要关心爱护全体学生，尊重学生人格，平等公正对待学生。题干中班主任“不问过去，只看现在”是关爱学生的表现。

13. D 【解析】为人师表要求教师坚守高尚情操，知荣明耻，严于律己，以身作则。题干斯霞老师的主张体现了为人师表的师德规范要求。

14. C 【解析】题干中班主任的行为违背了“关爱学生”的教师职业道德规范，没有平等公正对待学生，这样不利于其他学生的学习和成长。

15. A 【解析】面对学生的错误，叶老师不体罚学生，而是耐心地与学生交流，说明叶老师能够自觉遵守相关法律法规，依法执教。

16. A 【解析】教师之间要做到：互相尊重，切忌嫉妒；相互学习，取长补短；平等相待，不卑不亢；乐于助人，关心同事。题干中的张老师愿意与同事分享自己的培训心得，这表明他富有团结协作精神。

17. B 【解析】中国古代将五星（即金、木、水、火、土五大行星）和日月合称为“七政”或“七曜”。A项，土星，因其公转周期为29.5年，近似为28年，恰好遍历二十八星宿，每年填一宿（或曰镇一宿），故称填星或镇星。B项，木星是太阳系八大行星中体积最大、自转最快、从内向外的第五颗行星。古人很早就认识到木星约十二年绕太阳运行一周天，因人们把周天分为十二分，称十二星次（星空区域），古人根据木星运行到哪个星次（即木星所在位置）来纪年，所以木星在古代被

称为“岁星”。本题选B。C项,金星,又名“太白星”,因金星日出之前见于东方,称“启明星”,黄昏见于西方,又称“长庚星”“昏星”。此外,因金星亮度极高,也有“明星”之称。D项,水星,离太阳最近的行星,古人把一周天分为十二辰,每辰三十度,因此称水星为“辰星”。火星,古称“荧惑”,古人认为“荧惑”是一颗灾星,掌管葬礼、战争,以及进行执法。

18. B 【解析】鼠疫是由鼠疫耶尔森菌(鼠疫杆菌)借鼠蚤传播引起的强烈传染病。麻疹是由麻疹病毒引起的急性呼吸道传染病,以发热、咳嗽、流涕、眼结膜充血、麻疹结膜斑及全身斑丘疹为特征。不属于由细菌引起的疾病,故本题答案为B。败血症是一种由于血液中出现细菌而引起组织被破坏的疾病。破伤风是由破伤风杆菌所致的肌肉阵发性痉挛和紧张性收缩为特征的急性疾病。

19. C 【解析】岳飞,字鹏举,谥武穆,宁宗时追封为鄂王,改谥忠武,所以史称岳武穆。

20. D 【解析】“美术三杰”是指达·芬奇、米开朗琪罗和拉斐尔。莎士比亚,欧洲文艺复兴时期的巨人,世界戏剧史上的泰斗。其代表作有《哈姆雷特》《李尔王》《麦克白》《奥赛罗》《威尼斯商人》《罗密欧与朱丽叶》等。

21. A 【解析】法国化学家拉瓦锡否定了“燃素说”,提出了燃烧作用的氧化学说,揭示了燃烧的本质。英国化学家波义耳提出了科学的元素概念,使化学成为独立的科学。德国物理学家普朗克是量子概念的提出者。俄国科学家门捷列夫发现了化学元素的周期性,并依据原子量递增的顺序制作出第一张元素周期表。

22. C 【解析】17世纪下半叶,在前人工作的基础上,英国科学家牛顿和德国数学家莱布尼茨分别在自己的国家独自研究和完成了微积分的创立工作。到19世纪初,法国科学学院的科学家以柯西为首,对微积分的理论进行了认真研究,建立了极限理论,后来又经过德国数学家维尔斯特拉斯进一步的严格化,使极限理论成为微积分的坚定基础。所以,C项爱因斯坦与微积分理论的创立和发展没有重大关系。

23. A 【解析】莫里哀,法国古典主义最杰出的代表,其代表作有《伪君子》《无病呻吟》《吝啬鬼》等。狄德罗,法国启蒙思想家,著有《修女》《拉摩的侄儿》等。席勒,德国戏剧家,其代表作《阴谋与爱情》是德国市民悲剧的代表。彼特拉克,意大利学者、诗人,作品有《歌集》等。薄伽丘,意大利文艺复兴运动的杰出代表,人文主义杰出作家,其代表作《十日谈》是欧洲文学史上第一部现实主义作品。

24. C 【解析】亚非大陆之间的红海是世界上最咸的海,盐度可达42%,个别海底的盐度甚至能高达270%。北欧的波罗的海是世界上最淡的海,盐度含量仅有6%左右。

25. B 【解析】词是隋唐时期兴起的一种文学体裁,又称为诗余、长短句、曲子词、乐府等,是配合宴乐乐曲而填写的歌诗,词牌是词的调子的名称,不同的词牌在总句数、段数,每句的字数、平仄上都有规定。

26. C 【解析】在Excel中,饼图可以显示一个数据系列中各项的大小与各项总和的比例,故若要反映每个对象的一个属性值在总值当中所占比例大小,应该选择的图表类型是饼图。

27. B 【解析】在Word的编辑状态下,选择整个表格后,执行删除命令,整个表格都会被删除。

28. D 【解析】通过分析可知题干中的"教师"和"戏剧爱好者"是交叉关系。选项A"军人"和"军医"是包含关系;选项B"杨树"和"柳树"是并列关系;选项C"蛋糕"和"面包"是并列关系;选项D"作家"和"画家"是交叉关系。

29. A 【解析】元素组成相同,优先考虑位置规律。第一行图1旋转180°得到图2,图2上下翻转得到图3。第二行验证规律,图1旋转180°得到图2,图2上下翻转得到图3,规律成立。则第三行应用此规律,图2由图1旋转180°得到,故?处图形由图2上下翻转得到,只有A项符合。

二、材料分析题(参考答案)

30. 材料中语文老师的行为体现了"以人为本"的学生观,是值得肯定的。

(1)"以人为本"的学生观认为学生是发展的人,要用发展的观点认识学生。学生是处于发展过程中的人,具有巨大的发展潜能。材料中的语文老师在对班级情况不了解时把"我"的作文评为了范文,并且在课堂上对"我"进行表扬,从而使"我"找到了自信,发现了自身的闪光点,并且在写作上一直坚持努力。这体现了语文老师以发展的眼光看待"我",将"我"看成是发展过程中的人,充分挖掘"我"的潜能,促使"我"不断进步。

(2)"以人为本"的学生观认为学生是独特的人,每个学生都有自身的独特性。教师要针对每个学生的个性特点进行因材施教。材料中的语文老师发现了"我"在写作方面的特长,对"我"进行了表扬和鼓励,并且帮助"我"批改周记和日记,对"我"进行针对性的教育和引导,促使我不断地进步。

(3)"以人为本"的学生观认为学生是具有独立意义的人,学生是学习的主体。教师的主导作用是学生发展的外部因素,只有学生主体的活动才是学生发展的内在机制。材料中的语文老师将"我"的作文评为范文,并且在班上对"我"进行表扬,这使"我"找到了自信,并且激发了"我"学习的积极主动性,从而自己主动坚持写周记和日记,并送给老师批改,最终取得巨大的进步。

综上所述,作为教师,我们应该秉承"以人为本"的学生观,尊重学生,因材施教,积极地促进学生发展。

31. 材料中李老师的教学行为有符合教师职业道德规范的一面,也有需要改善的一面。

(1)材料中李老师的行为违反了爱国守法的教师职业道德规范要求。爱国守法要求教师全面贯彻国家教育方针,自觉遵守教育法律法规,依法履行教师职责权利。不得有违背党和国家方针

政策的言行。教师没有向学生罚款的权利,材料中李老师在班级管理中向学生罚款的行为,违反了教育法律法规的相关规定,没有做到爱国守法。

(2)材料中李老师的行为体现了关爱学生的教师职业道德规范要求。关爱学生要求教师关心爱护全体学生,尊重学生人格,平等公正对待学生。对学生严慈相济,做学生良师益友。材料中李老师利用假日时间为基础差的学生免费补课,体现了关爱学生的教师职业道德规范要求。但这样会占用学生的正常休息时间,平时会有拖堂的行为,这点不可取,需要在之后的教学中改善。

(3)材料中李老师的行为体现了终身学习的教师职业道德规范要求。终身学习要求教师崇尚科学精神,树立终身学习理念,拓宽知识视野,更新知识结构。潜心钻研业务,勇于探索创新,不断提高专业素养和教育教学水平。材料中李老师积极参加各种进修,钻研新的教学方法,体现了这一要求。

综上所述,李老师的行为违反了教师职业道德规范中爱国守法的要求,贯彻了关爱学生、终身学习的原则,需要辩证看待,纠正错误行为,发扬良好风范。

32. (1)“礼”是整个中国人世界里一切习俗行为的准则,标志着中国的特殊性。中国是文明礼仪之邦,礼仪与文明是相统一的,礼仪是文明的载体,文明是礼仪的内涵,没有了礼仪,文明也就无所依附。

(2)发展进程:因为集体生存、社会发展的需要,产生了“礼”的仪式。甲骨文的“礼”与祭祀有关,“礼”是履行敬神祈福的仪式。“礼”经夏、殷、周三代沿革,到周公的时代已经比较完善,礼仪准则数量不断增多,但根据时间、场合和对象制订的“礼”,不需要时时,处处、人人都去掌握。发展到如今,“礼”分虚实两种,已经成为整个中国人世界里一切习俗行为的准则,是文明的载体,主要体现在外交与社交领域。

存在意义:“礼”的存在符合集体生存、社会发展的需要;大到国家和社团,小到街邻和家庭,“礼”无处不在,说明了“礼”在现今外交和社交领域拥有重要地位;“礼”标志着中国的特殊性;“礼”是把价值观念、制度设计、物质载体统合在一起,并且包含了风俗习惯的文化形态;“礼仪”是中国文明的载体;文化的传承不仅依靠语言、文字,还依靠礼仪。

三、写作题(参考范文)

33.

与时俱进

70年的风雨蹉跎,70年的艰苦磨难,中国实现了一次又一次的腾跃。改革开放前,神州大地上还是一片沧桑,但在改革开放后,中国可谓万象更新。时代飞速发展,社会日新月异,与时俱进已经成为世界对每一个个人和团体的要求。

大润发作为曾经零售行业的巨头被阿里巴巴收购,有人感叹:赢了所有对手,却输给了时代。这句话不无道理,但我想除了输给时代以外,他们更是输给了自己,输给了没有选择与时俱进的自己,没有选择大胆拥抱改革的自己。

时代并不总是在无情地淘汰一切,它带来巨大的挑战,也提供无限的机遇。有的人被时代的洪流击倒,更有人勇立潮头,成为时代的弄潮儿。大润发黯淡退场,与此形成鲜明对比的是做出正确选择的英特尔公司。在激烈竞争中,即将面临惨败的英特尔,因为首席执行官选择了革新而重新焕发生机。所以,故步自封会被时代抛弃,而与时代一同前行,则会得到时代的赞誉。

不仅企业如此,大到国家社会,小到个人,都是这样。就国家和社会而言,因为分秒不停的变迁,新的问题层出不穷,新的状况不断出现,所以人民对新政策的呼声从未减弱,我们的国家也在关注着变化并采取行动。从40年前开始一直延续至今,改革开放的精神始终熠熠生辉,改革开放的脚步也更加坚定。具体到个人身上,或许在普通平淡的生活中感受不到太多的时代变化,却也要有意识地与时俱进。就像了解新闻,了解新科技,让自己的眼界和观念跟上时代的脚步,点滴小事中都可以融入与时俱进的思想。

与时俱进是基于客观事实的一项正确选择。它关联到很多问题,例如时代的方向到底在哪里,究竟怎样做才是与时俱进,如何在诸多前行的道路中选择最能可持续发展的一条？繁多的问题会带来许多困扰,但我们不能因此产生畏难情绪而不愿前行,在不知道应该怎样做的时候,至少应该将与时俱进这几个字刻在脑中,给自己勇于改变、前进的勇气。米兰·昆德拉说:“生活是一张永远无法完成的草图,是一次永远无法正式上演的彩排,人们在面对抉择时完全没有判断的依据。我们既不能把它们与我们以前的生活相比,也无法使其完美之后再来度过。”但我们不能据此否定生活的美好,正因为生活是进行时,是无法预演的,我们更应该听从自己内心真实的声音,坚持自己的想法,为理想而不懈奋斗。

随着人工智能时代的来临,中国迅速走向了富强,腾跃到了全球强国之一。先是“互联网+”的崛起,紧跟着的是“中国智造2025”,这都是中国的拔尖科技发明,推动着“中国创造”的崛起。

作为新时代青年,更要从现在起就牢记与时俱进。我们所在的地方就是我们的祖国,我们所做出的选择汇聚起来,将成为国家的选择。做一个与时俱进的青年,与国家、社会和时代一同前行。

国家教师资格考试全真模拟试卷(二)

一、单项选择题

答案速查

1～5	CABBC	6～10	DCDAD	11～15	CCDCC	16～20	BADBB
21～25	BDDCA			26～29	BBAC		

1. C 【解析】学生是发展的人,具有巨大的发展潜能。题干中,白老师格外关心、照顾班级中成绩好的学生,忽视了成绩一般的学生,说明白老师没有看到那些成绩相对落后的学生未来发展的可能性,没有采取合理的措施帮助学生成长,其做法是不对的。

2. A 【解析】新课程倡导的教师观强调教师要勇于实践,培养自己的创新精神和创新能力。题干中,刘老师积极探索新的教学方法并在课堂上进行实践,取得了良好的教学效果,这体现了其具有创新精神和创新能力。

3. B 【解析】素质教育是面向全体学生的教育。"挑选适合教育的学生"说明教育只是针对部分学生,而"适合学生的教育"说明教育的范围是全体学生,符合素质教育面向全体学生的理念。

4. B 【解析】教师在培养学生的时候要因材施教,充分发挥每个学生的潜能和积极因素,有的放矢地选择适宜、有效的教育途径和方法手段,使每个学生都能得到最大程度的发展。题目中,孙老师针对有不同优点和特长的学生来加以区分的鼓励,做到了具体问题具体分析,体现了孙老师因材施教的教育理念。

5. C 【解析】隐私包括个人私生活、个人日记、照片、储蓄及财产状况和通讯秘密等。隐私权是公民生活中不愿为他人公开或知悉的个人秘密不可侵犯的人身权利。学校和教师侵犯学生隐私的表现形式有:故意隐匿、毁弃或者非法开拆学生信件,披露、宣扬学生自身及家庭成员资料,提供学生成绩的方式不适当等。题干中班主任检查学生手机的做法侵犯了学生的隐私权。

6. D 【解析】根据《中华人民共和国宪法》第四十二条规定,中华人民共和国公民有劳动的权利和义务。第四十六条规定,中华人民共和国公民有受教育的权利和义务。第五十五条规定,保卫祖国、抵抗侵略是中华人民共和国每一个公民的神圣职责。A、B错误。第四十五条规定,中华人民共和国公民在年老、疾病或者丧失劳动能力的情况下,有从国家和社会获得物质帮助的权利。C项错误。第三十三条规定,国家尊重和保障人权。D项正确。

7. C 【解析】根据《中华人民共和国教育法》第二十七条规定,学校及其他教育机构,必须具备下列基本条件:(一)有组织机构和章程;(二)有合格的教师;(三)有符合规定标准的教学场所及设施、设备等;(四)有必备的办学资金和稳定的经费来源。

8. D 【解析】根据《中华人民共和国教师法》第七条规定,教师享有参加进修或者其他方式的培训的权利。教导主任以学校发展为由不让小张老师参加培训,侵犯了小张老师的进修培训权。

9. A 【解析】根据《中华人民共和国未成年人保护法》第一百一十条规定，公安机关、人民检察院、人民法院讯问未成年犯罪嫌疑人、被告人，询问未成年被害人、证人，应当依法通知其法定代理人或者其成年亲属、所在学校的代表等合适成年人到场，并采取适当方式，在适当场所进行，保障未成年人的名誉权、隐私权和其他合法权益。

10. D 【解析】根据《学生伤害事故处理办法》第十三条规定，在学生自行上学、放学、返校、离校途中情形下发生的造成学生人身损害后果的事故，学校行为并无不当的，不承担事故责任；事故责任则应当按有关法律法规或者其他有关规定认定。第二十八条规定，未成年学生对学生伤害事故负有责任的，由其监护人依法承担相应的赔偿责任。题干中，小满在放学后将同学打伤，小满应当承担此次事故的责任，由于小满是未成年人，赔偿责任由其监护人承担。本题选D。

11. C 【解析】根据《中华人民共和国义务教育法》第五十六条规定，国家机关工作人员和教科书审查人员参与或者变相参与教科书编写的，由县级以上人民政府或者其教育行政部门根据职责权限责令限期改正，依法给予行政处分；有违法所得的，没收违法所得。王某作为一名国家机关工作人员，私自参与教科书编写，应受到行政处分。

12. C 【解析】根据《中华人民共和国预防未成年人犯罪法》第三十四条规定，未成年学生旷课、逃学的，学校应当及时联系其父母或者其他监护人，了解有关情况；无正当理由的，学校和未成年学生的父母或者其他监护人应当督促其返校学习。所以，A项说法错误。《中华人民共和国未成年人保护法》第五十九条规定，学校、幼儿园周边不得设置烟、酒、彩票销售网点。禁止向未成年人销售烟、酒、彩票或者兑付彩票奖金。所以，B项说法错误。第二十四条规定，未成年人的父母离婚时，应当妥善处理未成年子女的抚养、教育、探望、财产等事宜，听取有表达意愿能力未成年人的意见。所以，C项说法正确。《中华人民共和国义务教育法》第二十七条规定，对违反学校管理制度的学生，学校应当予以批评教育，不得开除。学校没有对小明父亲罚款的权利。所以，D项说法错误。

13. D 【解析】题干中的教师掐学生脖子、打学生脑袋等行为属于严重的体罚，违反了《中小学教师职业道德规范》中关爱学生的要求。

14. C 【解析】"关爱学生"要求教师关心爱护全体学生，尊重学生人格，平等公正对待学生。对学生严慈相济，做学生良师益友。保护学生安全，关心学生健康，维护学生权益。题干中苏老师"注意观察张刚，跟他聊天""经常开导他，帮助他从悲伤中走了出来"等都体现了苏老师细心观察，适时捕捉教育契机以及关爱学生的教师职业道德规范。

15. C 【解析】"终身学习"的职业道德规范要求教师要崇尚科学精神，树立终身学习理念，拓宽知识视野，更新知识结构。题干中的王老师认为自己的教学经验已经足够丰富了，拒绝去参加培训，体现出他不积极学习新内容，缺乏终身学习的意识。

16. B 【解析】教师之间要做到互相尊重,相互学习,取长补短。题干中,段老师热心帮助新教师表明他具有团结协作精神。

17. A 【解析】抗日战争胜利之际,中国共产党和中国国民党两党就中国未来的发展前途、建设大计在重庆进行了一次历史性会谈。从1945年8月29日至10月10日,经过43天谈判,国共双方达成《政府与中共代表会谈纪要》,即《双十协定》。

18. D 【解析】克里斯托弗·哥伦布,意大利探险家、航海家,大航海时代的主要人物之一。他在1492年到1502年间在西班牙国王的资助下四次横渡大西洋,开辟了横渡大西洋到美洲的航路。在帕里亚湾南岸首次登上美洲大陆,成为名垂青史的航海家。

19. B 【解析】长城又称"万里长城",是中国古代在不同时期为抵御塞北游牧部落联盟侵袭而修筑的规模浩大的军事工程的统称。长城始建于春秋战国时期,始修于战国时期的燕王,历史长达两千多年。

20. B 【解析】17～18世纪,成立"东印度公司"的主要国家是英国、荷兰和法国。

21. B 【解析】"老当益壮,宁移白首之心;穷且益坚,不坠青云之志。"出自王勃的《滕王阁序》。

22. D 【解析】列夫·托尔斯泰是19世纪中期俄国批判现实主义作家、政治思想家、哲学家,代表作有《战争与和平》《安娜·卡列尼娜》《复活》等。《罪与罚》是俄国作家陀思妥耶夫斯基创作的长篇小说。

23. D 【解析】《思想者》原为《地狱之门》组雕的一部分,后翻铸成铜像。《地狱之门》取材于但丁的《神曲》,《思想者》塑造了一个强有力的劳动男子。这个巨人坐在石头上,弯腰屈膝,右手托着下颌,默视下面发生的悲剧。

24. C 【解析】随便接收或安装插件和不文明程序、直接运行或直接打开不明电子邮件中的附件文件等可能会对计算机网络安全造成威胁,导致个人信息泄露。

25. A 【解析】白细胞是机体防御系统的重要组成部分,白细胞通过吞噬、产生抗体等方式来抵御与消灭入侵的病原微生物,以实现对机体的防御保护作用。红细胞是血液中数量最多的细胞,主要生理功能是运送氧气和二氧化碳,同时还具有免疫功能。血小板的主要生理功能有参与生理性止血的全过程、促进凝血、维持毛细血管壁的完整性等。蛋白质是生命的物质基础,一切有生命的地方,都有蛋白质的存在。故本题选A。

26. B 【解析】在Excel中,筛选功能在"数据"选项卡下。

27. B 【解析】若用户要插入一些特殊符号,具体操作为:定位光标→"插入"选项卡→"符号"组的"符号"按钮→其他符号→选择"符号"对话框的相应项→"插入"按钮。故想要输入特殊符号,需要使用插入功能,本题答案选择B项。

28. A 【解析】"并非P"等值于"P的矛盾命题",本题中P是"一切糕点都是甜味的",是全称肯定命题,其矛盾命题是"有的糕点不是甜的",而"有的"的意思就是"至少有一个",因此题干中的命题等值于"至少有一种糕点不是甜的"。即A项正确。

29. C 【解析】以4+2→28为例，2是4除以2的商，8是4与2的乘积；后面三个式子也是如此，故10+2应为520。

二、材料分析题（参考答案）

30. 材料中谢老师的行为是不恰当的，违背了教师应具备的职业理念。

(1)素质教育是促进学生全面发展的教育。材料中，谢老师仅仅根据答题数量安排座位，可能会使学生回答问题只追求数量，而不注重正确性，还不利于学生思维能力以及解决问题能力的提高，不能促进学生的全面发展。

(2)新课改背景下的教师观要求教师注重自我反思。材料中，对于苗苗回答妈妈提出的问题，谢老师坚持认为自己是正确的，说明谢老师没有认真反思自己的行为，这不利于其专业成长与发展。

(3)学生是独特的人，有着自己的独特个性与情感。材料中，谢老师因为苗苗回答不出问题就将其安排在教室最后一排，这种做法对苗苗的心理造成了伤害，也会损伤其他学生的人格尊严。

综上所述，谢老师这种排座位的做法不利于学生的成长，不值得提倡，谢老师应当反思并改正自己的行为，采取合理的措施引导、教育学生，促进学生健康成长。

31. 材料中语文教师前期否认自己读错的做法是错误的，后来认识到自身错误勇于承认、认真反思的行为是正确的。我们需要辩证看待语文教师的行为。

(1)爱岗敬业的师德规范要求教师对工作高度负责，认真备课上课，认真批改作业，认真辅导学生。不得敷衍塞责。材料中，语文教师一开始在作文评讲课上读错了学生作文中的词语，并在学生指出错误后装出若无其事的样子否认自己读错了，这表明语文教师没有做好课前准备工作，对待工作敷衍塞责。

(2)为人师表的师德规范要求教师坚守高尚情操，知荣明耻，严于律己，以身作则。材料中，语文教师一开始否认自己读错词语的行为是错误的，没有给学生树立良好的榜样；后来语文教师认识到自身错误，在全班学生面前做了慎重订正，对自己的错误行为做了真诚检讨，其勇于承认错误的行为做到了以身作则，为学生树立了正确的榜样。

(3)终身学习的师德规范要求教师崇尚科学精神，树立终身学习理念，拓宽视野，更新知识结构；潜心钻研业务，勇于探索创新，不断提高自身专业素养和教育教学水平。材料中的语文老师就教学中出现的错误进行了深刻反思并发表了体会文章，体现了终身学习的师德要求。

综上所述，语文教师一开始的行为固然有错，但后来勇于承认错误、认真反思的行为是正确的，值得提倡。

32. (1)让苦难不再成为屈辱的前提是：坚强面对，不屈不挠，勇于奋斗，最终战胜苦难，从而让它成为你人生中真正值得汲取的财富。因为只有当你战胜了苦难并远离苦难不再受苦时，别人才不会认为苦难是你的屈辱，而会觉得你意志坚强，值得敬重。

(2)之所以这么说是因为:苦难变成财富是有条件的,这个条件就是,你战胜了苦难并远离苦难不再受苦。只有这样,苦难才是你值得骄傲的一笔人生财富。如果艾顿还在苦难之中或没有摆脱苦难的纠缠,无论他说什么,在别人听来,无异于就是请求廉价的怜悯甚至乞讨。即使说正在享受苦难,在苦难中锻炼了品质、学会了坚韧,那么别人也只会觉得他是在玩精神胜利、自我麻醉。

三、写作题(参考范文)

33. **发挥期望效应以促进学生成长**

教师不仅要对学生充满殷切的期望,而且要将期望信息有效地传递给学生,不但学生会在教师的积极期望中形成良好的行为表现,而且教师也会从学生积极的行为变化中,获得教育成就感,如此循环往复,必然会进入一个由期望引起的良性循环之中,有助于师生的共同成长。

建立期望教育观,提高教师效能感。一个合格的教师应树立“没有教不好的学生,只有不会教的老师”的观念,相信每位学生都有成功的潜能,真正贯彻素质教育“面向全体学生”的思想,彻底摒弃嫌弃差生、排斥差生的思想和行为。有些学生基础差,但动手能力强,很有创造性,思维活跃,教师对他们要多关心、多鼓励,不断以切合实际的期望去引导他们,用爱和信心去支持学生的进步,使他们也能体验到成功的喜悦。“没有爱,就没有教育”,教师应该让希望的阳光照亮每一个学生的心灵,从他们身上发现积极向上的因素,充分相信学生发展的愿望和可能性。

全面地了解学生,客观地评价学生。教师应以“一分为二”和发展的观点看待学生,不要先入为主,要控制自己的消极评论,多给予积极评价,宽容地对待学生的缺点和错误,多对学生进行纵向比较。每个学生都具有在某方面或多个方面的发展潜能,只要为他们提供合适的教育和训练,每个学生都能成功。作为教师,应在教学中创造条件,尽可能满足学生的这些需要,培养学生的自信心和自我认同感。

建立合理的期望,及时调整期望。教师在具体利用和设置期望目标时,不仅要使期望目标与学生的需要有机结合起来,还要根据学生的需要层次设置远近不同的期望目标。对每个学生寄予高期望的同时,对不同学生提出不同的学习目标,使其强项发展为特长,弱项的发展得到激励,保证每个学生在自己原有的基础上取得进步。教师要及时了解学生的自我期望,根据实际情况将教师期望做出相应的调整或改变。如果教师发现学生有不切实际的自我期望时,应帮助学生调整自我期望,以发挥学生的自我期望与教师期望的积极效应,形成“共振”效果。

以人为本,关注每一位学生的健康成长,这是素质教育的核心,也是新课程体系的价值取向和目标取向。教师期望是一种无形的、巨大的教育力量,与教学效果之间存在着明显的正相关。广大教师要转变教育观念,提高教师期望技能,使教师期望效应朝着最优化的方向循环发展,从而促进学生进步,促进教学改革新理念的实施。

图书反馈

重磅！真题重奖征集！

「凡提供当年度考试真题者，根据真题完整度，可获得0~500元现金奖励。」

具体请联系QQ:1831595423

（温馨提示：所提供真题须是当年度考试真题，且真实有效。最终解释权归山香教育所有）

亲爱的考生：

感谢您对山香教育的信任和支持，您的建议是我们前进的动力！为进一步提高图书质量，我们特向全国各地的考生开展有奖反馈活动。

❶ **凡通过研发部QQ提供山香图书错题反馈者，均能获得价值99元的山香网课《高频考点》（基础版）大礼包1份。**

❷ **凡通过图书反馈链接提供山香图书意见反馈者，可获得价值299元的山香网课《高频考点》（豪华版）超级大礼包1份。**

¥99
大礼包

¥299
超级大礼包

图书反馈链接

联系方式：400-600-3363　　研发部QQ：1831595423

招教网
招考资讯抢先知晓

山香官网
一站式考编服务平台

山香网校
线上学习方便快捷

图书订正链接
全面勘误及时更新